我们一起解决问题

穿透数据

经济数据理解要点与分析应用

彭小江 —— 著

人民邮电出版社

北京

图书在版编目（CIP）数据

穿透数据：经济数据理解要点与分析应用 / 彭小江
著. -- 北京：人民邮电出版社，2025. -- ISBN 978-7
-115-67573-6

Ⅰ. F222.1

中国国家版本馆 CIP 数据核字第 2025SS7131 号

内 容 提 要

数据和算法是 AI 的两大基石。在 AI 与大数据浪潮席卷各行业的当下，政府部门、研究机构、企业及个人在开展经济产业分析时，普遍面临数据认知模糊及分析逻辑不严谨等痛点，将经济产业分析领域的"数据和算法"用对、用好的并不多。本书作者基于 20 余年产业数据分析应用实践经验，深度结合 AI 大模型时代对数据应用的新要求，为破解"数据用不对、算法用不好"的行业困局提供创新性、实战性解决方案。

书中选取了 GDP、产业结构、对外贸易、外国直接投资、财政收支、固定资产投资、居民消费、居民收入、价格、就业这 10 类常见、常用的经济数据，从数据梳理、数据解读和要点理解、数据分析思路、数据处理与图表呈现、分析示例和数据应用场景六个维度，全面解析了经济数据分析应用的方式和方法。

本书可帮助政府经济主管部门、经济研究机构和产业咨询机构、各行各业企业、经济专业人士及媒体从业者在开展经济产业分析时用对和用好各类经济数据，也可作为大众读者的经济数据分析入门读物。

◆ 著　　　彭小江
　　责任编辑　贾淑艳
　　责任印制　彭志环

◆ 人民邮电出版社出版发行　　　　北京市丰台区成寿寺路 11 号
　　邮编 100164　　电子邮件 315@ptpress.com.cn
　　网址 https://www.ptpress.com.cn
　　优奇仕印刷河北有限公司印刷

◆ 开本：787×1092　1/16
　　印张：19.5　　　　　　　　　　2025 年 7 月第 1 版
　　字数：220 千字　　　　　　　　2025 年 7 月河北第 1 次印刷

定　价：89.00 元

读者服务热线：（010）81055656　印装质量热线：（010）81055316
反盗版热线：（010）81055315

近年来，数字化转型与人工智能浪潮席卷全国，千行百业迎来深刻变革。在这场技术革命中，人工智能正逐步走向大众，各领域的大数据应用呈现蓬勃发展之势。

数据、算法、算力是人工智能的三大基石。算力依靠服务器等有形的设备设施，而数据和算法则源于人类的知识体系和创新实践。

经济产业分析领域的 AI+ 实践，涉及政府经济主管部门、经济研究机构和产业咨询机构、各行各业企业、经济专业人士及媒体从业者等多个组织和群体。但纵观各类经济运行分析报告、产业规划分析报告、行业市场分析报告及经济分析文章等，能将"数据和算法"用对和用好的案例并不多。究其原因，可归结为两大核心问题。

第一，对经济产业数据认知不清或滥用数据。在数据认知层面，很多人（包括部分经济产业分析专业人士）对经济指标的定义和范围界定、对产业数据的统计口径和适用范围缺乏基本认知和准确理解；在数据使用层面，很多人选择数据时不注重其适用性、代表性和一致性，不对数据进行适当的筛选和处理，仅满足于"有数据可用""有数据分析内容"。

第二，经济产业分析逻辑缺乏严谨性。有些人在分析经济产业数据时过于强调问题导向而忽视目标导向，缺乏辩证分析逻辑，常通过简单的横向比较或纵向分析就草率定性问题，这种做法是脱离实际情况的，实际上问题是针对目的、目标而言的；还有些人在进行经济产业分析时过度推崇大数据和复杂模型，却忽视基本的经济产业逻辑，往往将历史经济产业数据的统计回归结果等同于客观规律并用于趋势预判。实际上，统计回归结果并非客观规律，未来也难以被精准预测。

那么经济产业分析如何用对、用好"数据和算法"呢？基于二十余年产业数据分析应用实践经验，结合对经济产业数据领域的思考和探索及 AI 大模型"幻觉"现象的观察，笔者认为参与和用好 AI+ 需要我们夯实两大基础——构建高质量的数据体系与强化辩证的分析逻辑。高质量的数据与辩证的分析逻辑来源于专业人士的知识贡献。每个人的知识体系是不同的，术业有专攻。专业人士要秉持严谨态度，认真做好通识普及工作。

因此，我写这套图书的目的，就是要和大家分享经济产业分析领域"数据和算法"的理解与应用方法，助力政府经济主管部门、经济研究机构和产业咨询机构、各行各业企业、经济专业人士及媒体从业者在开展经济产业分析时用对、用好"数据和算法"。

经济产业分析研究领域的"数据和算法"，按照"宏观—中观—微观"的分析框架，可分为以下三个层次。

宏观：经济体系，对应宏观经济数据；

中观：行业／产业链，对应产业行业数据；

微观：企业法人，对应企业数据。

这套通识普及的图书涵盖上述各个层次，每个层次单独成册，分别讲解了经济数据理解要点与分析应用、产业数据理解要点与分析应用、企业数据理解要点与分析应用。

每本书的主要内容包括数据梳理、数据解读、数据分析和数据应用。经济数据分析不只是总量数据，也会拆解到中观行业构成数据；产业数据分析不只是行业总量数据，也会拆解到微观企业构成数据。这套书可以帮助大家建立自己的经济产业分析研究领域的"数据和算法"体系，并用对、用好 AI+。

前言

大数据时代，不缺数据，缺的是高质量的数据和辩证的分析逻辑。

本书不同于商务数据分析教科书，也不同于偏宏观的经济数据分析类书籍（如《宏观经济数据分析手册》《经济运行的逻辑》等）、偏数据解读的工具类书籍（如《领导干部统计知识问答》《透视中国政府统计数据：理解与应用》《解读中国经济指标》《一本书读懂经济指标》《解读中国统计指标：概念、方法和含义》等）以及偏统计分析的工具类书籍（如《经济数据量化分析：方法、工具与应用》等），而是立足实际工作中"用数"的需求，聚焦于如何以"辩证的分析逻辑"用对和用好"高质量的经济数据"。笔者通过梳理和解读宏观经济数据的内涵和统计口径，举例介绍宏观经济数据的辩证分析逻辑和应用思路，为政府经济主管部门、产业研究咨询机构、金融产业投资机构及各行各业企业提供了一套经济产业分析的"数据和算法"框架。

经济指标数据很多，本书选取以下 10 类常见的、常用的经济数据。

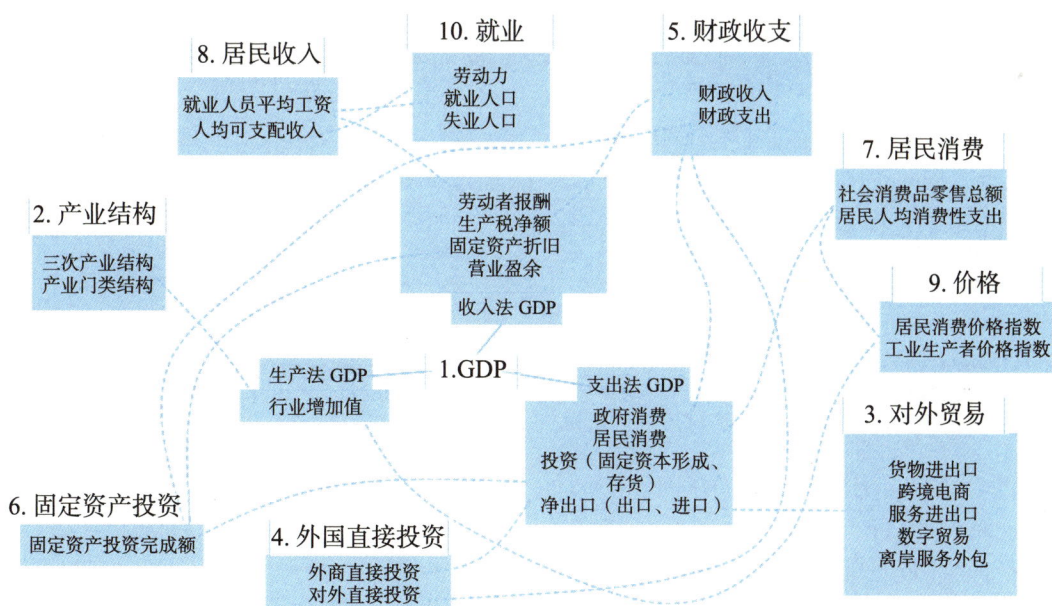

本书分为 10 章，分别对应 GDP、产业结构、对外贸易、外国直接投资、财政收支、

固定资产投资、居民消费、居民收入、价格、就业 10 类经济数据，不仅包括宏观总量数据，也包含行业维度等结构数据。每一章围绕一类宏观经济数据，从数据梳理、数据解读与理解要点、数据分析思路、数据处理与图表呈现、分析示例和数据应用场景六个维度，全面解析经济数据分析的"数据和算法"。

在本书成稿和出版过程中，特别要感谢人民邮电出版社与北京普华文化发展有限公司的大力支持，尤其要感谢责任编辑贾淑艳老师。贾老师以其专业的编辑素养和严谨的工作态度，针对本书内容提出了诸多建设性的修改意见。此外，我还要感谢我的夫人许倩瑜、儿子彭煦洋对我创作工作的支持，他们向我提供了许多宝贵建议。

时代在迅速发展，行业知识也在不断更新，本人水平有限，书中难免有错误和不当之处，希望广大读者批评指正。

彭小江
2025 年 3 月

目录

第十章　就业数据

第一章

GDP 数据

GDP（国内生产总值）是广受关注的宏观经济指标，它的核算方法主要有生产法、收入法和支出法。本章主要介绍以下内容。

（1）GDP 是增加值，不是产值，也不是营业收入；

（2）生产法核算 GDP 和收入法核算 GDP 均为各个行业增加值的加总数；

（3）生产法核算 GDP 可以反映各个行业的投入产出效率；

（4）收入法核算 GDP 可以反映各个行业创造新增价值的收入分配情况；

（5）支出法核算 GDP 可以反映"三驾马车"对经济总量增长的贡献。

分析 GDP 数据时，要结合总量和增速、现状和走势辩证地分析，横向比较时要注意数据口径的一致性与可比性。其主要应用场景如下。

（1）撰写宏观经济运行分析报告；

（2）制定 GDP 增长目标和策略；

（3）收入分配政策研究；

（4）利用生产法核算行业 GDP 数据，评估投资环境，做投资选址决策。

一、GDP 相关数据梳理

根据《中华人民共和国统计法》，GDP（即国内生产总值）数据由统计部门统计核算、对外发布。其中，国家统计局负责全国和省级 GDP 核算。

按国家统计局的定义，GDP 有三种核算方法：生产法核算 GDP，收入法核算 GDP，支出法核算 GDP。

按统计核算时间，GDP 数据包括季度 GDP 和年度 GDP。季度 GDP 是以生产法为基础核算的结果，年度 GDP 是综合运用生产法、收入法和支出法核算的结果。

按统计核算流程，GDP 数据包括初步核算数和最终核实数。一般无特别说明的话，统计公报发布的 GDP 为初步核算数，统计年鉴发布的 GDP 为最终核实数。如果要分析多个年份数据，应统一采用初步核算数或最终核实数。

按统计核算计价方式，GDP 数据包括现价数据和可比价（不变价）数据。通常，发布的 GDP 总量是按现价即当年价格计算的现价 GDP；发布的 GDP 增速是按可比价（不变价）计算的实际增速，该数据扣除了价格变动因素，能真实地反映实物量的增减变动。可比价（不变价）GDP 数据较少公布，而用现价计算的 GDP 增速是名义增速。

综上，GDP 数据主要有：

1. 生产法核算 GDP；

2. 收入法核算 GDP；

3. 支出法核算 GDP。

二、生产法核算 GDP

（一）数据解读

生产法[1]是从常住单位在生产过程中创造新增价值的角度，即从生产过程中创造的货物和服务价值中，扣除生产过程中投入的中间货物和服务价值，得到增加值的一种方法。将国民经济各行业生产法增加值相加，得到生产法国内生产总值。

生产法 GDP 核算公式如下：

$$生产法\ GDP = \sum（各行业总产出 - 各行业中间投入）$$

我国生产法 GDP 核算分为年度核算和季度核算。其中，年度 GDP 核算包括经济普查年度核算和非经济普查年度（常规年度）核算，二者的主要区别在于经济普查年度核算的行业分类更细化。

常规年度 GDP 核算主要按照行业大类核算行业增加值，各行业增加值汇总得到 GDP。根据统计调查资料情况，按照一套表单位[2]、非一套表单位和个体经营户三种类型分别核算。对一套表单位、部分非一套表单位和个体户采用直接核算方式，即利用联网报送数据直接核算该部分单位的总产出、中间投入、增加值以及增加值的四个构成项；对部分非一套表单位和个体户采用间接核算方式，即参考经济普查年度或抽样调查数据进行推算。

季度 GDP 核算按 11 个行业细分为大类行业核算增加值，汇总得到季度 GDP。由于季度基础资料较少，季度 GDP 核算的行业增加值大多采取相关指标推算法（增速推算和增加值率推算）核算。

统计部门发布的季度 GDP 是以生产法为基础核算的结果。

在理解和应用生产法核算的 GDP 数据时，需注意以下要点。

第一，GDP 核算以我国经济领土内常住单位[3]为对象。常住单位以各个行业的法人单位[4]为主，也包括各个行业的个体经营户。

第二，生产法核算 GDP 数据从各行业创造的增量价值角度，涵盖国民经济所有行业的法人单位和个体经营户。各行业法人单位、个体经营户的增加值加总得到行业增加值，

---

① 来源：国家统计局网站，"五、国民经济核算（16）""生产法 GDP 的核算方法"。

② 一套表单位：主要包括规模以上工业、有资质的建筑业、限额以上批发和零售业、限额以上住宿和餐饮业、有开发经营活动的全部房地产开发经营业、规模以上服务业等。

③ 常住单位：指在一国（地区）经济领土内具有经济利益中心的经济单位，即在一国（地区）经济领土内拥有一定的活动场所，从事一定规模的经济活动，并超过一定时期的单位。

④ 法人单位包括五种类型：（1）企业法人：包括各种形式的企业，如有限责任公司、股份有限公司等；（2）事业单位法人：包括教育、科研、医疗等非营利性机构；（3）机关法人：包括政府机关和其他行使公共管理职能的机构；（4）社会团体法人：包括各种协会、学会等社会团体；（5）其他法人：包括基金会、居委会、村委会等。

各行业增加值汇总得到 GDP。

第三，地区生产总值核算采用在地原则，分公司的增加值计入其所在地的地区生产总值。非经济普查的常规年度，依据上一个经济普查年度的相关比例，对按法人单位核算的初步结果进行相应调整，以得到符合在地原则的分公司所在地的地区生产总值。

第四，生产法核算方式下发布两类 GDP 数据：一是 GDP 总量数据；二是三次产业和 11 个行业[①]增加值数据，11 个门类行业的细分行业增加值数据不对外公布。因此，大类行业 GDP 不一定能直接反映个人就职企业所在细分行业的情况，如制造业 GDP 数据无法反映汽车制造业的具体情况。

我国 2024 年二季度和上半年 GDP 初步核算数据如表 1-1 所示。

表 1-1　2024 年二季度和上半年 GDP 初步核算数据[②]

分类	绝对额（亿元）		比上年同期增长（%）	
	二季度	上半年	二季度	上半年
GDP	320 537	616 836	4.7	5.0
第一产业	19 122	30 660	3.6	3.5
第二产业	126 684	236 530	5.6	5.8
第三产业	174 731	349 646	4.2	4.6
农、林、牧、渔业	20 241	32 535	3.8	3.7
工业	103 433	199 858	5.9	6.0
#制造业	86 544	166 686	6.2	6.3
建筑业	23 793	37 771	4.3	4.8
批发和零售业	31 336	60 879	5.3	5.7
交通运输、仓储和邮政业	15 153	28 684	6.5	6.9
住宿和餐饮业	4 944	9 836	5.9	6.6
金融业	26 194	53 005	4.3	4.8
房地产业	17 778	35 514	−4.6	−5.0
信息传输、软件和信息技术服务业	16 121	32 002	10.2	11.9
租赁和商务服务业	10 801	22 033	8.7	9.8
其他行业	50 744	104 718	3.1	3.4

注：1. 绝对额按现价计算，增长速度按不变价计算；
　　2. 三次产业分类依据国家统计局 2018 年修订的《三次产业划分规定》；
　　3. 行业分类采用《国民经济行业分类（GB/T 4754—2017）》；
　　4. 本表 GDP 总量数据中，有的不等于各产业（行业）之和，是由于数值修约误差所致，未作机械调整。

第五，各行业总产出统计的是生产出来的价值，不是销售出去的价值。总产出是从

[①] 11 个行业（第一级分类）：农、林、牧、渔业，工业，建筑业，批发和零售业，交通运输、仓储和邮政业，住宿和餐饮业，金融业，房地产业，信息传输、软件和信息技术服务业，租赁和商务服务业，其他行业（科学研究和技术服务业，水利、环境和公共设施管理业，居民服务、修理和其他服务业，教育，卫生和社会工作，文化、体育和娱乐业，公共管理、社会保障和社会组织）。

[②] 来源：国家统计局网站。

生产的角度，统计常住单位生产出来的产品或服务总价值，也就是产成品价值，不是企业销售出去的产品或服务总价值，总产出或者产值大于销售额或营业收入。因此，若 GDP 数据中的 11 个门类行业 GDP 数据在增长，说明产成品价值在增长；而个别企业感觉市场不景气、销售低迷，只是说明其销售没增长，大行业 GDP 数据反映不了细分行业企业的销售情况。

第六，各行业中间投入指生产过程中投入的中间货物和服务价值，统计的是企业对外采购其他主体的产品和服务的成本，不包括企业内部人力成本、管理费用、营销费用、固定资产折旧等。因此，大类行业 GDP 增长可能源于产值增长且中间投入在减少（即外购物资成本下降），而企业裁员、降薪属于内部成本调整，大类行业 GDP 无法反映细分行业企业的内部成本费用情况。

（二）数据分析思路

分析一个地区的 GDP 数据，通常涉及总量和结构、纵向和横向、增速和增量等维度，落脚点是研判地区 GDP 规模量级、增速走势、三次产业贡献等特征，为地方政府制定 GDP 目标、经济发展战略等提供数据依据。

生产法 GDP 数据分析主要围绕年度 GDP、季度 GDP、产业贡献率三个方面展开。

提醒读者要注意数据的统计口径。一是涉及多个年份的，需采用同一来源的数据，如均采用年度统计公报或者统计年鉴的 GDP 数据；二是有的地区涉及行政区划调整，因统计范围有变化，需对调整前后的 GDP 数据分开分析。

（三）年度 GDP

年度 GDP 数据主要分析 GDP 规模、GDP 增速和增量。

下面以苏州市为例进行分析，其他省市可参考。

1. GDP 规模

（1）分析思路

从现状和走势两个方面，分析苏州市年度 GDP 及其占江苏省 GDP 的比例。

（2）数据图表

根据《江苏统计年鉴 2024》《苏州统计年鉴 2024》及 "2024 年全省经济运行稳中有进" "2024 年苏州市经济运行情况" 提供的数据，将苏州市 GDP 及其占江苏省 GDP 的比例数据整理成图表，具体如图 1-1 所示。

注意，图中 2010—2022 年 GDP 为最终核实数，2023 年、2024 年 GDP 数据为初步核算数，与前面年份数据口径有差异，不可直接对比。

图 1-1　苏州市历年 GDP 总量及变化情况（2005—2024 年）

（3）分析示例

总体上，苏州市 GDP 规模超过 2.5 万亿元，在江苏省 13 个地级市中遥遥领先，占江苏省 GDP 比例呈现下降走势，领先地位有所下降。

从现状来看，2024 年苏州市 GDP 总量为 26 727 亿元，占江苏省 GDP 总量的19.5%，在全省各地级市中排名第一。

从走势来看，2010 年至 2024 年期间，苏州市 GDP 先后超过 1 万亿元（2011 年）、2万亿元（2020 年）规模，但占全省 GDP 的比例呈现下降走势，占比从 2010 年的 22.3%下降至 2024 年的 19.5%。

2. GDP 增速和增量

（1）分析思路

从现状和走势两个方面，分析苏州市年度 GDP 增速及增量。

（2）数据图表

根据《苏州统计年鉴 2024》和"2024 年苏州市经济运行情况"提供的数据，将苏州市历年 GDP 增量（现价）、GDP 名义增速（现价）、GDP 实际增速（可比价）数据整理成图表，具体如图 1-2 所示。

图 1-2　苏州市历年 GDP 增速及增量情况（2005—2024 年）

（3）分析示例

总体上，苏州市 GDP 年增量规模在 1 100 亿元左右，2013 年以来进入中低速增长阶段。

从现状来看，2024 年苏州市 GDP 增量（现价）为 2 074 亿元，名义增速为 8.4%，比实际增速 6% 高 2.4 个百分点。

从走势来看，2010 年至 2024 年期间，苏州市 GDP 增量（现价）年均约 1 168 亿元，GDP 增速整体呈波动下行趋势。2013 年以来，GDP 名义增速和实际增速多数年份低于 10%（2017 年和 2021 年除外），进入中低速增长阶段。

3. 年度 GDP 数据应用思路

发改部门可利用年度 GDP 数据，研判 GDP 规模、增量、增速特征，制定 GDP 增长目标、经济发展战略。

以苏州市为例，该市 GDP 规模超过 2.5 万亿元，在江苏省 13 个地级市中遥遥领先，但其占江苏省 GDP 的比例呈现下降走势，领先地位有所下降。从增量看，其 GDP 年增量稳定在 1 100 亿元左右，自 2013 年以来全市 GDP 增速进入中低速增长阶段。发改部门可依据"年增量稳定在 1 100 亿元左右、GDP 名义增速 10% 以下"来制定 GDP 增长目标，依据"GDP 规模超过 2.5 万亿元、领先地位有所下降"来调整经济发展战略重点。

（四）季度 GDP

季度 GDP 数据主要分析季度 GDP 规模及其占比。

下面以苏州市为例进行分析，其他省市可参考。

1. 分析思路

从现状和走势两个方面，分析苏州市近几年各季度 GDP 及其占比（占全年 GDP 的比例）。

2. 数据图表

根据《苏州统计年鉴 2024》和"2024 年苏州市经济运行情况"提供的数据，将苏州市近几年各季度 GDP 及其占比数据整理成图表，具体如图 1-3 所示。

3. 分析示例

总体上，苏州市 2020—2024 年 4 个季度的 GDP 占比平均值分别为 21%、25%、25%、29%。

从现状来看，2024 年苏州市一季度 GDP 占比最低，为 20.8%；四季度 GDP 占比最高，为 30.8%；二、三季度 GDP 占比相差较小。

从走势来看，2020 年至 2024 年期间，苏州市一季度 GDP 占比在 21% 左右，二、三季度 GDP 占比在 25% 左右，四季度 GDP 占比在 29% 左右，可见四季度是实现年度

GDP 目标的关键节点。

图 1-3 苏州市各季度 GDP 及其占比情况（2020—2024 年）

4. 季度 GDP 数据应用思路

发改部门利用季度 GDP 数据，研判季度 GDP 规模及占比特征，以此来制定 GDP 目标计划。

以苏州市为例，该市 2020—2024 年 4 个季度 GDP 占比平均值分别为 21%、25%、25%、29%，四季度是实现 GDP 目标的关键节点。可依据此特征来制定季度 GDP 目标，并结合实际数据调整季度 GDP 目标计划。

（五）GDP 产业贡献率

GDP 产业贡献率主要分析各行业对 GDP 增量的贡献（即产业贡献率[①]）和拉动作用（即产业拉动百分点[②]）。

通常从三次产业、大类行业两个方面展开分析。由于省市层面较少公布可比价增加值数据，可用现价增加值数据计算产业贡献率和名义产业拉动百分点。

下面以苏州市为例进行分析，其他省市可参考。

1. 三次产业 GDP 贡献率

（1）分析思路

从现状和走势两个方面，分析苏州市历年三次产业贡献率和产业拉动百分点。

（2）数据图表

根据《苏州统计年鉴 2024》和"2024 年苏州市经济运行情况"提供的现价数据，将苏州市各年份三次产业贡献率和产业拉动百分点数据整理成图表，具体如表 1-2 所示。

---

① 各产业增加值增量与 GDP 增量之比（按可比价计算）。
② GDP 增长速度与各产业贡献率之乘积。

表 1-2　苏州市 2010—2024 年三次产业贡献率和产业拉动百分点（现价）

年份	第一产业贡献率	第二产业贡献率	第三产业贡献率	第一产业拉动百分点	第二产业拉动百分点	第三产业拉动百分点
2010	0.9%	53.9%	45.2%	0.15 %	9.13 %	7.66 %
2011	1.4%	49.1%	49.5%	0.22 %	7.96 %	8.04 %
2012	1.2%	45.6%	53.2%	0.15 %	5.54 %	6.46 %
2013	1.7%	28.1%	70.1%	0.14 %	2.26 %	5.65 %
2014	1.4%	16.4%	82.2%	0.08 %	1.00 %	5.00 %
2015	1.6%	22.4%	76.1%	0.09 %	1.23 %	4.17 %
2016	0.6%	18.8%	80.5%	0.04 %	1.27 %	5.44 %
2017	0.0%	50.5%	49.5%	0.00 %	5.07 %	4.98 %
2018	−0.6%	55.3%	45.3%	−0.05 %	4.12 %	3.37 %
2019	−1.7%	21.2%	80.6%	−0.09 %	1.16 %	4.42 %
2020	0.0%	27.9%	72.1%	0.00 %	1.33 %	3.43 %
2021	−0.2%	57.5%	42.8%	−0.03 %	8.51 %	6.33 %
2022	0.5%	63.0%	36.6%	0.01 %	1.73 %	1.01 %
2023	0.3%	4.5%	95.2%	0.01 %	0.16 %	3.39 %
2024	0.3%	47.0%	52.6%	0.03 %	3.96 %	4.43 %

（3）分析示例

总体上，苏州市第三产业贡献率、产业拉动百分点均高于第二产业，已成为实现 GDP 增量目标的关键产业。

从现状来看，2024 年苏州市三次产业贡献率分别为 0.3%、47%、52.6%，第三产业贡献率较第二产业高 5.6 个百分点；三次产业拉动百分点分别为 0.03%、3.96%、4.43%，第三产业拉动百分点较第二产业高 0.47 个百分点。

从走势来看，2010 年至 2022 年期间，苏州市第二产业贡献率平均值为 39.2%，低于第三产业贡献率平均值（60%）；第二产业拉动百分点平均值为 3.87%，低于第三产业拉动百分点平均值（5.07%）。可见，第三产业是苏州市 GDP 增量的主要贡献者和增长引擎。

2. 大类行业 GDP 贡献率

（1）分析思路

从现状和走势两个方面，分析苏州市历年大类产业 GDP 贡献率和产业拉动百分点。

（2）数据图表

根据《苏州统计年鉴》提供的现价数据，将苏州市历年 17 个大类产业 GDP 贡献率数据整理成图表，具体如表 1-3 所示。

需要注意的是，表中计算贡献率使用的 GDP 数据为最终核实数，2023 年、2024 年大类行业增加值最终核实数暂未发布。

表1-3　苏州市大类行业 GDP 贡献率变化情况（2010—2022 年）

行业	2010 年	2020 年	2022 年
农、林、牧、渔业	0.9%	0.1%	0.6%
工业	43.7%	21.6%	60.5%
建筑业	3.7%	6.3%	4.1%
批发和零售业	16.5%	13.1%	−8.9%
交通运输、仓储和邮政业	3.9%	3.1%	1.9%
住宿和餐饮业	2.9%	−3.7%	−5.0%
信息传输、软件和信息技术服务业	2.4%	9.8%	18.5%
金融业	6.4%	20.6%	36.4%
房地产业	6.2%	15.9%	−27.2%
租赁和商务服务业	3.0%	−1.6%	1.8%
科学、研究和技术服务业	0.7%	3.0%	3.5%
水利环境和公共设施管理业	0.5%	0.5%	0.1%
居民服务、修理和其他服务业	1.5%	1.4%	−0.5%
教育	2.1%	3.2%	4.2%
卫生和社会工作	1.2%	2.0%	4.2%
文化、体育和娱乐业	1.2%	0.0%	−0.3%
公共管理、社会保障和社会组织	3.5%	4.7%	6.0%

（3）分析示例

苏州市工业，信息传输、软件和信息技术服务业，金融业对 GDP 增量贡献显著；科学研究和技术服务业、教育、卫生和社会工作对 GDP 增量的贡献持续上升，是实现 GDP 增量目标的关键行业。

从现状来看，2022 年苏州市 GDP 增量（现价）为 637 亿元，增量贡献较高的产业依次为工业（60%），金融业（36.4%），信息传输、软件和信息技术服务业（18.5%），而房地产业（−27.2%）、批发和零售业（−8.9%）、住宿和餐饮业（−5.0%）增量贡献为负。

从走势来看，2010 年至 2022 年期间，信息传输、软件和信息技术服务业，金融业，科学研究和技术服务业，教育，卫生和社会工作对 GDP 增量的贡献持续上升；工业，农、林、牧、渔业对 GDP 增量的贡献先降后升；批发和零售业，住宿和餐饮业，交通运输、仓储和邮政业，文化、体育和娱乐业，居民服务、修理和其他服务业对 GDP 增量的贡献持续下降。

3.GDP 产业贡献率数据应用思路

发改部门利用 GDP 产业贡献率数据，研判三次产业、大类行业对 GDP 增量的贡献特征，进而制定 GDP 增长计划、产业结构优化策略。

以苏州市为例，该市第三产业贡献率、产业拉动百分点均高于第二产业，工业，信息传输、软件和信息技术服务业，金融业对 GDP 增量贡献显著；科学研究和技术服务业、教育、卫生和社会工作对 GDP 增量的贡献持续上升，是实现 GDP 增量目标的关键产业。可依据此特征来制定 GDP 增长目标计划、产业结构优化策略。

三、收入法核算 GDP

（一）数据解读

收入法是从生产过程形成收入的角度，根据资本、劳动力等生产要素在生产过程中应得的收入份额反映最终成果的一种核算方法。

收入法核算 GDP 计算公式如下：

收入法 GDP=∑ 各行业收入法增加值

各行业收入法增加值由劳动者报酬、生产税净额、固定资产折旧、营业盈余四项构成：

劳动者报酬主要包括工资、奖金、津贴和补贴等；

生产税净额指企业缴纳的生产税减去政府补贴后的差额；

固定资产折旧指固定资产通过生产过程被转移到其产品中的价值；

营业盈余主要包括企业的净利润及留存收益等。

我国收入法 GDP 主要采用年度核算，发布的数据分为两类：

一是通过统计年鉴、统计公报等发布年度收入法 GDP 总额，涵盖全国、各省、自治区和直辖市；

二是通过统计年鉴、投入产出表等发布部分年份收入法 GDP 构成项目、行业收入法 GDP 构成项目数据，涵盖全国、各省、自治区和直辖市。

《中国统计年鉴》可以查到 2017 年及以前年份各省、自治区、直辖市**收入法 GDP 构成项目**数据。2018 年及之后年度的全国性收入法结构数据仍按周期发布，但省级层面仅少数省市（如北京、上海）在地方统计年鉴中披露相关数据。

各行业收入法 GDP 构成项目数据，可通过部分年份的全国《投入产出表》和各省《投入产出表》查询。目前，各省、自治区、直辖市的行业收入法 GDP 构成项目数据仅公布至 2017 年，最新数据将于 2025 年公布（基于 2023 年第五次全国经济普查数据和同期投入产出调查数据编制）。

在理解和应用收入法核算的 GDP 数据时，需注意以下要点。

第一，收入法 GDP 的四个子项数据公开发布频率相对不高，可获得和应用的数据有限。一是只有年度数据，没有季度数据；二是只有部分年份有数据，如经济普查年份；三是只有部分省份发布省级数据，省级以下数据普遍缺失。

第二，收入法 GDP 是从企业生产经营要素（资本、劳动力、技术、数据等）的角度，核算各项生产要素所取得的收入，反映了劳动者、政府、企业参与增加值收入分配方面的信息。

第三，收入法 GDP 的各子项数据，涉及政府、企业、个人三方。劳动者报酬跟个人有关，生产税净额跟政府有关，固定资产折旧、营业盈余跟企业有关。

第四，收入法核算增加值，不仅有 GDP 总量维度数据，也有三次产业维度数据，以及细分到中类、小类行业维度数据，具有较高的应用价值。

（二）数据分析思路

收入法 GDP 数据分析，主要从省市收入法 GDP 构成项目、行业收入法 GDP 构成项目两个维度展开。

（三）收入法 GDP 构成

下面以浙江省为例进行分析，其他省市可参考。

1. 分析思路

从现状和走势两个方面，分析浙江省部分年份收入法 GDP 构成项目占比。

2. 数据图表

根据《浙江省 2010 年 /2017 年投入产出表》《2010 年 /2017 年全国投入产出表》提供的数据，将浙江省 GDP 收入法构成项目占比数据整理成图表，具体如表 1-4 所示。

表 1-4　收入法 GDP 构成项目变化（2010—2017 年）

构成	2010 年		2017 年		2010—2017 年变化	
	浙江	全国	浙江	全国	浙江	全国
劳动者报酬	40.1%	47.3%	47.6%	51.4%	7.4%	4.1%
生产税净额	11.9%	14.8%	14.1%	11.5%	2.3%	−3.3%
固定资产折旧	13.5%	13.7%	11.5%	13.4%	−2.0%	−0.3%
营业盈余	34.5%	24.1%	26.8%	23.6%	−7.7%	−0.5%

3. 分析示例

总体上，与全国平均水平相比，浙江省劳动者、政府分配比例呈明显上升走势；企业分配比例高于全国平均水平，但占比呈现下降走势。

从现状来看，2017 年浙江省收入法 GDP 项目中，劳动者报酬、生产税净额、固定资产折旧和营业盈余占比分别为 47.6%、14.1%、11.5% 和 26.8%，劳动者报酬占比近一半，其次是营业盈余。与全国整体水平相比，劳动者报酬占比低于全国平均水平，劳动者分配比例相对较低；生产税净额、营业盈余占比均高于全国平均水平，政府、企业分配比例相对较高。

从走势来看，2010 年至 2017 年期间，浙江省劳动者报酬、生产税净额占比提升，劳动者、政府分配比例增加；固定资产折旧、营业盈余占比下降，企业分配比例减少。

（四）行业收入法 GDP 构成

下面以浙江省为例进行分析，其他省市可参考。

1. 分析思路

从现状和走势两个方面，分析浙江省部分年份行业收入法 GDP 构成项目占比。

2. 数据图表

根据《浙江省 2010 年 /2017 年投入产出表》《2010 年 /2017 年全国投入产出表》提供的数据，将行业 GDP 收入法构成项目占比数据整理成图表，具体如表 1-5 和表 1-6 所示。

表 1-5　行业 GDP 收入法构成项目情况（2017 年）

行业	劳动者报酬		生产税净额		固定资产折旧		营业盈余	
	浙江	全国	浙江	全国	浙江	全国	浙江	全国
金融业	25.2%	44.9%	10.5%	9.9%	1.4%	4.1%	62.9%	41.1%
租赁和商务服务业	55.7%	79.0%	10.1%	9.7%	13.3%	9.7%	20.9%	1.7%
科学研究和技术服务业	62.4%	61.7%	9.7%	4.9%	6.1%	21.4%	21.8%	12.0%
信息传输、软件和信息技术服务业	36.6%	37.2%	7.5%	3.2%	14.9%	26.3%	40.9%	33.3%
交通运输、仓储和邮政业	54.8%	47.5%	5.5%	2.2%	21.9%	42.6%	17.7%	7.7%
文化、体育和娱乐业	56.3%	63.0%	9.4%	3.2%	13.3%	21.5%	21.0%	12.3%
住宿和餐饮业	62.4%	55.4%	4.5%	2.3%	10.6%	27.2%	22.5%	15.1%
电力、热力、燃气及水生产和供应业	17.0%	32.9%	19.3%	14.8%	40.1%	36.7%	23.5%	15.6%
制造业	35.4%	38.6%	18.9%	19.3%	12.7%	11.7%	33.0%	30.4%
批发和零售业	41.4%	45.5%	25.1%	12.7%	3.7%	10.5%	29.7%	31.3%
采矿业	31.3%	35.2%	23.7%	31.8%	14.4%	15.3%	30.7%	17.8%
房地产业	12.8%	15.2%	22.2%	20.8%	48.1%	5.1%	16.9%	58.9%
建筑业	70.4%	61.9%	13.0%	14.6%	2.2%	3.5%	14.4%	20.0%
水利、环境和公共设施管理业	57.9%	47.0%	6.8%	1.5%	16.3%	30.1%	19.0%	21.4%
居民服务、修理和其他服务业	71.4%	78.8%	4.5%	4.5%	4.7%	10.1%	19.4%	6.6%
教育	88.7%	74.2%	0.4%	0.3%	8.9%	18.7%	2.0%	6.8%
卫生和社会工作	88.4%	81.6%	0.1%	0.1%	7.3%	13.8%	4.2%	4.5%
公共管理、社会保障和社会组织	90.5%	83.3%	0.1%	0.6%	6.1%	14.9%	3.2%	1.3%
农、林、牧、渔业	94.2%	99.7%	−3.7%	−5.2%	9.4%	3.5%	0.0%	2.0%

表 1-6　行业 GDP 收入法构成项目占比变化（2010—2017 年）

行业	劳动者报酬	生产税净额	固定资产折旧	营业盈余
金融业	12.5%	0.5%	−14.5%	1.5%
建筑业	−5.7%	20.1%	−10.6%	−3.9%
制造业	3.1%	16.7%	−6.9%	−12.9%
农、林、牧、渔业	−1.3%	10.6%	0.1%	−9.4%
公共管理、社会保障和社会组织	−0.7%	7.0%	0.3%	−6.6%
信息传输、软件和信息技术服务业	5.0%	2.1%	−0.4%	−6.7%

（续表）

行业	劳动者报酬	生产税净额	固定资产折旧	营业盈余
文化、体育和娱乐业	1.6%	2.0%	−0.8%	−2.8%
交通运输、仓储和邮政业	9.0%	1.5%	−0.6%	−10.0%
水利、环境和公共设施管理业	14.9%	0.0%	1.9%	−16.8%
批发和零售业	−6.0%	−0.2%	3.5%	2.8%
科学研究和技术服务业	4.7%	−0.1%	0.7%	−5.4%
采矿业	−1.5%	−1.1%	2.6%	0.0%
住宿和餐饮业	21.3%	−1.4%	−9.5%	−10.5%
电力、热力、燃气及水生产和供应业	13.8%	−2.4%	−7.1%	−4.3%
教育	23.3%	−2.6%	1.5%	−22.1%
卫生和社会工作	20.7%	−3.0%	−0.2%	−17.6%
房地产业	2.0%	−4.3%	−1.8%	4.1%
居民服务、修理和其他服务业	2.8%	−4.5%	−2.7%	4.4%
租赁和商务服务业	15.3%	−12.1%	−1.2%	−1.9%

3. 分析示例

总体上，与全国平均水平相比，浙江省金融业、批发和零售业、租赁和商务服务业、科学研究和技术服务业等行业的生产税净额、营业盈余占比均相对较高；制造业营业盈余占比略高于全国平均水平，且劳动者报酬占比呈上升走势。这些行业在招商引资方面的竞争力较强。

从现状来看，2017 年浙江省金融业、租赁和商务服务业、科学研究和技术服务业等8 个行业的生产税净额、营业盈余占比高于全国平均水平，这些行业的竞争力（营业盈余占比高，有利于吸引企业投资）和吸引力（生产税净额占比高，有利于贡献政府财政收入）较强；制造业的生产税净额略低于全国平均水平，营业盈余略高于全国平均水平，具备一定的竞争力。

从走势来看，2010 年至 2017 年期间，浙江省金融业的生产税净额和营业盈余占比均有所提高，批发和零售业的生产税净额占比略微下降、营业盈余占比提高，这两个行业的竞争力和吸引力较强；制造业的营业盈余占比大幅下降，但劳动者报酬占比增加，有利于吸引人才和劳动用工。

4. 收入法 GDP 构成项目数据应用思路

第一，发改、工信、商务等部门可利用收入法 GDP 构成项目数据，从经济发展目标、招商引资角度出发，研判劳动者报酬、生产税净额、营业盈余占比特征，科学确定产业发展策略和招商引资方向。以浙江省为例，相对全国平均水平，该省 GDP 中政府分配比例呈明显上升走势，企业分配比例呈现下降走势但仍高于全国平均水平。浙江省金融业、批发和零售业、租赁和商务服务业、科学研究和技术服务业等行业生产税净额占比、企业营业盈余占比均较高，制造业营业盈余占比略高于全国平均水平、劳动者报酬占比呈现增加走势，这些行业在招商引资方面竞争力较强。可依据此特征，结合增加财政收入和招商引资目标，将上述行业作为发展重点。

第二，各行业企业可利用收入法 GDP 构成项目数据，研判各地区行业营业盈余占比、生产税净额占比、劳动者报酬占比特征，评估投资环境、制定投资选址和业务布局策略。以浙江省为例，相对全国平均水平，该省 GDP 中劳动者分配比例呈现下降走势但高于全国平均水平。浙江省金融业、批发和零售业、租赁和商务服务业、科学研究和技术服务业等行业企业营业盈余占比较高，制造业营业盈余占比略高于全国平均水平、劳动者报酬占比呈现增加走势，这些行业是"利"企业的。这些行业的企业可依据此特征，将浙江省作为投资选址的重点地区。

第三，个人可利用收入法 GDP 构成项目数据，研判各地区行业劳动者报酬占比特征，作为个人发展择业的参考依据之一。以浙江省为例，相对全国平均水平，该省 GDP 中整体劳动者分配比例呈现下降走势，但教育、医疗、住宿餐饮、科研和技术服务等行业劳动者报酬占比较高且呈现上升走势，这些行业是"利"劳动者的。这些行业的从业人员可依据此特征，将浙江省作为发展择业的重点地区。

四、支出法核算 GDP

（一）数据解读

支出法是从生产活动成果最终使用的角度计算国内生产总值的一种方法。最终使用包括最终消费支出、资本形成总额及货物和服务净出口三部分。

支出法 GDP 核算公式如下：

支出法 GDP= 最终消费支出 + 资本形成总额 + 货物和服务净出口

其中，**最终消费支出**包括居民消费支出和政府消费支出，**资本形成总额**是指企业的固定资本形成总额和存货变动额，**货物和服务净出口**指货物和服务出口减货物和服务进口的差额。

通常发布的支出法核算 GDP 的子项数据如表 1-7 所示。

表 1-7　按支出法计算的地区生产总值

本表按当年价格计算

年份	最终消费支出（亿元）			资本形成总额（亿元）		货物和服务净出口（亿元）	
	居民消费支出		政府消费支出	固定资本形成总额	存货变动	出口	进口
	城镇居民	农村居民					
2018	277 365	76 759	152 011	393 848	8 737	175 694	168 640
2019	305 131	82 057	165 444	422 451	4 227	182 470	171 072
2020	304 086	83 099	173 625	430 625	8 925	187 926	162 659
2021	345 085	92 931	181 673	482 119	13 665	229 166	199 355
2022	351 294	96 616	193 723	507 958	15 933	250 413	210 920

在理解和应用支出法核算的 GDP 数据时，需注意以下要点。

第一，支出法核算 GDP 的构成项目数据发布频率相对较低，可获得和利用的数据有限。一是只有年度数据，没有季度数据；二是只有国家、省级的数据。

第二，支出法是从生产活动成果的最终使用角度来核算 GDP 的，反映了居民和政府消费、固定资产投资和存货、净出口三个方面的经济活动所需要消耗的市场主体生产的货物和服务，也就是总需求拉动。三者对应着我们常说的拉动经济增长的"消费、投资、净出口"这"三驾马车"或三大需求。其中，最终消费支出和资本形成总额是内部需求，体现了经济循环中消费和投资的关系；货物和服务净出口是外部需求。

第三，最终消费支出中的居民消费支出与社会消费品零售总额有差别。居民消费支出是国内居民通过货币购买或实物报酬形式获得的最终消费，不仅包括货物消费，还包括服务消费；社会消费品零售总额是国内法人单位和个体户在国内市场销售的以货币形式实现的货物零售和餐饮服务消费，不包括除餐饮服务外的其他服务消费。

第四，固定资本形成总额与固定资产投资有差别。固定资本形成总额是核算指标，反映所有经济主体在一定时期内形成的固定资产价值，涵盖所有规模的项目；全社会固定资产投资完成额是统计指标，主要统计 500 万元及以上的建设项目完成的投资，侧重于基建和大型项目。两者的共同点是都包含政府投资和民间投资。

第五，货物和服务净出口与海关统计的贸易顺（逆）差额有差别。支出法 GDP 中的进出口数据按离岸价格计算，既包括货物的进出口，也包括服务的进出口，但不包含来料加工的进出口；海关统计的进出口数据按到岸价格计算，包括货物的进出口，也包括来料加工的进出口。

第六，支出法核算的 GDP 各子项数据没有中观行业维度的数据，适合用于宏观分析。

（二）数据分析思路

支出法 GDP 数据分析，主要从 GDP 支出法构成项目、"三驾马车"贡献率两个方面展开。

（三）GDP 支出法构成项目

下面以江苏省为例进行分析，其他省市可参考。

1. 分析思路

从现状和走势两个方面，分析部分年份支出法 GDP 构成项目占比。

2. 数据图表

根据《江苏统计年鉴 2024》提供的数据，将江苏省支出法 GDP 构成项目占比数据整理成图表，具体如表 1-8 所示。

表 1-8　GDP 支出法构成项目变化（2010—2022 年）

构成	2010 年		2022 年		2010—2022 年变化	
	江苏	全国	江苏	全国	江苏	全国
居民消费	26.4%	33.8%	35.8%	37.5%	9.4%	3.7%
政府消费	15.2%	13.6%	12.3%	16.1%	−2.9%	2.5%
固定资本形成	51.4%	46.2%	39.4%	42.0%	−12.0%	−4.3%
存货增加	1.1%	2.4%	2.0%	1.2%	0.9%	−1.1%
货物和服务净出口	5.9%	4.0%	10.5%	3.2%	4.6%	−0.8%

3. 分析示例

总体上，江苏省 GDP 中居民消费、货物和服务净出口占比呈现上升走势，最终消费占比超过了固定资本形成占比，但低于全国平均水平，内需中消费需求占比有待提升。

从现状来看，2022 年江苏省 GDP 支出法构成项目中固定资本形成占 39.4%，其次是居民消费占 35.8%，二者均低于全国平均水平；货物和服务净出口占 10.5%，远高于全国平均水平，进出口贸易特色明显。

从走势来看，2010 年至 2022 年期间，江苏省居民消费、货物和服务净出口占比分别提高 9.4 个百分点、4.6 个百分点，而固定资本形成占比下降 12 个百分点，政府消费占比下降 2.9 个百分点。

（四）"三驾马车"贡献率

1. 分析思路

从现状和走势两个方面，分析江苏省部分年份 GDP 支出法构成项目贡献率和拉动百分点。

2. 数据图表

根据《江苏统计年鉴 2024》提供的现价数据（省市层面不变价数据较少公布），将江苏省 GDP 支出法构成项目贡献率和拉动百分点[①]数据整理成图表，具体如表 1-9 所示。

表 1-9　GDP 支出法构成项目贡献率和拉动百分点（2010—2022 年）

年份	最终消费贡献率	资本形成总额贡献率	货物和服务净出口贡献率	最终消费拉动百分点	资本形成总额拉动百分点	货物和服务净出口拉动百分点
2010	41.2%	53.7%	5.1%	8.3%	10.8%	1.0%
2012	42.2%	48.5%	9.2%	4.2%	4.8%	0.9%
2014	79.7%	18.1%	2.2%	7.4%	1.7%	0.2%
2016	73.8%	21.5%	4.7%	6.3%	1.8%	0.4%
2018	55.2%	6.6%	38.2%	4.7%	0.6%	3.3%

---

① 贡献率指三大需求增量与支出法国内生产总值增量之比，拉动百分点指国内生产总值增长速度与三大需求贡献率的乘积。

（续表）

年份	最终消费贡献率	资本形成总额贡献率	货物和服务净出口贡献率	最终消费拉动百分点	资本形成总额拉动百分点	货物和服务净出口拉动百分点
2020	−6.4%	100.2%	6.2%	−0.3%	4.2%	0.3%
2021	48.5%	36.2%	15.3%	6.9%	5.1%	2.2%
2022	42.2%	38.0%	19.7%	1.7%	1.5%	0.8%

3. 分析示例

总体上，江苏省 GDP 增量更加依靠最终消费、货物和服务净出口两大需求贡献，GDP 增长驱动因素更加平衡。

从现状来看，2022 年江苏省 GDP 增量中，最终消费的贡献率和拉动百分点分别为 42.2% 和 1.7%，资本形成总额的贡献率和拉动百分点分别为 38% 和 1.5%，最终消费和资本形成总额平衡拉动 GDP 增长。

从走势来看，2010 年至 2022 年期间，江苏省资本形成总额的贡献率下降了 15.7 个百分点，货物和服务净出口的贡献率上升了 14.6 个百分点，最终消费的贡献率上升了 1 个百分点，可见 GDP 增长更加依靠最终消费、货物和服务净出口内外两大需求拉动。

4.GDP 支出法构成项目数据应用思路

发改等部门可利用 GDP 支出法构成项目、"三驾马车"贡献率数据，从 GDP 增长和经济高质量发展目标出发，研判 GDP 中三大需求占比特征，科学制定经济高质量发展策略。

以江苏省为例，相对全国平均水平，该省 GDP 中居民消费、货物和服务净出口占比呈现上升走势，最终消费支出占比超过固定资本形成总额占比，GDP 增量更加依赖最终消费支出、货物和服务净出口两大需求的贡献，GDP 增长结构呈现优化走势；但最终消费占比低于全国平均水平，内需中消费需求占比有待提升。发改部门可依据此特征，结合 GDP 增长和经济高质量发展目标，将经济高质量发展策略的着力点放在扩大最终消费需求（居民消费、政府消费）上面。

第二章

产业结构数据

　　产业结构是地区经济产业分析的核心指标之一，主要涉及三次产业结构、产业门类结构等数据。本章主要介绍以下内容。

　　（1）统计局发布的产业结构数据指的是三次产业及各行业的增加值占比结构；

　　（2）按国家分类标准（《国民经济行业分类》），产业结构包括三次产业结构、产业门类结构。

　　（3）产业结构没有绝对的好与不好，不能简单进行横向比较或经验套用。

　　分析产业结构数据时，需结合区域经济现状和历史走势辩证地进行分析；横向比较时，要注意区域发展阶段的可比性与数据口径的一致性。其主要应用场景如下。

　　（1）撰写宏观经济运行分析报告；

　　（2）制定产业结构优化升级策略；

　　（3）制定产业招商引资目标和策略；

　　（4）进行经济发展规划和产业规划分析。

一、产业结构数据梳理

　　依据公开渠道和数据发布制度，产业结构数据主要包括三次产业结构和产业门类结构。

二、产业结构数据解读

　　按国家统计局标准，产业结构指国民经济各产业部门之间及内部的构成与比例关系，其演变特征标志着一国经济发展水平和发展阶段变化。

　　依据现行《国民经济行业分类（GB/T 4754—2017）》，国民经济行业分类分为门类、大类、中类和小类四个层次，共包含门类20个、大类97个、中类473个和小类1 382个。

　　产业结构中三次产业的划分，并非完全按照《国民经济行业分类》门类的顺序机械归类，而是根据产业性质（生产活动属性）和国家标准进行科学界定。例如，A门类"农、林、牧、渔业"中的大类"05农、林、牧、渔专业及辅助性活动"、B门类"采矿业"中的大类"11开采专业及辅助性活动"、C门类"制造业"中的大类"43金属制品、机械和设备修理业"都被界定为第三产业，具体如表2-1所示。

表 2-1　三次产业划分

三次产业	国民经济行业分类门类
第一产业	A 农、林、牧、渔业（不含农、林、牧、渔专业及辅助性活动）
第二产业	B 采矿业（不含开采专业及辅助性活动）
	C 制造业（不含金属制品、机械和设备修理业）
	D 电力、热力、燃气及水生产和供应业
	E 建筑业
第三产业	F 批发和零售业
	G 交通运输、仓储和邮政业
	H 住宿和餐饮业
	I 信息传输、软件和信息技术服务业
	J 金融业
	K 房地产业
	L 租赁和商务服务业
	M 科学研究和技术服务业
	N 水利、环境和公共设施管理业
	O 居民服务、修理和其他服务业
	P 教育
	Q 卫生和社会工作
	R 文化、体育和娱乐业
	S 公共管理、社会保障和社会组织
	T 国际组织
	A-05 农、林、牧、渔专业及辅助性活动
	B-11 开采专业及辅助性活动
	C-43 金属制品、机械和设备修理业

在理解和应用产业结构数据时，要注意以下要点。

第一，产业结构的核心衡量指标通常是增加值占比，但根据数据可得性，实际应用时可以产值或营业收入、企业数量等数据作为补充。

第二，统计部门通常发布三次产业增加值结构数据，可以根据 19 个产业门类[1]增加值和企业数量数据计算产业门类结构，根据 14 个服务业产业门类增加值和企业数量数据计算服务业产业门类结构，根据制造业 31 个大类行业产值（营业收入）和企业数量数据计算制造业 31 个大类行业结构。

利用企业数量数据时要注意以下三点：一是统计年鉴"按行业分法人单位数"不含个体工商户；二是统计年鉴"按行业分法人单位数"参考了经济普查年份第二产业、第三产业各行业的法人单位统计数据，法人单位的行业分类基本是准确的，而企业数据查询平台按行业查询得到的企业数量数据可能存在分类误差，不适合用于产业门类企业数量结构分析；三是统计年鉴通常会发布规模以上服务业企业、制造业企业数量，其行业分类基本是准确的，在缺少各行业全部企业数量数据时，可将该数据用于服务业产业门

[1]　不包含国民经济 20 个产业门类中的"T 国际组织"。

类结构分析、制造业大类行业结构分析。

第三，产业结构没有绝对的好或不好，要结合地区资源禀赋条件、经济发展阶段、政策目标等因素做辩证的分析，仅通过简单横向比较（如与发达国家比较）来评价产业结构的合理性是不科学的。

三、三次产业结构

三次产业结构数据分析主要从增加值结构、企业数量结构方面展开。

下面以浙江省为例进行分析，其他省市可参考。

（一）增加值结构

1. 分析思路

从现状和走势两个方面，分析浙江省三次产业增加值结构。

2. 数据图表

根据《浙江统计年鉴 2024》和"2024 年浙江经济运行情况"提供的数据，将浙江省历年三次产业增加值结构数据整理成图表，具体如表 2-2 所示。

表 2-2　三次产业增加值结构变化（2010—2024 年）

产业	2010 年		2024 年		2010—2024 年变化	
	浙江省	全国	浙江省	全国	浙江省	全国
第一产业	4.8%	9.3%	2.9%	6.8%	−1.9%	−2.5%
第二产业	51.6%	46.5%	38.6%	36.5%	−13.0%	−10.0%
第三产业	43.6%	44.2%	58.5%	56.7%	14.9%	12.5%

3. 分析示例

总体上，浙江省第三产业增加值占比呈快速上升走势，第二产业增加值占比快速下降，实体经济（第一产业、第二产业）占比低于全国平均水平，有待加强和巩固。

从现状来看，2024 年浙江省第三产业增加值占比 58.5%，第二产业增加值占比 38.6%，二、三产业增加值占比稍高于全国平均水平；第一产业增加值占比 2.9%，低于全国平均水平近 4 个百分点。

从走势来看，2010 年至 2024 年期间，浙江省第三产业增加值占比提高 14.9 个百分点，第二产业增加值占比下降 13 个百分点，产业结构变化幅度大于全国平均水平。

4. 三次产业增加值结构数据应用思路

发改等部门可利用三次产业增加值结构数据，从经济高质量发展目标出发，研判三次产业增加值占比特征，科学制定经济高质量发展策略。

以浙江省为例，该省第三产业增加值占比呈快速上升走势，第二产业增加值占比则快速下降。实体经济（第一产业、第二产业）占比低于全国平均水平，有待加强和巩固。可依据此特征，结合经济高质量发展目标，将经济高质量发展策略的着力点放在实体经济（尤其是制造业）上面。

（二）企业数量结构

各行业企业数量及占比变化，在一定程度上反映了产业招商引资结构特征；三次产业企业数量结构数据，可以作为制定产业招商引资策略的参考依据之一。

1. 分析思路

从现状和走势两个方面，分析浙江省三次产业企业数量结构。

2. 数据图表

根据《浙江统计年鉴2024》提供的数据，将浙江省历年三次产业企业数量及占比数据整理成图表，具体如表2-3所示。

表2-3　浙江省三次产业企业数量结构变化（2010—2022年）

浙江省	2010 年		2022 年		2010—2022 年变化	
	数量	占比	数量	占比	年均数量变化	占比变化
第一产业	21 037	3.1%	53 653	6.8%	2 718	3.7%
第二产业	300 374	43.8%	691 145	36.5%	32 564	−7.3%
第三产业	364 095	53.1%	1 945 862	56.7%	131 814	3.6%
全国	2010 年		2022 年		2010—2022 年变化	
	数量	占比	数量	占比	年均数量变化	占比变化
第一产业	242 400	2.8%	2 184 048	5.9%	161 804	3.1%
第二产业	2 568 800	29.3%	7 612 180	20.5%	420 282	−8.9%
第三产业	5 943 400	67.9%	27 373 406	73.6%	1 785 834	5.8%

3. 分析示例

总体上，浙江省三次产业企业数量占比呈现"二降三升"走势，第二产业、第三产业新增企业数占全国同期新增总量的比例分别为7.7%、7.4%，第二产业和第三产业招商引资优势明显。

从现状来看，2022年浙江省第三产业企业数量占比56.7%，比第二产业占比高20个百分点，第二产业企业数量占比远高于全国平均水平。

从走势来看，2010年至2022年期间，浙江省第三产业企业数量和省内占比均有所提升，企业数量年均增加13.1万多家，占全国同期新增总量的7.4%，省内占比也提升了3.6个百分点；第二产业虽然省内占比下降了7.3个百分点，但企业数量年均增加3.2万多家，占全国同期新增总量的7.7%，说明浙江省第二产业招商仍有一定优势。

4.三次产业企业数量结构数据应用思路

发改等部门可利用三次产业企业数量结构数据，从经济高质量发展和招商引资落地目标出发，研判三次产业企业数量占比特征，科学制定三次产业招商引资策略。

以浙江省为例，该省三次产业企业数量占比呈现"二降三升"走势，第二产业、第三产业新增企业数分别占全国同产业新增总量的 7.7%、7.4%，第二产业和第三产业招商引资优势明显。可依据此特征，结合经济高质量发展着力点在第二产业的策略思路，加强第二产业招商引资，同时每年审视三次产业企业数量占比变化，根据产业升级需求优化招商引资目标。

四、产业门类结构

产业门类结构分析主要是对 19 个产业门类，从增加值和企业数量两个维度进行分析。

下面以浙江省为例进行分析，其他省市可参考。

（一）增加值结构

1.分析思路

从现状和走势两个方面，分析浙江省 19 个产业门类增加值结构。

2.数据图表

根据《浙江统计年鉴 2024》《中国统计年鉴 2024》提供的数据，将浙江省历年 19 个产业门类增加值占比数据整理成图表，具体如表 2-4 所示。这里说明一下，为保持数据一致性，将"采矿业""制造业""电力、热力、燃气及水生产和供应业"3 个产业门类合并为工业。

表 2-4　浙江省 19 个产业门类增加值结构变化（2010—2022 年）

产业	2010 年		2022 年			2010—2022 年变化	
	浙江	全国	浙江	全国	浙江/全国	浙江	全国
工业	46.7%	40.0%	36.7%	32.8%	1.1	−10.0%	−7.2%
批发和零售业	9.8%	8.9%	12.3%	9.7%	1.3	2.5%	0.8%
金融业	8.6%	5.2%	8.5%	7.7%	1.1	−0.1%	2.5%
房地产业	6.0%	5.7%	6.7%	6.1%	1.1	0.7%	0.4%
信息传输、软件和信息技术服务业	2.2%	2.2%	6.2%	4.1%	1.5	4.0%	1.9%
建筑业	6.0%	6.6%	5.6%	6.7%	0.8	−0.4%	0.1%
租赁和商务服务业	1.7%	1.9%	3.7%	3.3%	1.1	2.0%	1.4%
教育	2.6%	3.0%	3.2%	3.9%	0.8	0.6%	0.9%
公共管理、社会保障和社会组织	3.2%	4.0%	3.0%	4.4%	0.7	−0.2%	0.4%
交通运输、仓储和邮政业	4.0%	4.8%	3.0%	4.2%	0.7	−1.0%	−0.5%
农、林、牧、渔业	5.0%	10.1%	2.9%	7.7%	0.4	−2.1%	−2.4%

产业	2010 年		2022 年			2010—2022 年变化	
	浙江	全国	浙江	全国	浙江 / 全国	浙江	全国
卫生和社会工作	1.5%	1.5%	2.6%	2.6%	1.0	1.1%	1.1%
科学研究和技术服务业	0.9%	1.4%	1.9%	2.5%	0.8	1.0%	1.1%
住宿和餐饮业	0.1%	2.0%	1.7%	1.5%	1.1	1.6%	−0.5%
居民服务、修理和其他服务业	1.3%	1.5%	0.9%	1.6%	0.6	−0.4%	0.1%
文化、体育和娱乐业	0.3%	0.6%	0.7%	0.7%	0.9	0.4%	0.1%
水利、环境和公共设施管理业	0.4%	0.4%	0.5%	0.5%	1.0	0.1%	0.1%

3. 分析示例

总体上，从增加值规模看，浙江省信息传输、软件和信息技术服务业及批发和零售业两个产业门类具有明显的集聚优势，工业及农、林、牧、渔业等实体经济发展较慢。

从现状来看，2022 年浙江省增加值占比前五位的行业为工业（36.7%）、批发和零售业（12.3%）、金融业（8.5%）、房地产业（6.7%）及信息传输、软件和信息技术服务业（6.2%），合计占 70%。与全国整体水平相比，信息传输、软件和信息技术服务业及批发和零售业两个产业门类具有明显的集聚优势。

从走势来看，2010 年至 2022 年期间，浙江省信息传输、软件和信息技术服务业及金融业、租赁和商务服务业增加值占比显著提升，尤其是现代服务业发展速度较快；工业及农、林、牧、渔业增加值占比大幅下降，说明实体经济发展较慢。

4. 19 个产业门类增加值结构数据应用思路

发改等部门可利用 19 个产业门类增加值结构数据，从经济高质量发展目标出发，研判 19 个产业门类增加值占比特征，科学制定经济高质量发展策略。

以浙江省为例，从增加值规模看，浙江省信息传输、软件和信息技术服务业及批发和零售业两个产业门类较全国平均水平具有明显的集聚优势，工业及农、林、牧、渔业等实体经济发展较慢。可依据此特征，结合经济高质量发展目标，将经济高质量发展策略的着力点放在两个方面：一是重点发展工业等实体经济，二是巩固发展信息传输、软件和信息技术服务业及批发和零售业等优势产业门类。

（二）企业数量结构

1. 分析思路

从现状和走势两个方面，分析 19 个产业门类企业数量结构。

2. 数据图表

根据《浙江统计年鉴 2012/2024》《中国统计年鉴 2012/2024》提供的数据，将 19 个产业门类企业数量占比数据整理成图表，具体如表 2-5 所示。

表 2-5　浙江省 19 个产业门类企业数量占比变化（2010—2022 年）

产业	2022 年			2010—2022 年变化			
	浙江省	全国	浙江/全国	浙江省		全国	
	占比	占比	区位商	数量变化	占比变化	数量变化	占比变化
批发和零售业	33.7%	29.3%	1.2	64 482	14.2%	743 035	7.0%
制造业	21.0%	12.2%	1.7	23 946	−19.4%	202 601	−11.6%
租赁和商务服务业	10.6%	11.9%	0.9	19 660	3.3%	320 162	5.2%
信息传输、软件和信息技术服务业	5.5%	4.7%	1.2	11 033	3.3%	129 661	2.5%
科学研究和技术服务业	5.0%	6.6%	0.8	9 783	2.6%	181 857	3.7%
建筑业	4.4%	7.8%	0.6	8 345	1.8%	216 588	4.4%
公共管理、社会保障和社会组织	3.0%	4.1%	0.7	848	−7.2%	13 164	−11.5%
房地产业	2.5%	3.0%	0.8	4 237	0.1%	69 205	−0.2%
文化、体育和娱乐业	2.4%	2.3%	1.0	4 881	1.6%	63 848	1.2%
交通运输、仓储和邮政业	2.2%	2.6%	0.8	3 825	0.3%	64 772	0.4%
教育	2.0%	2.2%	0.9	3 175	−0.3%	39 530	−1.7%
农、林、牧、渔业	2.0%	6.7%	0.3	2 718	−1.1%	181 189	3.1%
居民服务、修理和其他服务业	2.0%	2.0%	1.0	3 794	0.9%	50 043	0.3%
住宿和餐饮业	1.5%	1.8%	0.9	2 811	0.4%	42 072	−0.1%
卫生和社会工作	0.8%	0.9%	0.9	1 212	−0.2%	9 561	−1.5%
金融业	0.6%	0.4%	1.4	1 137	0.2%	9 532	−0.1%
水利、环境和公共设施管理业	0.6%	0.8%	0.7	932	0.0%	18 455	0.0%
电力、热力、燃气及水生产和供应业	0.3%	0.4%	0.7	318	−0.3%	7 426	−0.3%
采矿业	0.0%	0.2%	0.2	−46	−0.2%	−1 336	−0.9%

3. 分析示例

总体上，从企业数量看，浙江省制造业，金融业，信息传输、软件和信息技术服务业，批发和零售业 4 个产业门类具有明显的集聚优势；卫生和社会工作、金融业、批发和零售业及信息传输、软件和信息技术服务业年均企业增量占全国增量的比例较高，这 4 个产业门类具有招商引资优势。

从现状来看，2022 年浙江省企业数量占比前五位的行业为批发和零售业（33.7%），制造业（21%），租赁和商务服务业（10.6%），信息传输、软件和信息技术服务业（5.5%），科学研究和技术服务业（5%），合计占 75.8%。与全国整体水平相比，制造业，金融业，信息传输、软件和信息技术服务业，批发和零售业 4 个产业门类具有明显的集聚优势。

从走势来看，2010 年至 2022 年期间，浙江省批发和零售业，租赁和商务服务业，信息传输、软件和信息技术服务业，科学研究和技术服务业企业数量和占比均提升，企业数量年均增加 1 万家以上；制造业企业数量增量多，但占比大幅下降；卫生和社会工作、金融业、批发和零售业及信息传输、软件和信息技术服务业的年均企业增量占全国增量的比例较高，这 4 个产业门类具有招商引资优势。

4. 19 个产业门类企业数量结构数据应用思路

发改等部门可利用 19 个产业门类企业数量结构数据，从经济高质量发展和招商引资落地目标出发，研判 19 个产业门类企业数量占比特征，科学制定重点产业招商引资策略。

以浙江省为例，从企业数量看，浙江省制造业，金融业，信息传输、软件和信息技术服务业，批发和零售业 4 个产业门类具有明显的集聚优势；卫生和社会工作、金融业、批发和零售业及信息传输、软件和信息技术服务业的年均企业增量占全国增量的比例较高，这 4 个产业门类具有招商引资优势。可依据此特征，结合经济高质量策略思路（一是重点发展工业等实体经济，二是巩固发展信息传输、软件和信息技术服务业及批发和零售业等优势产业门类），巩固加强制造业，信息传输、软件和信息技术服务业，批发和零售业，金融业的招商引资，同时每年审视 19 个产业门类企业数量占比变化，优化招商引资目标。

第三章

对外贸易数据

对外贸易是"企业出海"的重要方式之一，主要涉及货物进出口、跨境电商进出口、服务进出口、数字贸易、服务外包等领域。本章主要介绍以下要点。

（1）按官方统计口径，货物进出口包含跨境电商，服务进出口包含数字贸易，服务出口包含离岸服务外包；

（2）货物进出口数据统计有世界通行的标准体系，数据比较完善；

（3）服务进出口、数字贸易、跨境电商进出口、服务外包的进出口统计暂时没有世界通行标准，数据不完善；

（4）货物进出口数据通过进出口贸易单据加总统计得出，不含推算成分；

（5）口岸进出口总额、关区进出口总额、货物进出口总额的统计口径不同。

分析对外贸易数据时，要结合总量和结构、现状和走势、绝对数据和相对数据进行辩证分析，要注意数据口径的一致性。其主要应用场景如下。

（1）撰写外贸运行分析报告；

（2）制定对外贸易（服务贸易、跨境电商、服务外包等）发展规划；

（3）开展企业"出海"市场分析和业务规划；

（4）分析产业供应链与制定招商引资策略。

一、对外贸易数据梳理

概括来说，对外贸易数据主要包括以下五类。

（1）货物进出口数据；

（2）服务进出口数据；

（3）跨境电商进出口数据；

（4）数字贸易数据；

（5）离岸服务外包数据。

按现有数据统计口径，货物进出口包括跨境电商进出口、数字贸易中的数字订购货物贸易，服务进出口包含离岸服务外包、数字贸易中的可数字化交付服务。

以下就五类对外贸易数据的分析与应用进行详细介绍。

二、货物进出口

（一）数据解读

综合联合国贸易数据库、世界贸易组织贸易数据库、海关统计数据在线查询平台、海关总署及各直属海关网站、商务部数据中心网站、《中国商务年鉴》、各省市统计年鉴及《国民经济和社会发展统计公报》等数据来源，货物进出口数据具体分为货物进出口总额、按商品类别进出口额、按贸易方式进出口额、按贸易伙伴进出口额、货物进出口差额五个维度。

1. 货物进出口总额

按海关总署及国家统计局的定义，货物进出口总额指实际进出我国关境的货物总金额。进出口总额统计数据包括进口总额和出口总额。

在理解和应用货物进出口总额数据时，要注意以下要点。

第一，货物进出口总额是以货币形式表示的商品总金额，我国海关统计价格分别以人民币和美元计价。不管是人民币还是美元计价，都会受到国际汇率波动影响，通常使用美元计价数据。进口货物按到岸价格统计（不包括进口关税和环节税），出口货物按离岸价格统计。因此，一国对另一国的出口额与另一国从该国的进口额存在差异，在分析数据时要注意，进口和出口最好采用同一国家报告的数据。

第二，根据海关统计制度，货物进出口统计口径有两个原则：一是货物跨境，即进出海关关境；二是改变境内物质资源储备存量（如出口货物退回国内），没有改变境内物质资源储备存量是不被计入出口额的。海关总署统计口径的关境是除港澳台以外的所有经济领土，进出口统计均不含港澳台数据。

第三，货物进出口总额是海关总署根据全国各地海关实际发生的进出口贸易单据统计加总得出，不含推算成分。因此，来自海关的货物进出口统计数据是准确和权威的。

第四，海关总署的进出口总额数据与国家外汇管理局"中国国际收支货物和服务贸易数据"中的"货物贸易进出口额"有差异，国际收支货物进出口数据按货物所有权转移、离岸价格原则统计，也包含不进出关境的转手买卖。实际分析中，货物进出口数据一般采用海关总署口径。

第五，结合我国实际，各省市开放口岸及设有海关的关区数量不一样，一个省市的货物可以选择由其他省市的口岸或关境进出。因此，口岸货物进出口总额、关区货物进出口总额、省市注册企业货物进出口总额三个统计数据的口径不一样。口岸进出口和关区进出口数据会特别说明是口岸或关区口径，没有特别说明的，通常是指省市注册企业口径。

（1）口岸货物进出口总额：对外开放口岸是指由国务院批准，允许运输工具及所载人员、货物、物品直接出入国（关）境的港口、机场、车站及边境通道。国家在对外开放口岸和海关监管业务集中的地点设立海关，目前各省和直辖市共设有口岸及海关300多个，形成按口岸统计的进出口贸易数据。例如，"全年上海口岸货物进出口总额87 463.10亿元"，指的是货物实际在上海口岸进出的数额，包括货物在上海关区申报，也包括货物在其他关区申报但由上海口岸进出的情形。

（2）**关区货物进出口总额**：我国海关主要负责对外货物贸易的监管和服务，实行三级海关业务管理体系，即"海关总署—42个直属海关—1 128个隶属海关"。其中，42个直属海关各自的管辖区域称为关区，按关区统计的贸易数据就是关区进出口数据。例如，"全年上海关区货物进出口总额64 604.64亿元"，指的是在上海关区（上海海关）报关的货物进出口数额，包括货物从上海口岸进出，也包括货物在其他口岸进出但在上海关区报关的情形。

（3）**省市注册企业货物进出口总额**：我国境内注册的企业从事进出口业务，都要在海关进行报关，海关将这类企业称为报关单位。报关单位包括进出口货物收发货人和报关企业两类。按照进出口货物收发货人和报关企业注册地口径统计的贸易数据就是省市进出口数据。例如，"全年上海市货物进出口总额34 828.47亿元"，指的是在上海注册的进出口货物收发货人和报关企业填报的进出口数额，包括在上海市报关并在上海口岸进出口，也包括在其他关区报关并在其他口岸进出口，但企业注册地在上海的情形。

2. 按商品类别进出口额

进出口商品分类在全球主要有三种体系：协调制度（HS）分类、国际贸易标准分类（SITC）、大类经济类别分类（BEC）。目前，全球贸易总量90%以上的商品采用的是协调制度（HS）分类。

《协调制度》通过国际统一的6位数编码规范商品分类：编码的1—2位对应的是"章"级分类，3—4位对应的是"目"级分类，5—6位对应的是"子目"级分类。2022年版《协调制度》有21类、97章（第77章空缺）。

根据我国海关总署统计制度，凡列入海关统计范围的进出口货物均根据《中华人民共和国海关统计商品目录》归类统计。该目录采用8位数商品编码，前6位数是HS国际标准编码，后两位数是根据我国进出境税收征管、统计和贸易管理方面的需要而增设的本国子目。2024年全目录计有22类、99章（77章空缺），包含8 966个8位数商品编号，其层级结构如下：2位数编码对应"章"，4位数编码对应"品目"，6位数编码对应"子目"，8位数编码对应"本国子目"。

我国海关统计商品类章与国标行业的对照如表3-1所示。

表3-1　海关统计商品类章与国标行业对照表[①]

商品类别	章	对应国标大类行业
第1类　活动物；动物产品	01~05章	畜牧业 渔业 农副食品加工业 食品制造业

[①] 资料来源：《中华人民共和国海关统计商品目录》《国民经济行业统计分类》。本书作者将海关统计的8位数编码商品对应标注为国标大类、中类、小类类别，表中所列"对应国标大类行业"，是按商品类章下8位数编码商品所对应的国标大类行业的汇总，篇幅所限，不呈现具体明细表。

（续表）

商品类别	章	对应国标大类行业
第 2 类　植物产品	06~14 章	农业 林业 农副食品加工业 食品制造业 酒、饮料和精制茶制造业
第 3 类　动、植物油、脂、蜡；精制食用油脂	15 章	畜牧业 农副食品加工业
第 4 类　食品；饮料、酒及醋；烟草及制品	16~24 章	农副食品加工业 食品制造业 酒、饮料和精制茶制造业 烟草制品业
第 5 类　矿产品	25~27 章	黑色金属矿采选业 非金属矿采选业 有色金属冶炼和压延加工业等
第 6 类　化学工业及其相关工业的产品	28~38 章	化学原料和化学制品制造业 医药制造业 有色金属冶炼和压延加工业等
第 7 类　塑料及其制品；橡胶及其制品	39~40 章	橡胶和塑料制品业 化学原料和化学制品制造业
第 8 类　革、毛皮及制品；箱包；肠线制品	41~43 章	皮革、毛皮、羽毛及其制品和制鞋业
第 9 类　木及制品；木炭；软木；编结品	44~46 章	木材加工和木、竹、藤、棕、草制品业
第 10 类　纤维素浆；废纸；纸、纸板及其制品	47~49 章	造纸和纸制品业 印刷和记录媒介复制业
第 11 类　纺织原料及纺织制品	50~62 章	纺织业 化学纤维制造业 纺织服装、服饰业等
第 12 类　鞋帽伞等；羽毛品；人造花；人发品	63~67 章	纺织服装、服饰业 皮革、毛皮、羽毛及其制品和制鞋业等
第 13 类　矿物材料制品；陶瓷品；玻璃及制品	68~70 章	非金属矿物制品业
第 14 类　珠宝、贵金属及制品；仿首饰；硬币	71 章	金属制品业 有色金属冶炼和压延加工业 文教、工美、体育和娱乐用品制造业
第 15 类　贱金属及其制品	72~83 章	黑色金属冶炼和压延加工业 有色金属冶炼和压延加工业 金属制品业等
第 16 类　机电、音像设备及其零件、附件	84~85 章	通用设备制造业 电气机械和器材制造业 计算机、通信和其他电子设备制造业等
第 17 类　车辆、航空器、船舶及运输设备	86~89 章	铁路、船舶、航空航天和其他运输设备制造业 汽车制造业
第 18 类　光学、医疗等仪器；钟表；乐器	90~92 章	专用设备制造业 仪器仪表制造业 文教、工美、体育和娱乐用品制造业
第 19 类　武器、弹药及其零件、附件	93 章	金属制品业
第 20 类　杂项制品	94~96 章	家具制造业 木材加工和木、竹、藤、棕、草制品业 电气机械和器材制造业等
第 21 类　艺术品、收藏品及古物	97 章	文教、工美、体育和娱乐用品制造业
第 22 类　特殊交易品及未分类商品	98~99 章	—

海关数据查询平台可以查询类、章、4 位数编码、6 位数编码、8 位数编码商品进出口额数据，这是最原始、最底层的数据。海关总署官网也会按月发布该分类下的类、章数据和"重点商品""合并项"数据。

在理解和应用按商品类别进出口额数据时，要注意以下要点。

第一，联合国贸易数据库与海关总署"海关统计数据在线查询平台"的数据都采用 HS 的 6 位数编码。中国整体和全球层面的分析，一般采用联合国贸易数据库的商品类别数据；省市层面的分析，一般采用海关统计数据在线查询平台的商品类别数据。

第二，联合国贸易数据库与海关总署海关统计数据在线查询平台的商品类别数据都是基于商品类别维度的统计。实际工作中，政府和企业往往需要从行业视角进行分析，而目前海关数据库中没有基于行业维度的统计数据，这就需要自行编制《海关统计商品目录》与《国民经济行业分类》的对照表，将商品类别数据转化为行业类别数据。

第三，海关总署官网发布的月度与快讯数据中，"重点商品"大多是合并项，如农产品、机电产品、高新技术产品，比较直观。《海关统计快讯进 / 出口重点商品表》和《海关统计月报进 / 出口主要商品表》给出了这些合并项对应的 HS 编码范围，使用数据时要注意统计口径的一致性。

3. 按贸易方式进出口额

贸易方式即进出口商品流向，其数据统计主要包括以下两类。

（1）联合国贸易数据库的贸易方式数据

联合国贸易数据库中统计了八类贸易方式（Trade Flow）数据：进口（M）有四项，即 FM、MIP、MOP、RM；出口（X）有四项，即 DX、XIP、XOP、RX。根据联合国贸易数据库的官方定义和解释，进口（M）分为 FM（包括 FM、MIP、MOP）、RM 两类，出口（X）分为 DX（包括 DX、XIP、XOP）、RX 两类。具体分类如表 3-2 所示。

表 3-2　联合国贸易数据库贸易方式分类 [1]

贸易方式	贸易方式细分
Import（M） 进口	Foreign import（FM）：进口国外生产的产品
	Import of goods for inward processing（MIP）：进料加工的进口
	Import of goods after outward processing（MOP）：出料加工后进口
	Re-import（RM）：国内的产品出口到国外，未经实质加工再进口到国内
Export（X） 出口	Domestic export（DX）：出口国内生产的产品
	Export of goods after inward processing（XIP）：进料加工后出口
	Export of goods for outward processing（XOP）：出料加工的出口
	Re-export（RX）：从国外进口产品，在国内未经实质加工，再出口到国外

其中，FM 与一般贸易进口、DX 与一般贸易出口的概念大致对应，MIP 与进料加工进口、XIP 与进料加工出口的概念大致对应，XOP、MOP 与出料加工贸易的概念大致对

---

[1]　资料来源：根据联合国贸易数据库整理。

应，RM 与出口转内销、RX 与转口贸易的概念大致对应。

（2）海关总署的海关统计贸易方式数据

根据海关总署《海关统计贸易方式代码》，贸易方式分为 35 类，海关统计数据在线查询平台可查询到其中 20 类贸易方式的进出口额数据（表 3-3 中左侧所列）。

表 3-3　海关统计贸易方式 [①]

代码	贸易方式名称	代码	贸易方式名称
10	一般贸易	42	加工贸易成品油形式出口复进口
13	补偿贸易	43	来料加工以产顶进货物
15	进料加工贸易	44	进料加工转内销货物
16	寄售代销贸易	45	来料加工转内销货物
30	易货贸易	46	加工贸易转内销设备
34	海关特殊监管区域物流货物	54	进料深加工结转货物
33	保税监管场所进出境货物	55	来料深加工结转货物
14	来料加工装配贸易	56	加工贸易结转设备
19	边境小额贸易	57	进料加工结转余料
22	对外承包工程货物	58	来料加工结转余料
35	海关特殊监管区域进口设备	61	退运货物
41	免税品	64	进料加工复出口料件
23	租赁贸易	65	来料加工复出口料件
27	出料加工贸易	71	加工贸易退运设备
25	外商投资企业作为投资进口的设备、物品	00	其他不列入统计货物
11	国家间、国际组织间无偿援助、赠送的物资		
20	加工贸易进口设备		
12	其他捐赠物资		
31	免税外汇商品		
39	其他贸易		

在理解和应用按贸易方式进出口额数据时，要注意以下要点。

第一，分析全国和国外贸易伙伴之间的贸易方式时，建议采用联合国贸易数据库中的六个分类项数据。从数据质量来看，该数据库的贸易方式数据中，M（进口）、FM（国外进口）、RM（再进口）、X（出口）、DX（国内出口）、RX（再出口）六个分类项数据是完整的；M（进口）= FM（国外进口）+RM（再进口），X（出口）= DX（国内出口）+RX（再出口），其逻辑关系也是清晰的，而其他分类项填报不完整。

第二，利用联合国贸易数据库中的贸易方式数据时，建议采用一国报告的对所有贸易伙伴的贸易方式数据，或者所有贸易伙伴报告的对一国的贸易方式数据。实际上，各个国家（地区）的进出口企业对贸易方式的填报标准与认定口径存在差异。有时两国各自报告的双边贸易方式数据不是完全对应的，这不只是由于汇率的因素，还有认定口径

[①] 资料来源：《海关统计贸易方式代码》。在海关统计数据中，将补偿贸易、寄售代销贸易、保税维修等 17 类贸易方式量值统计归入其他贸易项下。

的因素。

第三，分析全国和各省市的贸易方式时，建议采用海关统计数据在线查询平台的贸易方式数据，并根据实际占比大小和我国实际情况，重新归为 9 类：一般贸易；进料加工贸易；来料加工贸易；出料加工贸易；海关特殊监管区域物流货物；保税监管场所进出境货物；边境小额贸易；免税品；其他。前 8 类不变，剩余分类项归入"其他"类。

4. 按贸易伙伴进出口额

贸易伙伴即进出口贸易交易双方所在的国家或地区。各个国家（地区）的海关根据贸易单据信息统计按贸易伙伴划分的货物进出口额，并向公众公布和提供查询服务，同时将该数据报送给世界贸易组织、联合国统计署。公众可通过世界贸易组织网站、联合国网站查询相关数据。

（1）联合国贸易数据库中的贸易伙伴数据

联合国贸易数据库中的贸易伙伴数据主要有三个维度：报告国（Reporter）、第一伙伴国（Partner 1）、第二伙伴国（Partner 2）。

①报告国：是向联合国贸易数据库官方机构报告商品进出口数据的国家或地区。

②第一伙伴国：是指进出口商品的原产国（地区）或最终目的国（地区）。

③第二伙伴国：是指进出口商品运输过程中途经的第三方国家或地区（若无第三方则与第一伙伴国一致）。例如，德国的某一项进口商品 [1]，Partner 1 为英国、Partner 2 为荷兰，是指该进口商品的原产地是英国，经由荷兰发往德国；德国的某一项进口商品，Partner 1 为英国、Partner 2 为英国，则是指该进口商品直接由英国发往德国。

（2）海关总署的海关统计贸易伙伴数据

海关统计数据在线查询平台提供四类贸易伙伴数据：对外统计原产国（地区）、最终目的国（地区）数据，国内各省级行政区（特殊地区）统计进出口商品收发货人所在地、进出口商品境内目的地 / 货源地数据。

①进口贸易伙伴统计原产国（地区）数据：原产国指进口货物的生产、开采或加工制造的国家。对经过多个国家加工制造的进口货物，以最后一个对货物进行经济上可以视为实质性加工的国家作为该货物的原产国。原产国确实不详时，按"国别不明"统计。

②出口贸易伙伴统计最终目的国（地区）数据：最终目的国指出口货物已知的消费、使用或进一步加工制造的国家。最终目的国不能确定时，按货物出口时尽可能预知的最后运往国统计。

例如，《2024 年 8 月中国进出口商品国别（地区）总值简表》[2]（表 3-4）中，8 月出口 81 142 万元，是指中国商品最终目的国为阿富汗的出口金额；8 月进口 723 万元，是指中国从原产国（地区）阿富汗的进口金额。

---

① 数据来源：联合国贸易数据库。
② 数据来源：海关总署网站。

表 3-4　2024 年 8 月中国进出口商品国别（地区）总值简表（部分）

单位：万元人民币

进口原产国（地）出口最终目的国（地）	进出口		出口		进口		累计比去年同期 ±%		
	8 月	1 至 8 月	8 月	1 至 8 月	8 月	1 至 8 月	进出口	出口	进口
总值	375 227 491	2 858 381 461	220 080 614	1 645 524 758	155 146 876	1 212 856 704	6.0	6.9	4.7
亚洲	184 002 398	1 419.249 440	100 490 121	791 396 362	83 512 277	627 853 078	7.9	8.9	6.7
阿富汗	81 865	711 974	81 142	704 400	723	7 574	11.1	13.9	−66.3
巴林	105.444	706 416	90 954	626 233	14 490	80 183	−15.3	−16.1	8.0
孟加拉国	1 160 488	11.137 028	1 096.018	10 611 489	64 470	525 539	−0.8	−1.6	16.7
不丹	1 098	18 073	1 098	18 070	0	3	−47.1	−43.8	−99.8

③**进出口商品收发货人所在地数据**：按进出口商品收发货人所在地，统计在所在地海关注册登记的有进出口经营权的企业的实际进出口额，即经营单位进出口额。统计范围包括：省（自治区、直辖市）及其所辖的省会城市、沿海开放城市、经济技术开发区和高新技术产业开发区；经济特区、经济技术开发区、高新技术产业开发区、自由贸易试验区、综合实验区、各类海关特殊监管区域以及海关保税物流中心等特定地区。

④**进出口商品境内目的地／货源地数据**：海关总署"统计月报"中还公布进出口商品境内目的地／货源地数据。该项数据统计进口货物的消费、使用或最终抵运地的实际进口额和出口货物的产地或原始发货地的实际出口额。统计范围包括经济特区、经济技术开发区、高新技术产业开发区、自由贸易试验区、综合实验区、各类海关特殊监管区域以及海关保税物流中心等特定地区。

例如，《2024 年 8 月进出口商品收发货人所在地总值简表》[①]（表 3-5）中，8 月出口 5 294 380 万元，是指在北京海关注册登记的有进出口经营权的企业的实际出口额。《2024 年 8 月进出口商品境内目的地／货源地总值简表》（表 3-6）中，8 月出口 1 996 149 万元，是指出口产品产地或原始发货地是北京的实际出口额；8 月进口 5 613 158 万元，是指进口货物消费使用或最终抵运地是北京的实际进口额。

表 3-5　2024 年 8 月进出口商品收发货人所在地总值简表（部分）

单位：万元人民币

收发货人所在地	进出口		出口		进口		累计比去年同期 ±%		
	8 月	1 至 8 月	8 月	1 至 8 月	8 月	1 至 8 月	进出口	出口	进口
总值	375 227 491	2 858 381 461	220 080 614	1 645 524 758	155 146 876	1 212 856 704	6.0	6.9	4.7
北京市	29 221 238	239 348 913	5 294 380	40 198 569	23 926 858	199 150 344	0.7	2.7	0.4
中关村国家自主创新示范区	555 423	3 634 632	187 637	1 400 276	367 785	2 234 356	−4.3	−7.9	−1.8
北京经济技术开发区	1 490 286	12 032.432	485 242	3 681 822	1 005 044	8 350 611	10.0	11.8	9.2
天津市	7.064 170	54 170 084	3 370 750	25 534 067	3 693 420	28 636 08	2.2	4.6	0.1

[①]　数据来源：海关总署网站，下同。

表 3-6　2024 年 8 月进出口商品境内目的地／货源地总值简表（部分）

单位：万元人民币

境内目的地／货源地	进出口		出口		进口		累计比去年同期 ±%		
	8 月	1 至 8 月	8 月	1 至 8 月	8 月	1 至 8 月	进出口	出口	进口
总值	375 227 491	2 858 381 461	220 080 614	1 645 524 757	155 146 876	1 212 856 704	6.0	6.9	4.7
北京市	7 609 308	61 565 803	1 996 149	15 589 513	5 613 158	45 976 291	−1.7	17.0	−6.8
中关村国家自主创新示范区	133 842	988 944	70 258	487 236	63 585	501 708	−0.6	−1.2	0.0
北京经济技术开发区	1 283 757	10 887 670	353 322	2 899 232	930 435	7 988 438	12.0	17.2	10.2
天津市	8 824 827	69 200 419	3 049 791	25 075 428	5 775 036	44 124.991	−2.0	−3.1	−1.4

在理解和应用按贸易伙伴进出口额数据时，要注意以下要点。

第一，联合国贸易数据库、海关总署贸易数据查询平台中，中国的进出口统计不包含港澳台地区，中国香港、中国澳门、中国台湾视为贸易伙伴单列。

第二，进出口商品收发货人是指海关记录的有进出口经营权的在国内各省市登记注册的企业，主要包括实体制造企业、贸易企业（含跨境电商企业）两类。各省市注册的实体制造企业可直接进出口，也可以委托国内的贸易公司代理进出口，此方式下统计为贸易公司的进出口，不影响海关统计的进出口额，但对各省市的进出口额有影响。例如，江苏省的企业生产的产品卖给上海市注册的贸易公司，然后贸易公司再出口，按原产地或货源地口径，出口额计入江苏省；按进出口产品收发货人口径，出口额计入上海市。

第三，要注意东盟、欧盟、亚太经济合作组织等有相应的成员方界定。以欧盟为例，自 2020 年 2 月英国正式脱欧起，欧盟统计范围调整为 27 个成员国，英国不再纳入欧盟贸易统计范畴。

5. 货物进出口差额

货物进出口差额是指一定时期内一国出口总额与进口总额相减后的差额。如果差额为正值，即有贸易盈余，称为顺差；如果差额为负值，即有贸易赤字，称为逆差。

在理解和应用货物进出口差额数据时，要注意以下要点。

第一，贸易顺差有利于创造更多外汇收入，能增加支出法核算的 GDP。但过高的贸易顺差可能导致贸易摩擦，甚至可能导致本国货币对外升值，从而影响出口。

第二，贸易逆差可能导致外汇储备减少，会影响支出法核算的 GDP。但过高的贸易逆差可能导致本币对外贬值，对出口有一定促进作用，也能促使一国或地区调整产业结构。

第三，进出口顺差还是逆差没有绝对的好坏之分，不能只看表面数字，还需要分析深层次的政治经济逻辑。贸易顺差和逆差各有利弊，而且过犹不及——过高的贸易顺差或逆差，不利于一国或地区的经济发展。因此，应从双边贸易角度考虑，动态调节双边贸易结构，缓解过大的贸易顺差或贸易逆差。

（二）货物进出口总额

货物进出口总额分析，主要从货物进出口额增速、货物进出口额占 GDP 比例两个方面展开。

1. 货物进出口额增速

（1）分析思路

从现状和走势两个方面，分析苏州市货物进出口总额规模。

（2）数据图表

根据《苏州统计年鉴 2024》《中国统计年鉴 2024》提供的数据，将苏州市进出口总额、增速、占全国比例等数据整理成图表，具体如图 3-1 所示。

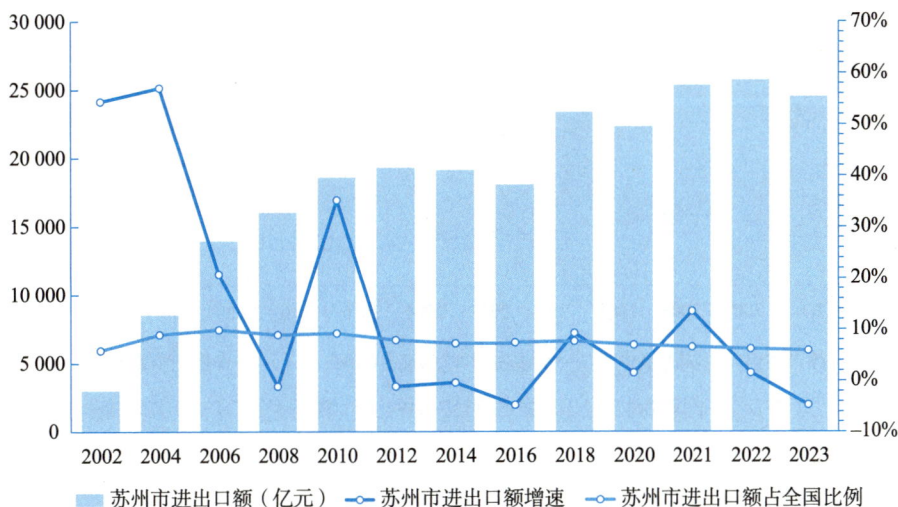

图 3-1　苏州市进出口额增长情况（2002—2023 年）

（3）分析示例

总体上，近几年来，苏州市货物进出口总额超过 2 万亿元，规模位居全国第四，但增速低于全国平均水平，进入中低速增长阶段。

从现状来看，2023 年苏州市进出口额 24 514 亿元，占全国的 5.9%，位列全国第四（深圳市 4.5 万亿元、上海市 4.2 万亿元、北京市 3.6 万亿元）。

从走势来看，2002 年至 2023 年期间，苏州市进出口额年均复合增长 10.5%，比全国年均增速（11.4%）低 0.9 个百分点；其占全国进出口总额的比例由最高 9.9% 降至 5.9%。总体上苏州市和全国进出口额增速均呈现下降走势，进入中低速增长阶段。

（4）货物进出口额增速数据应用思路

政府商务部门等可利用货物进出口额增长数据，研判货物进出口规模及增长速度特征，因地制宜制定进出口贸易定位和发展策略。

以苏州市为例，该市货物进出口额已超过 2 万亿元，规模位居全国第四，但增速低于全国平均水平，进入中低速增长阶段。可以依据此数据，在制定进出口贸易发展定位和策略时突出"量的合理增长和质的提升"，以提高进出口贸易质量为主。

2. 货物进出口额占 GDP 比例

（1）分析思路

从现状和走势两个方面，分析货物进出口总额占 GDP 比例。

（2）数据图表

根据《苏州统计年鉴 2024》《中国统计年鉴 2024》提供的数据，将苏州市货物进出口总额占 GDP 比例数据整理成图表，具体如图 3-2 所示。

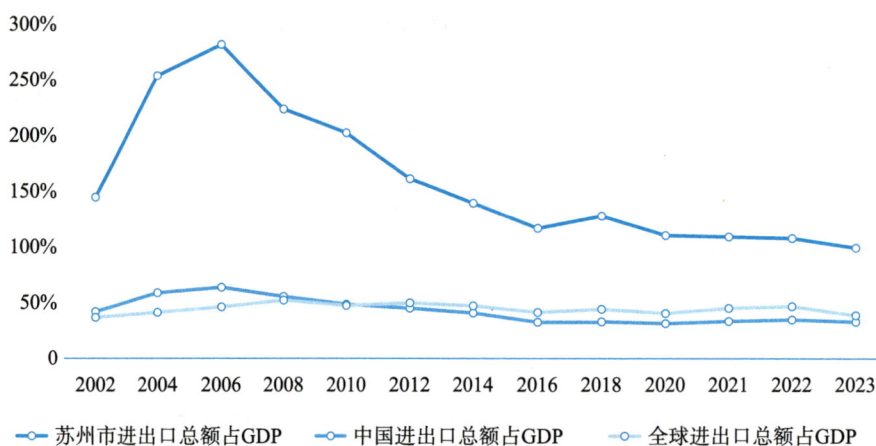

图 3-2　苏州市货物进出口额占 GDP 比例变化情况（2002—2023 年）

（3）分析示例

以货物进出口额占 GDP 比例来衡量，总体上全球和中国已进入经济内循环为主阶段，而苏州市货物进出口额占 GDP 比例高达 99%，外向型经济特征显著。

从现状来看，2023 年苏州市进出口额占 GDP 比例为 99%，远高于中国平均水平（33%）和全球平均水平（39%），外向型经济特征显著。

从走势来看，2002 年至 2023 年期间，苏州市进出口额占 GDP 比例由最高 282% 降至 99%，同期中国该比例由最高 64% 降至 33%，全球由最高 56% 降至 39%。可见，全球和中国经济外循环占比均已降至 50% 以下，标志着进入以内循环为主的阶段。

（4）货物进出口额占 GDP 比例数据应用思路

政府商务部门等可利用货物进出口额占 GDP 比例数据，研判货物进出口额占 GDP 比例特征，因地制宜制定进出口贸易定位和发展策略。

以苏州市为例，在全球和中国已进入经济内循环为主的阶段时，苏州市货物进出口额占 GDP 比例高达 99%，外向型经济特征显著。基于这一特征，结合全国"构建以国内大循环为主体、国内国际双循环相互促进的新发展格局"战略，苏州市的经济发展战略应聚焦自身优势，突出"国际外循环为主"，作为全国"国际外循环"的主力。

（三）按商品和行业进出口额

按商品和行业进出口额分析，主要从按商品进出口额、按行业进出口额两个方面展开。

下面以江苏省为例进行分析，其他省市可参考。

1. 按商品进出口额

从出口和进口两个方面，分析按商品维度的进出口额构成。

（1）商品出口额

①分析思路

从现状和走势两个方面，分析江苏省货物出口商品结构。

②数据图表

根据联合国贸易数据库、海关统计数据查询平台提供的数据，将江苏省历年 22 类商品出口额占比、22 类商品中国出口占全球进口比例数据整理成图表，具体如表 3-7 所示。

表 3-7　22 类商品出口额占比（2015—2023 年）

出口商品类别	2023 年占比	2015—2023 年占比变化	2023 年中国出口占全球进口
第 16 类　机电、音像设备及其零件、附件	52.9%	2.2%	26.9%
第 11 类　纺织原料及纺织制品	8.0%	−3.2%	43.1%
第 15 类　贱金属及其制品	7.8%	0.7%	20.4%
第 17 类　车辆、航空器、船舶及运输设备	6.7%	1.1%	11.9%
第 6 类　化学工业及其相关工业的产品	6.7%	1.1%	9.3%
第 20 类　杂项制品	4.5%	0.6%	55.1%
第 7 类　塑料及其制品；橡胶及其制品	4.5%	0.8%	20.8%
第 18 类　光学、医疗等仪器；钟表；乐器	2.5%	−2.7%	12.6%
第 12 类　鞋帽伞等；羽毛品；人造花；人发品	2.1%	−0.4%	47.4%
第 13 类　矿物材料制品；陶瓷品；玻璃及制品	1.1%	0.2%	36.8%
第 10 类　纤维素浆；废纸；纸、纸板及其制品	0.8%	0.0%	14.0%
第 9 类　木及制品；木炭；软木；编结品	0.5%	−0.4%	12.9%
第 8 类　革、毛皮及制品；箱包；肠线制品	0.5%	0.0%	41.7%
第 4 类　食品；饮料、酒及醋；烟草及制品	0.4%	−0.1%	6.9%
第 22 类　特殊交易品及未分类商品	0.3%	0.3%	10.3%
第 2 类　植物产品	0.2%	−0.1%	5.4%
第 3 类　动、植物油、脂、蜡；精制食用油脂	0.2%	0.1%	2.7%
第 5 类　矿产品	0.2%	−0.1%	2.4%
第 1 类　活动物；动物产品	0.1%	−0.1%	3.8%
第 14 类　珠宝、贵金属及制品；仿首饰；硬币	0.1%	0.0%	3.8%
第 19 类　武器、弹药及其零件、附件	0.0%	0.0%	1.4%
第 21 类　艺术品、收藏品及古物	0.0%	0.0%	3.4%

③分析示例

总体上，江苏省机电、音像设备及其零件、附件，车辆、航空器、船舶及运输设备，化学工业及其相关工业的产品，塑料及其制品、橡胶及其制品，以及光学、医疗等仪器，钟表，乐器五类商品出口额占比较高，增量出口空间较大。

从现状来看，2023 年江苏省出口额前五位商品为机电、音像设备及其零件、附件（52.9%）、纺织原料及纺织制品（8%）、贱金属及其制品（7.8%）、车辆、航空器、船舶及运输设备（6.7%）、化学工业及其相关工业的产品（6.7%）；从中国出口占全球进口份额来看，前五位商品中纺织原料及纺织制品占全球进口的 43.1%，其余四类商品的全球份额均在 30% 以下，还有较大的增长空间。

从走势来看，2015 年至 2023 年期间，机电、音像设备及其零件、附件，车辆、航空器、船舶及运输设备，化学工业及其相关工业的产品，塑料及其制品、橡胶及其制品出口额占比提升幅度相对较大，纺织原料及纺织制品出口额占比下降了 3.2 个百分点，光学、医疗等仪器，钟表，乐器出口额占比下降了 2.7 个百分点。结合这些商品中国出口占全球进口份额来看，机电、音像设备及其零件、附件，车辆、航空器、船舶及运输设备，化学工业及其相关工业的产品，塑料及其制品、橡胶及其制品，以及光学、医疗等仪器，钟表，乐器五类商品增长潜力较大。

④商品出口额数据应用思路

第一，政府商务、发改、经信等部门可利用商品出口额数据，研判 22 类商品出口额构成特征，科学定位外贸发展策略和方向，针对性出台外贸企业扶持政策。以江苏省为例，在商品出口方面，机电、音像设备及其零件、附件，车辆、航空器、船舶及运输设备，化学工业及其相关工业的产品，塑料及其制品、橡胶及其制品，以及光学、医疗等仪器，钟表，乐器五类商品出口额占比较高，且增量出口空间较大。基于这一特征，江苏省外贸出口宜聚焦上述五大领域，并重点扶持这五大领域的外贸企业。

第二，出口型制造企业、贸易公司等外贸出口企业可利用商品出口额数据，研判 22 类商品出口额构成特征，优化产品布局和业务发展方向。以江苏省为例，在商品出口方面，机电、音像设备及其零件、附件，车辆、航空器、船舶及运输设备，化学工业及其相关工业的产品，塑料及其制品、橡胶及其制品，以及光学、医疗等仪器，钟表，乐器五类商品出口额占比较高，且增量出口空间较大。基于这一特征，江苏省出口型制造企业、贸易公司等外贸出口企业宜聚焦上述五大领域深耕，并做大做强。

（2）商品进口额

①分析思路

从现状和走势两个方面，分析江苏省货物进口商品结构。

②数据图表

根据联合国贸易数据库、海关统计数据查询平台提供的数据，将江苏省历年 22 类商品进口额占比、22 类商品中国进口占全球出口比例数据整理成图表，具体如表 3-8 所示。

表 3-8　22 类商品进口额占比（2015—2023 年）

进口商品类别	2023 年占比	2015—2023 年占比变化	2023 年中国进口占全球出口
第 16 类　机电、音像设备及其零件、附件	47.6%	0.5%	17.0%
第 5 类　矿产品	12.1%	6.2%	28.2%
第 6 类　化学工业及其相关工业的产品	10.8%	−1.6%	9.3%
第 15 类　贱金属及其制品	5.9%	1.3%	11.9%
第 2 类　植物产品	5.4%	2.3%	19.2%
第 7 类　塑料及其制品；橡胶及其制品	4.2%	−1.2%	10.8%
第 18 类　光学、医疗等仪器；钟表；乐器	3.9%	−7.3%	12.6%
第 11 类　纺织原料及纺织制品	1.7%	−0.7%	6.8%
第 10 类　纤维素浆；废纸；纸、纸板及其制品	1.7%	−0.4%	14.2%
第 3 类　动、植物油、脂；蜡；精制食用油脂	1.3%	0.7%	11.3%
第 17 类　车辆、航空器、船舶及运输设备	1.0%	−0.6%	4.3%
第 9 类　木及制品；木炭；软木；编结品	1.0%	−0.1%	15.1%
第 12 类　鞋帽伞等；羽毛品；人造花；人发品	0.9%	0.5%	6.2%
第 1 类　活动物；动物产品	0.8%	0.4%	13.6%
第 14 类　珠宝、贵金属及制品；仿首饰；硬币	0.7%	0.4%	13.8%
第 13 类　矿物材料制品；陶瓷品；玻璃及制品	0.6%	−0.2%	6.4%
第 4 类　食品；饮料、酒及醋；烟草及制品	0.3%	0.2%	5.0%
第 20 类　杂项制品	0.2%	−0.1%	2.5%
第 8 类　革、毛皮及制品；箱包；肠线制品	0.1%	−0.2%	13.4%
第 22 类　特殊交易品及未分类商品	0.0%	0.0%	1.1%
第 21 类　艺术品、收藏品及古物	0.0%	0.0%	4.7%
第 19 类　武器、弹药及其零件、附件	0.0%	0.0%	0.1%

③分析示例

总体上，江苏省机电、音像设备及其零件、附件，化学工业及其相关工业的产品，贱金属及其制品，塑料及其制品、橡胶及其制品，以及光学、医疗等仪器，钟表，乐器五类商品进口占比较高，且全球供应链安全性较强；矿产品虽进口占比高，但全球供应链安全性弱。

从现状来看，2023 年江苏省进口额前五位商品为机电、音像设备及其零件、附件（47.6%），矿产品（12.1%），化学工业及其相关工业的产品（10.8%），贱金属及其制品（5.9%），植物产品（5.4%）；从中国进口占全球出口比例来看，前五位商品中矿产品进口占全球出口的 28.2%，其余四类商品进口占全球出口的比例在 20% 以下，供应链稳定性较强。

从走势来看，2015 年至 2023 年期间，矿产品、植物产品、贱金属及其制品进口额占比提升幅度相对较大，对全球供应链依赖程度加深；化学工业及其相关工业的产品，光学、医疗等仪器，钟表，乐器，以及塑料及其制品、橡胶及其制品进口额占比下降明显，供应链自给程度提高。结合这些商品中国进口占全球出口比例，矿产品进口依赖度较高、供应链稳定性相对不强；机电、音像设备及其零件、附件，化学工业及其相关工业的产品，贱金属及其制品，塑料及其制品、橡胶及其制品，以及光学、医疗等仪器，钟表，乐器五类商品国际供应链自给性较强，供应链稳定性高。

④商品进口额数据应用思路

第一，政府商务、发改、经信等部门可利用商品进口额数据，研判 22 类商品进口额构成特征，针对性制定产业链供应链优化和招商引资策略。以江苏省为例，在商品进口方面，机电、音像设备及其零件、附件，化学工业及其相关工业的产品，贱金属及其制品，塑料及其制品、橡胶及其制品，以及光学、医疗等仪器，钟表，乐器五类商品进口占比较高，且全球供应链安全性较强；矿产品进口占比高，但全球供应链安全性较弱。以此为依据，江苏省外贸进口宜巩固提升机电、音像设备及其零件、附件，化学工业及其相关工业的产品，贱金属及其制品，塑料及其制品、橡胶及其制品，以及光学、医疗等仪器，钟表，乐器五类商品领域全球供应链质量，做好矿产品供应链战略备份，并加强机电、音像设备及其零件、附件，化学工业及其相关工业的产品，贱金属及其制品，塑料及其制品、橡胶及其制品，光学、医疗等仪器，钟表，乐器和矿产品（贸易商）六类商品领域的招商引资。

第二，制造企业、贸易公司等外贸进口企业可利用商品进口额数据，研判 22 类商品进口额构成特征，优化供应链采购策略、业务方向，指导投资选址。以江苏省为例，商品进口方面，机电、音像设备及其零件、附件，化学工业及其相关工业的产品，贱金属及其制品，塑料及其制品、橡胶及其制品，以及光学、医疗等仪器，钟表，乐器五类商品进口占比较高，且全球供应链安全性较强；矿产品虽进口占比高，但全球供应链安全性较弱。以此为依据，江苏省的外贸进口企业在上述五类商品领域，宜巩固提升供应链质量；针对矿产品，则需建立供应链战略备份机制。同时，国内相关领域的制造企业、贸易公司可将江苏省作为业务拓展、投资选址的重点地区。

2. 按行业进出口额

从出口和进口两个方面，分析按行业维度的进出口额构成。

目前海关统计数据主要基于商品编码（如 HS 编码），没有直接按行业维度统计的进出口额数据。因此，需要通过建立海关商品编码与国标行业分类的对应关系，将海关商品维度的进出口额转换成国标行业维度的进出口额。

（1）行业出口额

①分析思路

从现状和走势两个方面，分析江苏省货物出口行业构成。

②数据图表

根据联合国贸易数据库、海关统计数据查询平台提供的数据，将出口商品对应行业的出口额占比、中国出口占全球进口比例数据整理成图表，具体如表 3-9 所示。

表 3-9　出口商品对应行业的出口额占比（2015—2023 年）

出口行业	2023 年占比	2015—2023 年占比变化	2023 年中国出口占全球进口
计算机、通信和其他电子设备制造业	28.4%	−2.7%	33.2%
电气机械和器材制造业	11.6%	3.5%	32.3%
通用设备制造业	8.2%	0.2%	19.6%
化学原料和化学制品制造业	7.2%	1.0%	12.9%
专用设备制造业	5.8%	1.2%	16.1%
纺织业	4.9%	−1.1%	60.0%
纺织服装、服饰业	4.3%	−2.5%	37.1%
金属制品业	4.2%	0.8%	35.7%
铁路、船舶、航空航天和其他运输设备制造业	3.8%	0.3%	13.7%
橡胶和塑料制品业	3.1%	0.5%	25.9%
黑色金属冶炼和压延加工业	3.0%	−0.3%	17.6%
汽车制造业	2.9%	1.2%	9.8%
文教、工美、体育和娱乐用品制造业	2.3%	0.6%	30.7%
仪器仪表制造业	1.3%	−3.0%	14.3%
非金属矿物制品业	1.3%	0.2%	36.0%
家具制造业	1.2%	0.0%	37.2%
有色金属冶炼和压延加工业	1.1%	0.1%	4.5%
皮革、毛皮、羽毛及其制品和制鞋业	1.0%	−0.2%	39.6%
造纸和纸制品业	0.7%	0.0%	13.5%
医药制造业	0.7%	0.3%	2.2%
其他制造业	0.6%	0.3%	12.5%
化学纤维制造业	0.6%	0.0%	38.2%
木材加工和木、竹、藤、棕、草制品业	0.5%	−0.4%	12.8%
农副食品加工业	0.4%	0.0%	5.8%
石油、煤炭及其他燃料加工业	0.2%	0.0%	2.9%
食品制造业	0.2%	0.0%	6.4%
酒、饮料和精制茶制造业	0.2%	0.1%	4.7%
农业	0.1%	0.0%	4.3%
印刷和记录媒介复制业	0.1%	0.0%	15.6%
烟草制品业	0.0%	0.0%	23.1%
林业	0.0%	0.0%	25.0%
渔业	0.0%	0.0%	5.1%
非金属矿采选业	0.0%	0.0%	10.3%
畜牧业	0.0%	0.0%	2.1%
黑色金属矿采选业	0.0%	0.0%	5.2%
有色金属矿采选业	0.0%	0.0%	1.1%
废弃资源综合利用业	0.0%	0.0%	0.1%
农、林、牧、渔专业及辅助性活动	0.0%	0.0%	3.2%
煤炭开采和洗选业	0.0%	0.0%	0.7%

③分析示例

总体上，江苏省通用设备制造业、化学原料和化学制品制造业、专用设备制造业、汽车制造业以及铁路、船舶、航空航天和其他运输设备制造业这五个行业出口额占比较高，且占比呈现上升走势，出口增长潜力大；计算机、通信和其他电子设备制造业及电气机械和器材制造业两大行业出口额占比高，仍有一定增长空间。

从现状来看，2023年江苏省出口额前五位的行业为计算机、通信和其他电子设备制造业（28.4%），电气机械和器材制造业（11.6%），通用设备制造业（8.2%），化学原料和化学制品制造业（7.2%），专用设备制造业（5.8%）；从中国出口占全球进口份额来看，前五位行业中计算机、通信和其他电子设备制造业，电气机械和器材制造业出口占全球进口比例的30%以上，其余三个行业出口占全球进口比例的20%以下，还有较大的增长空间。

从走势来看，2015年至2023年期间，电气机械和器材制造业、专用设备制造业、化学原料和化学制品制造业、汽车制造业行业出口额占比提升幅度相对较大；计算机、通信和其他电子设备制造业，纺织业，纺织服装、服饰业出口额占比明显下降。结合这些行业中国出口占全球进口比例，通用设备制造业、化学原料和化学制品制造业、专用设备制造业、汽车制造业以及铁路、船舶、航空航天和其他运输设备制造业五个行业的出口增长潜力大。

④行业出口额数据应用思路

第一，政府商务、发改、经信等部门可利用行业出口额数据，研判各个行业出口额占比特征，科学定位外贸发展方向和招商引资策略，针对性出台外贸企业扶持政策。以江苏省为例，在出口行业方面，通用设备制造业、化学原料和化学制品制造业、专用设备制造业、汽车制造业以及铁路、船舶、航空航天和其他运输设备制造业这五个行业出口额占比较高，且占比呈现上升走势，出口增长潜力大；计算机、通信和其他电子设备制造业及电气机械和器材制造业两大行业出口额占比高，仍有一定增长空间。以此为依据，江苏省外贸出口宜聚焦通用设备制造业，化学原料和化学制品制造业，专用设备制造业，汽车制造业，计算机、通信和其他电子设备制造业，电气机械和器材制造业以及铁路、船舶、航空航天和其他运输设备制造业这七大行业，重点扶持这些行业的外贸企业，加强这些行业的招商引资。

第二，出口型制造企业、贸易公司等外贸出口企业可利用行业出口额数据，研判各地区分行业出口额占比特征，优化业务发展方向，指导投资选址。以江苏省为例，在出口行业方面，通用设备制造业、化学原料和化学制品制造业、专用设备制造业、汽车制造业以及铁路、船舶、航空航天和其他运输设备制造业这五个行业出口额占比较高，且占比呈现上升走势，出口增长潜力大；计算机、通信和其他电子设备制造业及电气机械和器材制造业两大行业出口额占比高，仍有一定增长空间。以此为依据，通用设备制造业，化学原料和化学制品制造业，专用设备制造业，汽车制造业，计算机、通信和其他电子设备制造业，电气机械和器材制造业以及铁路、船舶、航空航天和其他运输设备制造业这七大行业的出口型制造企业、贸易公司，可把江苏省作为业务拓展和投资选址的重点地区。

（2）行业进口额

①分析思路

从现状和走势两个方面，分析江苏省货物进口行业构成。

②数据图表

根据联合国贸易数据库、海关统计数据查询平台提供的数据，将历年进口商品对应行业的进口额占比、中国进口占全球出口比例数据整理成图表，具体如表 3-10 所示。

表 3-10　进口商品对应行业进口额构成（2015—2023 年）

进口行业	2023 年占比	2015—2023 年占比变化	2023 年中国进口占全球出口占比
计算机、通信和其他电子设备制造业	31.7%	1.9%	29.0%
化学原料和化学制品制造业	12.1%	−2.6%	13.5%
通用设备制造业	6.9%	−0.3%	8.3%
农业	5.0%	2.3%	23.5%
电气机械和器材制造业	4.6%	−0.9%	7.8%
黑色金属矿采选业	4.4%	1.4%	86.8%
专用设备制造业	4.1%	−0.2%	10.6%
有色金属冶炼和压延加工业	4.0%	1.7%	19.2%
石油、煤炭及其他燃料加工业	3.6%	2.9%	22.2%
仪器仪表制造业	3.2%	−7.4%	16.7%
农副食品加工业	2.5%	1.1%	11.0%
橡胶和塑料制品业	1.9%	−0.6%	5.0%
石油和天然气开采业	1.8%	1.4%	23.5%
黑色金属冶炼和压延加工业	1.7%	0.3%	8.7%
造纸和纸制品业	1.6%	−0.4%	15.6%
医药制造业	1.6%	0.5%	5.5%
铁路、船舶、航空航天和其他运输设备制造业	1.3%	0.0%	6.1%
纺织业	1.3%	−0.8%	9.9%
木材加工和木、竹、藤、棕、草制品业	1.0%	−0.1%	14.8%
皮革、毛皮、羽毛及其制品和制鞋业	0.9%	0.3%	10.4%
非金属矿物制品业	0.8%	−0.3%	7.1%
汽车制造业	0.8%	−0.4%	4.3%
有色金属矿采选业	0.7%	0.1%	71.5%
金属制品业	0.6%	−0.2%	2.8%
煤炭开采和洗选业	0.4%	0.2%	27.4%
非金属矿采选业	0.3%	0.3%	50.5%
纺织服装、服饰业	0.2%	0.1%	3.4%
食品制造业	0.2%	0.1%	5.3%

（续表）

进口行业	2023 年占比	2015—2023 年占比变化	2023 年中国进口占全球出口占比
酒、饮料和精制茶制造业	0.2%	0.1%	5.0%
化学纤维制造业	0.2%	−0.1%	9.4%
文教、工美、体育和娱乐用品制造业	0.1%	−0.1%	5.5%
印刷和记录媒介复制业	0.1%	0.0%	5.5%
其他制造业	0.1%	0.0%	1.2%
家具制造业	0.1%	−0.1%	1.5%
林业	0.0%	0.0%	5.7%
渔业	0.0%	0.0%	16.2%
畜牧业	0.0%	0.0%	4.7%
烟草制品业	0.0%	0.0%	4.3%
农、林、牧、渔专业及辅助性活动	0.0%	0.0%	5.0%

③分析示例

总体上，江苏省化学原料和化学制品制造业、通用设备制造业、电气机械和器材制造业、专用设备制造业、仪器仪表制造业五个行业进口占比较高，且全球供应链安全性较强；计算机、通信和其他电子设备制造业及矿产开采和冶炼业进口占比高，但全球供应链安全性弱。

从现状来看，2023 年江苏省进口额前五位行业为计算机、通信和其他电子设备制造业（31.7%），化学原料和化学制品制造业（12.1%），通用设备制造业（6.9%），农业（5%），电气机械和器材制造业（4.6%）；从中国进口占全球出口比例来看，前五位行业中计算机、通信和其他电子设备制造业及农业进口占全球出口 30% 以上，其余三个行业进口占全球出口比例在 20% 以下，供应链稳定性较强。

从走势来看，2015 年至 2023 年期间，计算机、通信和其他电子设备制造业，农业，矿产开采和冶炼业进口额占比提升幅度相对较大，对全球供应链依赖程度加深；化学原料和化学制品制造业、电气机械和器材制造业、仪器仪表制造业进口额占比下降明显，供应链自给程度提高。结合这些行业中国进口占全球出口比例，计算机、通信和其他电子设备制造业、矿产开采和冶炼业进口依赖度较高、供应链稳定性相对不强；化学原料和化学制品制造业、通用设备制造业、电气机械和器材制造业、专用设备制造业、仪器仪表制造业五个行业国际供应链自给性较强，供应链稳定性高。

④行业进口额数据应用思路

第一，政府商务、发改、经信等部门可利用行业进口额数据，研判各个行业进口额占比特征，针对性制定产业链供应链优化和招商引资策略。以江苏省为例，在进口行业方面，化学原料和化学制品制造业、通用设备制造业、电气机械和器材制造业、专用设备制造业、仪器仪表制造业五个行业进口占比较高，全球供应链安全性较强；计算机、通信和其他电子设备制造业及矿产开采和冶炼业进口占比高，全球供应链安全性弱。以此为依据，江苏省外贸进口宜巩固提升化学原料和化学制品制造业、通用设备制造业、电气机械和器材制造业、专用设备制造业、仪器仪表制造业五大行业供应链质量，做好计算机、通信和其他电子设备制造业及矿产开采和冶炼业供应链战略备份，并加强这七大行业的招商引资。

第二，制造企业、贸易公司等外贸进口企业可利用行业进口额数据，研判各个行业进口额占比特征，优化供应链采购策略和业务方向，指导投资选址。以江苏省为例，在进口行业方面，化学原料和化学制品制造业、通用设备制造业、电气机械和器材制造业、专用设备制造业、仪器仪表制造业五个行业进口占比较高，全球供应链安全性较强；计算机、通信和其他电子设备制造业及矿产开采和冶炼业进口占比高，全球供应链安全性弱。以此为依据，江苏省的外贸进口企业宜巩固提升化学原料和化学制品制造业、通用设备制造业、电气机械和器材制造业、专用设备制造业、仪器仪表制造业五大行业的供应链质量，做好计算机、通信和其他电子设备制造业及矿产开采和冶炼业供应链战略备份。国内这些行业的制造企业、贸易公司可将江苏省作为业务拓展、投资选址的重点地区。

（四）按贸易方式进出口额

货物进出口贸易方式分析，主要从贸易方式进出口额、产品贸易方式构成、行业贸易方式构成三个方面展开。

下面以江苏省为例进行分析，其他省市可参考。

1. 贸易方式进出口额

（1）分析思路

从现状和走势两个方面，分析各贸易方式进出口额占比。

（2）数据图表

根据海关统计数据查询平台提供的数据，将江苏省历年各贸易方式的货物进出口额占比数据整理成图表，具体如表 3-11 所示。

表 3-11　各贸易方式进出口额占比（2015—2023 年）

贸易方式	2023 年			2015—2023 年变化	
	进出口额（亿美元）	占比	全国占比	进出口额年均增量（亿美元）	占比变化
一般贸易	4 277	57.3%	64.8%	236	13.5%
进料加工贸易	2 144	28.7%	15.7%	30	−6.2%
来料加工贸易	211	2.8%	2.5%	−23	−4.3%
出料加工贸易	1	0.0%	0.0%	0	0.0%
海关特殊监管区域物流货物	644	8.6%	9.0%	9	−1.8%
保税监管场所进出境货物	110	1.5%	4.2%	−4	−1.1%
边境小额贸易	0	0.0%	0.1%	0	0.0%
免税品	0	0.0%	1 0%	0	0.0%
其他	74	1.0%	2.7%	2	−0.1%

（3）分析示例

总体上，江苏省以一般贸易方式为主，进料加工贸易占比相对较高，制造业上游原材料及零部件进口依赖程度较高。

从现状来看，2023年江苏省进出口贸易方式以一般贸易（57.3%）、进料加工贸易（28.7%）为主，相较于全国整体水平，江苏省进料加工贸易占比较高。

从走势来看，2015年至2023年期间，江苏省一般贸易方式进出口额和占比均大幅增长；进料加工贸易（进口原材料和零部件，加工成品后出口）进出口额呈现增长走势，但占比有所下降，反映了制造业对上游国际采购供应链依赖程度降低。

2. 产品贸易方式构成

（1）分析思路

从进出口产品的维度，分析各类产品的贸易方式构成。

（2）数据图表

根据海关统计数据查询平台提供的数据，将江苏省22类商品各贸易方式进出口额占比数据整理成图表，具体如表3-12所示。

（3）分析示例

总体上，江苏省机电、音像设备及其零件、附件，车辆、航空器、船舶及运输设备，光学、医疗等仪器，钟表，乐器，以及珠宝、贵金属及制品，仿首饰，硬币4类商品，对上游原材料及零部件进口依赖程度高。

通过表3-12可以发现，2023年江苏省22类进出口商品中，机电、音像设备及其零件、附件，车辆、航空器、船舶及运输设备，光学、医疗等仪器，钟表，乐器，以及珠宝、贵金属及制品，仿首饰，硬币这4类商品的进料加工贸易方式占比较高，其生产主要依赖上游原材料及零部件进口；其余18类商品的一般贸易方式进出口额占70%以上，是单纯的出口、进口。

3. 行业贸易方式构成

（1）分析思路

从行业的维度，分析产品对应行业的贸易方式构成。

（2）数据图表

根据海关统计数据查询平台提供的数据，按行业维度，将贸易方式进出口额数据整理成图表，具体如表3-13所示。

（3）分析示例

总体上，江苏省计算机、通信和其他电子设备制造业，电气机械和器材制造业，通用设备制造业，专用设备制造业，铁路、船舶、航空航天和其他运输设备制造业，仪器仪表制造业，文教、工美、体育和娱乐用品制造业7个行业，对上游原材料及零部件进口依赖程度较高。

表 3-12　22 类商品贸易方式构成（2023 年）

商品类别	进出口额（亿美元）	一般贸易	进料加工贸易	来料加工贸易	出料加工贸易	海关特殊监管区域物流货物	保税监管场所进出境货物	边境小额贸易	免税品	其他
第 16 类 机电、音像设备及其零件、附件	3 803	36.7%	43.5%	3.8%	0.0%	14.8%	0.7%			0.5%
第 15 类 贱金属及其制品	533	83.9%	7.5%	1.5%	0.0%	2.7%	3.0%			1.4%
第 11 类 纺织原料及纺织制品	431	90.7%	4.3%	1.7%	0.0%	1.9%	0.4%	0.0%		1.0%
第 5 类 矿产品	328	90.1%	0.2%	0.0%		0.7%	8.8%			0.0%
第 2 类 植物产品	153	95.9%	2.0%	0.1%	0.0%	1.2%	0.7%			0.1%
第 12 类 鞋帽伞等；羽毛制品；人造花；人发品	122	92.1%	3.4%	0.5%	0.0%	0.2%	0.0%			3.8%
第 13 类 矿物材料制品；陶瓷品；玻璃及其制品	68	82.8%	6.8%	1.0%	0.0%	1.3%	0.5%			7.7%
第 9 类 木及木炭；软木；编结品	51	93.4%	5.4%	0.9%		0.0%	0.1%			0.1%
第 3 类 动、植物油、脂、蜡；精制食用油脂	43	82.8%	1.4%	8.4%		3.1%	4.3%			0.0%
第 1 类 活动物；动物产品	27	90.2%	3.9%	4.1%	0.0%	0.7%	1.1%			0.0%
第 8 类 革、毛皮及制品；箱包；肠线制品	25	81.9%	4.9%	3.2%	0.0%	0.9%	0.3%			8.8%
第 22 类 特殊交易品及未分类商品	16	91.8%								8.2%
第 19 类 武器、弹药及其零件、附件	0	100.0%								0.0%
第 21 类 艺术品、收藏品及古物	0	91.2%				8.2%				0.6%
第 6 类 化学工业及其相关工业的产品	609	79.3%	10.0%	2.6%	0.0%	4.5%	3.3%			0.3%
第 17 类 车辆、航空器、船舶及运输设备	349	52.7%	44.9%	0.3%	0.0%	1.5%	0.3%			0.3%
第 7 类 塑料及其制品；橡胶及其制品	327	74.5%	21.4%	0.7%	0.0%	1.8%	0.6%			1.0%
第 18 类 光学、医疗等仪器；钟表；乐器	223	63.5%	28.5%	1.7%	0.0%	3.7%	0.5%			2.2%
第 20 类 杂项制品	222	69.7%	20.9%	0.2%	0.0%	0.9%	0.1%			8.3%
第 10 类 纤维素浆、废纸；纸；纸板及其制品	82	57.3%	6.1%	23.2%	0.0%	1.4%	11.6%			0.4%
第 4 类 食品；饮料、酒及醋；烟草及其制品	27	78.2%	10.0%	0.0%		7.5%	4.3%			0.0%
第 14 类 珠宝、贵金属及其制品；仿首饰；硬币	24	66.4%	30.8%	0.1%		2.4%	0.0%			0.2%

表3-13　各行业贸易方式构成（2023年）

行业	进出口额（亿美元）	一般贸易	进料加工贸易	来料加工贸易	出料加工贸易	海关特殊监管区域物流货物	保税监管场所进出境货物	边境小额贸易	免税品	其他
计算机、通信和其他电子设备制造业	2 206	18.0%	56.7%	4.7%	0.0%	19.7%	0.7%			0.2%
电气机械和器材制造业	672	59.2%	31.2%	2.1%	0.0%	5.8%	0.4%			1.3%
通用设备制造业	585	64.7%	20.2%	2.9%	0.0%	10.8%	0.5%			0.9%
专用设备制造业	432	68.9%	22.2%	0.4%	0.0%	6.1%	1.1%			1.3%
铁路、船舶、航空航天和其他运输设备制造业	175	25.9%	66.4%	5.7%	0.0%	1.3%	0.1%			0.5%
仪器仪表制造业	150	63.1%	26.9%	1.8%	0.0%	4.5%	0.7%			3.0%
文教、工美、体育和娱乐用品制造业	113	53.2%	33.5%	0.2%	0.0%	1.4%	0.0%			11.8%
纺织业	273	92.0%	3.4%	1.2%	0.0%	2.5%	0.5%	0.0%		0.4%
金属制品业	222	80.4%	14.8%	0.8%	0.0%	0.7%	0.5%			2.7%
纺织服装、服饰业	212	91.2%	4.3%	1.9%	0.0%	0.7%	0.1%			1.8%
黑色金属冶炼和压延加工业	189	87.6%	5.0%	1.2%	0.0%	1.6%	4.1%			0.5%
农业	139	97.5%	1.7%	0.0%		0.0%	0.7%			0.1%
黑色金属矿采选业	119	93.6%	0.4%			0.0%	6.0%			0.0%
石油、煤炭及其他燃料加工业	104	84.6%	0.6%	0.6%		0.4%	13.7%			0.0%
农副食品加工业	90	85.4%	3.6%	5.5%	0.0%	1.9%	3.6%			0.0%
非金属矿物制品业	80	83.1%	7.5%	1.0%	0.0%	1.6%	0.4%			6.5%
皮革、毛皮、羽毛及其制品和制鞋业	72	85.5%	4.1%	1.6%	0.0%	0.4%	0.1%			8.4%
家具制造业	59	87.2%	9.6%	0.2%		0.6%	0.0%			2.4%
木材加工和木、竹、藤、棕、草制品业	51	93.4%	5.4%	0.9%		0.0%	0.1%			0.1%
石油和天然气开采业	49	95.0%				0.0%	5.0%			0.0%
化学纤维制造业	34	89.0%	9.9%	0.2%	0.0%	0.7%	0.2%			0.1%
食品制造业	21	84.0%	7.0%	0.0%		8.8%	0.1%			0.0%
有色金属矿采选业	18	83.2%	0.0%	0.5%		6.7%	10.0%			0.0%
其他金属制造业	17	88.8%	6.3%	0.5%	0.0%	0.3%	0.0%			4.0%
其他行业	14	93.5%				1.6%				6.5%
非金属矿采选业	10	83.1%	7.5%	1.0%	0.0%	1.6%	0.4%			6.5%

（续表）

行业	进出口额（亿美元）	一般贸易	进料加工贸易	来料加工贸易	出料加工贸易	海关特殊监管区域物流货物	保税监管场所进出境货物	边境小额贸易	免税品	其他
煤炭开采和洗选业	10	92.6%					7.4%			0.0%
印刷和记录媒介复制业	5	89.7%	6.5%	0.1%		2.6%	0.0%			1.1%
渔业	1	99.4%	0.6%							0.0%
畜牧业	0	99.7%								0.3%
农、林、牧、渔专业及辅助性活动	0	100.0%								0.0%
废弃资源综合利用业	0	84.8%	14.4%							0.8%
化学原料和化学制品制造业	664	77.7%	13.3%	1.1%	0.0%	4.3%	3.5%			0.2%
橡胶和塑料制品业	201	77.6%	17.8%	0.4%	0.0%	1.9%	0.8%			1.5%
有色金属冶炼和压延加工业	159	73.1%	13.1%	2.5%	0.0%	6.5%	4.7%			0.1%
汽车制造业	159	78.6%	17.9%	0.5%	0.0%	2.5%	0.2%			0.3%
造纸和纸制品业	76	55.1%	6.1%	24.7%	0.0%	1.4%	12.4%			0.4%
医药制造业	75	76.8%	8.1%	12.7%		1.9%	0.3%			0.3%
林业	2	67.6%	19.1%	0.3%		12.8%	0.1%			0.0%
酒、饮料和精制茶制造业	3	47.1%	0.7%			43.6%	8.4%			0.2%
烟草制品业	1	35.3%	60.5%			0.1%				4.1%

通过表3-13可以发现，江苏省进出口行业中，计算机、通信和其他电子设备制造业，电气机械和器材制造业，通用设备制造业，专用设备制造业，铁路、船舶、航空航天和其他运输设备制造业，仪器仪表制造业，文教、工美、体育和娱乐用品制造业7个行业加工贸易进出口额占比均在20%以上，对上游进口依赖程度较高；纺织业、金属制品业、化学纤维制造业、汽车制造业、医药制造业等30个行业的一般贸易进出口额占比在70%以上，贸易自主可控性较强。

4. 按贸易方式进出口额数据应用思路

地方政府商务、发改、经信等部门可利用按贸易方式进出口额数据，研判各种贸易方式进出口额占比、产品和行业贸易方式进出口额占比特征，针对性制定产业链供应链优化和招商引资策略。

以江苏省为例，该省整体上以一般贸易方式为主，进料加工贸易占比相对较高。机电、音像设备及其零件、附件，车辆、航空器、船舶及运输设备，光学、医疗等仪器，钟表，乐器，以及珠宝、贵金属及制品，仿首饰，硬笔4类产品，以及计算机、通信和其他电子设备制造业，电气机械和器材制造业，通用设备制造业，专用设备制造业，铁路、船舶、航空航天和其他运输设备制造业，仪器仪表制造业，文教、工美、体育和娱乐用品制造业7个行业，对制造业上游原材料及零部件进口依赖程度较高。以此为依据，针对上述4类产品、7个行业，江苏省可通过"组团采购"、招商引资等方式，优化制造业上游供应链，降低成本，提升这些行业的产业效益。

（五）按贸易伙伴进出口额

按贸易伙伴进出口额分析，主要从贸易伙伴进出口额、双边贸易进出口额两个方面展开。

下面以江苏省为例进行分析，其他省市可参考。

1. 贸易伙伴进出口额

贸易伙伴进出口额分析主要从区域进出口额、国别（地区）进出口额两个方面展开。

（1）区域进出口额

①分析思路

从现状和走势两个方面，按全球各区域维度，分析江苏省对各区域的进出口额。

②数据图表

根据《江苏统计年鉴2016/2024》、海关统计数据查询平台提供的数据，将江苏省对全球各区域出口额占比、进口额占比数据整理成图表，具体如表3-14所示。

表 3-14　江苏省出口和进口贸易伙伴区域构成（2015—2023 年）

地区	2023 年		2015—2023 年变化	
	出口占比	进口占比	出口占比变化	进口占比变化
亚洲	46.4%	63.5%	−0.3%	−6.8%
其中：东南亚国家联盟	14.8%	16.7%	4.5%	4.9%
北美洲	18.1%	7.5%	−5.0%	−0.4%
欧洲	22.2%	14.9%	2.7%	2.1%
其中：欧洲联盟	17.2%	11.1%	−0.7%	−0.5%
拉丁美洲	6.9%	7.4%	1.3%	3.0%
非洲	3.6%	1.9%	1.0%	1.2%
大洋洲	2.8%	4.8%	0.3%	1.0%

③分析示例

总体上，亚洲和欧洲是江苏省主要的贸易伙伴，其中从亚洲的进口占比较高，进口市场多元化仍有提升空间。

从现状来看，2023 年江苏省对亚洲的出口额占总出口额的 46.4%，其次是欧洲（22.2%）、北美洲（18.1%）；从亚洲的进口额占总进口额的 63.5%，其次是欧洲（14.9%）、北美洲（7.5%）。

从走势来看，2015 年至 2023 年期间，江苏省对东盟、欧洲非欧盟国家、拉丁美洲、非洲和大洋洲的出口和进口占比呈上升走势，进口贸易伙伴越来越多元化。

（2）国别（地区）进出口额

①分析思路

从出口和进口两个维度，分析江苏省出口、进口贸易伙伴国别（地区）构成。

②数据图表

根据联合国贸易数据库、海关统计数据查询平台提供的数据，将江苏省对亚洲国别（地区）出口额占比、进口额占比数据整理成图表，具体如表 3-15 所示。

表 3-15　江苏省贸易伙伴出口额和进口额占比（2023 年）

江苏亚洲出口贸易伙伴	占江苏出口额比例	贸易伙伴进口额（亿美元）	中国出口占贸易伙伴进口	江苏亚洲进口贸易伙伴	占江苏进口比例	贸易伙伴出口额（亿美元）	中国进口占贸易伙伴出口比例
韩国	14.7%	6 422	23.2%	韩国	23.2%	6 302	25.7%
日本	13.2%	7 518	21.0%	中国台湾	20.8%	4 322	46.1%
中国香港	9.9%	6 548	41.9%	日本	15.5%	7 179	22.4%
越南	9.2%	3 264	38.8%	越南	8.3%	3 547	26.0%
印度	8.9%	6 721	17.5%	马来西亚	5.3%	4 322	32.9%
中国台湾	5.9%	3 585	19.1%	印度尼西亚	4.8%	2 588	28.7%
泰国	5.6%	2 885	26.3%	泰国	3.2%	2 851	17.7%
新加坡	4.7%	4 224	18.2%	新加坡	2.8%	4 753	6.6%
马来西亚	4.2%	2 656	32.9%	卡塔尔	2.3%	978	21.4%
印度尼西亚	4.1%	2 219	29.4%	菲律宾	1.7%	729	26.7%

（续表）

江苏亚洲出口贸易伙伴	占江苏出口额比例	贸易伙伴进口额（亿美元）	中国出口占贸易伙伴进口	江苏亚洲进口贸易伙伴	占江苏进口比例	贸易伙伴出口额（亿美元）	中国进口占贸易伙伴出口比例
阿联酋	3.0%	4 705	11.8%	沙特阿拉伯	1.5%	3 200	20.1%
土耳其	2.7%	3 620	10.7%	印度	1.2%	4 314	4.3%
沙特阿拉伯	2.2%	2 069	20.7%	中国香港	0.2%	5 750	2.4%
菲律宾	2.2%	1 338	39.2%	阿联酋	0.9%	5 702	6.9%
孟加拉国	1.8%	550	41.7%	土耳其	0.2%	2 556	1.8%
柬埔寨	1.1%	244	52.3%	孟加拉国	0.0%	1 023	1.0%
以色列	0.7%	832	18.0%	科威特	0.0%	840	20.4%
伊朗	0.3%	663	15.1%	哈萨克斯坦	0.3%	787	20.8%
哈萨克斯坦	0.4%	612	40.4%	以色列	0.3%	599	14.0%
巴基斯坦	0.9%	500	34.6%	阿曼	0.6%	590	53.0%
阿曼	0.2%	388	9.8%	伊朗	0.2%	493	9.3%
科威特	0.3%	375	13.9%	伊拉克	0.7%	450	78.8%
卡塔尔	0.2%	314	11.6%	阿塞拜疆	0.0%	339	0.0%
约旦	0.2%	257	19.8%	巴基斯坦	0.1%	287	12.0%
伊拉克	0.5%	196	72.9%	柬埔寨	0.1%	238	8.7%
黎巴嫩	0.1%	181	13.1%	缅甸	0.0%	148	64.8%
中国澳门	0.1%	176	21.4%	蒙古	0.0%	140	93.7%
阿塞拜疆	0.1%	173	0.0%	约旦	0.0%	126	5.6%
缅甸	0.7%	164	69.3%	巴林	0.0%	124	1.5%
斯里兰卡	0.2%	164	22.9%	斯里兰卡	0.0%	121	3.0%
格鲁吉亚	0.1%	156	0.1%	文莱	0.1%	112	17.3%
巴林	0.1%	154	10.1%	亚美尼亚	0.0%	84	0.0%
塞浦路斯	0.0%	140	6.8%	老挝	0.0%	84	44.8%
吉尔吉斯斯坦	0.1%	124	43.3%	格鲁吉亚	0.0%	61	0.0%
亚美尼亚	0.0%	120	0.0%	塞浦路斯	0.0%	51	0.7%
蒙古	0.1%	110	31.5%	黎巴嫩	0.0%	46	1.4%
巴勒斯坦	0.0%	83	2.0%	吉尔吉斯斯坦	0.0%	33	2.4%
阿富汗	0.0%	78	16.3%	塔吉克斯坦	0.0%	24	10.4%
文莱	0.0%	75	11.5%	阿富汗	0.0%	19	3.4%
老挝	0.2%	72	46.6%	巴勒斯坦	0.0%	15	0.0%
塔吉克斯坦	0.1%	59	62.3%	中国澳门	0.0%	12	6.7%
马尔代夫	0.1%	35	21.7%	东帝汶	0.0%	2	45.6%
东帝汶	0.0%	9	28.8%	马尔代夫	0.0%	2	0.0%
乌兹别克斯坦	0.7%	—	—	乌兹别克斯坦	0.0%	—	—
也门	0.1%	—	—	土库曼斯坦	0.0%	—	—
尼泊尔	0.0%	—	—	朝鲜	0.0%	—	—
土库曼斯坦	0.0%	—	—	尼泊尔	0.0%	—	—
朝鲜	0.0%	—	—	也门	0.0%	—	—
叙利亚	0.0%	—	—	叙利亚	0.0%	—	—
不丹	0.0%	—	—	不丹	0.0%	—	—

③分析示例

总体上，江苏省对韩国、日本、印度、新加坡等 13 个国家和地区的增量出口空间较大，对越南、泰国、新加坡等 12 个国家和地区的增量进口空间较大。

出口方面，2023 年江苏省对韩国、日本等 16 个国家和地区的出口额占其对亚洲出口总额的 93.5%。其中，韩国、日本、印度、新加坡、阿联酋、土耳其、沙特 7 个国家，中国出口占该国进口比重在 30% 以下，出口增量空间较大；其余出口贸易伙伴中，以色列、伊朗、阿曼、科威特、卡塔尔、约旦 6 个国家进口额相对较大，中国出口占该国进口比重在 20% 以下，有较大的出口机会。

进口方面，2023 年江苏省从韩国、日本等 13 个国家和地区的进口额占亚洲进口总额的 90.6%。其中，越南、泰国、新加坡、卡塔尔、沙特阿拉伯、印度 6 个国家出口额较大，中国进口占该国出口比重在 30% 以下，进口增量空间较大；其余进口贸易伙伴中，阿联酋、土耳其、孟加拉国、以色列、阿曼、伊朗 6 个国家出口额相对较大，中国进口占该国出口比重在 20% 以下，有较大的进口机会。

（3）按贸易伙伴进出口额数据应用思路

第一，地方政府商务、发改、经信等部门可利用按贸易伙伴进出口额数据，研判进口贸易伙伴构成、出口贸易伙伴构成特征，针对性制定供应链优化和招商引资策略。以江苏省为例，亚洲和欧洲是其主要贸易伙伴，该省从亚洲进口占比较高，进口贸易伙伴有待进一步多元化。其中，江苏省对韩国、日本、印度、新加坡等 13 个国家和地区的增量出口空间较大，对越南、泰国、新加坡等 12 个国家和地区的增量进口空间较大。以此为依据，一方面可通过"组团采购"、招商引资等方式，深耕亚洲 12 个增量进口空间较大的国家和地区，同时拓展欧洲、拉丁美洲、大洋洲的进口业务；另一方面可组织引导省内企业"组团出海"，深耕亚洲 13 个增量出口空间较大的国家和地区。

第二，制造业企业、贸易公司等出口型企业可利用按贸易伙伴进出口额数据，研判进口贸易伙伴构成、出口贸易伙伴构成特征，优化出海市场布局和供应链。以江苏省为例，该省对韩国、日本、印度、新加坡等 13 个国家和地区的增量出口空间较大，对越南、泰国、新加坡等 12 个国家和地区的增量进口空间较大。以此为依据，江苏的出口型企业可深耕亚洲 13 个增量出口空间较大的国家和地区，拓展海外市场；同时深耕亚洲 12 个增量进口空间较大的国家和地区，优化供应链体系。

2. 双边贸易分析

双边贸易分析主要从双边进出口额、双边贸易产品构成、双边贸易行业构成三个方面展开。

下面以江苏省对泰国的双边贸易为例进行分析。

（1）双边进出口额

①分析思路

从现状和走势两个方面，分析双边进出口额。

②数据图表

根据联合国贸易数据库、海关统计数据查询平台提供的数据，将江苏省对泰国的进口额和出口额、占比数据整理成图表，具体如表3-16所示。

表3-16　双边贸易进出口额增长情况（2015—2023年）

进出口额及比例	2023年	2015—2023年变化
江苏对泰国出口额（亿美元）	124.7	63.6
占江苏出口比例	2.6%	0.8%
中国出口占泰国进口比例	24.5%	4.3%
江苏从泰国进口额	53.5	0.1
占江苏进口比例	2.0%	−0.6%
中国进口占泰国出口比例	12.0%	0.9%

③分析示例

总体上，江苏省从泰国的增量进口还有较大空间，对泰国的增量出口还有一定空间。

从现状来看，2023年江苏省对泰国的出口占其出口总额的2.6%，中国出口占泰国进口的比重为24.5%，对泰国的增量出口还有一定空间；江苏省从泰国的进口占其进口总额的2.0%，中国进口占泰国出口的比重为12.0%，从泰国的增量进口还有较大空间。

从走势来看，2015年至2023年期间，江苏省对泰国的出口占比呈现上升走势，从泰国的进口占比呈现下降走势，整体上双边贸易额呈现上升走势。

（2）双边贸易产品构成

①分析思路

从出口和进口两个方面，分析双边贸易进口、出口商品构成。

②数据图表

根据联合国贸易数据库、海关统计数据查询平台提供的数据，按产品类维度，将各类产品出口额占比（表3-17）、进口额占比（表3-18）数据整理成图表。

表3-17　各类产品出口额占比（2023年）

商品类别	占江苏对泰国出口	泰国进口额（亿美元）	中国出口占泰国进口
第16类　机电、音像设备及其零件、附件	45.9%	895.8	35.2%
第15类　贱金属及其制品	17.8%	325.6	34.0%
第6类　化学工业及其相关工业的产品	9.3%	231.5	27.7%
第17类　车辆、航空器、船舶及运输设备	5.7%	185.3	27.1%
第7类　塑料及其制品；橡胶及其制品	5.4%	126.0	33.7%
第11类　纺织原料及纺织制品	4.0%	47.6	45.3%
第20类　杂项制品	3.7%	24.4	71.0%

（续表）

商品类别	占江苏对泰国出口	泰国进口额（亿美元）	中国出口占泰国进口
第 18 类　光学、医疗等仪器；钟表；乐器	1.9%	77.3	22.0%
第 13 类　矿物材料制品；陶瓷品；玻璃及制品	1.4%	23.8	51.4%
第 12 类　鞋帽伞等；羽毛品；人造花；人发品	1.2%	13.1	47.0%
第 10 类　纤维素浆；废纸；纸、纸板及其制品	1.1%	33.0	21.9%
第 5 类　矿产品	0.1%	533.8	1.1%
第 14 类　珠宝、贵金属及制品；仿首饰；硬币	0.1%	135.6	3.7%
第 2 类　植物产品	0.3%	81.1	18.7%
第 4 类　食品；饮料、酒及醋；烟草及制品	0.6%	70.6	13.2%
第 1 类　活动物；动物产品	0.4%	49.0	4.5%
第 8 类　革、毛皮及制品；箱包；肠线制品	0.4%	19.0	21.5%
第 9 类　木及制品；木炭；软木；编结品	0.5%	5.3	45.2%
第 19 类　武器、弹药及其零件、附件	0.0%	3.4	2.7%
第 3 类　动、植物油、脂、蜡；精制食用油脂	0.0%	3.4	6.5%
第 21 类　艺术品、收藏品及古物	0.0%	0.3	3.3%
第 22 类　特殊交易品及未分类商品	0.0%	—	—

表 3-18　各类产品进口额占比（2023 年）

商品类别	占江苏对泰国进口	泰国出口额（亿美元）	中国进口占泰国出口
第 16 类　机电、音像设备及其零件、附件	51.9%	907.8	6.8%
第 7 类　塑料及其制品；橡胶及其制品	12.1%	299.6	23.4%
第 2 类　植物产品	9.9%	160.7	54.4%
第 6 类　化学工业及其相关工业的产品	6.2%	131.3	13.7%
第 18 类　光学、医疗等仪器；钟表；乐器	4.2%	59.6	10.2%
第 17 类　车辆、航空器、船舶及运输设备	2.7%	389.0	2.1%
第 11 类　纺织原料及纺织制品	2.7%	57.7	6.6%
第 10 类　纤维素浆；废纸；纸、纸板及其制品	2.2%	24.0	36.2%
第 9 类　木及制品；木炭；软木；编结品	2.2%	33.5	43.6%
第 15 类　贱金属及其制品	1.9%	150.1	12.3%
第 4 类　食品；饮料、酒及醋；烟草及制品	1.2%	233.3	8.5%
第 14 类　珠宝、贵金属及制品；仿首饰；硬币	0.0%	147.9	1.3%
第 5 类　矿产品	0.7%	120.0	4.9%
第 1 类　活动物；动物产品	0.2%	37.4	24.7%
第 20 类　杂项制品	0.8%	30.1	4.8%
第 13 类　矿物材料制品；陶瓷品；玻璃及制品	0.7%	23.4	5.7%
第 8 类　革、毛皮及制品；箱包；肠线制品	0.0%	16.0	23.9%
第 3 类　动、植物油、脂、蜡；精制食用油脂	0.2%	15.3	2.3%
第 12 类　鞋帽伞等；羽毛品；人造花；人发品	0.1%	10.5	5.3%
第 21 类　艺术品、收藏品及古物	0.0%	0.4	3.2%
第 22 类　特殊交易品及未分类商品	0.0%	—	—

③分析示例

总体上，江苏省与泰国的双边贸易中，化学工业及其相关工业的产品，车辆、航空器、船舶及运输设备，光学、医疗等仪器，钟表，乐器，以及珠宝、贵金属及制品，仿首饰，硬币 4 类商品出口增量空间较大；机电、音像设备及其零件、附件，化学工业及其相关工业的产品，光学、医疗等仪器，钟表，乐器，以及珠宝、贵金属及制品，仿首饰，硬币 4 类商品进口增量空间较大。

出口方面，2023 年江苏省对泰国出口额前五位商品为机电、音像设备及其零件、附件（45.9%），贱金属及其制品（17.8%），化学工业及其相关工业的产品（9.3%），车辆、航空器、船舶及运输设备（5.7%），塑料及其制品、橡胶及其制品（5.4%）。其中，机电、音像设备及其零件、附件，贱金属及其制品，塑料及其制品、橡胶及其制品的中国出口占泰国进口比重均在 30% 以上，出口增量空间有限；化学工业及其相关工业的产品，车辆、航空器、船舶及运输设备，以及光学、医疗等仪器，钟表，乐器的中国出口占泰国进口的比重在 20%~30%，出口增量还有一定的空间；其余出口商品中，珠宝、贵金属及制品，仿首饰，硬币的泰国进口额较大、中国出口占泰国进口比重低，出口增量空间较大。

进口方面，2023 年江苏省对泰国进口额前五位商品为机电、音像设备及其零件、附件（51.9%），塑料及其制品、橡胶及其制品（12.1%），植物产品（9.9%），化学工业及其相关工业的产品（6.2%），以及光学、医疗等仪器，钟表，乐器（4.2%）。从中国进口占泰国出口的比重来看，机电、音像设备及其零件、附件，化学工业及其相关工业的产品，以及光学、医疗等仪器，钟表，乐器等商品的进口占泰国出口的比重在 20% 以下，进口增量还有一定的空间；其余进口商品中，珠宝、贵金属及制品，仿首饰，硬币的泰国出口额较大、中国进口占泰国出口比重低，进口增量空间较大。

（3）双边贸易行业构成

①分析思路

从出口和进口两个方面，分析双边贸易进口、出口行业构成。

②数据图表

根据联合国贸易数据库、海关统计数据查询平台提供的数据，按行业维度，将各行业出口额占比、进口额占比数据整理成图表，具体如表 3-19 所示。

表 3-19　各行业出口额和进口额占比（2023 年）

行业	占江苏对泰国出口额	泰国进口额（亿美元）	中国出口占泰国进口	行业	占江苏从泰国进口额	泰国出口额（亿美元）	中国进口占泰国出口
计算机、通信和其他电子设备制造业	21.6%	442.1	34.9%	计算机、通信和其他电子设备制造业	31.3%	423.3	7.0%
化学原料和化学制品制造业	10.6%	256.0	27.0%	化学原料和化学制品制造业	16.6%	271.2	29.0%
通用设备制造业	10.2%	183.4	28.9%	通用设备制造业	12.9%	160.7	10.1%
黑色金属冶炼和压延加工业	9.6%	135.7	31.6%	农副食品加工业	10.4%	299.0	20.3%

（续表）

行业	占江苏对泰国出口额	泰国进口额（亿美元）	中国出口占泰国进口		占江苏从泰国进口额	泰国出口额（亿美元）	中国进口占泰国出口
电气机械和器材制造业	8.7%	205.6	42.4%	电气机械和器材制造业	6.7%	260.0	4.9%
专用设备制造业	7.0%	76.0	39.3%	仪器仪表制造业	3.9%	35.3	12.4%
金属制品业	5.1%	85.7	49.4%	汽车制造业	2.4%	320.6	1.1%
汽车制造业	4.6%	131.3	32.8%	造纸和纸制品业	2.2%	23.3	37.2%
纺织业	4.0%	30.6	47.1%	木材加工和木、竹、藤、棕、草制品业	2.2%	33.5	43.6%
橡胶和塑料制品业	3.5%	69.1	42.1%	橡胶和塑料制品业	1.8%	149.9	5.3%
有色金属冶炼和压延加工业	2.6%	185.3	14.1%	化学纤维制造业	1.8%	15.4	12.6%
非金属矿物制品业	1.8%	32.5	50.2%	专用设备制造业	1.4%	90.9	4.5%
家具制造业	1.4%	9.8	69.3%	农业	1.3%	59.4	83.4%
仪器仪表制造业	1.2%	55.8	22.0%	有色金属冶炼和压延加工业	0.9%	120.5	13.2%
造纸和纸制品业	1.1%	31.0	21.6%	石油、煤炭及其他燃料加工业	0.2%	97.5	3.7%
文教、工美、体育和娱乐用品制造业	1.0%	56.7	12.6%	文教、工美、体育和娱乐用品制造业	0.1%	97.5	1.7%
石油、煤炭及其他燃料加工业	0.1%	372.3	0.3%	铁路、船舶、航空航天和其他运输设备制造业	0.4%	70.3	7.8%
农副食品加工业	0.7%	98.3	12.2%	金属制品业	0.8%	62.9	3.2%
铁路、船舶、航空航天和其他运输设备制造业	0.9%	75.5	10.0%	食品制造业	0.1%	48.6	6.0%
农业	0.2%	58.3	17.8%	酒、饮料和精制茶制造业	0.0%	43.2	10.9%
医药制造业	0.4%	33.7	8.3%	非金属矿物制品业	0.8%	30.2	5.3%
皮革、毛皮、羽毛及其制品和制鞋业	0.7%	26.5	26.0%	黑色金属冶炼和压延加工业	0.1%	26.0	5.1%
食品制造业	0.3%	21.3	22.1%	纺织业	0.8%	25.9	5.7%
酒、饮料和精制茶制造业	0.3%	17.6	7.6%	纺织服装、服饰业	0.5%	21.8	3.1%
纺织服装、服饰业	0.8%	15.4	49.9%	皮革、毛皮、羽毛及其制品和制鞋业	0.0%	21.7	19.8%
化学纤维制造业	0.7%	7.5	36.8%	家具制造业	0.4%	13.1	3.9%
渔业	0.0%	6.1	1.9%	医药制造业	0.0%	6.8	3.2%
木材加工和木、竹、藤、棕、草制品业	0.5%	5.4	45.2%	印刷和记录媒介复制业	0.0%	3.8	2.1%
非金属矿采选业	0.0%	3.1	49.6%	非金属矿采选业	0.0%	3.5	16.2%
印刷和记录媒介复制业	0.1%	3.1	34.6%	烟草制品业	0.0%	2.9	5.0%
其他制造业	0.3%	2.5	70.6%	渔业	0.0%	2.5	28.7%

（续表）

行业	占江苏对泰国出口额	泰国进口额（亿美元）	中国出口占泰国进口	行业	占江苏从泰国进口额	泰国出口额（亿美元）	中国进口占泰国出口
烟草制品业	0.0%	2.2	2.0%	其他制造业	0.0%	1.5	1.6%
畜牧业	0.0%	1.6	3.9%	农、林、牧、渔专业及辅助性活动	0.0%	1.4	11.9%
林业	0.0%	1.5	26.3%	林业	0.0%	0.6	8.2%
农、林、牧、渔专业及辅助性活动	0.0%	0.4	25.4%				
废弃资源综合利用业	0.0%	0.0	76.4%				
黑色金属矿采选业	0.0%	0.0	17.6%				

③分析示例

总体上，江苏省与泰国的双边贸易中，化学原料和化学制品制造业、通用设备制造业、仪器仪表制造业、农副食品加工业，以及铁路、船舶、航空航天和其他运输设备制造业5个行业出口增量空间较大；计算机、通信和其他电子设备制造业以及通用设备制造业、电气机械和器材制造业、有色金属冶炼和压延加工业等6个行业进口增量空间较大。

出口方面，计算机、通信和其他电子设备制造业以及化学原料和化学制品制造业、通用设备制造业等16个行业对泰国出口额占比较高，合计94%。从中国出口占泰国进口的比重来看，化学原料和化学制品制造业、通用设备制造业、仪器仪表制造业等6个行业出口占泰国进口的比重在30%以下，出口增量空间相对较大；其余行业中，农副食品加工业，铁路、船舶、航空航天和其他运输设备制造业的泰国进口额相对较大，中国出口占泰国进口的比重在10%左右，出口增量空间较大。

进口方面，计算机、通信和其他电子设备制造业以及化学原料和化学制品制造业、通用设备制造业等13个行业从泰国的进口额占比较高，合计95%。从中国进口占泰国出口的比重来看，计算机、通信和其他电子设备制造业以及通用设备制造业、电气机械和器材制造业等5个行业的泰国出口额较大，中国进口占泰国出口的比重在20%以下，进口增量空间较大；其余进口行业中，有色金属冶炼和压延加工业的泰国出口额较大、中国进口占泰国出口的比重低，进口增量空间较大。

（4）双边贸易数据应用思路

第一，政府商务、发改、经信等部门可利用双边贸易数据，研判双边贸易产品和行业进口额占比、出口额占比特征，针对性制定进出口贸易提升和招商引资策略。以江苏省与泰国双边贸易为例，进出口商品方面，化学工业及相关工业产品，车辆、航空器、船舶及运输设备，光学、医疗等仪器，钟表，乐器，以及珠宝、贵金属及制品，仿首饰，硬币4类产品增量出口空间较大，机电、音像设备及其零件、附件，化学工业及其相关工业的产品，光学、医疗等仪器，钟表，乐器，以及珠宝、贵金属及制品，仿首饰，硬币4类产品进口增量空间较大；进出口行业方面，化学原料和化学制品制造业、通用设备制造业、仪器仪表制造业、农副食品加工业，以及铁路、船舶、航空航天和其他运输设备制造业5个行业出口增量空间较大，计算机、通信和其他电子设备制造业以及通用设备制造业、电气机械和器材制造业、有色金属冶炼和压延加工业等6个行业进口增量空间较大。以此为依据，江苏省对泰国出口宜聚焦4类产品、5个行业，巩固和拓展竞争优势；同时，围绕4类产品、6个行业，通过"组团采购"、招商引资等方式，提升供应链质量，降低行业成本，提高行业经营效益。

第二，制造企业、贸易公司等外贸进口企业可利用双边贸易数据，研判双边贸易产品和行业进口额占比、出口额占比特征，优化供应链采购策略和业务方向，指导投资选址。以江苏省与泰国的双边贸易为例，进出口商品方面，化学工业及其相关工业的产品，车辆、航空器、船舶及运输设备，光学、医疗等仪器，钟表，乐器，以及珠宝、贵金属及制品，仿首饰，硬币4类产品增量出口空间较大，机电、音像设备及其零件、附件，化学工业及其相关工业的产品，光学、医疗等仪器，钟表，乐器，以及珠宝、贵金属及制品，仿首饰，硬币4类产品进口增量空间较大；进出口行业方面，化学原料和化学制品制造业、通用设备制造业、仪器仪表制造业、农副食品加工业，以及铁路、船舶、航空航天和其他运输设备制造业5个行业出口增量空间较大，计算机、通信和其他电子设备制造业以及通用设备制造业、电气机械和器材制造业、有色金属冶炼和压延加工业等6个行业进口增量空间较大。江苏省内这些行业的制造企业、贸易公司可深耕泰国市场，同时国内这些行业的制造企业、贸易公司可将江苏省作为业务拓展、投资选址的重点地区。

（六）货物进出口差额

货物进出口差额数据分析，主要从货物进出口差额、按产品和行业进出口差额两个方面展开。

下面以江苏省为例进行分析，其他省市可参考。

1. 货物进出口差额

（1）分析思路

从现状和走势两个方面，分析双边贸易进出口差额。

（2）数据图表

根据联合国贸易数据库和海关贸易数据查询平台提供的数据，将双边贸易进口额、出口额、进出口差额数据整理成图表，具体如图3-3所示。

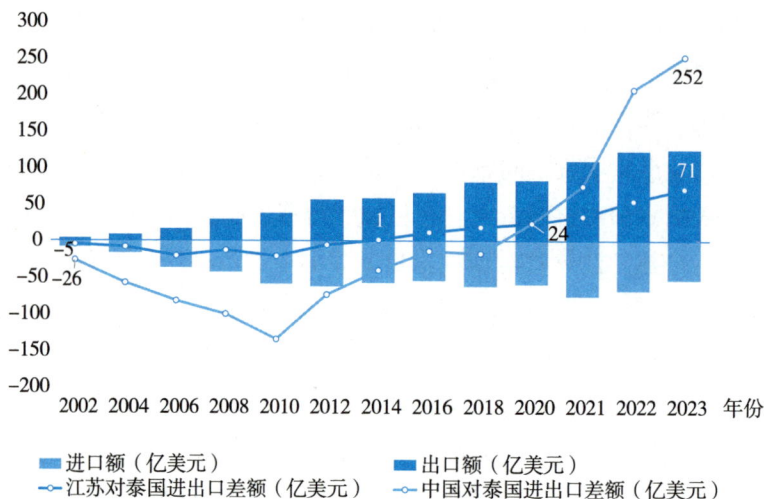

图 3-3　历年进出口差额变化（2002—2023 年）

（3）分析示例

总体上，江苏省对泰国进出口方面，进口缓慢增长、出口大幅增长，贸易顺差呈现快速扩大走势。

从现状来看，2023 年江苏省对泰国进出口顺差 71 亿美元，同期中国对泰国进出口顺差 252 亿美元，江苏占 28%。

从走势来看，2002 年至 2023 年期间，江苏省对泰国进出口由逆差 5 亿美元变为顺差 71 亿美元。2014 年以来，江苏对泰国进口缓慢增长、出口大幅增长，贸易顺差快速扩大。

2. 按产品和行业进出口差额

（1）分析思路

从出口和进口两个方面，分析双边贸易产品和行业进出口差额。

下面以双边贸易产品进出口差额分析为例。

（2）数据图表

根据联合国贸易数据库、海关统计数据查询平台提供的数据，按产品维度，将各产品进出口差额数据整理成图表，具体如表 3-20 所示。

表 3-20　双边贸易产品进出口差额构成（2023 年）

商品类别	进出口差额（亿美元）	中国进口占泰国出口比例	中国出口占泰国进口比例
第 16 类　机电、音像设备及其零件、附件	29.5	6.8%	35.2%
第 15 类　贱金属及其制品	21.1	12.3%	34.0%
第 6 类　化学工业及其相关工业的产品	8.3	13.7%	27.7%
第 17 类　车辆、航空器、船舶及运输设备	5.6	2.1%	27.1%
第 20 类　杂项制品	4.2	4.8%	71.0%

（续表）

商品类别	进出口差额（亿美元）	中国进口占泰国出口比例	中国出口占泰国进口比例
第11类　纺织原料及纺织制品	3.5	6.6%	45.3%
第12类　鞋帽伞等；羽毛品；人造花；人发品	1.5	5.3%	47.0%
第13类　矿物材料制品；陶瓷品；玻璃及制品	1.4	5.7%	51.4%
第8类　革、毛皮及制品；箱包；肠线制品	0.5	23.9%	21.5%
第1类　活动物；动物产品	0.5	24.7%	4.5%
第7类　塑料及其制品；橡胶及其制品	0.3	23.4%	33.7%
第10类　纤维素浆；废纸；纸、纸板及其制品	0.2	36.2%	21.9%
第4类　食品；饮料、酒及醋；烟草及制品	0.2	8.5%	13.2%
第18类　光学、医疗等仪器；钟表；乐器	0.1	10.2%	22.0%
第14类　珠宝、贵金属及制品；仿首饰；硬币	0.1	1.3%	3.7%
第21类　艺术品、收藏品及古物	0.0	3.2%	3.3%
第3类　动、植物油、脂、蜡；精制食用油脂	−0.1	2.3%	6.5%
第5类　矿产品	−0.2	4.9%	1.1%
第9类　木及制品；木炭；软木；编结品	−0.6	43.6%	45.2%
第2类　植物产品	−4.9	54.4%	18.7%
第22类　特殊交易品及未分类商品	0.0	—	—
第19类　武器、弹药及其零件、附件	—	0.1%	2.7%

（3）分析示例

总体上，江苏可积极引导加大对泰国机电及零部件产品、稀有金属及制品、化工产品等12类产品的进口，对泰国农副食品的出口，缓解江苏泰国双边贸易顺差扩大走势。

通过数据图表可以发现，江苏对泰国进出口产品中，机电及零部件产品、稀有金属及制品、化工产品等16类产品为贸易顺差，结合中国进口占泰国出口比例，可引导加大对泰国机电及零部件产品、稀有金属及制品、化工产品等12类产品的进口，缓解贸易逆差扩大走势。其余贸易逆差产品中，农副食品中国出口占泰国进口比例在10%以下，可引导加大对泰国农副食品的出口。

3. 进出口差额数据应用思路

政府商务、发改、经信等部门可利用进出口差额数据，研判产品和行业进出口差额构成特征，针对性制定进出口贸易提升和招商引资策略。

以江苏省与泰国双边贸易为例，该省对泰国进口缓慢增长、出口大幅增长，贸易顺差呈现快速扩大走势。产品方面，江苏省对泰国机电、音像设备及其零件、附件，贱金属及其制品，化学工业及其相关工业的产品等为顺差，进口增量空间较大；对泰国农副食品为逆差，出口增量空间较大。以此为依据，江苏省可通过引导泰国企业来华参展、积极引导江苏省企业加大对机电、音像设备及其零件、附件，贱金属及其制品，化学工业及其相关工业的产品等产品的进口，以及对泰国农副食品的出口，缓解江苏省与泰国双边贸易顺差扩大走势，避免可能带来的贸易摩擦。

三、跨境电商进出口

（一）数据解读

目前，全球没有统一的跨境电商统计标准。

2023 年开始，我国海关总署根据《跨境电子商务统计调查制度》，开展跨境电子商务进出口数据的统计调查。

调查对象：针对境内主要电商平台企业、电商服务企业和电商卖家企业，采用重点调查方法。规模过小的跨境电商平台数据因对统计结果影响较小，暂时不纳入调查统计范围。

统计范围：主要统计调查符合"跨境交易、在线订单、跨境物流"条件的进出口商品，包括消费品和生产资料两类，具体如表 3-21 所示。

表 3-21　跨境电子商务商品品类 [①]

类别	商品类别
消费品	**出口消费品**：服饰鞋包及珠宝配饰；手机、电脑等各类数码产品及配件；家用、办公电器及配件；家居家纺及厨房用具；医药、保健品及医疗器具；玩具及母婴用品（不包括奶粉）；运动及户外用品；园艺及各种家装工具；汽车及周边用品；其他
消费品	**进口消费品**：食品生鲜；奶粉；美容化妆、香水及日化洗护；医药、保健品及医疗器具；手机、电脑等各类数码产品及配件；家用、办公电器及配件；服饰鞋包及珠宝配饰；玩具、母婴用品（不包括奶粉）以及其他
生产资料	**初级产品**：劳动作用于自然资源而获得的、有待进一步加工的生产资料，例如，棉花、原木、煤、铁矿砂等，在线交易的期货交割货物除外
生产资料	**工业中间产品**：经过一些制造和加工过程但未到达最终产品阶段，仍需要进一步生产或装配的工业制品，例如，塑料粒子、集成电路、有机化合物、纺纱及面料、建筑材料等
生产资料	**资本品**：具有较高价值和一定使用周期并计入固定资产的商品，例如，数控机床等机械设备、用于运输行业的车辆等

调查指标：跨境电子商务进口额、出口额、贸易伙伴国（地区）、商品类别、出口来源地、进口目的地等。

规范全面的跨境电子商务统计调查还处于起步阶段，目前跨境电商数据主要有跨境电商进出口额、按商品类别进出口额、按贸易伙伴进出口额、跨境电商进出口差额四个维度，数据定义同货物进出口类似，这里不再详细说明。

在理解和应用跨境电商进出口数据时，要注意以下要点。

第一，跨境电商进出口主要统计货物进出口，性质上属于从货物进出口总值中区分出跨境电商部分。

第二，根据国家统计局批准的《跨境电子商务统计调查制度》，在境内或境外平台成交并跨境交付的各种电商货物列入跨境电商统计（全业态统计），以在线成交的进出口货

[①]　资料来源：《跨境电子商务统计调查制度》。

物为统计范围，包括并不限于海关监管方式**保税跨境贸易电子商务**（代码 1210、1239）、**跨境贸易电子商务**（代码 9610）、**跨境电子商务企业对企业直接出口**（代码 9710）及**跨境电子商务出口海外仓**（代码 9810）项下进出口货物（表 3-22）。通过海关跨境电子商务管理平台，这些跨境电子商务贸易方式可获得精确的数据统计，但这并不能涵盖全部跨境电子商务贸易，统计的数据是有限的。

表 3-22　跨境电商进出口通关主要监管模式 [①]

类型	海关监管方式	界定
B2C	跨境贸易电子商务（海关监管方式代码 9610）	适用于境内个人或电子商务企业通过电子商务交易平台实现交易，俗称"直邮出口"或"自发货"模式。以小包、单个包裹发货，允许跨境电商企业将商品从境内通过第三方物流商运送至海外消费者
	保税跨境贸易电子商务（海关监管方式代码 1210）	适用于境内个人或电子商务企业在经海关认可的电子商务平台实现跨境交易，并通过海关特殊监管区域或保税监管场所进出的电子商务零售进出境商品。用于进口时仅限经批准开展跨境贸易电子商务进口试点的海关特殊监管区域和保税物流中心（B 型）
	保税跨境贸易电子商务 A（海关监管方式代码 1239）	适用于境内电子商务企业通过海关特殊监管区域或保税物流中心（B 型）一线进境的跨境电子商务零售进口商品
B2B	跨境电子商务企业对企业直接出口（海关监管方式代码 9710）	适用于跨境电商 B2B 直接出口的货物，简称"跨境电商 B2B 直接出口"，境内企业通过跨境电商平台与境外企业达成交易后，通过跨境物流将货物直接出口送达境外企业
	跨境电子商务出口海外仓（海关监管方式代码 9810）	适用于跨境电商出口海外仓的货物，简称"跨境电商出口海外仓"，境内企业将出口货物通过跨境物流送达海外仓，通过跨境电商平台实现交易后从海外仓送达购买者

第三，海关调查统计的跨境电商明细数据并未对外公布，暂时无法在海关统计数据在线查询平台查询。通过海关总署《跨境电商进出口情况》、商务部《中国电子商务报告》（跨境电商部分），可以获得跨境电商进出口额、按商品类别跨境电商进出口额、按贸易伙伴跨境电商进出口额等主要汇总数据。

（二）跨境电商进出口额

主要从跨境电商进出口额增长、跨境电商进出口额占货物进出口额比例两个方面进行分析。

目前各省市的跨境电商数据，主要来自海关总署《中国跨境电商进出口情况》、商务部《中国电子商务报告》（跨境电商部分），这些报告只公布主要省市跨境电商进出口总额，没有明细列表数据和其他指标数据。各省市公布的跨境电商数据维度较少且不完整，需要地方直属海关提供详细数据，才能进行各维度分析。

下面以全国跨境电商数据分析为例，各省市层面的分析可参考。

---

① 资料来源：海关总署网站、互联网检索。

1. 跨境电商进出口额

（1）分析思路

从现状和走势两个方面，分析跨境电商进出口额增长。

（2）数据图表

根据海关总署《跨境电商进出口情况》、商务部《中国电子商务报告》（跨境电商部分）提供的数据，将历年跨境电商进口额、出口额、增速数据整理成图表，具体如图 3-4 所示。

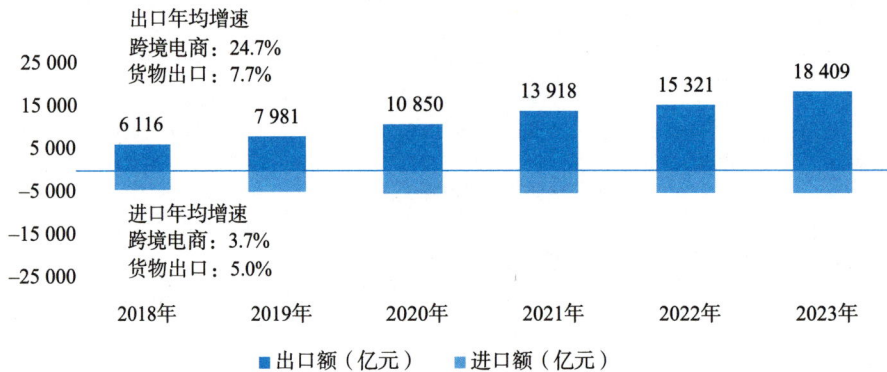

图 3-4　中国跨境电商进出口总额和变化（2018—2023 年）

（3）分析示例

总体上，我国跨境电商以出口为主，出口增速远高于货物出口增速，进口占比还不高。

从现状来看，2023 年跨境电商进出口总额约 2.4 万亿元，其中出口 1.84 万亿元，进口 0.56 万亿元，跨境电商出口占 78%。

从走势来看，2018 年以来，跨境电商出口年均增速约为 24.7%，远高于货物出口增速；跨境电商进口年均增速为 3.7%，低于货物进口增速。

2. 跨境电商占货物进出口比例

（1）分析思路

从现状和走势两个方面，分析跨境电商进出口占货物进出口比例。

（2）数据图表

根据海关统计数据在线查询平台、海关总署《跨境电商进出口情况》、商务部《中国电子商务报告》（跨境电商部分）提供的数据，将历年跨境电商进出口占货物进出口比例数据整理成图表，具体如图 3-5 所示。

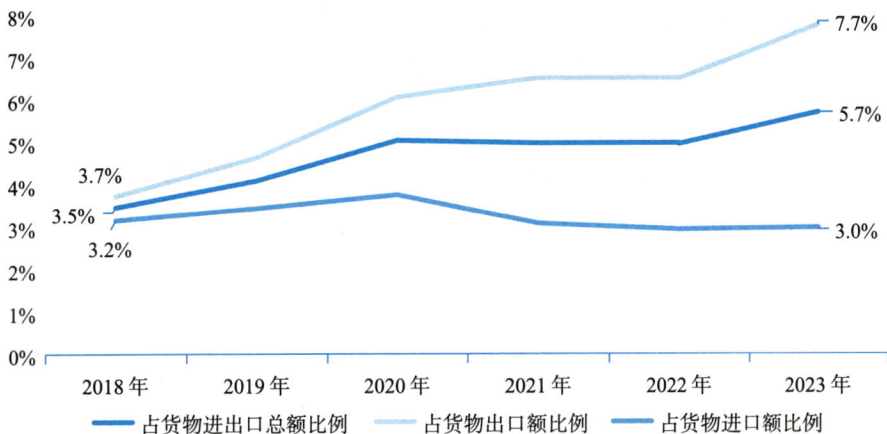

图 3-5　跨境电商占货物进出口比例（2018—2023 年）

（3）分析示例

总体上，我国跨境电商占货物进出口比例不到 10%，跨境电商出口占比呈现提高走势。

从现状来看，我国跨境电商进出口额占货物进出口额比例为 5.7%，其中出口占7.7%、进口占 3%，整体占比很低。

从走势来看，2018 年至 2023 年期间，跨境电商出口占比提高了 4 个百分点，跨境电商商品进口占比略微下降。

3. 跨境电商进出口额数据应用思路

政府商务部门可利用跨境电商进出口额数据，研判跨境电商进出口额增长和占货物进出口比例特征，针对性制定跨境电商定位目标和发展策略。

以全国跨境电商数据为例，跨境电商以出口为主，出口增速远高于货物出口增速，进口占比还不高。我国跨境电商占货物进出口比例不到十分之一，跨境电商出口占比呈现提高走势。以此为依据，地方政府在跨境电商定位和发展策略上，可将跨境电商定位为传统货物贸易的重要补充，大力发展跨境电商出口。

（三）按商品类别跨境电商进出口额

按商品类别的跨境电商进出口数据主要有三类。

一是海关总署统计的跨境电商数据，统计范围是重点监测的境内电商平台企业、电商服务企业和电商卖家企业，并不涉及境外的电商平台和电商企业，公布主要类别商品进口额和出口额，目前只有 2022 年数据。

二是国内主要电商平台、国外主要电商平台的数据，各个平台商品分类有差异，需要重新归类加总，这类数据较难获得。

三是商业研究机构做的跨境电商分析报告，引用这些报告中的数据时，要注意数据来源、统计口径，不能以偏概全。

下面以海关总署统计的跨境电商数据分析为例。

1. 分析思路

结合海关总署统计的跨境电商数据，分析跨境电商商品进出口额构成。

2. 数据图表

根据海关总署《中国跨境电商进出口情况》提供的统计数据，按进出口商品类别维度，将各类商品进出口额、占比数据整理成图表，具体如表 3-23 所示。

表 3-23　跨境电商消费品类别构成（2022 年）

出口商品类别	占比	出口额（亿元）	进口商品类别	占比	进口额（亿元）
服饰鞋包	33.1%	4 706	美妆及洗护用品	28.4%	1 473
手机等电子产品	17.1%	2 431	食品生鲜	14.7%	763
家居家纺用品	7.8%	1 109	医药及医疗器械	13.9%	721
其他	42%	5 972	奶粉	12.9%	669
			其他	30.1%	1 562
消费品合计		14 218	消费品合计		5 188
非消费品		1 103	非消费品		90

3. 分析示例

总体上，跨境电商进出口商品中，服饰家纺、食品等传统日用品占比较高，电子产品、医药和器械等高科技产品占比不高。

通过表 3-23 可以发现，2022 年跨境电商进出口商品中，消费品占 90% 以上，其中跨境电商消费品出口占 97.3%，消费品进口占 97%。跨境电商出口、进口商品类别差异较大：跨境电商出口商品中，服饰鞋包占三分之一，其次是手机等电子产品；跨境电商进口商品中，美妆及洗护用品占将近三成，其次是食品生鲜、医药及医疗器械、奶粉。

4. 按商品类别跨境电商进出口数据应用思路

第一，政府商务部门、跨境电商行业主管部门可利用按商品类别跨境电商进出口数据，研判跨境电商商品进出口额构成特征，撰写跨境电商行业运行分析报告，制定跨境电商发展规划和策略、招商引资方案、针对性扶持政策等。

第二，实体制造企业、跨境电商行业企业、个人创业和投资者可利用按商品类别跨境电商进出口数据，研判跨境电商商品进出口额构成特征，制定跨境电商业务发展策略方案。

（四）按贸易伙伴跨境电商进出口额

1. 分析思路

从跨境电商出口和进口两个方面，分析跨境电商贸易伙伴构成。

2. 数据图表

目前公布的跨境电商贸易伙伴数据不完整，主要根据海关总署《中国跨境电商进出口情况》、商务部《中国电子商务报告》（跨境电商部分）提供的数据，按贸易伙伴维度，将主要贸易伙伴进出口额、占比数据整理成图表，具体如图 3-6 所示。

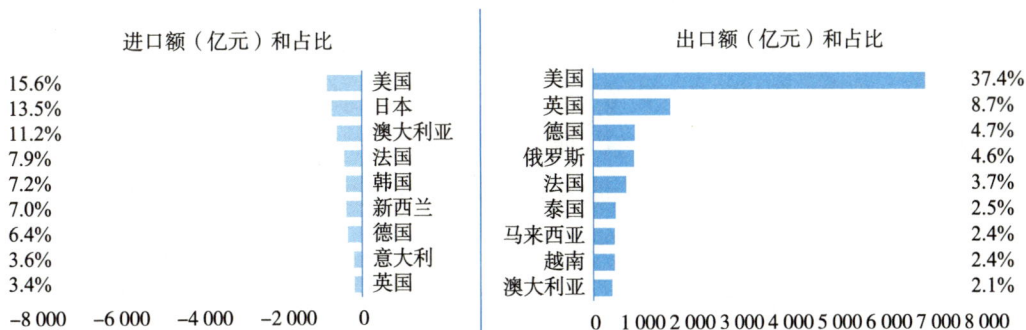

图 3-6　跨境电商进出口主要贸易伙伴构成（2023 年）

3. 分析示例

总体上，我国跨境电商进口贸易伙伴以发达国家为主，贸易伙伴呈现多元化格局；跨境电商出口贸易伙伴中，美国占比很高，泰国等发展中国家占比较高。

从跨境电商进口来看，2023 年跨境电商进口前 9 位贸易伙伴合计进口额 4 000 亿元，占跨境电商进口额的 75%，其中美国、日本、澳大利亚合计占 40%。

从跨境电商出口来看，跨境电商出口前 9 位贸易伙伴合计出口额 1.26 万亿元，占跨境电商出口额的 68%，其中美国占 37%。

4. 按贸易伙伴跨境电商数据应用思路

第一，政府商务部门、跨境电商行业主管部门可利用按贸易伙伴跨境电商数据，研判跨境电商贸易伙伴进出口额构成特征，撰写跨境电商行业运行分析报告，制定跨境电商发展规划和策略，以及跨境电商针对性扶持政策。

第二，实体制造企业、跨境电商行业企业、个人创业和投资者可利用按贸易伙伴跨境电商数据，研判跨境电商贸易伙伴进出口额构成特征，制定跨境电商业务发展策略方案。

四、服务进出口

（一）数据解读

主要包括服务进出口总额、按服务类别进出口额、按服务提供方式进出口额、按贸易伙伴进出口额、服务进出口差额五个维度的统计数据。

1. 服务进出口总额

按商务部及国家统计局的定义，服务进出口总额是以货币表示的、一定时期内一国或地区常住单位与非常住单位之间相互提供服务的总金额。常住单位向非常住单位提供服务称为服务出口，常住单位从非常住单位获得服务称为服务进口。

在理解和应用服务进出口总额数据时，要注意以下要点。

第一，服务进出口总额统计范围是监测的重点企业填报的数据。与货物进出口不同的是，服务进出口有其特殊性，作为服务贸易交易对象的服务通常不会实际跨越海关关境，缺少国际公认的服务编码、数量、原产地等资料，难以完整、准确统计。我国商务部会同国家统计局编制和更新《国际服务贸易统计监测制度》，对我国服务贸易进行统计监测，统计监测重点服务贸易企业填报的数据。

第二，要注意商务部统计的服务进出口额和世界贸易组织数据库的服务进出口额数据的统计口径。我国服务进出口总额统计跨境交付、境外消费和自然人移动三种提供方式数据，商业存在方式即跨国公司附属机构服务（是常住单位向常住单位提供服务、对外投资的非常住单位向非常住单位提供服务），不在商务部和国家统计局的服务进出口总额定义范围，该项数据单独统计和发布，以与国际接轨。世界贸易组织数据库既有上述三种提供方式的服务进出口额数据，也有四种提供方式的服务进出口额数据。

第三，全国及省市服务进出口总额分析，建议采用商务部的服务进出口总额数据。商务部统计监测获得的企业直报的服务进出口交易数据和年度报告数据，与国家外汇管理局《中国国际收支货物和服务贸易数据》中的服务贸易数据有差异。国家外汇管理局主要从国际交易报告系统（ITRS）采集获得大部分行业的服务贸易数据，这些数据未经验证；商务部是服务贸易主管部门，其统计监测的数据更为真实、准确且质量较高。

2. 按服务类别进出口额

根据商务部和国家统计局《国际服务贸易统计监测制度》，服务进出口按照服务类别分为 12 大类、47 小类，重点统计监测这 12 大类服务贸易企业，具体如表 3-24 所示。

表 3-24　商务部服务贸易服务类别划分 [1]

服务大类	小类
运输	1. 海运：货运、客运、其他；2. 空运：货运、客运、其他；3. 其他运输方式：货运、客运、其他；4. 邮政及寄递服务
旅行	1. 旅游；2. 留学；3. 就医；4. 境外务工；5. 其他
建筑	1. 境外建筑；2. 境内建筑
保险服务	1. 直接保险：人寿保险、货运保险、其他直接保险；2. 再保险；3. 辅助保险服务；4. 养老金和标准化担保服务：养老金服务、标准担保服务
金融服务	1. 金融中介服务；2. 其他金融服务
电信、计算机和信息服务	1. 电信服务；2. 计算机服务；3. 信息服务

---

[1]　资料来源：《国际服务贸易统计监测制度》。

（续表）

服务大类	小类
知识产权使用费	1. 特许和商标使用费；2. 研发成果使用费；3. 复制或分销计算机软件许可费；4. 复制或分销视听及相关产品许可费
个人、文化和娱乐服务	1. 音像服务和相关服务：音像服务、艺术相关服务；2. 教育服务；3. 医疗保健服务：中医（药）、其他医疗保健服务；4. 遗产和娱乐服务
维护和维修服务	1. 金属制品修理；2. 通用设备修理；3. 专用设备修理；4. 船舶、航空航天等运输设备修理；5. 电气设备修理；6. 仪器仪表修理
其他商业服务	1. 研发成果转让费和委托研发：转让研发成果所有权、定制或非定制研发服务；2. 专业和管理咨询服务：管理咨询、公关、法律、会计、广告、展会服务；3. 技术服务：建筑、工程技术服务、废物处理和防止污染服务、其他；4. 营业租赁服务；5. 其他
加工服务	1. 来料加工工缴费；2. 其他
政府服务	1. 大使馆和领事馆；2. 军事单位和军事机构；3. 别处未包括的其他政府货物和服务

在理解和应用按服务类别进出口额数据时，要注意以下要点。

第一，服务进出口涉及的服务类别划分，商务部和联合国、世界贸易组织的分类标准是一致的。全国和全球层面分析，主要采用世界贸易组织贸易数据库的服务类别数据；全国各省市层面分析，主要采用商务部的服务类别数据。两者的对比如表 3-25 所示。

表 3-25　服务贸易服务类别划分对比

我国《国际服务贸易统计监测制度》服务分类	世界贸易组织《国际服务贸易统计手册》服务分类
（一）运输	（三）运输
（二）旅行	（四）旅行
（三）建筑	（五）建筑
（四）保险服务	（六）保险和养老金服务
（五）金融服务	（七）金融服务
（六）电信、计算机和信息服务	（九）电信、计算机和信息服务
（七）知识产权使用费	（八）别处未包括的知识产权使用费
（八）个人、文化和娱乐服务	（十一）个人、文化和娱乐服务
（九）维护和维修服务	（二）别处未包括的保养和维修服务
（十）加工服务	（一）对他人拥有的有形投入进行的制造服务
（十一）其他商业服务	（十）其他商业服务
（十二）政府服务	（十二）别处未包括的政府货物和服务

第二，世界贸易组织贸易数据库、联合国贸易数据库有 12 大类、47 个小类服务的进出口额数据，大部分可以一一对应到国标行业，能从行业维度进行大致分析；而商务部公布的统计数据仅涉及 12 大类，只有少部分类别可以一一对应到国标行业，在行业维度只能做宽泛的分析。两者的对应关系如表 3-26 所示。

表 3-26　服务类别与国标行业对应表 [1]

服务大类	涉及国标大类行业
运输	交通运输、仓储和邮政业
旅行	文化、体育和娱乐业 教育 卫生
建筑	建筑业
保险服务	保险业
金融服务	金融业
电信、计算机和信息服务	信息传输、软件和信息技术服务业
知识产权使用费	科学研究和技术服务业 信息传输、软件和信息技术服务业 文化、体育和娱乐业
个人、文化和娱乐服务	文化、体育和娱乐业 教育 卫生
维护和维修服务	金属制品、机械和设备修理业
其他商业服务	科学研究和技术服务业 租赁和商务服务业
加工服务	其他制造业
政府服务	国际组织 公共管理、社会保障和社会组织

3. 按服务提供方式进出口额

世界贸易组织《服务贸易总协定》定义了跨境交付、境外消费、商业存在和自然人移动四种服务贸易提供模式，具体如表 3-27 和图 3-7 所示。

表 3-27　四种服务贸易提供模式的定义

提供模式	定义
跨境交付	服务的提供者在一成员的领土内向另一成员领土内的消费者提供服务，如在线培训、远程医疗等
境外消费	一成员消费者到另一成员境内接受服务提供者提供的服务，如旅游、出国留学等
商业存在	一成员的服务提供者在另一成员领土内设立商业机构或专业机构提供服务，如外资医院、外资银行等
自然人移动	一成员的服务提供者以自然人身份进入另一成员的领土内提供服务

国际服务贸易数据的统计分为服务进出口统计和附属机构服务贸易统计（FATS 统计）两部分。

服务进出口统计：分为四种方式口径、三种方式（不含商业存在）口径。世界贸易组织贸易数据库有两类口径的服务进出口数据，商务部公布的数据是三种方式口径。

---

[1] 资料来源：《国际服务贸易统计监测制度》《国民经济行业统计分类》。本书作者将 12 大类、47 小类服务标注了国标大类、中类、小类行业，表中所列对应国标大类行业，是按 47 小类服务对应国标大类行业的汇总，篇幅所限，不呈现具体明细表。

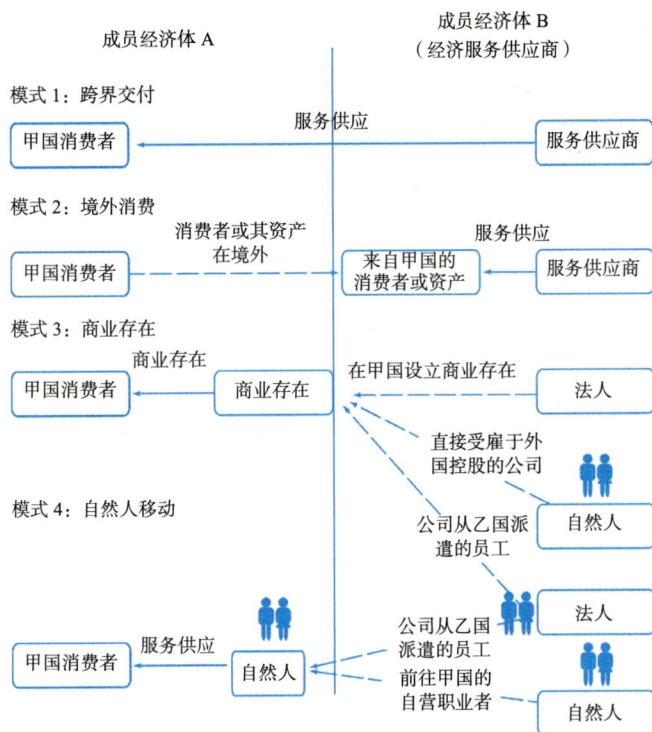

成员经济体 A | 成员经济体 B （经济服务供应商）

模式 1：跨界交付

甲国消费者 ← 服务供应 ← 服务供应商

模式 2：境外消费

甲国消费者 ⟵ 消费者或其资产在境外 ⟵ 来自甲国的消费者或资产 ← 服务供应 ← 服务供应商

模式 3：商业存在

甲国消费者 ← 商业存在 ← 在甲国设立商业存在 ← 法人

直接受雇于外国控股的公司 → 自然人

公司从乙国派遣的员工

模式 4：自然人移动

甲国消费者 ← 服务供应 ← 自然人 ← 公司从乙国派遣的员工前往甲国的自营职业者 ← 法人 / 自然人

图 3-7 服务贸易提供模式[1]

附属机构服务贸易统计（FATS 统计）：是按照国际标准产业分类，对跨国公司及其附属机构的服务交易数据进行分类统计，分为内向附属机构统计和外向附属机构统计，具体如表 3-28 所示。

表 3-28 附属机构服务贸易统计范围[2]

行业类别	方式细分	统计指标
国标产业分类： 1. 批发和零售；机动车修理 2. 交通运输、仓储和邮政业 3. 住宿和餐饮业 4. 信息技术和通信服务 5. 金融和保险业 6. 房地产业 7. 商业服务业；科技服务业 8. 租赁和商务服务业 9. 教育 10. 健康服务和社会工作 11. 艺术、娱乐和休闲 12. 其他服务 我国另将建筑业纳入统计	**内向附属机构统计（相当于服务进口）**：对本国境内外国附属机构提供的服务统计。具体到我国，指外国或地区的企业通过直接投资方式控制（直接投资者拥有 50% 以上的股权）的中国关境内企业在中国关境内实现的服务销售 **外向附属机构统计（相当于服务出口）**：对本国在境外设立的附属机构在当地提供的服务统计。具体到我国，指我国企业通过直接投资方式控制（直接投资者拥有 50% 以上的股权）另一国或地区企业在该国或地区关境内实现的服务销售	销售收入 企业数量 就业人数

---

[1] 资料来源：《服务贸易总协定》《国际服务贸易统计手册 2010》。

[2] 资料来源：商务部网站。

在理解和应用按提供方式进出口额数据时，要注意以下要点。

第一，要注意服务进出口额数据是三种方式口径还是四种方式口径。

第二，在附属机构服务贸易统计中，国际标准产业分类和我国国标行业分类有所差别，需要将国际标准产业分类转换为对应国标行业分类，然后做行业维度分析。

4. 按贸易伙伴进出口额

服务进出口的贸易伙伴分类和货物进出口一致。

在全国和全球层面，通过世界贸易组织数据库和联合国贸易数据库，可查询到按国别（地区）分类的贸易伙伴服务进出口数据。

在全国省市层面，商务部统计监测获得的企业直报的服务进出口交易数据不对外发布，暂时无法在商务部数据中心、海关统计数据在线查询平台查询，需要由地方商务部门提供。

5. 服务进出口差额

服务进出口差额数据的定义、理解和应用，与货物进出口差额类似，这里不做详细阐述。

要注意的是，服务进口额、服务出口额的统计口径是四种方式口径还是三种方式（不含商业存在）口径。

（二）服务进出口总额

下面以全国服务贸易进出口额为例进行分析，省市层面可参考。

1. 分析思路

从现状和走势两个方面，分析服务进口额、服务出口额。

2. 数据图表

根据联合国贸易数据库和世界贸易组织数据库提供的数据，将服务出口额、服务进口额数据整理成图表，具体如图 3-8 所示。

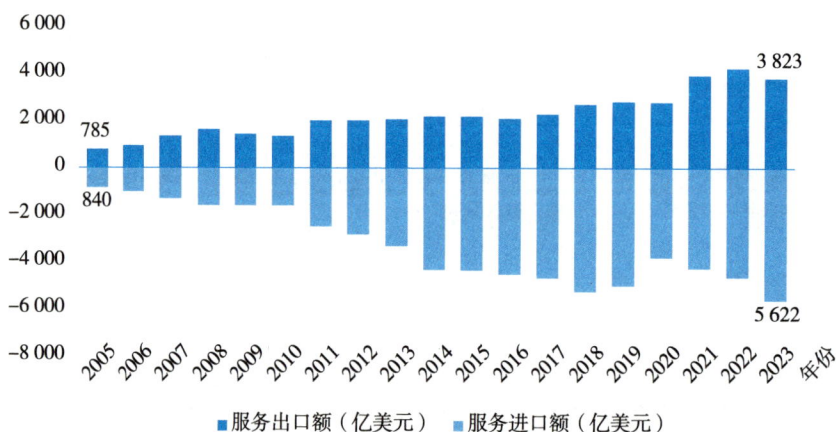

图 3-8　服务贸易出口额和进口额变化（2005—2023 年）

3. 分析示例

总体上，我国服务贸易进口额高于出口额，服务进口增长更快，其增速不仅高于服务出口增速，也高于货物进口和出口增速。

从现状来看，2023 年我国服务出口 3 800 亿美元左右，服务进口 5 600 亿美元左右，服务进口规模超过服务出口。

从走势来看，2005 年至 2023 年期间，我国服务出口年均增长速度为 7.2%，低于同期货物出口增速（8.6%）；服务进口年均增长速度为 11.1%，高于同期货物进口增速（7.8%），服务进口增速高。

4. 服务进出口总额数据应用思路

政府商务部门、服务贸易行业主管部门可利用服务进出口总额数据，研判服务进口额、出口额增长特征，制定服务贸易发展规划。

（三）按服务类型进出口额

主要从各类服务进出口总额、各类服务进口额和出口额两方面展开分析。

目前服务贸易统计还处于初级阶段，省市层面服务贸易数据较少，只能分析全国层面。

1. 各类服务进出口总额

（1）分析思路

从现状和走势两个方面，分析各类服务进出口总额及其构成。

（2）数据图表

根据世界贸易组织数据库 Trade in services annual dataset 提供的数据，按服务类别、对应国标行业维度，将各类服务的进出口额及占比数据整理成图表，具体如表3-29所示。

表 3-29　各类服务进出口总额构成变化（2005—2023 年）

服务类别	对应国标行业	2023 年		2005—2023 年	
		进出口额（亿美元）	占比	进出口额增量（亿美元）	占比变化
运输	交通运输、仓储和邮政业	2 583	27.3%	2 144	0.3%
旅行	住宿和餐饮业 教育（部分） 卫生（部分）	2 108	22.3%	1 598	−9.1%
其他商务服务	科学研究、专业技术服务业 租赁和商务服务业	1 651	17.5%	1 346	−1.3%
电信、计算机和信息服务	信息传输、软件和信息技术服务业	1 290	13.7%	1 245	10.9%
知识产权使用费	科学研究、专业技术服务业（部分）	649	6.9%	594	3.5%
建筑	建筑业	393	4.2%	351	1.6%
保险和养老金服务	保险业	244	2.6%	166	−2.2%
加工服务	其他制造业（部分）	185	2.0%	52	−6.2%

（续表）

服务类别	对应国标行业	2023 年		2005—2023 年	
		进出口额（亿美元）	占比	进出口额增量（亿美元）	占比变化
维护和维修服务	金属制品、机械和设备修理业	158	1.7%	158	1.7%
金融服务	金融业（部分）	81	0.9%	78	0.7%
个人、文化和娱乐服务	文化、体育和娱乐业 教育（部分） 卫生（部分）	59	0.6%	56	0.4%
政府货物和服务	公共管理、社会保障和社会组织	45	0.5%	34	−0.2%

（3）分析示例

总体上，我国电信、计算机和信息服务以及知识产权使用费等高附加值的服务进出口规模和占比显著增加；旅行、其他商务服务等传统服务进出口占比呈现下降走势。

从现状来看，2023 年我国 12 类进出口服务中，运输、旅行 2 项服务进出口额占 50%；其次是其他商务服务、知识产权使用费以及电信、计算机和信息服务，合计占 38% 左右。

从走势来看，2005 年至 2023 年期间，我国旅行服务进出口占比下降 9.1 个百分点，加工服务进出口占比下降 6.2 个百分点；而电信、计算机和信息服务进出口占比上升 10.9 个百分点，知识产权使用费进出口占比上升 3.5 个百分点。

（4）各类服务进出口总额数据应用思路

第一，政府商务部门、发改部门、服务贸易行业主管部门可利用各类服务进出口总额数据，研判各类服务进出口总额增长特征，撰写服务贸易行业运行分析报告，制定服务贸易发展目标和策略、招商引资方案，以及针对性扶持政策。

第二，服务业企业、个人创业和投资者可利用各类服务进出口总额数据，研判各类服务进出口总额增长特征，制定服务贸易业务发展策略方案。

2. 各类服务进口额和出口额

（1）分析思路

按服务类别，分析各类服务的进口额构成、出口额构成。

（2）数据图表

根据世界贸易组织数据库 Trade in services annual dataset 提供的数据，按服务类别维度，将服务进口额、服务出口额、占比数据整理成图表，具体如图 3-9 所示。

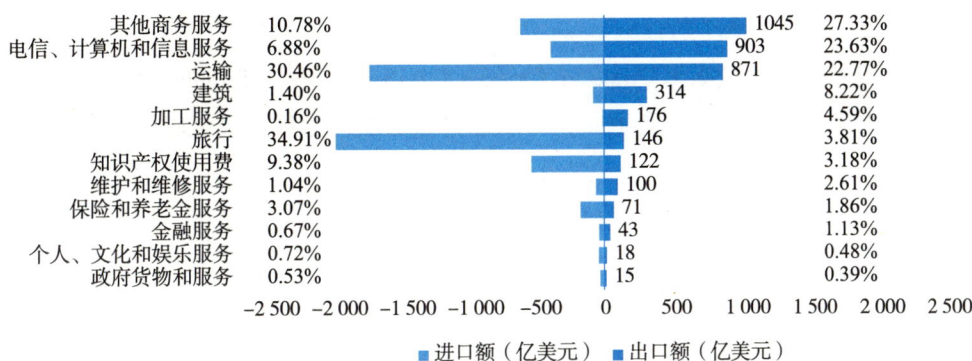

	进口占比	进口额(亿美元)	出口额(亿美元)	出口占比
其他商务服务	10.78%		1045	27.33%
电信、计算机和信息服务	6.88%		903	23.63%
运输	30.46%		871	22.77%
建筑	1.40%		314	8.22%
加工服务	0.16%		176	4.59%
旅行	34.91%		146	3.81%
知识产权使用费	9.38%		122	3.18%
维护和维修服务	1.04%		100	2.61%
保险和养老金服务	3.07%		71	1.86%
金融服务	0.67%		43	1.13%
个人、文化和娱乐服务	0.72%		18	0.48%
政府货物和服务	0.53%		15	0.39%

■ 进口额(亿美元)　■ 出口额(亿美元)

图 3-9　各类服务进口额和出口额构成（2023 年）

（3）分析示例

总体上，我国其他商务服务及电信、计算机和信息服务出口优势明显；服务进口以旅行、知识产权使用费、运输为主。

服务进口方面，旅行和运输服务进口合计占 65% 左右；其次是其他商务服务、知识产权使用费，合计占 20% 左右。

服务出口方面，其他商务服务、运输及电信、计算机和信息服务合计占 72% 左右；旅行和知识产权使用费出口占比均不到 4%，占比较低。

（4）各类服务进口额和出口额数据应用思路

第一，政府商务部门、发改部门、服务贸易行业主管部门可利用各类服务进口额和出口额数据，研判各类服务进口额和出口额构成特征，撰写服务贸易行业运行分析报告，制定服务贸易发展目标和策略、招商引资方案，以及针对性扶持政策。

第二，服务业企业、创业者和投资者可利用各类服务进口额和出口额数据，研判各类服务进口额和出口额构成特征，制定服务贸易业务发展策略方案。

（四）按提供方式进出口额

服务进出口按提供方式分为四种：跨境交付、境外消费、商业存在、自然人移动。关于服务贸易按提供方式划分的数据，目前只有世界贸易组织数据库 Trade in Services Data by Mode of Supply（TISMOS）的估计数据，该数据的统计口径和估计数值与官方统计数据不一致。在没有官方统计数据的情况下，可以通过这项数据分析各个国家和地区按提供方式的服务进出口额占比。

分析主要从按提供方式进出口额、各类服务提供方式进出口额、商业存在（即服务业"引进来"和"走出去"）进出口额三个维度展开。

1. 按提供方式进出口额

（1）分析思路

从现状和走势两个方面，分析服务贸易提供方式构成。

（2）数据图表

根据世界贸易组织数据库 Trade in Services Data by Mode of Supply（TISMOS）提供的数据，按服务方式维度，将各方式出口额、进口额及占比数据整理成图表，具体如表3-30 所示。

表 3-30　全国进出口服务提供方式构成（2005—2022 年）

提供方式	2022 年		2005—2022 年变化	
	出口额占比	进口额占比	出口额占比变化	进口额占比变化
跨境交付	44.5%	33.0%	−4%	−11%
境外消费	4.6%	9.4%	−26%	−3%
商业存在	49.3%	56.8%	31%	16%
自然人移动	1.6%	0.7%	−2%	−2%

（3）分析示例

目前，我国服务贸易以跨境交付、商业存在两种方式为主，其中服务业商业存在方式（"走出去"和"引进来"）占比大幅提高。

从现状来看，在服务出口方面，以跨境交付、商业存在两种方式为主，两种方式占比均在 45% 上下；在服务进口方面，也是以跨境交付、商业存在两种方式为主，不过商业存在方式占比达 56.8%，表明服务业贸易"引进来"的规模高于"走出去"。

从走势来看，2005 年至 2022 年期间，在服务出口方面，境外消费占比下降 26 个百分点，而商业存在占比提升 31 个百分点；在服务进口方面，商业存在占比提升 16 个百分点，其他三种方式的占比均有所下降，这反映出我国服务业"走出去"的速度正在加快。

（4）按提供方式进出口额数据应用思路

第一，政府商务部门、发改部门、服务贸易行业主管部门可利用按提供方式进出口额数据，研判四类方式进出口额构成特征，撰写服务贸易行业运行分析报告，制定服务贸易发展目标和策略、招商引资方案，以及针对性扶持政策。

第二，服务业企业、个人创业和投资者可利用按提供方式进出口额数据，研判四类方式进出口额构成特征，制定服务贸易业务发展策略方案。

2. 各类服务提供方式进出口额

（1）分析思路

从出口和进口两个方面，分析各类服务提供方式的进口额、出口额。

（2）数据图表

根据世界贸易组织数据库 Trade in Services Data by Mode of Supply（TISMOS）提供的数据，按服务类别维度，将提供方式进出口额及占比数据整理成图表，具体如表 3-31 和表 3-32 所示。

表 3-31 服务出口提供方式构成（2022 年）

提供方式	跨境交付占比	境外消费占比	商业存在占比	自然人移动占比
其他商务服务	17.4%		81.6%	1.0%
电信、计算机和信息服务	39.2%		58.8%	2.0%
运输	63.6%	11.7%	24.8%	
建筑			94.5%	5.5%
批发和零售贸易	84.0%		16.0%	
保险和金融服务	10.8%		89.2%	
加工服务		100.0%		
其他个人服务			100.0%	
旅行		38.7%	61.3%	
知识产权使用费	100.0%			
文化休闲服务			100.0%	
维护和维修服务		90.0%		10.0%
教育服务		99.9%	0.1%	
健康服务		94.3%	5.7%	

表 3-32 服务进口提供方式构成（2022 年）

提供方式	跨境交付占比	境外消费占比	商业存在占比	自然人移动占比
其他商务服务	8.8%		90.7%	0.5%
电信、计算机和信息服务	9.1%		90.5%	0.4%
运输	45.5%	12.2%	42.2%	
批发和零售贸易	67.7%		32.3%	
旅行		72.1%	27.9%	
保险和金融服务	36.1%		63.9%	
知识产权使用费	100.0%			
建筑			90.0%	10.0%
教育服务		96.7%	3.3%	
维护和维修服务		90.0%		10.0%
其他个人服务			100.0%	
文化休闲服务			100.0%	
健康服务		64.6%	35.4%	
加工服务		100.0%		

（3）分析示例

在服务进出口提供方式上，文化休闲服务、其他商务服务、建筑、保险和金融服务以商业存在方式为主，知识产权使用费、批发和零售贸易服务以跨境交付方式为主，教育服务、加工服务、健康服务、维护和维修服务以境外消费方式为主。

服务出口方面，文化休闲服务、建筑、保险和金融服务、其他商务服务以商业存在"走出去"为主，发生在国外（离岸出口）；运输、批发和零售贸易、知识产权使用费以跨境交付为主；健康服务、教育服务、加工服务、维护和维修服务以境外消费为主，均发生在国内（在岸出口）。

服务进口方面，文化休闲服务，其他商务服务，电信、计算机和信息技术，建筑，保险和金融服务以商业存在为主，发生在国内（在岸进口）；知识产权使用费以跨境交付为主；加工服务、维护和维修服务、教育服务、旅行、健康服务以境外消费为主，均发生在国外（离岸进口）。

（4）各类服务提供方式进出口额数据应用思路

第一，政府商务部门、发改部门、服务贸易行业主管部门可利用各类服务提供方式进出口额数据，研判各类服务四类方式进出口额构成特征，撰写服务贸易行业运行分析报告，制定服务贸易发展目标和策略、招商引资方案，以及针对性扶持政策。

第二，服务业企业、创业和投资者可利用各类服务提供方式进出口额数据，研判各类服务四类方式进出口额构成特征，制定服务贸易业务发展策略方案。

3. 商业存在进出口额

商业存在（即跨国公司附属机构提供服务）进出口额数据在统计上分为两类。

一是**内向附属机构**，是指外资在境内投资注册成立的附属机构开展服务业务，即"引进来"的服务业，其服务交易数据在统计上归入服务进口。

二是**外向附属机构**，是指境内企业对外投资设立的附属机构在境外开展服务业务，即"走出去"的服务业，其服务交易数据在统计上归入服务出口。

主要统计数据包括营业收入、企业数量、员工人数。

对商业存在进出口额的分析，需要从内向附属机构规模、外向附属机构规模两个维度展开。

（1）内向附属机构规模

①分析思路

从营业收入、企业数量、员工数量三个方面，分析按行业内向附属机构规模。

②数据图表

根据世界贸易组织数据库（WTO STATS、Foreign Affiliates Statistics）提供的数据，按行业类别维度，将各行业内向附属机构的营业收入、企业数量、员工数量、占比数据整理成图表，具体如表 3-33 所示。

表 3-33　按行业内向附属机构规模（2020 年）

行业类别	营业收入（亿美元）	占比	企业数量（2018 年，家）	占比	员工数量（2018 年，万人）	占比
租赁和商务服务	2 964	25.9%	33 560	20.3%	84	13.4%
信息通信	3 253	28.4%	16 394	9.9%	141	22.4%
房地产	1 078	9.4%	9 015	5.4%	49	7.8%
金融保险	376	3.3%	3 872	2.3%	22	3.5%
交通运输和仓储	1 126	9.8%	5 728	3.5%	30	4.7%
科学研究和技术服务	2 320	20.3%	14 471	8.7%	46	7.3%

（续表）

行业类别	营业收入 （亿美元）	占比	企业数量 （2018 年，家）	占比	员工数量 （2018 年，万人）	占比
住宿和餐饮	186	1.6%	4 225	2.6%	65	10.3%
其他服务	137	1.2%	2 365	1.4%	10	1.6%
批发零售和机动车修理			75 914	45.9%	181.6	28.9%
合计	11 441		165 544		628	

③分析示例

总体上，"引进来"的外资服务业企业中，租赁和商务服务、信息通信行业营收占比高，批发零售和机动车修理业外资企业数量、员工数量多。

通过表 3-33 可以发现，在营业收入方面，信息通信、租赁和商务服务，以及科学研究和技术服务业营业收入规模大、占比高。

在企业数量方面，批发零售和机动车修理、租赁和商务服务业外资企业数量较多。

在员工数量方面，批发零售和机动车修理、信息通信业外资企业员工数量多、占比高。

（2）外向附属机构规模

①分析思路

从营业收入、企业数量、员工数量三个方面，分析按行业外向附属机构规模。

②数据图表

根据世界贸易组织数据库（WTO STATS、Foreign Affiliates Statistics）提供的数据，按服务行业类别维度，将各服务行业外向附属机构的营业收入、企业数量、员工数量、占比数据整理成图表，具体如表 3-34 所示。

表 3-34　按行业外向附属机构规模（2020 年）

行业类别	营业收入 （亿美元）	占比	企业数量 （2018 年，家）	占比	员工数量 （2018 年，万人）	占比
租赁和商务服务	4 906	66.1%	4 975	21.7%	33	39.9%
信息通信	1 204	16.2%	2 117	9.2%	6	7.5%
房地产	454	6.1%	718	3.1%	6	7.3%
金融保险		0.0%		0.0%		0.0%
交通运输和仓储	545	7.3%	1 009	4.4%	4	4.3%
科学研究和技术服务	112	1.5%	1 692	7.4%	7	7.9%
住宿和餐饮	—		—		—	
其他服务	197.6	2.7%	1 313	5.7%	5	6.2%
批发零售和机动车修理	—		11 141	48.5%	23	27.0%
合计	7 419		22 965		84	

③分析示例

总体上，"走出去"的服务业企业中，租赁和商务服务、信息通信、批发零售和机动车修理行业占比高，科学研究和技术服务、金融保险、交通运输和仓储业规模相对较小。

通过表 3-34 可以发现，在营业收入方面，租赁和商务服务、信息通信业占比高。

在企业数量方面，批发零售和机动车修理、租赁和商务服务业企业数量多。

在员工数量方面，租赁和商务服务、批发零售和机动车修理业员工数量多。

（3）商业存在进出口额数据应用思路

第一，政府商务部门、发改部门、服务贸易行业主管部门可利用服务业"走出去"和"引进来"的数据，研判服务业"走出去"和"引进来"的进出口额构成特征，撰写服务贸易行业运行分析报告，制定服务贸易发展目标和策略、招商引资方案，以及针对性扶持政策。

第二，服务业企业、个人创业和投资者可利用服务业"走出去"和"引进来"数据，研判服务业"走出去"和"引进来"进出口额构成特征，制定服务贸易业务发展策略方案。

（五）按贸易伙伴进出口额

主要从贸易伙伴进出口额、双边服务贸易进出口额两个方面展开分析。

1. 按贸易伙伴进出口额

（1）分析思路

从现状和走势两个方面，分析服务贸易伙伴进出口额构成。

（2）数据图表

根据世界贸易组织数据库 Trade in services annual dataset 提供的数据，按国别（地区）维度，将所有服务贸易伙伴的进出口额、占比数据整理成图表，具体如表 3-35 所示。

表 3-35　服务进出口前 20 贸易伙伴构成和变化（2016—2021 年）

2016 年			2021 年		
国别（地区）	进出口额（亿美元）	占比	国别（地区）	进出口额（亿美元）	占比
中国香港	1 016	18.5%	中国香港	1 110.9	17.0%
美国	893	16.3%	美国	836.5	12.8%
日本	343	6.3%	新加坡	397.5	6.1%
韩国	304	5.5%	韩国	325.9	5.0%
德国	233	4.3%	日本	315.2	4.8%
新加坡	223	4.1%	德国	302.8	4.6%
英国	188	3.4%	英国	210.3	3.2%
中国台湾	149	2.7%	爱尔兰	179.1	2.7%
法国	142	2.6%	中国台湾	168.5	2.6%
澳大利亚	132	2.4%	法国	166.1	2.5%
中国澳门	86	1.6%	澳大利亚	137.3	2.1%
荷兰	84	1.5%	荷兰	112.8	1.7%
爱尔兰	80	1.5%	印度	109.0	1.7%

（续表）

| | 2016 年 | | | 2021 年 | |
国别（地区）	进出口额（亿美元）	占比	国别（地区）	进出口额（亿美元）	占比
泰国	79	1.4%	阿联酋	100.6	1.5%
瑞士	73	1.3%	瑞士	99.8	1.5%
阿联酋	72	1.3%	中国澳门	90.3	1.4%
印度	68	1.2%	泰国	87.3	1.3%
加拿大	66	1.2%	加拿大	78.5	1.2%
马来西亚	66	1.2%	意大利	71.1	1.1%
俄罗斯	64	1.2%	俄罗斯	69.3	1.1%
小计	4 360	79.5%	小计	4 969	75.9%

（3）分析示例

总体上，我国服务进出口前 20 的贸易伙伴比较稳定，除了我国香港地区，美国是最重要的服务贸易伙伴，新加坡、德国的服务贸易额占比呈现上升走势。

从现状来看，2021 年我国服务进出口前 20 贸易伙伴的进出口额占服务进出口总额的 75.9%，其中除了我国香港地区，美国占比最高。

从走势来看，2016 年至 2021 年期间，我国服务进出口前 20 贸易伙伴比较稳定，进出口额占服务进出口总额的 75%~80%。其中，我国香港地区和美国合计占 30% 左右；其次是日本、韩国、德国、新加坡，合计占 20% 左右。除了我国香港地区，美国、日本、韩国的服务贸易额占比也呈现显著下降走势，而新加坡、德国的服务贸易额占比呈现上升走势。

（4）按贸易伙伴进出口额数据应用思路

第一，政府商务部门、发改部门、服务贸易行业主管部门可利用按贸易伙伴进出口额数据，研判服务贸易伙伴构成特征，撰写服务贸易行业运行分析报告，制定服务贸易伙伴和目标市场拓展策略、招商引资方案，以及针对性扶持政策。

第二，服务业企业、个人创业和投资者可利用按贸易伙伴进出口额数据，研判服务贸易伙伴构成特征，制定服务贸易业务和目标市场发展策略方案。

2. 双边服务贸易分析

（1）分析思路

从服务进口和服务出口两个方面，分析双边服务贸易进出口额。

下面以中国和美国的双边服务贸易数据为例进行分析。

（2）数据图表

根据世界贸易组织数据库 Trade in services annual dataset 提供的数据，按服务类别维度，将所有服务类别的进口额、出口额、占比数据整理成图表，具体如图 3-10 所示。

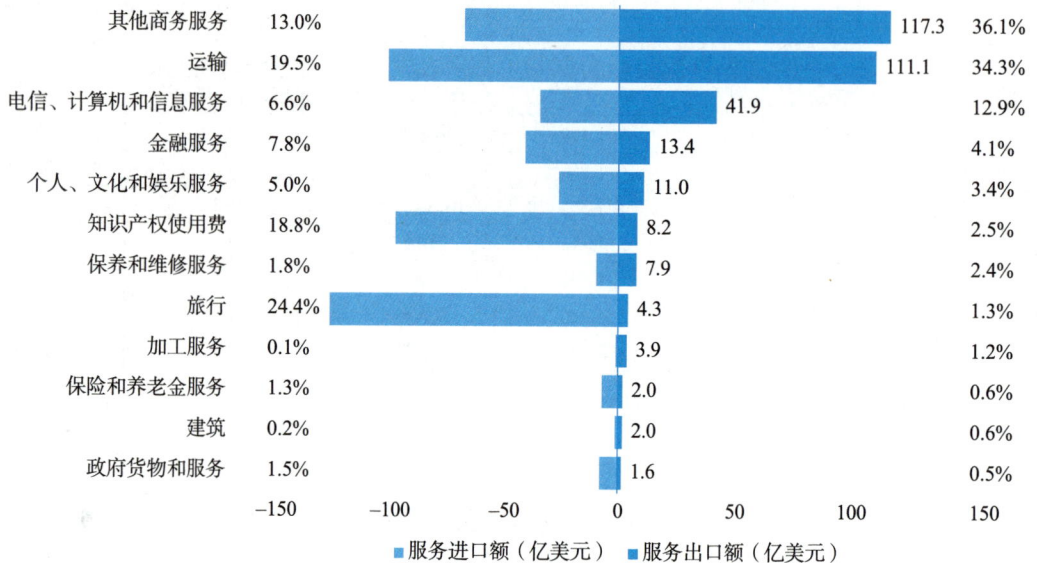

图 3-10　中国对美国服务进出口构成（2021 年）

（3）分析示例

总体上，在中美双边服务贸易中，我国在电信、计算机和信息服务领域具有相对优势，而在旅行、知识产权使用费领域竞争力不强。

通过图 3-10 可以发现，在服务进口方面，旅行、运输、知识产权使用费占比较高，合计约 63%；在服务出口方面，其他商务服务、运输占比较高，合计约 70%。

（4）双边服务贸易进出口额数据应用思路

第一，政府商务、发改部门、服务贸易行业主管部门可利用双边服务贸易进出口额数据，研判双边各类服务进出口额构成特征，撰写双边服务贸易运行分析报告，制定双边服务贸易发展策略，以及针对性扶持政策。

第二，服务业企业、创业和投资者可利用双边服务贸易进出口额数据，研判双边各类服务进出口额特征，制定服务贸易业务和目标市场发展策略方案。

（六）服务进出口差额

针对全国层面，主要从服务进出口差额、各类服务进出口差额、贸易伙伴服务进出口差额三个维度展开分析。

1. 服务进出口差额

（1）分析思路

结合历年数据，分析服务进出口差额变化情况。

（2）数据图表

根据世界贸易组织数据库 Trade in services annual dataset 提供的数据，将历年服务出口额、服务进口额、服务进出口差额数据整理成图表，具体如图 3-11 所示。

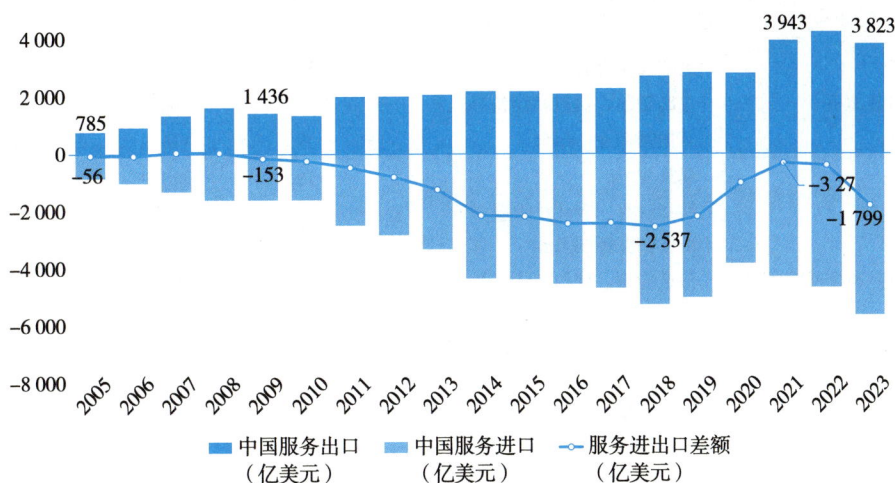

图 3-11　历年服务进出口差额（2005—2021 年）

（3）分析示例

总体上，我国的服务出口发展滞后于服务进口，服务贸易逆差呈现扩大走势。

通过图 3-11 可以发现，2010 年以来服务贸易呈现逆差扩大走势，2020 年至 2022 年服务进口减少带来服务贸易逆差收窄，2023 年服务贸易逆差又扩大。

2. 各类服务进出口差额

（1）分析思路

结合各类服务的进口额、出口额数据，分析各类服务进出口差额。

（2）数据图表

根据世界贸易组织数据库 Trade in services annual dataset 提供的数据，将各类服务和对应行业的进口额、出口额、进出口差额数据整理成图表，具体如表 3-36 所示。

表 3-36　各类服务进出口差额构成（2023 年）

服务类别	对应国标行业	服务进口（亿美元）	服务出口（亿美元）	服务进出口差额（亿美元）
旅行	文化、体育和娱乐业（部分） 住宿和餐饮业 教育（部分） 卫生（部分）	1 963	146	−1 817
运输	交通运输、仓储和邮政业	1 713	871	−842
知识产权使用费	科学研究、专业技术服务业（部分）	527	122	−406
保险和养老金服务	保险业	173	71	−102
个人、文化和娱乐服务	文化、体育和娱乐业 教育（部分） 卫生（部分）	40	18	−22
政府货物和服务	公共管理、社会保障和社会组织	30	15	−15

（续表）

服务类别	对应国标行业	服务进口（亿美元）	服务出口（亿美元）	服务进出口差额（亿美元）
金融服务	金融业（部分）	38	43	6
维护和维修服务	金属制品、机械和设备修理业	59	100	41
加工服务	其他制造业（部分）	9	176	167
建筑	建筑业	79	314	235
其他商务服务	科学研究、专业技术服务业 租赁和商务服务业	606	1 045	438
电信、计算机和信息服务	信息传输、软件和信息技术服务业	387	903	517

（3）分析示例

总体上，我国旅行、运输、知识产权使用费进出口逆差较大，服务进出口顺差以电信、计算机和信息服务及其他商务服务领域为主。

通过表 3-36 可以发现，旅行、运输、知识产权使用费进出口逆差较大；服务进出口顺差方面，电信、计算机和信息服务及其他商务服务进出口顺差较大。

3. 贸易伙伴服务进出口差额

（1）分析思路

结合各贸易伙伴的进口额、出口额数据，分析双边贸易进出口差额。

（2）数据图表

根据世界贸易组织数据库 Trade in services annual dataset 提供的数据，将我国与各贸易伙伴（国别或地区）的进口额、出口额、进出口差额数据整理成图表，具体如表 3-37 所示。

表 3-37　贸易伙伴进出口差额构成（2021 年）

国别（地区）	服务进口（亿美元）	服务出口（亿美元）	进出口差额（亿美元）	国别（地区）	服务进口（亿美元）	服务出口（亿美元）	进出口差额（亿美元）
美国	512	324	−188	中国香港	488	623	134
英国	145	65	−81	沙特阿拉伯	10	35	25
新加坡	238	160	−78	马来西亚	22	40	18
德国	189	114	−76	越南	27	37	10
法国	108	58	−51	巴基斯坦	4	11	7
澳大利亚	93	44	−49	波兰	13	20	7
日本	182	134	−48	捷克	11	17	6
爱尔兰	109	70	−39	中国澳门	43	48	5
韩国	178	148	−31	伊拉克	2	7	5
阿联酋	61	40	−21	孟加拉	5	10	5
丹麦	41	26	−15	印度尼西亚	24	29	5
希腊	22	8	−14	卡塔尔	9	13	4
菲利宾	31	17	−14	尼日利亚	3	6	3
中国台湾	91	78	−13	墨西哥	18	22	3

（续表）

国别 （地区）	服务进口 （亿美元）	服务出口 （亿美元）	进出口差额 （亿美元）	国别 （地区）	服务进口 （亿美元）	服务出口 （亿美元）	进出口差额 （亿美元）
巴拿马	19	6	−13	哥伦比亚	6	9	3
以色列	25	13	−12	伊朗	4	6	3
意大利	42	30	−12	吉尔吉斯 斯坦	1	4	3
瑞士	56	44	−12	哈沙克斯坦	10	13	3
加拿大	45	33	−12	科威特	3	6	3
俄罗斯	39	30	−9	安哥拉	2	4	3
小计	2 226	1 440	−787	小计	705	959	254

（3）分析示例

总体上，我国的服务贸易逆差主要来自发达国家（地区），服务贸易顺差主要来自发展中国家（地区）。

通过表 3-37 可以发现，按服务进出口差额排序，服务进出口逆差前 20 贸易伙伴合计逆差为 787 亿美元，占总逆差的 85%，大部分为美国、英国等发达国家和地区。其中，对美国贸易逆差 188 亿美元，占总逆差的 20%；其次是英国、新加坡、德国。

服务进出口顺差前 20 贸易伙伴合计顺差为 254 亿美元，占总顺差的 86%，大部分是发展中国家和地区。其中，除了我国香港地区，沙特阿拉伯、马来西亚、越南占比较高。

4. 服务贸易进出口差额数据应用思路

政府商务部门、发改部门、服务贸易行业主管部门可利用服务贸易进出口差额数据，研判服务贸易进出口差额变化特征，撰写服务贸易运行分析报告，制定服务贸易发展目标和策略。

五、数字贸易

（一）数据解读

根据世界贸易组织、商务部的定义，数字贸易分为两类。

数字交付贸易主要指服务贸易中的可数字化交付部分，即可数字化交付服务，包括数字产品贸易、数字服务贸易、数字技术贸易、数据贸易。

数字订购贸易指货物贸易和服务贸易中的数字化订购部分，包括通过电子商务平台达成跨境交易的货物和服务交易。

在数据统计上，目前主要统计数字交付贸易，包括可数字化交付服务进出口总额、按服务类别进出口额、按贸易伙伴进出口额、可数字化交付服务进出口差额四个维度的数据。

在理解和应用数字贸易数据时，要注意以下要点。

第一，数字交付贸易主要统计以数字交易方式进行的服务贸易，即可数字化交付服务贸易。它是服务贸易的一部分，涉及 12 类服务贸易中的 6 类（电信、计算机和信息服务，知识产权使用费，金融服务，保险服务，个人、文化和娱乐服务，其他商务服务），实际覆盖的服务类别比服务贸易少，具体如表 3-38 所示。

表 3-38　可数字化交付服务涉及服务类别 [1]

服务贸易服务大类	可数字化交付服务涉及服务类别
运输	
旅行	
建筑	
保险服务	保险服务
金融服务	金融服务
电信、计算机和信息服务	计算机服务 / 通信服务 / 信息技术服务
知识产权使用费	知识产权使用费
个人、文化和娱乐服务	个人、文化和娱乐服务
维护和维修服务	
其他商业服务	其他商业服务
加工服务	
政府服务	

第二，数字订购贸易包括通过数字订购方式进行的服务贸易和商品贸易，统计范围大于数字订购商品贸易（即跨境电商贸易）。目前数字订购贸易的统计数据还不完善，只能分析其中的数字订购商品贸易（即跨境电商贸易）。

第三，按照统计口径定义，数字贸易和服务贸易不存在从属关系。目前统计的可数字化交付服务贸易数据、数字订购中的跨境电商贸易数据，只是数字贸易的一部分，也是服务进出口、货物进出口的一部分。在具体分析时要注明数据口径，不可以偏概全。

（二）数字贸易进出口总额

目前数字贸易数据统计还不完善，通过世界贸易组织数据库、商务部《中国数字贸易发展报告》，可以查到国家（地区）层面可数字化交付服务的进出口数据，省市层面的数字贸易数据较少公布。

1. 分析思路

从现状和走势两个方面，分析可数字化交付服务进出口额、占比。

2. 数据图表

根据世界贸易组织数据库 Digitally delivered services trade dataset 提供的数据，将可数字化交付服务进出口额、占服务进出口比例数据整理成图表，具体如图 3-12 所示。

---

[1]　资料来源：根据世界贸易组织数据库资料整理。

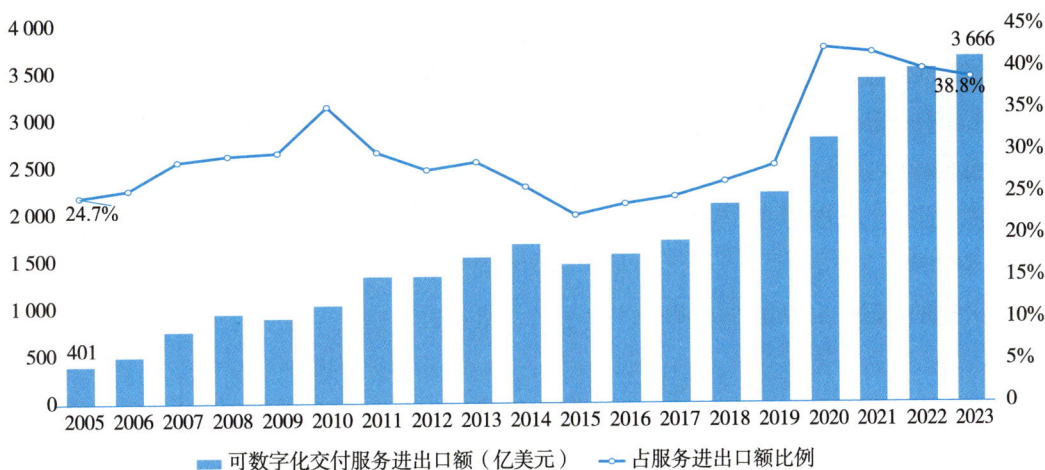

图 3-12 历年可数字化交付服务进出口额变化（2005—2023 年）

3. 分析示例

总体上，可数字化交付服务进出口额占服务进出口额的四分之一，呈现快速增长走势。

从现状来看，2023 年我国可数字化交付服务进出口额 3 666 亿美元，其中出口 2 070 亿美元，进口 1 596 亿美元，占服务进出口额的 25%。

从走势来看，2005 年至 2023 年期间，我国可数字化交付服务进出口额年均增长 13.1%，比同期服务进出口额增速（10.3%）高近 3 个百分点；可数字化交付服务进出口额占服务进出口额比例提高 14 个百分点，可数字化交付服务进出口增长较快。

4. 数字贸易进出口总额数据应用思路

政府商务部门、发改部门、服务贸易行业主管部门可利用数字贸易进出口总额数据，研判数字贸易进出口总额增长特征，撰写数字贸易运行分析报告，制定数字贸易发展目标和策略。

（三）行业数字贸易进出口额

下面以全国可数字化交付服务贸易数据为例，省市层面可参考。

1. 分析思路

从现状和走势两个方面，分析服务类别对应行业的可数字化交付服务进口额、出口额及其占比。

2. 数据图表

根据世界贸易组织数据库 Digitally delivered services trade dataset 提供的数据，按服务类别行业维度，将各行业数字服务进口额、出口额、占比数据整理成图表，具体如表 3-39 所示。

表3-39　按服务类别分进出口额构成变化（2005—2023年）

服务类别	对应国标行业	2023年				2005—2023年变化	
		出口额（亿美元）	占比	进口额（亿美元）	占比	出口额占比变化	进口额占比变化
保险和养老金服务	保险业	72.4	3.5%	172.7	10.8%	−0.3%	−17.2%
金融服务	金融业（部分）	44.4	2.1%	37.7	2.4%	1.1%	1.7%
知识产权使用费	科学研究和技术服务业（部分）	112.2	5.4%	424.9	26.6%	4.3%	5.9%
电信、计算机和信息服务	信息传输、软件和信息技术服务业	830.4	40.1%	368.6	23.1%	27.2%	16.0%
其他商务服务	科学研究和技术服务业 租赁和商务服务业	994.6	48.0%	555.8	34.8%	−32.5%	−8.3%
个人、文化和娱乐服务	文化、体育和娱乐业 教育（部分） 卫生（部分）	16.1	0.8%	36.3	2.3%	0.1%	1.9%

3.分析示例

总体上，可数字化交付服务进出口以电信、计算机和信息服务及其他商务服务为主，电信、计算机和信息服务与其他商务服务进出口占比呈现"一高一低"走势。

从现状来看，2023年数字化交付服务出口以电信、计算机和信息服务及其他商务服务为主，占88%；数字化交付服务进口以其他商务服务、知识产权使用费以及电信、计算机和信息服务为主，占85%。

从走势来看，2005年至2023年期间，电信、计算机和信息服务出口占比、进口占比均大幅提高，其他商务服务出口占比和进口占比均大幅下降。

4.行业数字贸易进出口额数据应用思路

第一，政府商务部门、发改部门、服务贸易行业主管部门可利用行业数字贸易进出口额数据，研判各行业数字贸易进出口额特征，撰写数字贸易运行分析报告，制定数字贸易发展目标和策略以及招商引资策略。

第二，服务业企业、个人创业和投资者可利用各行业数字贸易进出口额数据，研判各行业数字贸易进出口额特征，制定数字贸易业务发展策略方案。

（四）数字贸易进出口差额

主要从可数字化交付服务进出口差额、按服务类别行业可数字化交付进出口差额两个方面展开分析。

1.可数字化交付服务进出口差额

（1）分析思路

从现状和走势两个方面，分析可数字化交付服务进出口差额。

（2）数据图表

根据世界贸易组织数据库 Digitally delivered services trade dataset 提供的数据，将可数字化交付服务出口额、进口额、进出口差额数据整理成图表，具体如图 3-13 所示。

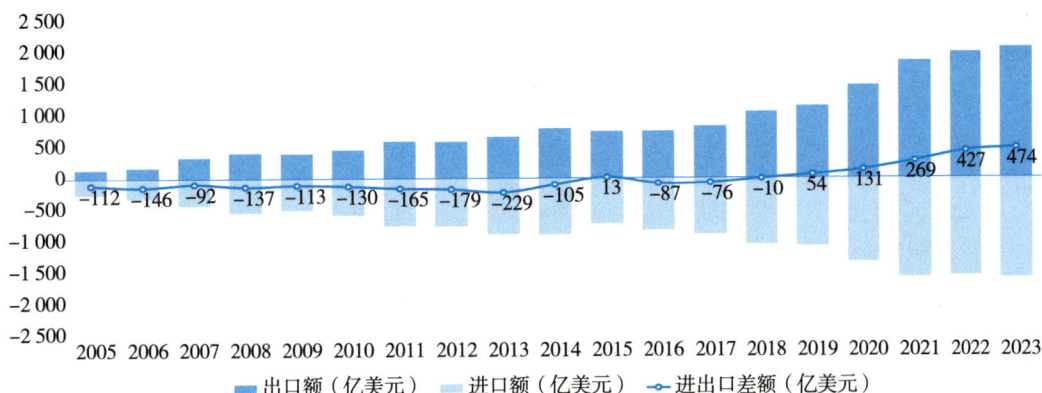

图 3-13 可数字化交付服务进出口差额变化（2005—2023 年）

（3）分析示例

总体上，相对于服务贸易逆差走势，可数字化交付服务为顺差且顺差额呈现扩大走势。

从现状来看，2023 年可数字化交付服务顺差 474 亿美元。

从走势来看，2005 年至 2023 年期间，可数字化交付服务进出口逆差不断收窄，2018 年开始转为顺差并不断增长。

2. 按服务类别行业可数字化交付进出口差额

（1）分析思路

从现状和走势两个方面，分析各类服务可数字化交付进出口差额。

（2）数据图表

根据世界贸易组织数据库 Digitally delivered services trade dataset 提供的数据，将各行业可数字化交付服务进口额、出口额、差额数据整理成图表，具体如表 3-40 所示。

表 3-40 各类服务可数字化交付进出口差额变化（2005—2023 年）

服务类别	对应国标行业	2023 年进出口差额（亿美元）	2005—2023 年进出口差额变化（亿美元）
保险和养老金服务	保险业	−100.3	−33.8
金融服务	金融业（部分）	6.7	6.9
知识产权使用费	科学研究和技术服务业（部分）	−312.8	−261.1
电信、计算机和信息服务	信息传输、软件和信息技术服务业	461.8	461.3
其他商务服务	科学研究和技术服务业租赁和商务服务业	438.8	433.2
个人、文化和娱乐服务	文化、体育和娱乐业 教育（部分） 卫生（部分）	−20.2	−20.1

（3）分析示例

总体上，可数字化交付服务中，电信、计算机和信息服务及其他商务服务贡献大部分顺差且顺差呈现扩大走势，知识产权使用费贡献大部分逆差且逆差呈现扩大走势。

从现状来看，2023年可数字化交付服务中，顺差以电信、计算机和信息服务及其他商务服务为主，逆差以知识产权使用费、保险和养老金服务为主。

从走势来看，2005年至2023年期间，电信、计算机和信息服务及其他商务服务顺差大幅扩大，知识产权使用费逆差大幅扩大。

3. 数字贸易进出口差额数据应用思路

政府商务部门、发改部门、服务贸易行业主管部门可利用各行业数字贸易进出口差额数据，研判各行业数字贸易进出口差额特征，撰写数字贸易运行分析报告，制定数字贸易发展目标和策略。

六、离岸服务外包

（一）数据解读

离岸服务外包是服务外包的一种，相当于服务进出口中的服务出口，因此离岸服务外包也是服务出口的一部分。

在服务外包、离岸服务外包的统计上，全球没有统一的统计标准。我国商务部根据《服务外包统计调查制度》，进行服务外包进出口数据的统计调查，统计范围包括离岸服务外包、在岸服务外包、境外服务外包，具体如表3-41所示。

表3-41　服务外包统计范围[①]

服务外包类型	定义	与服务进出口的关系
离岸服务外包	我国企业为境外企业提供外包服务	相当于服务出口
在岸服务外包	我国企业为境内企业提供外包服务	不属于服务贸易
境外服务外包	我国企业的境外分支机构（拥有50%以上的股权）为境外企业提供外包服务且未向我国境内企业转包	相当于外向附属机构服务出口

服务外包及离岸服务外包统计按照业务类型，分为信息技术外包（ITO）、业务流程外包（BPO）、知识流程外包（KPO），具体如表3-42所示。

[①]　资料来源：《服务外包统计调查制度》。

表 3-42　服务外包业务分类 [1]

大类	小类	部分
信息技术外包（ITO）	1. 信息技术研发服务	（1）软件研发服务；（2）集成电路和电子电路设计服务；（3）测试服务；（4）信息技术解决方案服务；（5）其他信息技术研发服务
	2. 信息技术运营和维护服务	（1）信息基础设施和信息系统运维服务；（2）网络与数据安全服务；（3）电子商务平台服务；（4）其他运营和维护服务
	3. 新一代信息技术开发应用服务	（1）云计算开发及应用服务；（2）人工智能技术开发及应用服务；（3）大数据技术开发及应用服务；（4）区块链技术开发及应用服务；（5）物联网技术开发及应用服务；（6）地理遥感信息及测绘地理信息服务；（7）其他新一代信息技术开发及应用服务
业务流程外包（BPO）	1. 内部管理服务	（1）人力资源管理服务；（2）财务与会计管理服务；（3）法律流程服务；（4）其他内部管理服务
	2. 业务运营服务	（1）数据处理服务；（2）互联网营销推广服务；（3）呼叫中心服务；（4）金融后台服务；（5）供应链管理服务；（6）采购外包服务；（7）其他业务运营服务
	3. 维修维护服务	（1）交通工具维修维护服务；（2）工程机械维修维护服务；（3）医疗设备维修维护服务；（4）智能制造装备维修服务；（5）其他维修维护服务
知识流程外包（KPO）	1. 商务服务	（1）知识产权服务；（2）管理咨询服务；（3）检验检测服务；（4）其他商务服务
	2. 设计服务	（1）工业设计服务；（2）工程技术服务；（3）文化创意及数字内容服务；（4）服务设计服务；（5）其他技术服务
	3. 研发服务	（1）医药（中医药）和生物技术研发服务；（2）新能源技术研发服务；（3）新材料技术研发服务；（4）其他研发服务

服务外包及离岸服务外包统计对象包括国务院认定的服务外包示范城市、从事服务外包业务的中国企业及境外分支机构、服务外包培训机构、服务外包交易平台。

服务外包数据通过商务部网站及《中国服务贸易发展报告》《中国商务年鉴》按月、按年对外公布。

离岸服务外包主要有离岸服务外包执行额、按业务类型离岸服务外包执行额、按业务来源地离岸服务外包执行额三个维度的数据。其中，离岸服务外包执行额相当于服务出口额，业务来源地相当于贸易伙伴。

在理解和应用离岸服务外包数据时，要注意以下要点。

第一，离岸服务外包包含信息技术外包（ITO）、业务流程外包（BPO）、知识流程外

---

[1]　资料来源：《服务外包统计调查制度》。

包（KPO）三种外包业务类型。

第二，离岸服务外包不只是服务业的外包，也是服务环节的外包——服务环节既可以来自服务业，也可以来自制造业。其中，来自制造业的服务环节外包属于生产性服务业范畴。

第三，离岸制造业服务外包是制造业服务环节的外包，纳入服务外包统计；而制造业生产外包因属于产品制造环节的外包（非服务环节），不纳入服务外包统计。

第四，服务外包与服务贸易不存在从属关系，服务外包中只有离岸服务外包属于服务贸易范畴；服务外包与数字贸易也不是从属关系，服务外包中离岸服务外包是可数字化交付服务出口的一部分。

（二）外包执行额

下面以全国层面的离岸服务外包数据分析为例，省市层面可参考。

1. 分析思路

从现状和走势两个方面，分析离岸服务外包执行额和占比。

2. 数据图表

根据商务部《中国服务贸易发展报告》《中国服务外包发展报告》提供的数据，将历年离岸服务外包执行额、占比数据整理成图表，具体如图 3-14 所示。

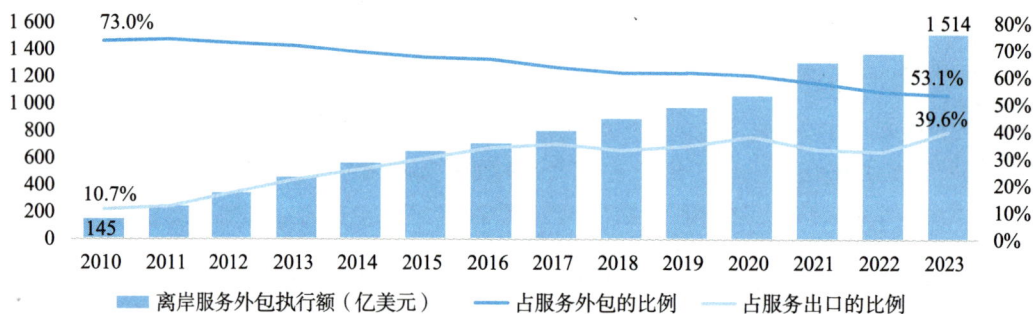

图 3-14　离岸服务外包执行额和占比变化（2010—2021 年）

3. 分析示例

总体上，离岸服务外包规模占服务出口的四成，处于高速增长阶段。

从现状来看，2023 年我国离岸服务外包执行额为 1 514 亿美元，占服务外包执行额的 53.1%，占服务出口额的 39.6%。

从走势来看，2010 年至 2023 年期间，我国离岸服务外包执行额年均增长 19.8%，略低于服务外包整体增速；占服务外包比例下降了 20 个百分点，占服务出口比例提升了 29 个百分点。

4. 服务外包执行额数据应用思路

政府商务部门、发改部门、服务贸易行业主管部门可利用服务外包执行额数据，研判服务外包执行额增长特征，撰写服务外包行业运行分析报告，制定服务外包发展目标和策略。

（三）按业务外包执行额

1. 分析思路

从现状和走势两个方面，分析各类业务离岸服务外包执行额构成。

2. 数据图表

根据商务部《中国服务贸易发展报告》《中国服务外包发展报告》提供的数据，将历年离岸服务外包分业务类型执行额、占比数据整理成图表，具体如表 3-43 所示。

表 3-43　各类业务离岸服务外包执行额构成（2019—2022 年）

业务类型	2022 年		2019—2022 年变化	
	执行额（亿美元）	占比	执行额变化（亿美元）	占比变化
信息技术外包（ITO）	560.8	41.0%	134.4	−3.1%
信息技术研发服务	448.9	32.8%	105.3	−2.7%
信息技术运营和维护服务	95.6	7.0%	24.3	−0.4%
新一代信息技术开发应用服务	16.3	1.2%	4.8	0.0%
业务流程外包（BPO）	223.7	16.4%	48.6	−1.7%
业务运营服务	160.3	11.7%	46.6	0.0%
维修维护服务	49.6	3.6%	9	−0.6%
内部管理服务	13.8	1.0%	−7	−1.1%
知识流程外包（KPO）	583.3	42.6%	216.9	4.8%
设计服务	375.6	27.5%	142.6	3.4%
研发服务	170.6	12.5%	65	1.6%
商务服务	37.1	2.7%	9.3	−0.2%

3. 分析示例

总体上，离岸服务外包以信息技术研发服务、设计服务为主，设计服务、研发服务外包增速较快。

从现状来看，2022 年按离岸服务外包业务大类，信息技术外包和知识流程外包各占 42% 左右，业务流程外包占 16% 左右；按小类，信息技术研发服务占 32.8%，其次是设计服务占 27.5%。

从走势来看，2019 年至 2022 年期间，离岸知识流程外包执行额占比提升了 4.8 个百分点，离岸信息技术外包和业务流程外包执行额占比下降；按小类，设计服务、研发服务外包执行额占比呈现提高走势。

4.服务外包业务类型数据应用思路

第一，政府商务、发改部门、服务贸易行业主管部门可利用服务外包业务类型数据，研判各类业务服务外包执行额构成和增长特征，撰写服务外包行业运行分析报告，制定服务外包发展目标和策略及招商引资策略。

第二，服务业企业、个人创业和投资者可利用服务外包业务类型数据，研判各类业务服务外包执行额构成和增长特征，制定服务外包业务发展策略方案。

（四）按行业外包执行额

在分析行业维度的外包执行额时，需要根据离岸服务外包业务类型与国标行业的对应关系，将业务维度外包执行额数据转换为行业维度外包执行额数据，具体如表 3-44 所示。

表 3-44　离岸服务外包业务类型与国标行业的对应关系

离岸服务外包业务类型			对应国标行业
信息技术外包（ITO）	1. 信息技术研发服务	软件研发服务；集成电路和电子电路设计服务；测试服务；信息技术解决方案服务；其他信息技术研发服务	信息传输、软件和信息技术服务业
	2. 信息技术运营和维护服务	信息基础设施和信息系统运维服务；网络与数据安全服务；电子商务平台服务；其他运营和维护服务	信息传输、软件和信息技术服务业
	3. 新一代信息技术开发应用服务	云计算开发及应用服务；人工智能技术开发及应用服务；大数据技术开发及应用服务；区块链技术开发及应用服务；物联网技术开发及应用服务；地理遥感信息及测绘地理信息服务；其他新一代信息技术开发及应用服务	信息传输、软件和信息技术服务业
业务流程外包（BPO）	1. 内部管理服务	人力资源管理服务；财务与会计管理服务；法律流程服务；其他内部管理服务	商务服务业
	2. 业务运营服务	数据处理服务；互联网营销推广服务；呼叫中心服务；金融后台服务；供应链管理服务；采购外包服务；其他业务运营服务	商务服务业 信息传输、软件和信息技术服务业
	3. 维修维护服务	交通工具维修维护服务；工程机械维修维护服务；医疗设备维修维护服务；智能制造装备维修维护服务；其他维修维护服务	金属制品、机械和设备修理业
知识流程外包（KPO）	1. 商务服务	知识产权服务；管理咨询服务；检验检测服务；其他商务服务	商务服务业 科学研究和技术服务业
	2. 设计服务	工业设计服务；工程技术服务；文化创意及数字内容服务；服务设计服务；其他技术服务	科学研究和技术服务业
	3. 研发服务	医药（中医药）和生物技术研发服务；新能源技术研发服务；新材料技术研发服务；其他研发服务	科学研究和技术服务业

按行业外包执行额主要从承接方、发包方两个维度展开分析。

1. 承接方行业外包执行额

（1）分析思路

从现状和走势两个方面，分析离岸服务外包承接方行业构成。

（2）数据图表

根据商务部《中国服务贸易发展报告》《中国服务外包发展报告》提供的数据，将各行业承接方执行额、占比数据整理成图表，具体如表3-45所示。

表3-45　离岸服务外包承接方行业构成（2019—2022年）

承接方行业类别	2022年		2019—2022年变化	
	执行额（亿美元）	占比	执行额变化（亿美元）	占比变化
信息传输、软件和信息技术服务业	585.6	42.8%	138.9	−3.3%
商务服务业	372.9	27.3%	122.4	1.4%
科学研究和技术服务业	395.5	28.9%	145.6	3.1%
金属制品、机械和设备修理业	13.8	1.0%	−7.0	−1.1%

（3）分析示例

总体上，离岸服务外包承接方以信息传输、软件和信息技术服务业，科学研究和技术服务业，以及商务服务业为主，其中科学研究和技术服务业、商务服务业承接方占比呈提升走势。

从现状来看，2022年信息传输、软件和信息技术服务业执行额占42.8%，其次是科学研究和技术服务业、商务服务业，各占28%左右。

从走势来看，2019年至2022年期间，科学研究和技术服务业、商务服务业执行额占比呈现提高走势，信息传输、软件和信息技术服务业执行额占比呈现下降走势。

2. 发包方行业外包执行额

（1）分析思路

从现状和走势两个方面，分析离岸服务外包发包方行业构成。

（2）数据图表

根据商务部《中国服务贸易发展报告》《中国服务外包发展报告》提供的数据，将各行业发包方执行额、占比数据整理成图表，具体如表3-46所示。

表3-46　离岸服务外包发包方行业构成（2016—2022年）

发包方行业类别	2022年		2016—2022年变化	
	执行额（亿美元）	占比	执行额变化（亿美元）	占比变化
制造业	464.7	34.0%	269.6	6.2%
金融业	15.2	1.1%	9.4	0.3%
其他	888.6	64.9%	385.4	−6.5%

（3）分析示例

总体上，来自国外制造业客户的服务外包执行额占比高、需求增长快，来自金融业客户的服务外包执行额占比较低。

从现状来看，2022 年国外制造业发包的执行额为 464.7 亿美元，占 34%；国外金融业发包的执行额为 15.2 亿美元，占 1.1%。

从走势来看，2016 年至 2022 年期间，国外制造业发包的执行额占比提高了 6.2 个百分点，金融业发包的执行额占比提高了 0.3 个百分点。

3. 按行业外包执行额数据应用思路

第一，政府商务部门、发改部门、服务外包行业主管部门可利用服务外包行业类型数据，研判各行业服务外包执行额构成和增长特征、发包方行业构成和发包额增长特征，撰写服务外包行业运行分析报告，制定服务外包发展目标和策略以及招商引资策略。

第二，服务业企业、个人创业和投资者可利用服务外包行业类型数据，研判各行业服务外包执行额构成和增长特征、发包方行业构成和发包额增长特征，制定服务外包业务发展策略方案。

（五）按贸易伙伴外包执行额

按贸易伙伴外包执行额主要从区域贸易伙伴外包执行额、重点贸易伙伴外包执行额、重点贸易伙伴业务外包执行额三个维度展开分析。

1. 区域贸易伙伴外包执行额

（1）分析思路

结合各类数据，分析服务外包贸易伙伴区域构成。

（2）数据图表

根据商务部《中国服务贸易发展报告》《中国服务外包发展报告》提供的数据，将全球各大区域离岸服务外包执行额、占比数据整理成图表，具体如表 3-47 所示。

表 3-47　离岸服务外包区域构成（2019 年）

区域	执行额（亿美元）	占比
亚洲	492	51%
北美洲	218	23%
欧洲	196	20%
其他区域	63	7%
合计	969	100%

（3）分析示例

总体上，我国离岸服务外包业务一半来自亚洲市场，北美洲、欧洲也是主要的外包业务来源地。

2019 年，我国离岸服务外包市场主要集中在亚洲、北美洲和欧洲，合计占 93%。其中，亚洲占 51%，是我国承接离岸服务外包业务的最大来源地；其次是北美洲、欧洲，各占 20% 左右。

2.重点贸易伙伴外包执行额

（1）分析思路

从现状和走势两个方面，分析重点贸易伙伴外包执行额。

（2）数据图表

根据商务部《中国服务贸易发展报告》《中国服务外包发展报告》提供的数据，按国别（地区）维度，将我国承接各贸易伙伴离岸服务外包执行额、占比数据整理成图表，具体如表 3-48 所示。

表 3-48　离岸服务外包前十贸易伙伴构成（2016—2022 年）

国别（地区）	2022 年		2016—2022 年	
	执行额（亿美元）	占比	执行额变化（亿美元）	占比变化
美国	287	21.0%	133	−0.9%
中国香港	261	19.1%	144	2.5%
日本	87	6.4%	30	−1.8%
新加坡	99	7.3%	62	2.0%
德国	59	4.3%	30	0.2%
韩国	50	3.6%	14	−1.5%
中国台湾	38	2.8%	8	−1.6%
英国	32	2.3%	15	0.0%
瑞士	24	1.8%	14	0.3%
法国	22	1.6%	13	0.3%
合计	959	70.1%	461	−0.7%

（3）分析示例

总体上，美国是我国离岸服务外包最主要的贸易伙伴，德国、英国、瑞士、法国市场保持稳定，除了我国香港地区，新加坡市场也呈现显著增长走势。

从现状来看，2022 年我国承接服务外包执行额超过 10 亿美元的国家（地区）达 23 个，超过 1 亿美元的国家（地区）达 82 个。前十贸易伙伴执行额为 959 亿美元，占我国离岸服务外包执行额的 70%。其中，我国香港地区占 19.1%，美国占 21.0%，其余贸易伙伴占比均在 10% 以下。

从走势来看，2016 年至 2022 年期间，前十贸易伙伴执行额总额大幅增长，但占比下降 0.7 个百分点。其中，我国香港地区占比提升 2.5 个百分点，新加坡占比提升 2 个百分点；德国、英国、瑞士、法国占比变化很小；除了我国台湾地区，美国、日本、韩国的占比也呈下降趋势。

3. 重点贸易伙伴业务外包执行额

（1）分析思路

从业务大类和业务小类两个方面，分析重点贸易伙伴外包业务构成。

（2）数据图表

根据商务部《中国服务贸易发展报告》《中国服务外包发展报告》提供的数据，按重点贸易伙伴和业务类型维度，将我国承接各贸易伙伴离岸服务外包执行额、占比数据整理成图表，具体如表3-49所示。

表3-49　离岸服务外包前十贸易伙伴业务构成（2021年）

国别（地区）	离岸执行额（亿美元）	ITO（亿美元）	BPO（亿美元）	KPO（亿美元）	前三位业务类型
美国	303	149	42	112	软件研发服务 89.7 亿美元 集成电路和电子电路设计服务 28.8 亿美元 供应链管理服务 15.6 亿美元
中国香港	220	87	53	79	软件研发服务 39.3 亿美元 工业设计服务 38.9 亿美元 供应链管理服务 28.7 亿美元
日本	105	62	8	35	软件研发服务 36.6 亿美元 工业设计服务 17.9 亿美元 测试服务 15.8 亿美元
新加坡	70	32	15	23	软件研发服务 14.8 亿美元 工业设计服务 12.6 亿美元 集成电路和电子电路设计服务 5.8 亿美元
德国	53	16	8	29	工业设计服务 13.7 亿美元 软件研发服务 9.9 亿美元 医药（中医药）和生物技术研发服务 6.8 亿美元
韩国	51	24	4	23	工业设计服务 14.1 亿美元 软件研发服务 8.6 亿美元 测试服务 5.9 亿美元
中国台湾	40	21	4	15	集成电路和电子电路设计服务 8.9 亿美元 软件研发服务 7.3 亿美元 工业设计服务 4.8 亿美元
英国	33	11	8	14	工业设计服务 6.8 亿美元 软件研发服务 6 亿美元 信息技术运营和维护服务 3.1 亿美元
瑞士	20	7	4	9	软件研发服务 5.1 亿美元 医药（中医药）和生物技术研发服务 3.6 亿美元 供应链管理服务 1.5 亿美元
法国	21	5	5	10	工业设计服务 5.9 亿美元 软件研发服务 3.8 亿美元 供应链管理服务 3.6 亿美元
	916	416	150	349	

（3）分析示例

总体上，前十贸易伙伴外包业务中，ITO、KPO占八成以上，以软件研发服务、工业设计服务为主，集成电路和电子电路设计服务、医药（中医药）和生物技术研发服务等高附加值业务规模较小。

业务大类方面，2021 年前十贸易伙伴 ITO 执行额为 416 亿美元，占 45%；其次是 KPO，占 38%。ITO 执行额 10 亿美元以上的贸易伙伴有 8 个，最高的是美国；BPO 执行额 10 亿美元以上的贸易伙伴有 3 个，最高的是我国香港地区；KPO 执行额 50 亿美元以上的贸易伙伴有 9 个，最高的是美国。

业务小类方面，前十贸易伙伴的外包业务主要集中在软件研发服务（221.1 亿美元）、工业设计服务（114.7 亿美元）、供应链管理服务（49.4 亿美元）、集成电路和电子电路设计服务（43.5 亿美元）、测试服务（21.7 亿美元）、医药（中医药）和生物技术研发服务（10.4 亿美元）、信息技术运营和维护服务（3.1 亿美元）7 个领域。

4. 服务外包贸易伙伴数据应用思路

第一，政府商务部门、发改部门、服务外包行业主管部门可利用服务外包贸易伙伴数据，研判各贸易伙伴、各行业服务外包执行额构成和增长特征，撰写服务外包行业运行分析报告，制定服务外包发展目标和贸易伙伴拓展策略以及招商引资策略。

第二，服务业企业、个人创业和投资者可利用服务外包贸易伙伴数据，研判各贸易伙伴、各行业服务外包执行额构成和增长特征，制定服务外包业务发展和目标市场拓展策略方案。

第四章

外国直接投资数据

外国直接投资也是"企业出海"的主要方式，主要涉及对外直接投资（ODI）、外商直接投资（FDI）数据。本章主要介绍以下要点。

（1）对外直接投资（ODI）由绿地投资、跨境并购、追加投资三部分构成；

（2）对外直接投资（ODI）分为流量（flows）和存量（stocks）；

（3）外商直接投资（FDI）减少，不一定是外资撤退，要看具体构成；

（4）对外直接投资取得的收益，是 GDP 的补充，是国民收入的一部分；

（5）对外直接投资收益率的衡量，没有官方和世界通行的标准。

分析外国直接投资数据，要结合总量和结构、现状和走势、绝对数据和相对数据辩证地分析，要注意数据口径的一致性。其主要应用场景如下。

（1）撰写对外投资和外商投资运行分析报告；

（2）制定对外投资发展规划；

（3）制定外资招商引资发展规划；

（4）分析企业"出海"投资机会和制定业务规划；

（5）分析产业供应链与制定招商引资策略。

一、外国直接投资数据梳理

根据经济合作与发展组织（OECD，以下简称经合组织）[1]、国际货币基金组织（IMF）[2]、联合国贸易和发展会议（UNCTAD，以下简称联合国贸发会议）[3]，以及我国商务部、国家统计局和国家外汇管理局[4]的界定，外国直接投资按照资本流向分为以下两类。

1. 对外直接投资（Outward Foreign Direct Investment，OFDI/ODI）

也称境外直接投资（ODI，Overseas Direct Investment），指本国企业对境外的投资行为（资本流出）。联合国贸发会议使用 OFDI 表示，我国实践中通常简称 ODI。

2. 外商直接投资（Inward Foreign Direct Investment，FDI）

也称内向直接投资，指境外主体对本国的投资行为（资本流入），我国统计中直接沿用国际通用简称 FDI。

两类投资均通过流量（FDI flows）和存量（FDI stocks）两项核心指标进行统计，相关数据均以净额形式呈现。

---

[1] 来源：经济合作与发展组织（OECD）"Benchmark De Finition of Foreign Direct Investment"。

[2] 来源：国际货币基金组织（IMF）"Balance of Payments and International Investment Position Manual"。

[3] 来源：联合国贸易和发展会议（UNCTAD）"Handbook of Statistics 2023"。

[4] 来源：商务部、国家统计局、国家外汇管理局《对外直接投资统计制度》。

当前，我国对外国直接投资按对外直接投资（ODI）与外商直接投资（FDI）两类分别统计。

以下就这两类外国直接投资数据的分析与应用进行详细介绍。

二、对外直接投资（ODI）

（一）数据解读

根据《对外直接投资统计制度》，商务部负责对外直接投资的统计汇总工作，外汇管理局负责金融业的对外投资统计工作。

关于外国直接投资（FDI）的国际统计标准主要有两类：一是国际货币基金组织（IMF）的标准，国际收支平衡表（BOP）中的直接投资项使用"资产负债表原则"统计；二是经合组织、联合国贸发会议的标准，二者采用"方向性原则"进行统计。

我国 ODI 的统计标准、原则遵循经合组织《关于外国直接投资基准定义》（第四版）的有关规定，统计数据与全球大多数国家（地区）具有可比性。

按照投资构成，ODI 包括以下三部分。

（1）**新增股权**：指报告年度境外被投资企业股本增加额中，境内投资者按持股比例应享有的份额（计算公式为：企业"股本"科目期末与期初差额 × 投资者股权占比）。若当期股本减少，其差额以负流量计入。

（2）**收益再投资**：指报告年度境外被投资企业未分配利润中，按境内投资者持股比例计算的留存收益变动额（即未分配利润期末数与期初数的差额 × 持股比例）。若留存收益减少，其差额以负流量计入。

（3）**债务工具投资**：指报告年度境内投资者向境外子公司、联营公司和分支机构提供的一年期以上的贷款、应收和预付款项、债务证券等资产类科目的余额变动，即期末数与期初数的差额。

按照投资形式和联合国贸发会议等机构的统计标准，ODI 分为以下三类。

（1）**绿地投资**：通过新设资本在境外设立全资或合资子公司。

（2）**跨境并购**：通过收购境外公司资产或股权以获得其控股权或经营控制权。

（3）**追加投资**：对已设立的境外子公司增加资本注入，以扩大经营规模或增强资本实力。

在理解和应用对外直接投资 ODI 数据时，要注意以下要点。

第一，从数据统计标准来看，基于"方向性原则"编制的直接投资数据能够细分到行业和区域维度，并剔除了境外企业对境内投资者的反向投资，比基于"资产负债表原则"的统计数据更为细致、更符合实际。

第二，国内外公开发布的外国直接投资数据都不够全面，需要结合双向数据进行具体分析，实事求是地为招商引资、企业出海决策提供数据依据。例如，经济合作与发展组织数据库有行业维度的外国直接投资数据，但只涵盖 38 个成员方，且不含中国；联合国贸易和发展会议数据库涵盖所有国家（地区），但没有行业维度的外国直接投资数据；我国商务部等部门发布的数据中，行业维度的外国直接投资数据只涵盖主要经济体，大部分国家（地区）数据不对外公布。

第三，外国直接投资流量按净值统计，即当期增加额减去当期减少额，可能出现负值，要注意其含义。以 ODI 为例，其数值为新增股权、收益再投资、债务工具投资三部分之和，扣除当期境外企业对境内投资者的反向投资额（持股比例低于 10% 的非直接投资）。新投资或追加投资等导致当期股权净增加，股权流量记为正值；减资、撤资等导致当期股权净减少，股权流量记为负值。当期利润再投资增加，收益再投资流量记为正值；利润转出等导致利润再投资减少，收益再投资流量记为负值。贷款增加，债务工具流量记为正值；偿还债务等导致债务工具减少，债务工具流量记为负值。若上述三部分反向投资额总和超过当期新增量，也会使总流量呈现负值。

第四，既要分析总量数据，也要分析总量构成数据。例如，外国直接投资流量是新增股权、收益再投资、债务工具投资三部分的加总，外国直接投资流量减少或是负值，不能简单地理解为外资撤资或减少，需具体判断是股权资本、利润再投资还是债务工具哪部分导致的变动，避免片面解读。

第五，自 2014 年开始，国际直接投资大多采用 OECD 的"方向性原则"编制，考虑到数据口径的一致性，建议重点分析 2014 年至今的数据。

第六，金融时报等机构按公开披露交易项目统计的绿地投资、跨国并购、国际项目融资三类数据之间有交叉重复，不能简单加总，避免重复计算。

（二）ODI 流量和占比

ODI 分析主要从流量和占 GDP 的比例两个方面展开。

下面以江苏省 ODI 流量数据为例进行分析，其他省市可参考。

1.ODI 流量

（1）分析思路

从现状和走势两个方面，分析 ODI 流量。

（2）数据图表

根据商务部等部门《中国对外直接投资统计公报》《江苏统计年鉴（2015—2024）》提供的数据，将历年 ODI 流量、增速、占全国 ODI 流量比例数据整理成图表，具体如图 4-1 所示。

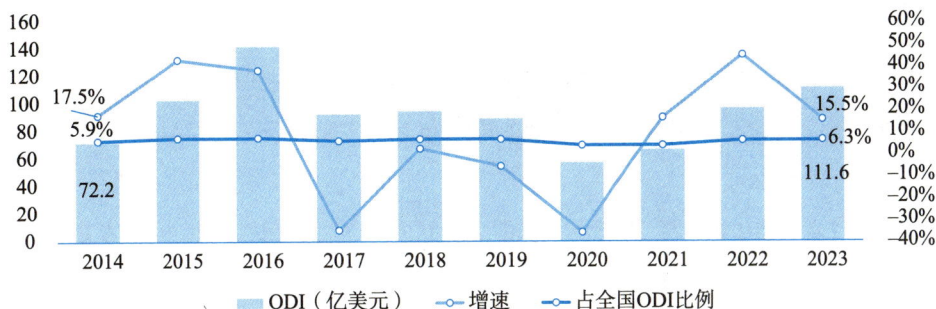

图 4-1　ODI 流量增长（2014—2023 年）

（3）分析示例

总体上，江苏省 ODI 处于高速增长阶段，增速高于全国整体水平。

从现状来看，2023 年江苏省 ODI 流量为 111.6 亿美元，比上年增长 15.5%，高于全国平均增速（8.7%），占全国 ODI 流量的 6.3%。

从走势来看，2014 年至 2023 年期间，江苏省 ODI 流量年均增长 5%，高于同期全国 ODI 平均增速（4.1%），但年增速波动较大；占全国 ODI 流量比例由 5.9% 变为 6.3%，提升了 0.4 个百分点。

2.ODI 流量占 GDP 比例

（1）分析思路

从现状和走势两个方面，分析 ODI 流量占 GDP 的比例。

（2）数据图表

根据联合国贸发会议《世界投资报告》及商务部等部门《中国对外直接投资统计公报》《中国统计年鉴（2015—2024）》《江苏省统计年鉴（2015—2024）》提供的数据，将历年 ODI 流量占 GDP 比例数据整理成图表，具体如图 4-2 所示。

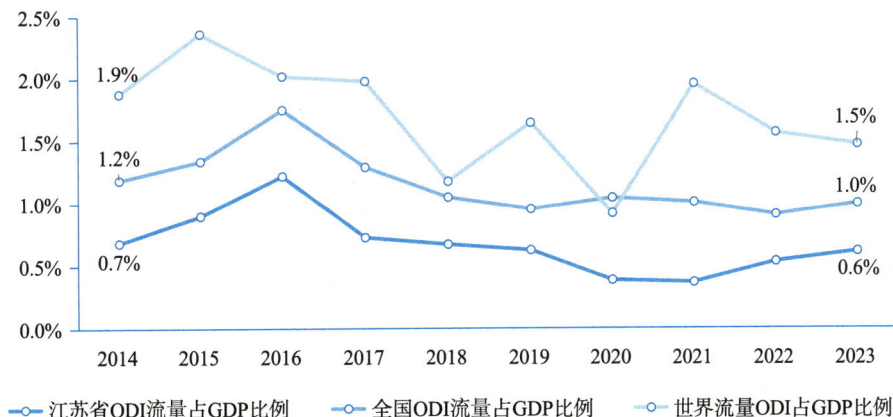

图 4-2　ODI 流量占 GDP 比例（2014—2023 年）

（3）分析示例

总体上，江苏省ODI流量占GDP比例相对较小，发展空间较大。

从现状来看，2023年江苏省ODI流量占GDP比例为0.6%，低于全国平均水平（1%）和世界平均水平（1.5%）。

从走势来看，2014年至2023年期间，江苏省、全国整体、世界整体ODI流量占GDP比例均为下降走势，江苏省ODI流量占GDP比例持续低于全国整体和世界整体水平。

3.ODI流量数据应用思路

政府商务部门、发改部门可利用ODI流量数据，研判ODI流量增长特征，撰写对外直接投资和运行分析报告，制定对外直接投资发展目标和策略。

（三）ODI投资方式流量

在数据获取方面，按新增股权、当期收益再投资、债务工具投资分类，目前公开可获得的只有中国的数据；按绿地投资、跨国并购、国际项目融资分类，目前公开可获得全球所有国家（地区）的数据。

对ODI流量进行分析时，主要从投资构成（新增股权、当期收益再投资、债务工具投资）和投资形式（绿地投资、跨国并购、国际项目融资）两个维度展开。

1.新增股权、当期收益再投资、债务工具投资

（1）分析思路

从现状和走势两个方面，分析新增股权、当期收益再投资、债务工具投资流量。

（2）数据图表

根据商务部等部门《中国对外直接投资统计公报》提供的数据，将新增股权、当期收益再投资、债务工具流量占比数据整理成图表，具体如图4-3所示。

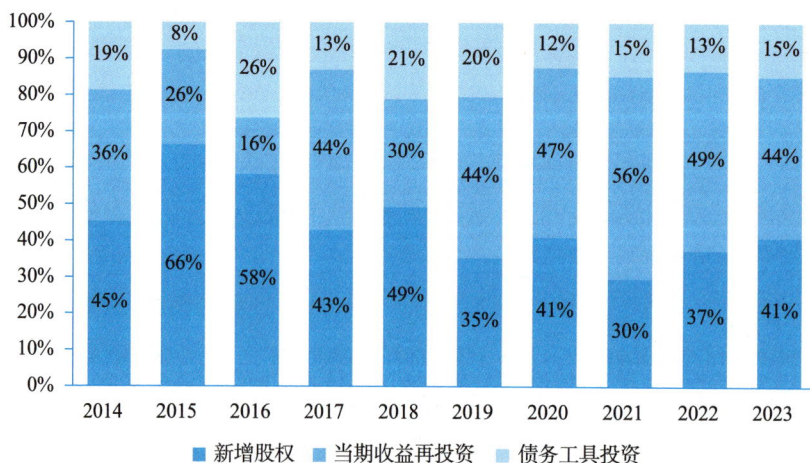

图4-3　按投资方式ODI流量（2014—2023年）

（3）分析示例

总体上，当期收益再投资、新增股权投资是"企业出海"的主要投资方式，当期收益再投资占比呈现上升走势。

从现状来看，2023 年，我国对外直接投资中当期收益再投资占比最高，为 44%；其次是新增股权投资，占 41%；债务工具投资仅占 15%，占比较低。

从走势来看，2014 年至 2023 年期间，新增股权投资、债务工具投资占比均降低，当期收益再投资占比由 36% 提高至 44%。

2. 绿地投资、跨国并购、国际项目融资

下面我们主要分析绿地投资和跨国并购。

（1）绿地投资

①分析思路

从现状和走势两个方面，分析绿地投资流量增长。

②数据图表

根据联合国贸发会议《世界投资报告》数据库提供的数据，将历年绿地投资流量、占世界比例数据整理成图表，具体如图 4-4 所示。

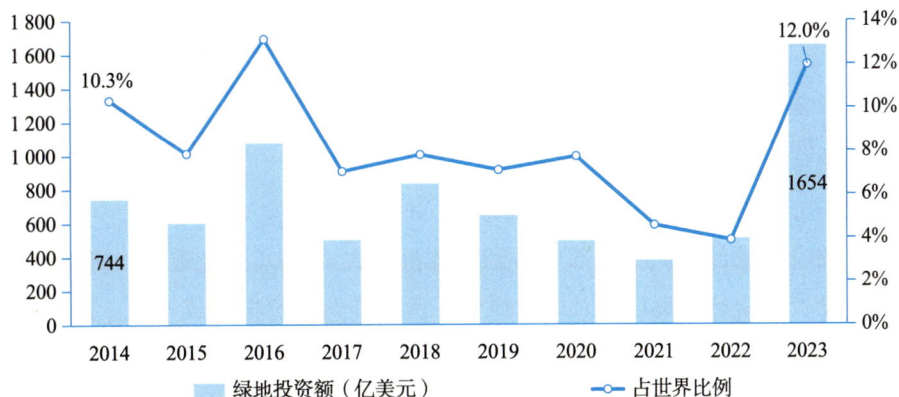

图 4-4　ODI 绿地投资流量和占比（2014—2023 年）

③分析示例

总体上，我国 ODI 绿地投资流量居世界第二，占世界比例则呈现下降走势。

从现状来看，2023 年我国 ODI 绿地投资额为 1 654 亿美元，占世界 12%，略低于美国（13.1%），位居世界第二。

从走势来看，2014 年至 2023 年期间，我国 ODI 绿地投资额整体呈现下降走势，占世界比例也同步呈现下滑走势。

（2）跨国并购投资

①分析思路

从现状和走势两个方面，分析跨国并购投资流量增长。

②**数据图表**

根据联合国贸发会议《世界投资报告》数据库提供的数据，将历年跨国并购投资流量、占世界比例数据整理成图表，具体如图 4-5 所示。

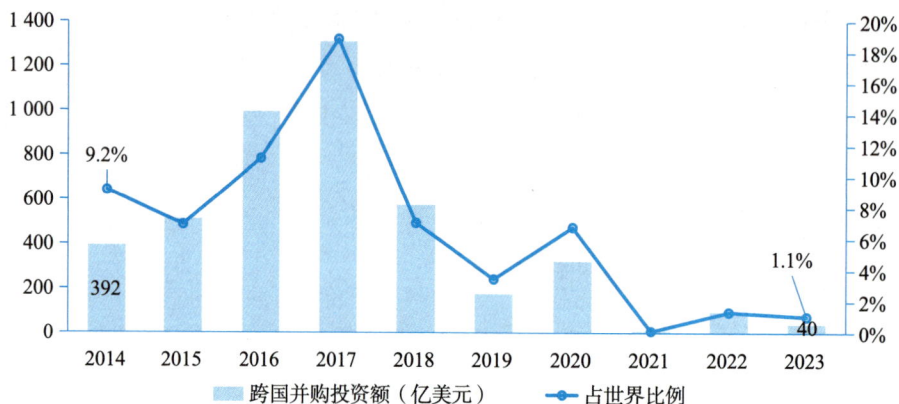

图 4-5　ODI 跨国并购投资流量和占比（2014—2023 年）

③**分析示例**

总体上，我国 ODI 跨国并购投资规模相对较小，投资额和占比总体上呈现下降走势。

从现状来看，2023 年我国 ODI 跨国并购投资额为 40 亿美元，占世界比例为 1.1%，位居世界第三。

从走势来看，2014 年至 2023 年期间，我国 ODI 跨国并购投资额、占世界 ODI 跨国并购投资额比例整体上呈现大幅下降走势。

3. 按投资方式 ODI 流量数据应用思路

第一，政府商务部门、发改部门可利用按投资方式 ODI 流量数据，研判新增股权、当期收益再投资、债务工具投资及绿地投资、跨国并购投资额构成特征，撰写对外直接投资运行分析报告，制定对外直接投资发展规划以及针对性扶持政策。

第二，国际化本土企业可利用按投资方式 ODI 流量数据，研判新增股权、当期收益再投资、债务工具投资及绿地投资、跨国并购投资额构成特征，制定"出海"投资方案。

（四）ODI 行业流量

主要从按行业 ODI 流量、按行业绿地投资流量、按行业跨国并购投资流量三个方面展开分析。

考虑到数据统计口径的一致性，主要分析 2016 年及之后的数据。

下面以全国按行业 ODI 流量数据分析为例，其他省市层面按行业 ODI 存量数据分析可参考。

1. 按行业 ODI 流量

主要包括两个维度：一是产业门类维度；二是制造业细分行业维度。

（1）产业门类 ODI 流量

①分析思路

从现状和走势两个方面，分析产业门类 ODI 流量构成。

②数据图表

根据商务部等部门《中国对外直接投资统计公报》提供的数据，将主要年份我国对外直接投资分行业投资额、占比数据整理成图表，具体如表 4-1 所示。

表 4-1　产业门类 ODI 流量（2016—2023 年）

产业门类	2016 年		2023 年		2016—2023 年	
	流量（亿美元）	占比	流量（亿美元）	占比	年均增量（亿美元）	占比变化
租赁和商务服务业	658	33.5%	542	30.6%	−17	−3.0%
批发和零售业	209	10.7%	388	21.9%	26	11.2%
制造业	291	14.8%	273	15.4%	−2	0.6%
金融业	149	7.6%	182	10.3%	5	2.7%
采矿业	19	1.0%	99	5.6%	11	4.6%
交通运输、仓储和邮政业	17	0.9%	84	4.8%	10	3.9%
科学研究和技术服务业	42	2.2%	51	2.8%	1	0.7%
电力、热力、燃气及水生产和供应业	35	1.8%	47	2.6%	2	0.8%
建筑业	44	2.2%	29	1.6%	−2	−0.6%
信息传输、软件和信息技术服务业	187	9.5%	23	1.3%	−23	−8.2%
农、林、牧、渔业	33	1.7%	18	1.0%	−2	−0.7%
房地产业	153	7.8%	14	0.8%	−20	−7.0%
居民服务、修理和其他服务业	54	2.8%	11	0.6%	−6	−2.2%
住宿和餐饮业	16	0.8%	10	0.5%	−1	−0.3%
水利、环境和公共设施管理业	8	0.4%	2	0.1%	−1	−0.3%
卫生和社会工作	5	0.2%	2	0.1%	0	−0.2%
教育	3	0.1%	1	0.0%	0	−0.1%
文化、体育和娱乐业	39	2.0%	−1	−0.1%	−6	−2.1%
合计	1 962		1 773		−27	

③分析示例

总体上，我国 ODI 重点行业为租赁和商务服务业，热点行业为批发和零售业、制造业。

从现状来看，2023 年我国 ODI 流量最大的行业是租赁和商务服务业，占比近三分之一；其次是批发和零售业、制造业、金融业。

从走势来看，2016 年至 2023 年期间，中国 ODI 流量整体是减少的。其中，显著减少的行业为信息传输、软件和信息技术服务业，房地产业，租赁和商务服务业；显著增加的行业为批发和零售业，采矿业，交通运输、仓储和邮政业。

（2）制造业细分行业 ODI 流量

①分析思路

从现状和走势两个方面，分析制造业细分行业 ODI 流量构成。

②数据图表

根据商务部等部门《中国对外直接投资统计公报》提供的数据，将主要年份制造业细分行业 ODI 流量、占比数据整理成图表，具体如表 4-2 所示。

表 4-2　制造业细分行业 ODI 流量构成变化（2016—2021 年）

行业类型	2016 年		2021 年		2016—2021 年	
	流量（亿美元）	占比	流量（亿美元）	占比	年均增量（亿美元）	占比变化
汽车制造业	48	16.4%	43	16.2%	−1.0	−0.2%
计算机、通信和其他电子设备制造业	39	13.5%	33	12.4%	−1.4	−1.2%
金属制品业	7	2.3%	24	9.1%	3.5	6.8%
专用设备制造业	27	9.4%	23	8.6%	−0.9	−0.8%
有色金属冶炼和压延加工业	6	1.9%	20	7.7%	2.9	5.8%
化学原料和化学制品制造业	22	7.7%	19	7.2%	−0.7	−0.5%
医药制造业	16	5.5%	18	6.8%	0.4	1.4%
其他制造业	18	6.3%	18	6.7%	−0.1	0.4%
橡胶和塑料制品业	13	4.3%	15	5.7%	0.5	1.4%
电气机械和器材制造业	7	2.4%	9	3.3%	0.3	0.9%
纺织业	12	4.3%	7	2.6%	−1.1	−1.6%
造纸和纸制品业	8	2.7%	6	2.3%	−0.4	−0.4%
通用设备制造业	4	1.5%	6	2.2%	0.3	0.7%
非金属矿物制品业	6	2.0%	5	1.9%	−0.2	−0.2%
其他	26	9.0%	4	1.6%	−4.4	−7.4%
食品制造业	8	2.8%	4	1.5%	−0.8	−1.3%
铁路、船舶、航空航天和其他运输设备制造业	9	3.0%	3	1.1%	−1.1	−1.8%
黑色金属冶炼和压延加工业	4	1.5%	3	1.1%	−0.3	−0.4%
家具制造业	6	2.1%	2	0.8%	−0.8	−1.3%
纺织服装、服饰业	4	1.4%	2	0.7%	−0.4	−0.7%
石油、煤炭及其他燃料加工业	—	—	1	0.5%	—	—

③分析示例

总体上，我国制造业 ODI 重点行业为汽车制造业以及计算机、通信和其他电子设备制造业，热点行业为金属制品业。

从现状来看，2021 年制造业 ODI 流量最大的行业为汽车制造业，占 16.2%；其次是计算机、通信和其他电子设备制造业及金属制品业。

从走势来看，2016 年至 2021 年期间，制造业 ODI 流量整体是减少的。其中，显著减少的行业为计算机、通信和其他电子设备制造业，家具制造业，铁路、船舶、航空航天和其他运输设备制造业，纺织业；显著增加的行业为金属制品业、有色金属冶炼和压延加工业。

2. 按行业绿地投资流量

联合国贸发会议《世界投资报告》只披露世界整体分行业绿地投资流量数据，暂未发布各国家和地区的分行业绿地投资流量数据。商务部等部门暂未在《中国对外直接投资统计公报》中发布中国 ODI 绿地投资流量数据。

下面以世界绿地投资流量分行业数据分析为例。

（1）分析思路

从现状和走势两个方面，分析全球绿地投资 ODI 流量行业构成。

（2）数据图表

根据联合国贸发会议《世界投资报告》数据库提供的数据，将全球绿地投资分行业项目数量、投资额、占比数据整理成图表，具体如表 4-3 所示。

表 4-3　按行业绿地投资流量（2016—2023 年）

行业类型	2023 年				2016—2023 年变化			
	项目数（个）	占比	投资额（亿美元）	占比	项目数年均增量（个）	项目数占比变化	投资额年均增量（亿美元）	投资额占比变化
初级产业	149	0.8%	661	4.8%	5	0.1%	15	−2.0%
采矿业	111	0.6%	646	4.7%	6	0.2%	15	−2.0%
农、林、牧、渔业	32	0.2%	15	0.1%	−2	−0.1%	0	−0.1%
制造业	7 521	40.8%	6 111	44.3%	−86	−10.0%	443	7.4%
电气和电子设备制造	1 408	7.6%	1 826	13.2%	37	0.5%	195	7.6%
汽车制造	977	5.3%	910	6.6%	−16	−1.5%	50	−0.2%
基础金属和金属制品制造	336	1.8%	696	5.0%	−4	−0.4%	67	2.3%
煤炭和石油冶炼	78	0.4%	579	4.2%	−1	−0.1%	53	1.6%
化学原料和化工制品制造	590	3.2%	566	4.1%	−43	−2.4%	17	−1.4%
非金属矿物制品制造	205	1.1%	323	2.3%	6	0.1%	34	1.3%
机械装备制造	985	5.3%	234	1.7%	25	0.3%	20	0.5%
医药制造	328	1.8%	203	1.5%	−1	−0.3%	11	−0.1%
食品、饮料和烟草制造	474	2.6%	199	1.4%	−9	−0.8%	−2	−1.2%
纺织品、服装和皮革制造	1 071	5.8%	171	1.2%	−69	−3.9%	−10	−1.7%
其他制造业	1 069	5.8%	405	2.9%	−11	−1.4%	9	−1.3%
服务业	10 772	58.4%	7 032	50.9%	432	9.9%	346	−5.4%
能源和燃气供应	879	4.8%	3 650	26.4%	69	2.3%	338	10.7%

（续表）

行业类型	2023 年				2016—2023 年变化			
	项目数（个）	占比	投资额（亿美元）	占比	项目数年均增量（个）	项目数占比变化	投资额年均增量（亿美元）	投资额占比变化
信息通信技术服务	3 339	18.1%	1 101	8.0%	72	0.4%	61	−0.3%
建筑业	358	1.9%	716	5.2%	4	−0.1%	−72	−9.7%
交通运输和仓储	1 306	7.1%	688	5.0%	83	2.5%	31	−0.7%
批发和零售贸易	478	2.6%	250	1.8%	−2	−0.5%	15	0.0%
金融保险业	965	5.2%	227	1.6%	23	0.2%	6	−0.6%
商务服务和科技服务	2 864	15.5%	180	2.6%	174	5.2%	8	−0.2%
其他服务业	583	3.2%	221	3.1%	9	−0.1%	−41	−7.8%
总计	18 442		13 804		351		804	

（3）分析示例

总体上，全球绿地投资以服务业为主，能源和燃气供应、电气和电子设备制造、信息通信技术服务三个行业是投资重点，商务服务和科技服务业、机械装备制造是投资热点。

从现状来看，项目数方面，2023 年全球绿地投资项目 18 442 个，服务业项目 10 772 个，占 58.4%，主要是信息通信技术服务项目、商务服务和科技服务项目；制造业项目 7 521 个，占 40.8%，主要是电气和电子设备制造项目，汽车制造项目，机械装备制造项目，纺织品、服装和皮革制造项目。投资额方面，2023 年全球绿地项目投资额 13 804 亿美元，服务业绿地投资额 7 032 亿美元，占 50.9%，主要是能源和燃气供应、信息通信技术服务项目；制造业绿地投资额 6 111 亿美元，占 44.3%，主要是电气和电子设备制造、汽车制造项目。

从走势来看，服务业项目占比超过了制造业项目，项目数增量大的行业为商务服务和科技服务、交通运输和仓储、信息通信技术服务、电气和电子设备制造、机械装备制造；服务业投资额占比下降，制造业投资额占比上升，投资额增量大的行业为能源和燃气供应、电气和电子设备制造、基础金属和金属制品制造、信息通信技术服务业、煤炭和石油冶炼、汽车制造。

3. 按行业跨国并购投资流量

（1）按行业跨国并购投资流量现状

①分析思路

从项目数和并购额方面，分析跨国并购投资流量行业构成。

②数据图表

根据联合国贸发会议《世界投资报告》数据库、商务部等部门《中国对外直接投资统计公报》提供的数据，将各行业跨国并购项目数量、投资额、占比数据整理成图表，具体如表 4-4 所示。

表 4-4　按行业跨国并购投资流量（2023 年）

行业类型	项目数（个）				并购额（亿美元）			
	全球	占比	中国	占比	全球	占比	中国	占比
制造业	1 167	17.4%	127	33.2%	1 122	29.7%	77.2	37.5%
科技服务和商务服务	846	12.6%	74	19.3%	223	5.9%	35.9	17.5%
信息通信技术服务	1 214	18.1%	38	9.9%	19	0.5%	23.7	11.5%
采矿业	92	1.4%	29	7.6%	291	7.7%	16.5	8.0%
其他服务业	280	4.2%	16	4.2%	−23	−0.6%	15.1	7.3%
市政公用服务	203	3.0%	15	3.9%	60	1.6%	12.7	6.2%
批发和零售贸易	466	6.9%	43	11.2%	252	6.7%	7.9	3.8%
房地产业	93	1.4%	4	1.0%	−38	−1.0%	6	2.9%
农、林、牧、渔业	76	1.1%	5	1.3%	11	0.3%	5.9	2.9%
交通运输和仓储	205	3.1%	25	6.5%	81	2.1%	2.7	1.3%
建筑业	143	2.1%	4	1.0%	−16	−0.4%	1.1	0.5%
金融保险业	1 931	28.8%	3	0.8%	1 801	47.6%	1	0.5%
总计	6 716		383		3 784		206	

③分析示例

总体上，全球对外投资并购以金融保险业、制造业为主，我国以制造业、科技服务和商务服务为主，制造业是跨国并购的热点和重点。

从项目数来看，2023 年全球跨国并购项目 6 716 个，主要是金融保险业、信息通信技术服务、制造业、科技服务和商务服务；我国跨国并购项目 383 个，占 5.7%，主要是制造业、科技服务和商务服务、批发和零售贸易。

从并购额来看，2023 年全球跨国并购额 3 784 亿美元，主要是金融保险业、制造业；我国跨国并购额 206 亿美元，占 5.4%，主要是制造业、科技服务和商务服务、信息通信技术服务。

（2）按行业跨国并购投资流量变化

①分析思路

从项目数和并购额的变化方面，分析跨国并购投资流量行业构成。

②数据图表

根据联合国贸发会议《世界投资报告》数据库、商务部等部门《中国对外直接投资统计公报》提供的数据，将我国和全球分行业跨国并购项目数量变化、并购额变化数据整理成图表，具体如表 4-5 所示。

表 4-5　跨国并购投资行业构成变化（2016—2023 年）

行业类型	项目数年均增量（个）		并购额年均增量（亿美元）	
	全球	中国	全球	中国
制造业	−43	−10	−409	−32

（续表）

行业类型	项目数年均增量（个）		并购额年均增量（亿美元）	
	全球	中国	全球	中国
科技服务和商务服务	23	−8	−21	−1
信息通信技术服务	39	−10	−51	−34
采矿业	−3	0	28	−8
其他服务业	−1	−6	−34	−14
市政公用服务	14	−1	−52	−15
批发和零售贸易	16	−6	10	−3
房地产业	−3	−8	−20	−12
农、林、牧、渔业	4	−4	1	0
交通运输和仓储	4	1	−55	−19
建筑业	9	0	−3	0
金融保险业	−44	−1	−121	−14
总计	16	−55	−726	−153

③分析示例

总体上，全球批发和零售贸易行业的并购投资显著增长，制造业、金融业的并购投资显著减少。除此之外，我国信息通信技术服务的并购投资也是显著减少的。

从项目数变化来看，2016年至2023年期间，全球并购项目数整体是增长的，其中明显增长的行业为信息通信技术服务、科技服务和商务服务、批发和零售贸易，明显减少的行业为制造业、金融保险业；我国并购项目数整体是减少的，明显减少的行业为制造业、信息通信技术服务、科技服务和商务服务。

从并购额变化来看，2016年至2023年期间，全球并购额整体是下降的，其中明显下降的行业为制造业、金融业、交通运输和仓储，明显增长的行业为采矿业、批发和零售贸易；我国并购额整体也是下降的，其中明显下降的行业为制造业、信息通信技术服务、交通运输和仓储。

4. 按行业 ODI 流量数据应用思路

第一，政府商务部门、发改部门可利用各行业对外直接投资数据，研判对外直接投资行业构成、制造业等行业对外直接投资额构成和增长、绿地投资和跨国并购投资行业构成特征，撰写对外直接投资运行分析报告，制定对外直接投资发展规划以及针对性扶持政策。

第二，国际化本土企业可利用各行业对外直接投资数据，研判对外直接投资行业构成、制造业等行业对外直接投资额构成和增长、绿地投资和跨国并购投资行业构成特征，制定"出海"投资方案。

（五）ODI 国别（地区）流量

主要从 ODI 区域流量、ODI 前 20 国别（地区）流量、ODI 重点国别（地区）行业流量、ODI 国别（地区）流量占 FDI 比例四个方面展开分析。

1.ODI 区域流量

（1）分析思路

从现状和走势两个方面，分析按区域 ODI 流量。

下面以江苏省为例进行分析，其他省市层面的分析可参考。

（2）数据图表

根据联合国贸发会议《世界投资报告》数据库、商务部等部门《中国对外直接投资统计公报》提供的数据，将主要年份江苏省对各区域 ODI 流量、占比数据整理成图表，具体如表 4-6 所示。

表 4-6　ODI 流量区域构成变化（2016—2023 年）

区域	2023 年			2016—2023 年变化		
	ODI 流量（亿美元）	占比	中国 ODI 流量占区域 FDI 流量比例	ODI 流量变化（亿美元）	占比变化	中国 ODI 流量占区域 FDI 流量比例变化
亚洲	65.7	58.8%	24.7%	−16	1.6%	8.8%
欧洲	17.2	15.4%	1.8%	3	5.8%	1.1%
美洲	26.0	23.3%	5.2%	−2	3.3%	−9.3%
大洋洲	1.4	1.2%	4.6%	−9	−6.3%	−1.6%
非洲	1.4	1.2%	6.5%	−7	−4.4%	1.0%
	111.6			−30.6		

（3）分析示例

总体上，江苏省对欧洲、美洲 ODI 增量空间很大，欧洲是 ODI 重点区域，亚洲是 ODI 热点区域。

从现状来看，2023 年江苏省 ODI 流量近 60% 投向亚洲，其次是欧洲和美洲。结合中国 ODI 流量占区域 FDI 流量比例数据，对欧洲、美洲 ODI 还有很大的增量空间。

从走势来看，2016 年至 2023 年期间，江苏省对亚洲、欧洲、美洲 ODI 流量占比呈现上升走势，结合我国 ODI 流量占区域 FDI 流量比例变化数据，欧洲是 ODI 重点区域，亚洲是 ODI 热点区域。

2.ODI 前 20 国别（地区）流量

（1）分析思路

从现状和走势两个方面，分析 ODI 流量前 20 国别（地区）构成。

下面以江苏省为例进行分析，其他省市层面的分析可参考。

（2）数据图表

根据联合国贸发会议《世界投资报告》数据库、商务部等部门《中国对外直接投资统计公报》提供的数据，将主要年份 ODI 流量前 20 国别（地区）的投资额、占比数据整理成图表，具体如表 4-7 所示。

表 4-7 ODI 流量前 20 国别（地区）构成（2016—2023 年）

2016 年				2023 年			
国别（地区）	ODI 流量（亿美元）	占比	中国 ODI 流量占该地 FDI 流量比例	国别（地区）	ODI 流量（亿美元）	占比	中国 ODI 流量占该地 FDI 流量比例
中国香港	50.5	35.5%	97.3%	美国	16.8	15.1%	2.3%
美国	18.2	12.8%	3.7%	泰国	16.7	14.9%	28.0%
澳大利亚	9.6	6.7%	8.7%	新加坡	12.7	11.4%	7.2%
印度尼西亚	8.4	5.9%	37.2%	越南	11.3	10.2%	12.3%
意大利	4.2	2.9%	—	德国	7.4	6.6%	—
德国	4.0	2.8%	10.5%	印度尼西亚	6.8	6.1%	16.4%
印度	3.7	2.6%	—	马来西亚	6.6	5.9%	14.0%
开曼群岛	3.3	2.3%	11.5%	墨西哥	4.6	4.1%	2.2%
英属维尔京群岛	3.2	2.3%	10.5%	开曼群岛	4.1	3.7%	6.8%
马来西亚	3.0	2.1%	16.1%	中国香港	3.6	3.2%	79.8%
埃塞俄比亚	2.9	2.1%	—	英国	3.6	3.2%	—
英国	2.7	1.9%	0.6%	老挝	2.9	2.6%	4.4%
巴基斯坦	2.6	1.8%	—	韩国	2.1	1.9%	2.6%
越南	2.5	1.7%	10.2%	塞尔维亚	1.9	1.7%	—
泰国	2.2	1.6%	45.0%	澳大利亚	1.3	1.1%	—
新加坡	1.9	1.4%	2.7%	荷兰	1.2	1.1%	—
巴西	1.7	1.2%	—	摩洛哥	1.0	0.9%	—
阿尔及利亚	1.4	1.0%	—	匈牙利	0.8	0.7%	—
加拿大	1.4	1.0%	8.0%	西班牙	0.8	0.7%	—
哈萨克斯坦	1.3	0.9%	—	日本	0.8	0.7%	2.1%
前 20 合计	129.0	90.7%		前 20 合计	107	95.9%	
全部合计	142.2			全部合计	111.6		

（3）分析示例

总体上，江苏省对美国、新加坡等 8 个国家（地区）ODI 增量空间较大，越南、泰国、新加坡、德国、马来西亚、墨西哥 6 个国家是投资热点地区。

从现状来看，2023 年江苏省 ODI 流量前 20 国别（地区）占总流量的 96%，其中美国、泰国、新加坡、越南 4 国合计占 52%。结合我国 ODI 流量占区域 FDI 流量比例数据，美国、新加坡、越南、印度尼西亚、马来西亚、墨西哥、韩国、日本 8 个国家 ODI 增量空间较大。

从走势来看，2016 年至 2023 年期间，江苏省 ODI 流量前 20 国别（地区）占比提升 5 个百分点，11 个国别（地区）长居前 20，投资地区分布更加多元化。占比显著上升的国别（地区）为越南、泰国、新加坡、德国、马来西亚、墨西哥，除了我国香港地区，占比显著下降的还有澳大利亚。

3.ODI 重点国别（地区）行业流量

下面以全国数据为例进行分析，省市层面的分析可参考。

（1）分析思路

从现状和走势两个方面，分析 ODI 重点国别（地区）行业流量。

（2）数据图表

根据商务部等部门《中国对外直接投资统计公报》提供的数据，将我国对各区域 ODI 行业流量、占比数据整理成图表，具体如表 4-8 所示。

表 4-8　各区域 ODI 流量行业构成（2016—2023 年）

行业类型	中国香港 2016 年	中国香港 2023 年	东盟 2016 年	东盟 2023 年	欧盟 2016 年	欧盟 2023 年	美国 2016 年	美国 2023 年	其他地区 2016 年	其他地区 2023 年
租赁和商务服务业	42.5%	42.3%	13.3%	12.7%	14.4%	8.4%	9.6%	4.0%	28.7%	16.8%
金融业	13.8%	6.7%	4.4%	2.3%	6.2%	38.9%	−20.9%	32.5%	3.5%	22.8%
批发和零售业	13.1%	25.2%	19.1%	19.2%	16.2%	26.7%	5.6%	17.8%	3.2%	14.7%
采矿业	−2.6%	7.5%	2.3%	2.0%	0.8%	3.2%	3.0%	6.0%	9.2%	2.3%
制造业	9.4%	6.5%	34.5%	36.4%	36.6%	28.8%	35.3%	17.8%	11.6%	32.6%
交通运输、仓储和邮政业	1.3%	5.1%	−6.5%	5.6%	1.3%	−0.8%	0.1%	1.7%	1.7%	5.9%
房地产业	8.1%	1.3%	12.1%	0.0%	1.2%	0.0%	13.7%	−0.2%	5.2%	−0.1%
信息传输、软件和信息技术服务业	4.5%	1.1%	1.9%	4.8%	2.5%	−11.1%	29.0%	3.9%	18.2%	1.2%
居民服务、修理和其他服务业	3.9%	0.2%	1.5%	2.3%	0.5%	1.4%	1.3%	0.0%	1.2%	0.8%
电力、热力、燃气及水生产和供应业	1.5%	1.7%	6.5%	7.3%	4.2%	1.5%	0.3%	0.4%	1.5%	3.6%
科学研究和技术服务业	0.8%	2.0%	0.7%	2.5%	6.8%	1.6%	7.2%	11.9%	3.1%	5.5%
建筑业	0.8%	−0.5%	6.2%	0.4%	0.4%	1.6%	2.8%	0.8%	5.2%	13.0%
农、林、牧、渔业	0.7%	0.1%	3.6%	4.5%	1.7%	−0.4%	0.3%	4.0%	4.3%	1.3%
其他行业	2.3%	0.8%	0.4%	−0.3%	7.2%	0.3%	12.8%	0.6%	3.5%	−1.4%
	1 142.3	1 087.7	102.8	251.2	99.9	64.8	169.8	69.1	446.6	258.1

（3）分析示例

总体上，我国对东盟 ODI 以制造业、批发和零售业、租赁和商务服务业为主，对欧美 ODI 以金融业、制造业、批发和零售业为主。

从现状来看，2023 年我国对我国香港地区 ODI 以租赁和商务服务业、批发和零售业为主，对东盟 ODI 以制造业、批发和零售业为主，对欧盟 ODI 以金融业、制造业为主，对美国 ODI 以金融业、制造业、批发和零售业为主。

从走势来看，2016 年至 2023 年期间，我国对我国香港地区 ODI 热点行业为批发和零售业及交通运输、仓储和邮政业，对东盟 ODI 热点行业为信息传输、软件和信息技术服务业、制造业，对欧盟 ODI 热点行业为金融业、批发和零售业，对美国 ODI 热点行业为金融业、批发和零售业。

4.ODI 国别（地区）流量占 FDI 比例

下面以全国 ODI 存量数据为例进行分析，省市层面的分析可参考。

（1）分析思路

从现状方面，分析对区域 ODI 占 FDI 比例。

（2）数据图表

根据联合国贸发会议《世界投资报告》数据库及商务部等部门《中国对外直接投资统计公报》《对外投资合作国别（地区）指南》提供的数据，将各国吸收 FDI 存量、我国 ODI 存量占比数据整理成图表，具体如表 4-9 所示。

表 4-9　我国对欧洲部分国家 ODI 存量占比（2023 年，亿美元）

国别（地区）	吸收 FDI 存量	中国 ODI 占比	中国 ODI 行业领域
英国	30 489	0.96%	金融、制造、信息科技
荷兰	26 782	1.19%	运输物流、电子、高科技系统与材料、生命科学等
爱尔兰	14 100	0.14%	食品饮料、建材
卢森堡	11 837	1.93%	金融、电力
瑞士	11 368	0.19%	化工、能源和原材料、信息软件、零售
德国	11 283	1.51%	机械制造、运输、汽车零配件、新能源、电信和贸易等
法国	10 127	0.46%	电子信息、电气设备、交通仓储、环保等
西班牙	8 973	0.19%	金融、贸易、航运、航空等
马耳他	7 257	0.00%	—
比利时	5 780	0.06%	制药、汽车制造、金融、物流
意大利	4 935	0.57%	化工、电力、家电制造、机械制造、船舶制造
瑞典	4 131	3.26%	贸易、信息通信、民航服务、金融服务等
波兰	3 355	0.24%	新能源、交通物流、生物医药、信息通信、金融等
俄罗斯	2 788	3.82%	—
捷克	2 166	0.32%	电器制造、汽车制造、信息软件、物流、金融等
葡萄牙	1 953	0.03%	—
罗马尼亚	1 256	0.19%	通信、家电制造
丹麦	1 251	0.26%	电器电子制造、研发服务、新能源、金融
匈牙利	1 190	0.91%	汽车制造、电力、新能源
塞浦路斯	908	0.14%	信息软件
……			
欧洲合计	172 669	0.9%	

（3）分析示例

总体上，我国对欧洲 ODI 方面，爱尔兰、瑞士、法国、比利时、意大利等国家的投资机会和潜力较大，汽车、家电、新能源、食品饮料等行业有较好的投资基础。

我国 ODI 存量占吸收 FDI 存量比例方面，占比较高的国家为俄罗斯、瑞典，以贸易、信息通信行业为主；其次是卢森堡、德国、荷兰，卢森堡以金融行业为主，德国、荷兰以机械制造、电子等行业为主。爱尔兰、瑞士、法国等国家吸收 FDI 存量规模大，我国占比很低，有较大的投资机会和潜力。

另外，比利时、意大利、波兰、捷克、罗马尼亚、丹麦、匈牙利等国家，我国 ODI 存量占比较低，汽车制造、家电制造、新能源、食品饮料等优势制造业投资有基础，投资机会大。

5.ODI 国别（地区）流量数据应用思路

第一，政府商务部门、发改部门可利用 ODI 国别（地区）流量数据，研判对各个国家（地区）的投资额和行业构成、投资额占该国外资比例等特征，撰写对外直接投资运行分析报告，制定对外直接投资发展规划以及针对性扶持政策。

第二，国际化本土企业可利用 ODI 国别（地区）流量数据，利用对各个国家（地区）对外直接投资额数据，研判对各个国家（地区）的投资额和行业构成、投资额占该国外资比例等特征，制定企业"出海"投资方案。

（六）ODI 投资收益

目前官方没有 ODI 投资收益统计数据，只能用替代指标来衡量。

具体而言，可根据国际货币基金组织数据库提供的数据，将"Balance of Payments"中初次收入账户下的投资收益贷方数据，作为本国对外直接投资获得的收益；将"International Investment Position"中资产项下的 ODI 资产数据，作为本国对外直接投资存量资产，据此计算 ODI 存量资产收益率。

主要从 ODI 存量收益、各国 FDI 存量收益两个方面展开分析。

1.ODI 存量收益分析

（1）分析思路

从现状和走势两个方面，分析 ODI 存量收益率。

（2）数据图表

根据国际货币基金组织数据库提供的数据，将历年 ODI 存量资产收益率数据整理成图表，具体如图 4-6 所示。

（3）分析示例

我国 ODI 存量资产收益率在 3% 上下波动，总体上高于全球平均水平。

从现状来看，2023 年我国 ODI 存量资产收益率为 2.2%，低于全球平均水平。

从走势来看，2010 年至 2023 年期间，我国 ODI 存量资产收益率在 3% 上下波动，略高于全球平均水平；2022 年以来，我国 ODI 存量资产收益率降至 3% 以下，低于全球平均水平。

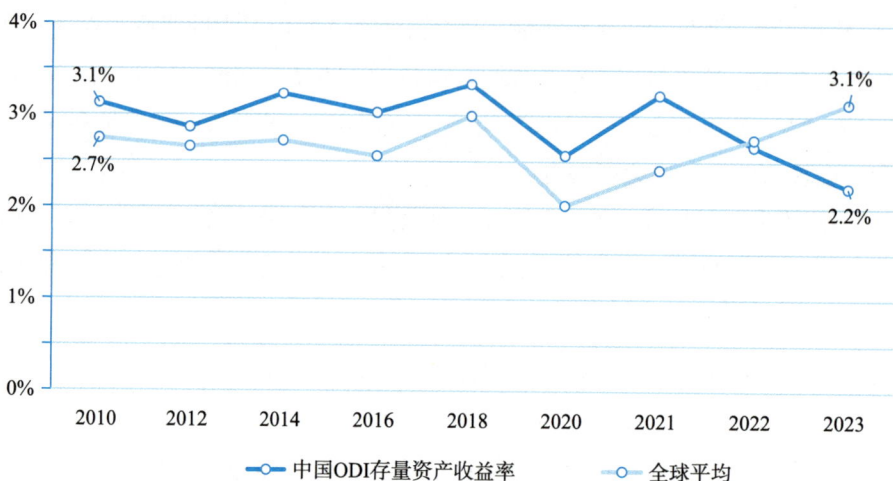

图 4-6　ODI 存量收益率变化（2010—2023 年）

2. 各国 FDI 存量收益

（1）分析思路

从现状方面，分析各国 FDI 存量资产收益率。

下面以欧洲部分国家为例进行分析，其他国家（地区）可参考。

（2）数据图表

根据国际货币基金组织数据库提供的数据，将各国吸收 FDI 存量资产收益率数据整理成图表，具体如图 4-7 所示。

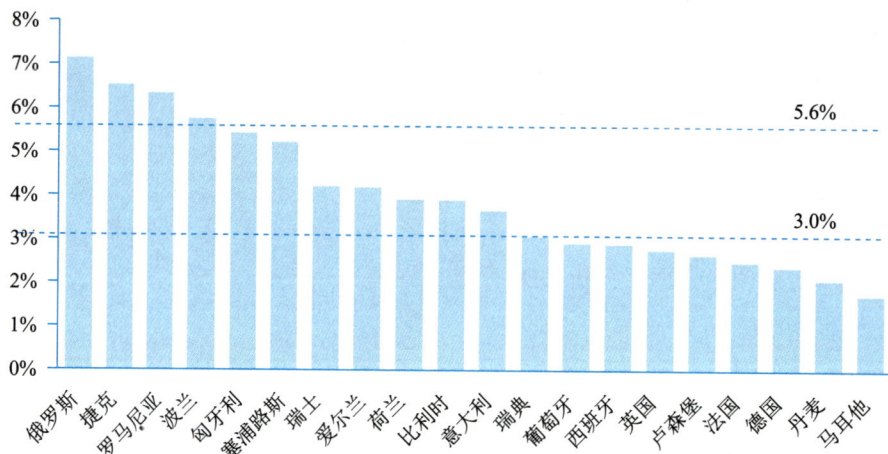

图 4-7　各国吸收 FDI 资产收益率（2023 年）

（3）分析示例

欧洲主要国家中，俄罗斯、捷克等 11 个国家吸收 FDI 资产收益率高于我国 ODI 资产收益率平均水平，吸引力较强。

从现状来看，2023 年，欧洲主要国家吸收 FDI 资产收益率为 2%~7%。其中，俄罗斯、捷克、罗马尼亚、波兰吸收 FDI 资产收益率在 5.6% 以上，高于我国吸收 FDI 资产收益率；而英国、法国等欧洲发达国家吸收 FDI 资产收益率均低于我国。

3. 对外直接投资资产收益率数据应用思路

第一，政府商务部门、发改部门可利用各个国家和地区的外资收益率数据，研判各个国家外资收益率和变化特征，撰写对外直接投资运行分析报告，制定对外直接投资发展规划以及针对性扶持政策。

第二，国际化本土企业可利用各个国家和地区的外资收益率数据，研判各个国家外资收益率和变化特征，制定企业"出海"投资方案。

（七）ODI 境内投资者数据

ODI 境内投资者即"出海"企业。下面以全国层面 ODI 境内投资者数据分析为例，其他省市层面的分析可参考。

1. 分析思路

从现状和走势两个方面，分析境内投资者行业构成。

2. 数据图表

根据商务部等部门《中国对外直接投资统计公报》提供的数据，将各行业境内投资者数量、占比数据整理成图表，具体如表 4-10 所示。

表 4-10　全国境内投资者行业构成变化（2016—2023 年）

行业类型	2016 年		2023 年		2016 年至 2023 年变化	
	企业数量	占比	企业数量	占比	年均增量	占比变化
制造业	7 616	31.2%	9 856	32.1%	320	0.9%
批发和零售业	7 012	28.7%	6 623	21.5%	−56	−7.2%
租赁和商务服务业	2 110	8.6%	4 292	14.0%	312	5.3%
信息传输、软件和信息技术服务业	1 276	5.2%	3 000	9.8%	246	4.5%
科学研究和技术服务业	671	2.7%	1 667	5.4%	142	2.7%
农、林、牧、渔业	985	4.0%	1 100	3.6%	16	−0.5%
建筑业	806	3.3%	861	2.8%	8	−0.5%
交通运输、仓储和邮政业	513	2.1%	773	2.5%	37	0.4%
房地产业	601	2.5%	523	1.7%	−11	−0.8%
采矿业	569	2.3%	492	1.6%	−11	−0.7%
居民服务、修理和其他服务业	458	1.9%	459	1.5%	0	−0.4%
文化、体育和娱乐业	307	1.3%	383	1.2%	11	0.0%
电力、热力、燃气及水生产和供应业	175	0.7%	214	0.7%	6	0.0%
住宿和餐饮业	467	1.9%	190	0.6%	−40	−1.3%
其他	836	3.4%	308	1.0%	−75	−2.4%
合计	24 402		30 741		906	

3.分析示例

总体上，制造业、租赁和商务服务业、科学研究和技术服务业以及信息传输、软件和信息技术服务业是对外非金融类 ODI 的重点和热点行业。

从现状来看，2023 年境内投资者行业分布方面，制造业占 32.1%，其次是批发和零售业占 21.5%、租赁和商务服务业占 14%。

从走势来看，2016 年至 2023 年期间，境外设立的制造业、租赁和商务服务业、科学研究和技术服务业以及信息传输、软件和信息技术服务业 ODI 企业数量和占比均显著增长。

4.ODI 境内投资者数据应用思路

政府商务部门、发改部门可利用各行业投资"出海"企业数量数据，研判各个行业投资"出海"企业数量构成和变化特征，撰写对外直接投资运行分析报告，制定对外直接投资发展规划以及针对性扶持政策。

三、外商直接投资（FDI）

分析外商直接投资（FDI）数据时，重点关注其流量和存量的规模及走势、投资方式构成、行业构成、投资来源地的国家（地区）分布情况以及收益回报水平，为地方政府制定吸引外资策略、开展招商引资工作等决策提供数据依据。

（一）数据解读

按照《外商投资统计调查制度》，商务部负责全国 FDI 数据的统计汇总工作，省市商务部门具体统计辖区内的 FDI 数据。

FDI 统计数据主要包括以下几类。

（1）实际使用外资金额；

（2）按行业实际使用外资金额；

（3）按来源地实际使用外资金额；

（4）新设外资企业数量。

上述指标数据的定义、统计口径，具体可查阅商务部和国家统计局联合发布的《外商投资统计调查制度》。

FDI 数据的理解和应用要点与 ODI 数据一样，这里不再展开介绍。

FDI 数据来源主要有以下几个。

（1）经济合作与发展组织数据库，"OECD International Direct Investment Statistics"；

（2）联合国贸易和发展会议网站，"World Investment Report 2024"；

（3）国际货币基金组织网站，《国际收支平衡表》（Balance of Payment）、《国际投资头寸表》（International Investment Position）；

（4）商务部网站、《中国外资统计公报》；

（5）各省市统计年鉴。

（二）FDI 投资额

根据《外商投资统计调查制度（2022）》的规定，省级商务主管部门在发布和使用外商投资统计数据，或向同级统计部门提供外商投资统计数据用于编制国民经济和社会发展统计公报、统计年鉴等资料时，应以商务部反馈的本省数据为准。

商务部自 2018 年起公布各省 FDI 数据。为保持数据统计口径的一致性，主要分析 2018 年之后的 FDI 数据。

下面以江苏省为例进行分析，其他省市分析可参考。

1. 分析思路

从现状和走势两个方面，分析实际使用外资额。

2. 数据图表

根据商务部等部门《中国外商投资统计公报》《中国外资统计》提供的数据，将历年实际使用外资额、占全国 FDI 比例及我国 FDI 占世界 ODI 比例数据整理成图表，具体如图 4-8 所示。

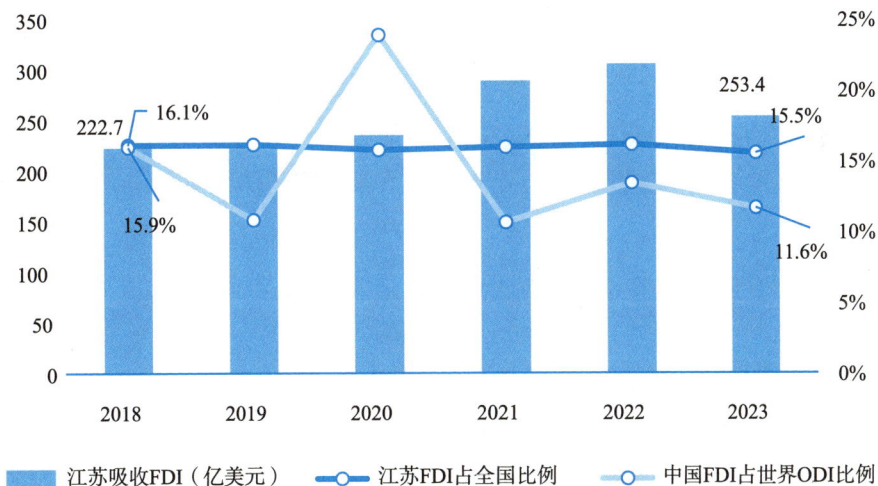

图 4-8　实际使用外资额变化（2018—2023 年）

3. 分析示例

总体上，江苏省吸引 FDI 额占全国 15% 左右，实际利用外资增速低于全国整体水平，而我国吸收 FDI 额增速呈现下降走势。

从现状来看，2023 年江苏省实际使用外资 253.4 亿美元，占全国实际使用外资额的

15.5%，是外资利用大省。全国 FDI 额占世界 FDI 额的比重为 12.3%，仅次于美国，位居全球第二；全国 FDI 占世界 ODI（不含中国）的比重为 11.6%，比上年下降约 2 个百分点。

从走势来看，2018 年至 2023 年期间，江苏省实际使用外资额年均增速为 2.3%，略低于全国整体水平（3.4%），占全国实际使用外资额比例略微下降 0.6 个百分点；全国 FDI 额占世界 ODI 额的比重下降了 4.3 个百分点，实际利用外资增速放缓。

4.外商直接投资额数据应用思路

政府商务部门、发改部门可利用 FDI 数据，研判外商直接投资额增长特征，撰写外商直接投资运行分析报告，制定外商直接投资目标和规划。

（三）按行业 FDI 投资额

主要从大类行业和制造业细分行业两个方面展开分析。

1.大类行业 FDI 投资额

（1）分析思路

从现状和走势两个方面，分析 FDI 大类行业构成。

（2）数据图表

根据商务部等部门《中国外商投资统计公报》《中国外资统计》提供的数据，按行业维度，将各行业实际使用外资额、占比数据整理成图表，具体如表 4-11 所示。

表 4-11　大类行业实际使用外资额构成（2018—2023 年）

行业类型	2023 年			2018—2023 年变化	
	实际利用外资（亿美元）	占比	全国占比	实际利用外资变化（亿美元）	占比变化
制造业	93.84	37.2%	27.9%	−17.89	−6.5%
科学研究和技术服务业	55.41	21.9%	18.0%	47.16	18.7%
租赁和商务服务业	42.01	16.6%	16.2%	15.08	6.1%
房地产业	17.57	7.0%	7.2%	−34.75	−13.5%
信息传输、软件和信息技术服务业	14.10	5.6%	10.1%	7.71	3.1%
金融业	8.84	3.5%	4.1%	5.10	2.0%
批发和零售业	6.23	2.5%	6.1%	−12.24	−4.7%
电力、热力、燃气及水生产和供应业	4.74	1.9%	2.8%	−1.34	−0.5%
建筑业	4.27	1.7%	1.5%	−3.07	−1.2%
交通运输、仓储和邮政业	3.60	1.4%	1.3%	−3.77	−1.5%
水利、环境和公共设施管理业	1.34	0.5%	0.3%	−0.26	−0.1%
农、林、牧、渔业	0.45	0.2%	0.4%	−2.54	−1.0%
文化、体育和娱乐业	0.12	0.0%	0.3%	−0.53	−0.2%
采矿业	0	0.0%	3.1%	−0.06	0.0%
住宿和餐饮业	0.00	0.0%	0.2%	−0.69	−0.3%
居民服务、修理和其他服务业	0.00	0.0%	0.3%	−1.09	−0.4%

（续表）

行业类型	2023 年			2018—2023 年变化	
	实际利用外资 （亿美元）	占比	全国占比	实际利用外资变化 （亿美元）	占比变化
教育	0.00	0.0%	0.0%	−0.04	0.0%
卫生和社会工作	0.00	0.0%	0.2%	−0.20	−0.1%
公共管理、社会保障和社会组织	0.00	0.0%	0.0%	0.00	0.0%
合计	252.52			−3.40	

（3）分析示例

总体上，江苏省科学研究和技术服务业、租赁和商务服务业、金融业以及信息传输、软件和信息技术服务业是外商投资的热点行业；制造业、批发和零售业的外商投资呈现下降走势。

从现状来看，2023 年江苏省外商直接投资以制造业、科学研究和技术服务业、租赁和商务服务业为主，共占 75%，3 个行业占比均高于全国平均水平；而信息传输、软件和信息技术服务业及批发和零售业的外商直接投资占比低于全国平均水平。

从走势来看，2018 年至 2023 年期间，江苏省科学研究和技术服务业、租赁和商务服务业、金融业以及信息传输、软件和信息技术服务业实际利用外资额和占比均显著上升；而制造业、批发和零售业实际利用外资额和占比均有所下降。

2. 制造业细分行业 FDI 投资额

（1）分析思路

从现状和走势两个方面，分析制造业外商直接投资行业构成。

（2）数据图表

根据《中国外商投资统计公报》《中国外资统计》提供的数据，按制造业细分行业维度，将各行业实际使用外资额、占比数据整理成图表，具体如表 4-12 所示。

表 4-12　制造业行业实际使用外资额构成（2018—2023 年）

行业类型	2023 年		2018—2023 年变化	
	实际利用外资 （亿美元）	占比	实际利用外资变化 （亿美元）	占比变化
计算机、通信和其他电子设备制造业	20.02	21.3%	−7.30	−3.1%
电气机械和器材制造业	16.55	17.6%	7.42	9.5%
专用设备制造业	10.40	11.1%	1.17	2.8%
化学原料和化学制品制造业	8.04	8.6%	−1.51	0.0%
通用设备制造业	5.76	6.1%	−5.49	−3.9%
医药制造业	5.73	6.1%	2.32	3.1%
汽车制造业	4.14	4.4%	−4.34	−3.2%
金属制品业	2.80	3.0%	−1.50	−0.9%
非金属矿物制品业	2.49	2.7%	−1.60	−1.0%

（续表）

行业类型	2023 年		2018—2023 年变化	
	实际利用外资（亿美元）	占比	实际利用外资变化（亿美元）	占比变化
仪器仪表制造业	2.10	2.2%	1.22	1.5%
橡胶和塑料制品业	2.05	2.2%	−2.40	−1.8%
化学纤维制造业	1.01	1.1%	0.12	0.3%
纺织服装、服饰业	0.88	0.9%	−0.46	−0.3%
文教、工美、体育和娱乐用品制造业	0.52	0.6%	−0.35	−0.2%
有色金属冶炼和压延加工业	0.16	0.2%	−3.62	−3.2%
农副食品加工业	0.00	0.0%	−0.89	−0.8%
食品制造业	0.00	0.0%	−2.70	−2.4%
酒、饮料和精制茶制造业	0.00	0.0%	−0.54	−0.5%
纺织业	0.00	0.0%	−1.15	−1.0%
皮革、毛皮、羽毛及其制品和制鞋业	0.00	0.0%	−0.10	−0.1%
木材加工和木、竹、藤、棕、草制品业	0.00	0.0%	−0.33	−0.3%
家具制造业	0.00	0.0%	−1.02	−0.9%
造纸和纸制品业	0.00	0.0%	−1.92	−1.7%
印刷和记录媒介复制业	0.00	0.0%	−0.44	−0.4%
石油、煤炭及其他燃料加工业	0.00	0.0%	−0.23	−0.2%
黑色金属冶炼和压延加工业	0.00	0.0%	−0.02	0.0%
铁路、船舶、航空航天和其他运输设备制造业	0.00	0.0%	−1.65	−1.5%
其他制造业	11.19	11.9%	10.05	10.9%
废弃资源综合利用业	0.00	0.0%	−0.23	−0.2%
金属制品、机械和设备修理业	0.00	0.0%	−0.38	−0.3%
合计	93.84		−17.89	

（3）分析示例

总体上，江苏省制造业中，电气机械和器材制造业、专用设备制造业、医药制造业、仪器仪表制造业是外商投资的热点行业；而计算机、通信和其他电子设备制造业以及通用设备制造业、汽车制造业的外商投资呈现下降走势。

从现状来看，2023 年江苏省制造业外商直接投资主要集中在电气机械和器材制造业、专用设备制造业、化学原料和化学制品制造业、通用设备制造业、医药制造业以及计算机、通信和其他电子设备制造业 6 个行业，共占 70%。

从走势来看，2018 年至 2023 年期间，江苏电气机械和器材制造业、专用设备制造业、医药制造业、仪器仪表制造业实际利用外资额和占比均略有上升，而计算机、通信和其他电子设备制造业及通用设备制造业、汽车制造业实际利用外资额和占比均有所下降。

3. 按行业 FDI 投资额数据应用思路

第一，政府商务部门、发改部门可利用各个行业外商直接投资额数据，研判各个行业外商直接投资额构成和增长特征，撰写外商直接投资运行分析报告，制定外商直接投资发展规划、招商引资方案以及针对性扶持政策。

第二，产业地产企业可利用各个行业外商直接投资额数据，研判各个行业外商直接投资额构成和增长特征，制定外资企业招商引资方案。

（四）按来源地 FDI 投资额

主要从区域来源地 FDI 投资额、前 20 来源地 FDI 投资额两个维度展开分析。

1. 区域来源地 FDI 投资额

（1）分析思路

从现状和走势两个方面，分析外商直接投资来源地区域构成。

下面以江苏省为例进行分析，其他省市层面的分析可参考。

（2）数据图表

根据联合国贸发会议《世界投资报告》数据库及商务部等部门《中国外商投资统计公报》《中国外资统计》提供的数据，将主要年份对各区域外商直接投资额、占比数据整理成图表，具体如表 4-13 所示。

表 4-13　外商直接投资来源地区域构成变化（2018—2022 年）

区域	2022 年			2018—2022 年变化		
	外商直接投资额（亿美元）	占比	中国吸收 FDI 占区域 ODI 比例	外商直接投资额变化（亿美元）	占比变化	中国吸收 FDI 占区域 ODI 比例变化
亚洲	270.3	88.6%	30.0%	80.37	5.9%	3.2%
欧洲	11.2	3.7%	5.5%	−4.24	−3.1%	3.4%
美洲	20.65	6.8%	2.3%	3.76	−0.6%	−6.5%
大洋洲	1.89	0.6%	12.4%	−3.57	−1.8%	−12.2%
非洲	0.94	0.3%	3.7%	−0.79	−0.4%	−4.1%
合计	304.98			75.52		

（3）分析示例

总体上，江苏省吸收欧洲、美洲 FDI 增量空间很大，欧洲是吸收 FDI 的热点区域，亚洲是吸收 FDI 的重点区域。

从现状来看，2022 年江苏省实际利用外资额的 88% 来自亚洲，其次是美洲占 6.8%，来自欧洲的 FDI 投资额仅占 3.7%。结合中国吸收 FDI 占区域 ODI 比重数据，来自欧洲、美洲的 FDI 还有很大的增量空间。

从走势来看，2018 年至 2022 年期间，江苏省来自亚洲的外资占比呈现上升走势，其他区域占比均下降。结合中国吸收 FDI 占区域 ODI 比例变化数据，欧洲是吸收 FDI 的热点区域，亚洲是吸收 FDI 的重点区域。

2. 前 20 来源地 FDI 投资额

（1）分析思路

从现状和走势两个方面，分析外商直接投资前 20 来源地构成。

下面以江苏省为例进行分析，其他省市层面的分析可参考。

（2）数据图表

根据联合国贸发会议《世界投资报告》数据库及商务部等部门《中国外商投资统计公报》《中国外资统计》提供的数据，将主要年份外商直接投资前 20 来源地投资额、占比数据整理成图表，具体如表 4-14 所示。

表 4-14　外商直接投资前 20 来源地构成（2018—2022 年）

2018 年				2022 年			
国家（地区）	实际利用外资（亿美元）	占比	中国利用外资占该地 ODI 比例	来源地	实际利用外资（亿美元）	占比	中国利用外资占该地 ODI 比例
中国香港	149.74	58.5%	89.3%	中国香港	206.63	67.7%	—
新加坡	14.02	5.5%	21.8%	新加坡	24.76	8.1%	20.3%
韩国	10.62	4.1%	12.2%	韩国	18.87	6.2%	10.0%
日本	7.29	2.8%	2.6%	马来西亚	8.47	2.8%	8.5%
中国台湾	6.46	2.5%	7.7%	日本	7.14	2.3%	2.8%
美国	3.62	1.4%	1.2%	德国	3.31	1.1%	1.8%
荷兰	3.43	1.3%	4.1%	美国	3.23	1.1%	0.6%
法国	3.31	1.3%	1.1%	中国澳门	2.85	0.9%	—
德国	2.77	1.1%	3.8%	法国	1.79	0.6%	1.4%
英国	1.55	0.6%	3.0%	英国	1.23	0.4%	1.7%
澳大利亚	0.87	0.3%	3.7%	中国台湾	1.06	0.3%	4.2%
瑞士	0.82	0.3%	0.9%	荷兰	0.83	0.3%	11.8%
加拿大	0.80	0.3%	0.5%	意大利	0.61	0.2%	0.9%
意大利	0.71	0.3%	0.7%	澳大利亚	0.46	0.2%	0.3%
中国澳门	0.46	0.2%	39.9%	瑞士	0.42	0.1%	0.4%
芬兰	0.36	0.1%	0.7%	比利时	0.38	0.1%	0.9%
比利时	0.35	0.1%	0.3%	加拿大	0.37	0.1%	0.2%
爱尔兰	0.28	0.1%	3.2%	卢森堡	0.17	0.1%	0.3%
西班牙	0.25	0.1%	0.4%	西班牙	0.13	0.0%	0.3%
卢森堡	0.18	0.1%	3.5%	丹麦	0.1	0.0%	7.3%
前 20 合计	207.87	81.2%		前 20 合计	282.81	92.7%	
全部合计	255.92			全部合计	305		

（3）分析示例

总体上，江苏省吸收外资中，韩国、马来西亚、日本、德国、美国 5 个国家的 ODI 增量空间较大，除了我国香港地区，新加坡、韩国、马来西亚也是热点来源地。

从现状来看，2022 年江苏省外商直接投资额前 20 来源地合计占 92.7%，其中我国香港地区与新加坡、韩国共占 82%。结合中国实际使用外资额占该来源地 ODI 投资额比例数据，韩国、马来西亚、日本、德国、美国 5 个国家的 ODI 增量空间较大。

从走势来看，2018 年至 2023 年期间，江苏省外商直接投资额前 20 来源地占比提升 11 个百分点，18 个来源地长居前 20，外资来源地比较稳定。其中，除了我国香港地区，新加坡、韩国、马来西亚 3 个来源地外资额占比也显著上升，荷兰、法国、德国等来源地外资额占比下降。

3. 按来源地 FDI 投资额数据应用思路

第一，政府商务部门、发改部门可利用按来源地 FDI 投资额数据，研判各个国家（地区）外资投资额构成和增长特征，撰写外商直接投资运行分析报告，制定外商直接投资发展规划，制定外资招商引资方案以及针对性扶持政策。

第二，产业地产企业可利用按来源地 FDI 投资额数据，研判各个国家（地区）外资投资额构成和增长特征，制定外资企业招商引资方案。

（五）FDI 新设企业数

主要从 FDI 新设企业数、行业 FDI 新设企业数两个方面展开分析。

1.FDI 新设企业数

（1）分析思路

从现状和走势两个方面，分析 FDI 新设企业数。

（2）数据图表

根据商务部等部门《中国外商投资统计公报》《江苏统计年鉴（2019—2024）》提供的数据，将历年新设外资企业数、占比数据整理成图表，具体如图 4-9 所示。

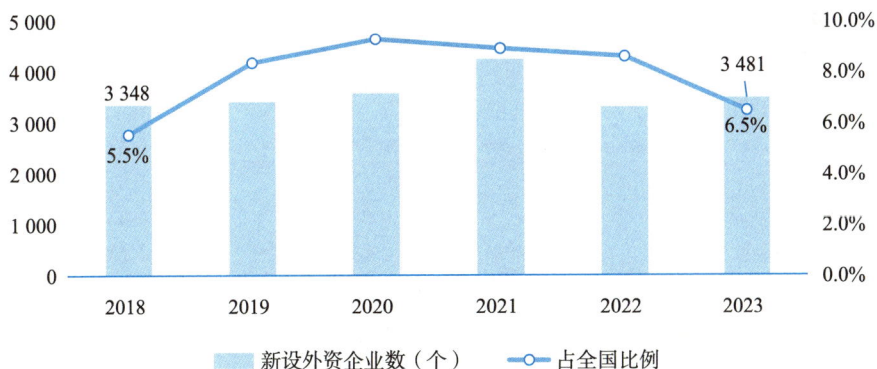

图 4-9 新设企业数变化（2018—2023 年）

（3）分析示例

总体上，江苏省年吸收外资新设企业 3 300 家左右，是外商投资的热点省份。

从现状来看，2023 年，江苏省吸收外资新设外资企业 3 481 家，占全国总数量的 6.5%。

从走势来看，2018 年至 2023 年期间，江苏吸收外资新设外资企业数年均 3 300 家左右，占全国比重上升 1 个百分点，对外资吸引力较强。

2. 行业 FDI 新设企业数

主要从大类行业和制造业细分行业两个维度展开分析。

（1）大类行业 FDI 新设企业数

①分析思路

从现状和走势两个方面，分析外资新设企业大类行业构成。

②数据图表

根据商务部等部门《中国外商投资统计公报》《中国外资统计》提供的数据，按行业维度，将各行业外资新设企业数、占比数据整理成图表，具体如表 4-15 所示。

表 4-15　大类行业新设企业数构成（2018—2023 年）

行业类型	2023 年			2018—2023 年变化	
	新设外商投资企业数（个）	占比	占全国比例	新设外商投资企业数变化（个）	占比变化
科学研究和技术服务业	1 189	34.9%	12.5%	865	2.7%
租赁和商务服务业	594	17.4%	5.6%	350	10.0%
批发和零售业	586	17.2%	3.3%	−140	−4.8%
制造业	536	15.7%	14.8%	−1 734	−20.5%
信息传输、软件和信息技术服务业	175	5.1%	4.6%	−74	−2.4%
文化、体育和娱乐业	65	1.9%	2.9%	20	0.5%
电力、热力、燃气及水生产和供应业	62	1.8%	10.9%	5	0.1%
建筑业	60	1.8%	8.8%	−17	−0.6%
金融业	60	1.8%	15.5%	21	0.6%
交通运输、仓储和邮政业	36	1.1%	4.2%	−51	−1.6%
房地产业	32	0.9%	4.7%	−108	−3.3%
水利、环境和公共设施管理业	10	0.3%	8.1%	−9	−0.3%
农、林、牧、渔业	4	0.1%	1.0%	−37	−1.1%
采矿业		0.0%		0	0.0%
住宿和餐饮业		0.0%		−62	−1.9%
居民服务、修理和其他服务业		0.0%		−20	−0.6%
教育		0.0%		−17	−0.5%
卫生和社会工作		0.0%		−2	−0.1%
公共管理、社会保障和社会组织		0.0%		−1	0.0%
	3 409		6.3%	−1 011	

③分析示例

总体上，江苏省科学研究和技术服务业、租赁和商务服务业是外商投资的热点行业；批发和零售业、制造业及信息传输、软件和信息技术服务业外资新设企业数和占比均呈现下降走势。

从现状来看，2023 年江苏省外商直接投资新设企业以科学研究和技术服务业、租赁和商务服务业、批发和零售业、制造业为主，共占 85%；制造业，科学研究和技术服务业，金融业，电力、热力、燃气及水生产和供应业外资新设企业数占全国比例较高。

从走势来看，2018 年至 2023 年期间，江苏省科学研究和技术服务业、租赁和商务服务业外资新设企业数和占比均上升；批发和零售业、制造业，以及信息传输、软件和信息技术服务业外资新设企业数和占比均下降。

（2）制造业细分行业 FDI 新设企业数

①分析思路

从现状和走势两个方面，分析外资新设制造业企业行业构成。

②数据图表

根据商务部等部门《中国外商投资统计公报》《中国外资统计》提供的数据，按制造业细分行业维度，将制造业各行业外资新设企业数、占比数据整理成图表，具体如表 4-16 所示。

表 4-16　制造业行业外资新设企业数构成（2018—2023 年）

行业类型	2023 年		2018—2023 年变化	
	新设外资企业数（个）	占比	新设外资企业数变化（个）	占比变化
专用设备制造业	91	19.9%	−131	1.4%
计算机、通信和其他电子设备制造业	84	18.4%	−55	6.8%
通用设备制造业	77	16.8%	−122	0.2%
电气机械和器材制造业	55	12.0%	−54	2.9%
仪器仪表制造业	33	7.2%	−4	4.1%
金属制品业	29	6.3%	−24	1.9%
汽车制造业	24	5.3%	−44	−0.4%
非金属矿物制品业	20	4.4%	−37	−0.4%
医药制造业	15	3.3%	−14	0.9%
橡胶和塑料制品业	9	2.0%	−24	−0.8%
文教、工美、体育和娱乐用品制造业	7	1.5%	−10	0.1%
化学原料和化学制品制造业	5	1.1%	−30	−1.8%
纺织服装、服饰业	4	0.9%	−17	−0.9%
化学纤维制造业	3	0.7%	−7	−0.2%
有色金属冶炼和压延加工业	1	0.2%	−6	−0.4%
农副食品加工业		0.0%	−14	−1.2%
食品制造业		0.0%	−26	−2.2%
酒、饮料和精制茶制造业		0.0%	−4	−0.3%
纺织业		0.0%	−31	−2.6%
皮革、毛皮、羽毛及其制品和制鞋业		0.0%	−8	−0.7%
木材加工和木、竹、藤、棕、草制品业		0.0%	−5	−0.4%
家具制造业		0.0%	−15	−1.3%
造纸和纸制品业		0.0%	−8	−0.7%
印刷和记录媒介复制业		0.0%	−6	−0.5%

行业类型	2023 年		2018—2023 年变化	
	新设外资企业数（个）	占比	新设外资企业数变化（个）	占比变化
石油、煤炭及其他燃料加工业		0.0%	−2	−0.2%
黑色金属冶炼和压延加工业		0.0%	0	0.0%
铁路、船舶、航空航天和其他运输设备制造业		0.0%	−22	−1.8%
其他制造业	79	0.0%	−13	−1.1%
废弃资源综合利用业		0.0%	−3	−0.3%
金属制品、机械和设备修理业		0.0%	−5	−0.4%
合计	536		−741	

③分析示例

总体上，江苏省制造业各行业新设外资企业数呈现下降走势，专用设备制造业、电气机械和器材制造业、仪器仪表制造业、金属制品业及计算机、通信和其他电子设备制造业是外商投资设立企业的热点行业。

从现状来看，2023 年江苏省制造业外资新设企业主要集中在专用设备制造业、通用设备制造业、电气机械和器材制造业及计算机、通信和其他电子设备制造业 4 个行业，共占 67%，每个行业新设外资企业数均在 50 个以上。

从走势来看，2018 年至 2023 年期间，江苏省制造业各个行业新设外资企业数均呈现下降走势，专用设备制造业、电气机械和器材制造业、仪器仪表制造业、金属制品业及计算机、通信和其他电子设备制造业外资新设企业数占比上升。

3.FDI 新设企业数数据应用思路

第一，政府商务部门、发改部门可利用 FDI 新设企业数数据，研判各个国家（地区）外资新设企业数构成和增长特征，撰写外商直接投资运行分析报告，制定外商直接投资发展规划、外资招商引资方案以及针对性扶持政策。

第二，产业地产企业可利用 FDI 新设企业数数据，研判各个国家（地区）外资新设企业数构成和增长特征，制定外资企业招商引资方案。

（六）FDI 投资收益

FDI 投资收益分析主要看外资在中国投资的收益率水平变化，以及与全球平均水平的对比。

1. 分析思路

基于 FDI 投资收益数据的可得性，可通过 FDI 存量资产收益率指标，近似分析外资在中国投资的资产收益率及其变化趋势，并与全球平均水平进行对比。

2. 数据图表

根据国际货币基金组织数据库提供的数据，将主要年份外资在中国投资的资产收益率、全球外资投资平均收益率数据整理成图表，具体如图 4-10 所示。

3. 分析示例

总体上，外资在中国投资的资产收益率持续高于全球平均水平，因此中国是全球高投资回报的热点国家。

从现状来看，2023 年外资在中国投资的资产收益率为 5.6%，高于全球平均水平 2.5 个百分点。

从走势来看，2010 年至 2023 年期间，外资在中国投资的资产收益率整体平稳，一直高于全球平均水平。

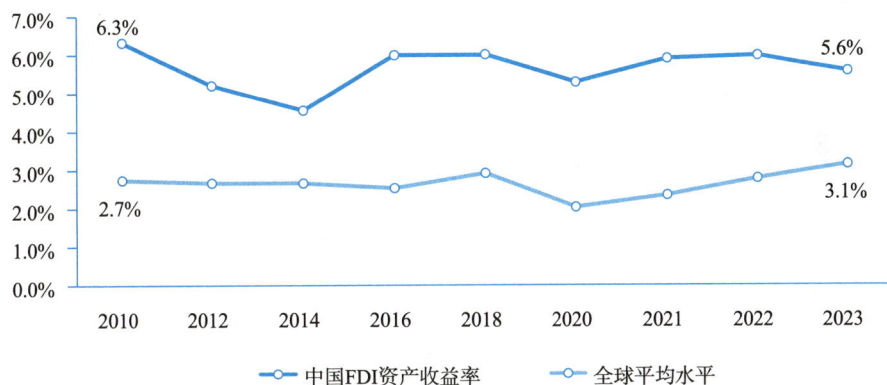

图 4-10　FDI 资产收益率变化（2010—2023 年）

4.FDI 投资收益数据应用思路

第一，政府商务部门、发改部门可利用外资投资收益数据，研判外资投资收益水平和变化特征，撰写外商直接投资运行分析报告，制定外商直接投资发展规划和外资招商引资方案。

第二，产业地产企业可利用外资投资收益数据，研判外资投资收益水平和变化特征，制定外资企业招商引资方案。

第五章

财政收支数据

财政收支即政府"财政四本账"，主要涉及一般公共预算、政府性基金、国有资本经营、社会保险基金数据。本章主要介绍以下内容。

（1）"财政四本账"的收入和支出总和即政府的总财力、总支出规模；

（2）"财政四本账"虽分开列示，但并非相互孤立；

（3）地方政府可用财力通常小于全口径地方财政收入；

（4）财政收入不是收入法核算GDP的直接组成部分，两者不存在明确的比例关系；

（5）财政支出反映了地方政府总支出规模，对应着政府业务市场规模；

（6）支出法核算GDP中的政府消费支出是一般公共预算支出的一部分。

分析财政收支数据时，要结合总量和结构、现状和走势、绝对指标和相对指标辩证地分析，同时要注意数据口径的一致性。其主要应用场景如下。

（1）制定政府固定资产投资计划；

（2）制定国有经济发展规划；

（3）开展政府债券投资价值分析；

（4）实施政府业务市场分析和评估。

一、财政收支数据梳理

根据《中华人民共和国预算法》，政府的全部收入和支出都应当纳入预算。预算包括一般公共预算、政府性基金预算、国有资本经营预算、社会保险基金预算。

概括起来，财政收支数据分为以下三大类：

（1）财政收入数据；

（2）财政支出数据；

（3）财政收支平衡数据。

其中，财政收入、财政支出两大类数据，按横向又分为一般公共收入和支出、政府性基金收入和支出、国有资本经营收入和支出、社会保险基金收入和支出；按纵向分为中央财政收入和支出、地方财政收入和支出。

二、财政收入数据

按照现行政府预算体系，财政收入分为一般公共预算收入、政府性基金收入、国有资本经营收入和社会保险基金收入[①]；按现行分税制财政体制，财政收入分为中央本级收入和地方本级收入。

根据《中华人民共和国预算法》的规定，政府的全部收入需纳入预算，预算包括一般公共预算、政府性基金预算、国有资本经营预算、社会保险基金预算。因此，财政总收入 = 一般公共预算收入 + 政府性基金收入 + 国有资本经营收入 + 社会保险基金收入。财政总收入对应政府"财政四本账"的收入端。

全国财政收入由中央本级财政收入和地方本级财政收入构成。中央和地方各级财政部门根据同级人民银行国库提供的国家金库收入报表和总会计账务信息列报的各项收入数，确认本级的财政收入。财政部编制全国财政收入报表时，分别按照中央财政收入和地方本级财政收入进行统计，汇总计算全国财政收入。

中央本级财政收入由四部分组成，即中央本级财政收入 = 中央一般公共预算收入 + 中央政府性基金收入 + 中央本级国有资本经营收入 + 中央社会保险基金收入。其中，中央一般公共预算收入、中央政府性基金收入均包含中央从地方财政收入中按法定比例或政策规定分享的部分。

地方本级财政收入由四部分组成，即地方本级财政收入 = 地方一般公共预算收入 + 地方本级政府性基金收入 + 地方本级国有资本经营收入 + 地方社会保险基金收入。其中，地方一般公共预算收入由地方本级一般公共预算收入与中央对地方税收返还和转移支付收入两部分构成。

在理解和应用财政总收入数据时，要注意以下要点。

第一，从预算年度和"财政四本账"的角度来看，中央本级财政收入还要加上中央债务收入、中央上年结转结余收入两项，地方本级财政收入还要加上地方债务收入、地方上年结转结余收入两项。

同时，"财政四本账"虽分开列示，但并非相互孤立，四者存在勾稽关系，主要体现为：政府性基金和国有资本经营预算的盈余部分，可以通过"调出资金"或补充"预算稳定调节基金"的方式纳入一般公共预算统筹使用，具体如图 5-1 所示。

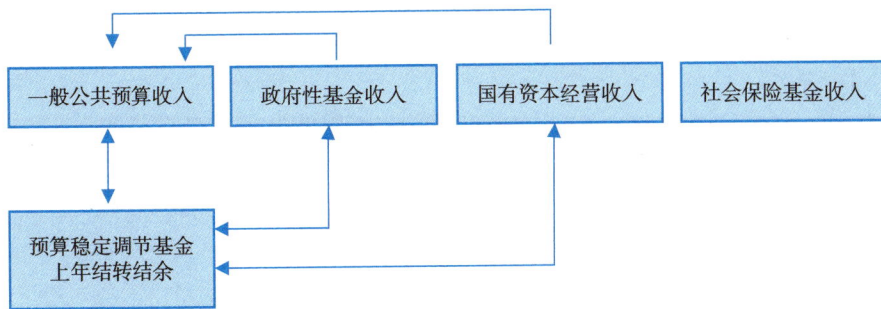

图 5-1 地方政府"财政四本账"勾稽关系示意

[①] 来源：《领导干部应知应会主要统计指标诠释》。

第二，地方本级财政收入体现了地方政府可用财力的规模，即地方政府支出的上限，是评估地方政府投资环境、评价地方政府和国企债券信用的重要参考指标。地方政府每年的财政预算、决算（草案）会对地方本级财政收入及明细有详细披露。

第三，全口径地方财政收入反映了地方政府创造财政收入的规模，其统计口径与地方本级财政收入存在差异，二者并非包含关系。具体而言，全口径地方财政收入不包含中央转移支付收入，但包含中央分享收入；而地方本级财政收入包含中央转移支付收入，不含中央分享收入。

另外，全口径地方财政收入及其明细数据很少披露（因涉及中央与地方分成比例问题）。目前，一般公共预算收入中只有税收收入有明确的分成比例数据，非税收入、政府性基金收入的分成比例数据暂未公开，因此通过分成比例倒算全口径地方财政收入不可行。

第四，财政收入直接和间接与经济产业发展紧密相关，但与地区生产总值（GDP）统计口径不一样[1]，不是 GDP 的组成部分，二者不存在明确的比例关系。GDP 为国家、企业和个人三者初次分配所得，国家得到生产税净额，企业得到固定资产折旧和营业盈余，个人得到劳动者报酬。其中，国家所得生产税净额（企业缴纳的税费减去给予企业的生产补贴）与财政收入密切相关，但前者仅是后者的组成部分之一（而非全部）。因此，要谨慎使用"财政收入占 GDP 比例""财政收入增速与 GDP 增速对比"等数据。

（一）一般公共预算收入

1. 数据解读

根据地方政府"财政四本账"中的"地方一般公共预算表"，一般公共预算收入主要包括四个部分：税收收入、非税收入、地方政府一般债务收入、转移性收入，具体如表5-1 所示。

表 5-1　地方一般公共预算收入表示意

科目	说明
地方本级收入	（一）=1+2
税收收入	1
非税收入	2
地方政府一般债务收入	（二）
转移性收入	（三）=1+2+3+4+5
一般性转移支付收入	1
专项转移支付收入	2
调入资金	3
动用预算稳定调节基金	4
上年结转收入	5
收入总计	（四）=（一）+（二）+（三）

---

[1] 来源：上海市统计局网站"国内生产总值与财政收入之间的关系如何"。

（1）税收收入

按一般公共预算收入科目，税收收入包括 20 类税种。按现行分税制财政管理体制，税收收入分为中央固定收入、地方固定收入及中央与地方分享收入。其中，中央固定收入有 9 项，地方固定收入有 11 项，中央与地方分享收入有 3 项。

在理解和应用税收收入数据时，要注意以下要点。

第一，税收收入与经济产业有密切的正向关系，但与 GDP 之间没有明确的比例关系。各个地方经济产业结构不一样，税收收入总额也不一样。因此，不建议简单地用税收收入占 GDP 比例等统计方法，对不同地区的税收收入作横向比较或占比分析。

第二，地方政府重点关注 11 项地方固定税收收入、3 项中央与地方分享税收收入，这些税种直接或间接与经济产业发展密切相关（表 5-2）。因此，地方政府从创造税收收入目标出发，利用税务部门提供的产业行业维度的税收构成数据，可以更精准地定位和选择重点发展产业。

表 5-2　税收收入中央和地方分成比例

税种	中央分成比例	地方分成比例	直接和间接涉及的产业或企业类别
增值税（海关代征）	100%		进口企业
关税	100%		进口企业、出口企业
车辆购置税	100%		汽车制造业
船舶吨税	100%		船舶租赁业、水上运输业
消费税	100%		15 类商品制造业、15 类商品进口企业
企业所得税（央企、银行总行、保险总公司、地方银行等）	100%		央企、银行总行、保险总公司、地方银行等
资源税（海洋石油企业）	100%		采矿业
城市维护建设税（央企、银行总行、保险总公司、地方银行等）	100%		央企、银行总行、保险总公司、地方银行等
印花税（证券交易印花税）	100%		金融业
增值税（非海关代征）	50%	50%	所有行业
企业所得税（其他企业）	60%	40%	所有行业
个人所得税	60%	40%	所有行业
资源税（其他企业）		100%	采矿业
城市维护建设税（其他企业）		100%	所有行业
印花税（其他印花税）		100%	所有行业
环境保护税		100%	制造业、环境治理业
耕地占用税		100%	部分制造业、部分服务业
房产税		100%	房地产开发经营业、房地产租赁经营业
城镇土地使用税		100%	部分制造业、部分服务业
契税		100%	房地产业
土地增值税		100%	房地产业
车船使用税		100%	所有行业
烟叶税		100%	烟草制造业

（2）非税收入

按一般公共预算收入科目，非税收入包括 8 类科目。按现行财政体制，大部分非税收入科目是中央和地方分享，但具体分成比例暂未公开。具体如表 5-3 所示。

表 5-3　非税收入科目和中央地方分成情况

科目	说明
专项收入	
油价调控风险准备金收入	中央固定收入
专项收益上缴收入	中央固定收入
铀产品出售收入	中央固定收入
三峡库区移民专项收入	中央固定收入
教育费附加收入	中央和地方分享（按缴纳主体）
场外核应急准备收入	中央和地方分享
文化事业建设费收入	中央和地方分享
残疾人就业保障金收入	中央和地方分享
教育资金收入	中央和地方分享
农田水利建设资金收入	中央和地方分享
森林植被恢复费	中央和地方分享
水利建设专项收入	中央和地方分享
湿地恢复费收入	中央和地方分享
广告收入等其他专项收入	中央和地方分享
地方教育附加收入	地方固定收入
行政事业性收费收入	中央和地方分享
罚没收入	中央和地方分享
国有资本经营收入	中央和地方分享（保障和改善民生支出需要的国有资本）
国有资源（资产）有偿使用收入	中央和地方分享
捐赠收入	中央和地方分享
政府住房基金收入	中央和地方分享
其他收入	中央和地方分享

在理解和应用非税收入数据时，要注意以下要点。

第一，一般公共预算非税收入项下的国有资本经营收入，与国有资本经营预算收入项下的国有资本经营收入，两个科目的统计口径不一样。前者是为保障和改善民生支出所需的国有资本收益，主要是非经营性国有资产收益；而后者是服务于经济发展和再投资等需求的国有资本收益，主要是经营性国有资产收益。

第二，部分非税收入与经济产业发展相关，但与税收收入、GDP 之间没有明确的比例关系。由于各地经济产业结构、城市发展阶段和水平不一样，因此要谨慎使用非税收入占比数据进行地区间的横向比较。

（3）地方政府一般债务收入

地方政府一般债务收入包括地方政府一般债券收入、地方政府向国际组织借款收入、地方政府向外国政府借款收入、地方政府其他一般债务收入。其中，地方政府一般债券是指省、自治区、直辖市政府为没有收益的公益性项目发行的、约定一定期限内主要通过一般公共预算收入还本付息的政府债券。

在理解和应用地方政府一般债务收入时，要注意以下要点。

第一，根据《中华人民共和国预算法》和《国务院关于加强地方政府性债务管理的意见》的规定，省、自治区、直辖市政府一级可以发行地方政府一般债券，相关收入列入一般公共预算；地级市政府不能发行地方政府一般债券。因此，地级市一般公共预算收入不单列"地方政府一般债务收入"科目。

第二，地方政府一般债券发行收入主要投向非营利性政府投资项目。企业在承接此类项目业务时，首先需评估以该项目为载体的一般债券发行规模，其次分析地方本级税收和非税收入、转移性收入的规模及走势，以此来评估地方政府的付款能力。

第三，地方政府一般债券主要通过一般公共预算收入还本付息。金融机构在做地方政府一般债券投资决策时，除了看债券收益率，还要看地方一般公共预算收入的规模和走势，另外还可关注政府性基金盈余、国有资本经营预算盈余，综合评估地方政府的偿还能力。

（4）转移性收入

按一般公共预算收入科目，转移性收入主要包括 8 类科目，具体如表 5-4 所示。

表 5-4 转移性收入科目和说明

科目	说明
返还性收入	主要是税收返还，是对原属于地方的收入划为中央固定收入或共享收入后，对地方给予的补偿
一般性转移支付收入	主要是共同财政事权收入地方分享的部分
专项转移支付收入	主要是各类公共服务收费地方分享的部分
上年结余收入	各类资金的上年结余
调入资金	主要是从政府性基金收入、国有资本经营收入调入
债务转贷收入	国家发债收入以贷款形式给地方政府
动用预算稳定调节基金	用于弥补收支缺口的预算调节基金
区域间转移收入	省级以下政府间转移支付收入

在理解和应用转移性收入时，要注意以下要点：转移性收入中的返还性收入，主要是税收返还，是对因分税制改革，原属于地方的税收收入划为中央固定收入或中央地方分享收入后，中央以补贴的形式对地方进行的补偿，是税收收入中除地方分享税收之外，中央从税收收入中拿出一部分给予地方的补贴形式的补偿。也就是说，地方政府税收收入来源有三块：一是地方固定税收收入，二是地方分享税收收入，三是中央对地方转移性支付的税收返还收入。

最后，就财政预算层级和统计口径，要注意以下要点。

第一，按照我国"中央—省/自治区/直辖市—地级市—县/市—乡/镇"五级财政体系，每个层级政府都涉及一般公共预算分析。

第二，要注意财政收支数据的两类口径。一是省一级政府财政收支预算，又分为"全省—省级—省本级"三个口径："全省"指省级和省辖地级市财政收支的总和，不含省级和省辖地级市之间的转移支付；"省级"指省级政府及其直管的功能区的财政收支的总和，包含省级和省辖地级市之间的转移支付；"省本级"指省级政府的财政收支，不含其直管的功能区的财政收支。二是财政收支中的预算数、决算数，因两者存在差异，因此数据对比分析时要采用一个口径的数据。

2. 一般公共预算收入总额

下面以江苏省为例进行分析，其他省市层面的分析可参考。

（1）分析思路

从现状和走势两个方面，分析一般公共预算收入总额构成。

（2）数据图表

根据江苏省财政厅《江苏省 2018 年预算执行情况与 2019 年预算草案》《江苏省 2023 年省级财政决算（草案）》提供的决算数据，将多个年份四大类一般公共预算收入额及其变化、占比及其变化数据整理成图表，具体如表 5-5 所示。

表 5-5　一般公共预算收入大类构成和变化（2018—2023 年）

收入类别	2018 年		2023 年		2018—2023 年变化	
	金额（亿元）	占比	金额（亿元）	占比	金额变化	占比变化
税收收入	7 264	50.9%	7 977	42.8%	713	−8.1%
非税收入	1 367	9.6%	1 953	10.5%	587	0.9%
地方政府一般债务收入	927	6.5%	1 347	7.2%	419	0.7%
转移性收入	4 700	33.0%	7 355	39.5%	2 655	6.5%
一般公共预算收入总量	14 258		18 632		4 374	

（3）分析示例

总体上，江苏省一般公共预算收入增长主要靠转移性收入，来源于产业发展的税收收入增长慢、贡献占比显著降低。

从现状看，2023 年江苏省税收收入、转移性收入各占 40% 左右，全省一般公共预算收入合计（税收收入、非税收入）占 53%。

从走势来看，2018 年至 2023 年，江苏省转移性收入及其占比显著增加，税收收入占比显著降低。

（4）一般公共预算收入总额数据应用思路

第一，政府财政部门可利用一般公共预算收入总额数据，研判一般公共预算收入子项构成和增长特征，制定一般公共预算收入增长目标和策略。

第二，投资机构、银行等金融机构可利用一般公共预算收入总额数据，研判一般公共预算收入子项构成和增长特征，评估地方政府债券投资价值，制定债券销售策略。

第三，个人、政府债券投资者可利用一般公共预算收入总计数据，研判一般公共预算收入子项构成和增长特征，评估地方政府债券投资价值。

3. 税收收入

主要从税种、行业两个维度进行分析。

（1）按税种税收收入额

①分析思路

从现状和走势两个方面，按税种维度，分析税收额及其占比。

要说明的是，绝大部分税种涉及企业或行业，个人所得税虽然是向个人征收，但源头上还是企业支付给个人的报酬，本质上还是涉及企业或行业。

②数据图表

根据江苏省财政厅《江苏省2018年预算执行情况与2019年预算草案》《江苏省2023年省级财政决算（草案）》提供的决算数据，按税种维度，将多个年份税收额及其变化、占比及其变化数据整理成图表，具体如表5-6所示。

表5-6 各税种税收收入构成及其变化（2018—2023年）

税种	2018年		2023年		2018—2023年变化	
	金额（亿元）	占比	金额（亿元）	占比	金额变化	占比变化
增值税	3 113	42.9%	3 665	45.9%	552	3.1%
企业所得税	1 313	18.1%	1 409	17.7%	96	−0.4%
个人所得税	468	6.4%	505	6.3%	37	−0.1%
契税	635	8.7%	668	8.4%	33	−0.4%
城市维护建设税	479	6.6%	486	6.1%	8	−0.5%
房产税	311	4.3%	406	5.1%	95	0.8%
土地增值税	494	6.8%	303	3.8%	−191	−3.0%
印花税	106	1.5%	197	2.5%	91	1.0%
城镇土地使用税	199	2.7%	159	2.0%	−40	−0.8%
车船使用税	56	0.8%	69	0.9%	13	0.1%
耕地占用税	54	0.7%	61	0.8%	7	0.0%
环境保护税	22	0.3%	39	0.5%	18	0.2%
资源税	14	0.2%	9	0.1%	−5	−0.1%
其他各项税收收入		0.0%	0	0.0%	0	0.0%
税收收入	7 264		7 977		713	

③分析示例

总体上，税收收入增长主要靠增值税，与企业经营效益紧密相关的企业所得税收入占比下降，与土地相关的土地增值税、城镇土地使用税收入及其占比显著降低。

从现状来看，2023年江苏省税收收入7 977亿元，增值税占46%，占比最高；而后是企业所得税占17.7%、契税占8.4%。契税等地方税收入占30%，而增值税、企业所得税、个人所得税三项地方分享税收收入共5 579亿元，占70%，按中央地方税收分成比例推算，中央分享税收为 6 536 亿元，超过地方分享税收收入。地方税收加上中央分享税收合计为 14 513 亿元，即省一级政府全口径税收收入。

从走势来看，2018 年至 2023 年，江苏省增值税收入及其占比显著增加，土地增值税、城镇土地使用税收入及其占比显著降低，企业所得税收入增幅小且占比下降。

（2）按行业税收收入额

从行业维度分析税收数据，可以清晰地了解主要的税源行业、各行业税收贡献的走势变化。地方政府在制定产业发展策略时，可以将行业税收贡献作为重要考虑因素，从而让产业发展策略服务于扩大财政收入这个大目标。

分行业税收数据主要来源于《中国税务年鉴》，目前只有省一级政府分行业的全口径税收（包含中央分享的税收）数据。市、县级政府分行业税收数据需要地方税务部门提供。

分析思路

从现状和走势两个方面，按三次产业维度分析税收额及其占比。

数据图表

根据《中国税务年鉴》提供的数据，按三次产业维度，将多个年份税收额及其变化、占比及其变化数据整理成图表，具体如表 5-7 所示。

表 5-7 三次产业税收收入构成和变化（2018—2022 年）

产业类型	2018 年		2022 年		2018—2022 年变化	
	金额（亿元）	占比	金额（亿元）	占比	金额变化	占比变化
第一产业	13	0.1%	12	0.1%	−2	0.0%
第二产业	7 837	50.7%	7 747	51.2%	−90	0.5%
采矿业	34	0.2%	44	0.3%	10	0.1%
制造业	6 675	43.2%	6 655	44.0%	−20	0.8%
电力、热力、燃气及水生产和供应业	367	2.4%	180	1.2%	−187	−1.2%
建筑业	761	4.9%	868	5.7%	107	0.8%
第三产业	7 605	49.2%	7 359	48.7%	−246	−0.5%
税收收入总额	15 455		15 117		−338	

分析示例

总体上，江苏省制造业税收收入和占比基本稳定，服务业税收收入和占比显著下降。

从现状看，2022 年江苏省全口径税收收入 15 117 亿元，第二产业、第三产业税收收入各占 50% 左右，其中制造业税收收入占比为 44%。

从走势来看，2018 年至 2022 年，江苏省第三产业税收收入显著减少，制造业税收收入占比提高了 0.8 个百分点，建筑业税收收入和占比均有所提高。

①制造业税收收入额

分析思路

从现状和走势两个方面，按制造业细分行业维度，分析税收额及其占比。

数据图表

根据《中国税务年鉴》提供的数据，按制造业细分行业维度，将多个年份税收额及其变化、占比及其变化数据整理成图表，具体如表 5-8 所示。

表 5-8 制造业各行业税收收入及其变化（2018—2022 年）

行业类型	2018 年		2022 年		2018—2022 年变化	
	金额（亿元）	占比	金额（亿元）	占比	金额变化	占比变化
烟草制品业	403.1	6.0%	537.6	8.1%	134.5	2.0%
计算机、通信和其他电子设备制造业	426.4	6.4%	487.8	7.3%	61.4	0.9%
化学原料和化学制品制造业	422.0	6.3%	478.3	7.2%	56.3	0.9%
废弃资源综合利用业	16.1	0.2%	50.5	0.8%	34.3	0.5%
专用设备制造业	376.3	5.6%	403.9	6.1%	27.6	0.4%
酒、饮料和精制茶制造业	82.3	1.2%	101.6	1.5%	19.3	0.3%
仪表仪器制造业	56.6	0.8%	75.5	1.1%	18.8	0.3%
通用设备制造业	512.2	7.7%	528.0	7.9%	15.8	0.3%
电气机械和器材制造业	387.5	5.8%	401.4	6.0%	13.9	0.2%
石油加工、炼焦和核燃料加工业	333.8	5.0%	347.0	5.2%	13.2	0.2%
文教、工美、体育和娱乐用品制造业	26.1	0.4%	28.1	0.4%	2.0	0.0%
金属制品、机械和设备修理业	13.1	0.2%	13.7	0.2%	0.6	0.0%
木材加工和木、竹、藤、棕、草制品业	35.2	0.5%	35.2	0.5%	0.1	0.0%
家具制造业	21.3	0.3%	20.4	0.3%	−0.9	0.0%
农副食品加工业	25.6	0.4%	24.4	0.4%	−1.2	0.0%
橡胶和塑料制品业	200.9	3.0%	197.3	3.0%	−3.7	0.0%
医药制造业	248.7	3.7%	244.8	3.7%	−3.9	0.0%
皮革、毛皮、羽毛及其制品和制鞋业	21.5	0.3%	16.5	0.2%	−5.0	−0.1%
印刷和记录媒介复制业	26.6	0.4%	20.8	0.3%	−5.8	−0.1%
非金属矿物制品业	196.3	2.9%	189.8	2.9%	−6.5	−0.1%
食品制造业	61.0	0.9%	51.2	0.8%	−9.8	−0.1%
造纸和纸制品业	82.9	1.2%	65.9	1.0%	−17.0	−0.3%
有色金属冶炼和压延加工业	84.8	1.3%	67.1	1.0%	−17.6	−0.3%
铁路、船舶、航空航天和其他运输设备制造业	112.6	1.7%	94.0	1.4%	−18.6	−0.3%
纺织业	203.3	3.0%	176.3	2.6%	−27.0	−0.4%
纺织服装、服饰业	141.2	2.1%	102.8	1.5%	−38.4	−0.6%
金属制品业	318.9	4.8%	277.3	4.2%	−41.5	−0.6%
化学纤维制造业	56.3	0.8%	14.1	0.2%	−42.2	−0.6%
汽车制造业	445.0	6.7%	356.9	5.4%	−88.1	−1.3%
黑色金属冶炼和压延加工业	292.4	4.4%	120.6	1.8%	−171.8	−2.6%
其他制造业	1 044.6	15.6%	1 125.9	16.9%	81.3	1.3%
制造业税收总额	6 674.5		6 654.7		−19.8	

分析示例： 总体上，江苏省化学原料和化学制品制造业、专用设备制造业、电气机械和器材制造业、通用设备制造业及计算机、通信和其他电子设备制造业等高科技制造业税收收入和占比稳定增加；汽车制造业、黑色金属冶炼和压延加工业、医药制造业及

铁路、船舶、航空航天和其他运输设备制造业等大部分传统制造业税收收入和占比有所下降。

从现状看，2022年江苏省制造业全口径税收收入6 654.7亿元，除烟草制品业外，税收收入贡献大的五大行业为通用设备制造业、化学原料和化学制品制造业、专用设备制造业、电气机械和器材制造业及计算机、通信和其他电子设备制造业，税收收入均在400亿元以上，占比均在6%以上。

从走势来看，2018年至2022年，江苏省计算机、通信和其他电子设备制造业及化学原料和化学制品制造业等13个行业税收收入额和占比提高，其中显著提高的行业为计算机、通信和其他电子设备制造业及化学原料和化学制品制造业；家具制造业、农副食品加工业等17个行业税收收入额和占比下降，其中明显下降的行业为汽车制造业、黑色金属冶炼和压延加工业。

②服务业税收收入额

分析思路

从现状和走势两个方面，按服务业细分行业维度，分析税收额及其占比。

数据图表

根据《中国税务年鉴》提供的数据，按服务业细分行业维度，将多个年份税收额及其变化、占比及其变化数据整理成图表，具体如表5-9所示。

表5-9　服务业各行业税收收入和变化（2018—2022年）

行业类型	2018年		2022年		2018—2022年变化	
	金额（亿元）	占比	金额（亿元）	占比	金额变化	占比变化
金融业	847.7	11.1%	1 369.8	18.6%	522.2	7.5%
租赁和商务服务业	581.5	7.6%	731.9	9.9%	150.5	2.3%
科学研究和技术服务业	203.8	2.7%	277.1	3.8%	73.2	1.1%
信息传输、软件和信息技术服务业	230.3	3.0%	302.2	4.1%	71.9	1.1%
批发和零售业	2 111.5	27.8%	2 152.7	29.3%	41.2	1.5%
卫生和社会工作	26.3	0.3%	32.3	0.4%	6.0	0.1%
教育	37.3	0.5%	37.4	0.5%	0.2	0.0%
水利、环境和公共设施管理业	22.0	0.3%	8.3	0.1%	−13.7	−0.2%
文化、体育和娱乐业	46.6	0.6%	15.3	0.2%	−31.3	−0.4%
住宿和餐饮业	51.3	0.7%	10.2	0.1%	−41.1	−0.5%
居民服务、修理和其他服务业	226.9	3.0%	151.3	2.1%	−75.6	−0.9%
交通运输、仓储和邮政业	269.7	3.5%	−56.3	−0.8%	−326.0	−4.3%
房地产业	2 520.3	33.1%	1 786.8	24.3%	−733.5	−8.9%
其他行业	429.4	5.6%	539.8	7.3%	110.4	1.7%
服务业税收总额	7 604.6		7 358.8		−245.8	

分析示例：总体上，江苏省金融业、租赁和商务服务业、批发和零售业、科学研究和技术服务业及信息传输、软件和信息技术服务业等现代服务业税收收入及占比稳定增

加，房地产业，居民服务、修理和其他服务业，以及交通运输、仓储和邮政业等传统服务业税收收入及占比有所下降。

从现状来看，2022 年江苏省服务业全口径税收收入 7 358.8 亿元，税收收入贡献大的三大行业为批发和零售业、房地产业、金融业，税收收入均在 1 000 亿元以上，占比均在 18% 以上。

从走势来看，2018 年至 2022 年，江苏省金融业、租赁和商务服务业等 6 个行业税收收入额和占比提高，其中显著提高的行业为金融业、租赁和商务服务业；房地产业及交通运输、仓储和邮政业等 6 个行业税收收入额和占比下降，其中明显下降的行业为房地产业及交通运输、仓储和邮政业。

③按行业税收收入额数据应用思路

政府财政部门、发改、经信部门可利用税收收入构成数据，研判各税种、各行业税收额占比和增长特征，制定税收收入增长目标和策略、产业发展规划以及招商引资策略。

4. 非税收入

（1）分析思路

从现状和走势两个方面，分析大类非税收入金额及其占比。

要注意的是，非税收入不只涉及企业，也涉及个人，非税收入的增减变化不能直接反映经济产业发展情况。

（2）数据图表

根据江苏省财政厅《江苏省 2018 年预算执行情况与 2019 年预算草案》《江苏省2023 年省级财政决算（草案）》提供的决算数据，将多个年份大类非税收入及其变化、占比及其变化数据整理成图表，具体如表 5-10 所示。

表 5-10　非税收入大类构成和变化（2018—2023 年）

收入类别	2018 年		2023 年		2018—2023 年变化	
	金额（亿元）	占比	金额（亿元）	占比	金额变化	占比变化
专项收入	479	35.03%	488	25.98%	9	−10.05%
行政事业性收费收入	300	21.94%	275	14.10%	−24	−7.84%
罚没收入	142	10.36%	241	12.34%	99	1.98%
国有资源（资产）有偿使用收入	329	24.06%	701	35.87%	372	11.81%
其他收入	118	8.61%	248	12.71%	131	4.10%
非税收入	1 367		1 953		587	

（3）分析示例

总体上，涉及租赁业、客运业、采矿业的国有资源（资产）有偿使用收入占比显著提高，专项收入、行政事业性收费收入占比显著下降。

从现状来看，2023 年江苏省非税收入 1 953 亿元，其中国有资源（资产）有偿使用收入[①]占 36%、专项收入占 25%，罚没收入占 12%。

从走势来看，2018 年至 2023 年，江苏省国有资源（资产）有偿使用收入额和占比显著提高，罚没收入额和占比小幅增加，专项收入、行政事业性收费收入占比显著下降。

（4）非税收入构成数据应用思路

政府财政部门可利用非税收入构成数据，研判非税收入各项目占比和增长特征，制定非税收入增长目标和策略。

5. 转移性收入分析

（1）分析思路

从现状和走势两个方面，分析大类转移性收入金额及其占比。

（2）数据图表

根据江苏省财政厅《江苏省 2018 年预算执行情况与 2019 年预算草案》《江苏省 2023 年省级财政决算（草案）》提供的决算数据，将多个年份大类转移性收入及其变化、占比及其变化数据整理成图表，具体如表 5-11 所示。

表 5-11　转移性收入大类构成和变化（2018—2023 年）

收入类别	2018 年		2023 年		2018—2023 年变化	
	金额（亿元）	占比	金额（亿元）	占比	金额变化	占比变化
一般性转移支付收入	1 244	26.5%	2 591	35.2%	1 346	8.7%
专项转移支付收入	534	11.4%	249	3.4%	−284	−8.0%
调入资金	1 416	30.1%	2 794	38.0%	1 379	7.9%
调入预算稳定调节基金	760	16.2%	756	10.3%	−4	−5.9%
上年结转收入	744	15.8%	965	13.1%	221	−2.7%
其他转移性收入	3	0.1%	0	0.0%	−3	−0.1%
转移性收入	4 700		7 355		2 655	

（3）分析示例

总体上，转移性收入大幅增长，主要靠从政府性基金收入、国有资本经营收入中调入，以及中央向地方一般性转移支付收入。

从现状看，2023 年江苏省转移性收入 7 355 亿元，其中从政府性基金收入、国有资本经营收入中调入收入占 38%，中央向地方一般性转移支付收入占 35%。

从走势来看，2018 年至 2023 年，中央向地方一般性转移支付、调入资金额和占比显著提高，专项转移支付收入额和占比显著下降。

---

① 国有资源（资产）有偿使用收入主要包括海域、矿区等使用权收入，行政事业单位非经营性国有资产出租收入，出租车经营权、矿业权、排污权等出让收入。

（二）政府性基金收入

1. 数据解读

根据地方政府"财政四本账"中的地方政府性基金预算表，政府性基金预算收入主要包括三个部分：地方本级政府性基金收入、地方政府专项债务收入、转移性收入，具体如表 5-12 所示。

表 5-12　地方政府性基金预算收入表示意

科目	说明	直接和间接涉及的产业或企业类别
地方本级政府性基金收入		
国家电影事业发展专项资金收入	中央和地方分享收入	广播、电视、电影和录音制作业
国有土地收益基金收入	中央和地方分享收入	房地产业
农业土地开发资金收入	中央和地方分享收入	农业
国有土地使用权出让收入	中央和地方分享收入	房地产业
彩票公益金收入	中央和地方分享收入	娱乐业
城市基础设施配套费收入	中央和地方分享收入	房地产业
污水处理费收入	中央和地方分享收入	生态保护和环境治理业
超长期特别国债财务基金收入	中央和地方分享收入	—
其他政府性基金收入	中央和地方分享收入	—
小型水库移民扶助基金收入	地方固定收入	—
车辆通行费	地方固定收入	道路运输业
地方政府债务收入		
转移性收入		
政府性基金转移支付收入		
上年结余收入		
调入资金		
债务转贷收入		
动用偿债备付金		
收入总计		

（1）地方本级政府性基金收入

根据地方政府"财政四本账"中的地方政府性基金预算表，地方本级政府性基金收入包含 11 项收入科目，其中国家电影事业发展专项资金收入、国有土地使用权出让收入等 9 项为中央和地方分享收入，车辆通行费等 2 项为地方固定收入。

在理解和应用地方本级政府性基金收入时，要注意以下要点。

第一，地方本级政府性基金收入中有 9 项是中央地方分享收入，跟房地产业、文化娱乐业、环境治理业紧密相关，但不存在明确的比例关系，受市场因素影响较大。

第二，地方本级政府性基金收入中车辆通行费收入是地方固定收入，与道路运输业、地方经济发展规模相关。

（2）地方政府债务收入

政府性基金收入中的地方政府债务收入，是指省、自治区、直辖市政府为有一定收益的公益性项目发行的、约定一定期限内以公益性项目对应的政府性基金或专项收入还本付息的政府债券。

在理解和应用地方政府债务收入时，要注意以下要点。

第一，地方政府专项债券发行收入主要投向有一定收益的公益性政府投资项目，如土地收储、基础设施建设、高速公路、污水处理、棚户区改造等。这类项目有一定经营收益，但短期内覆盖不了投入。企业在承接此类政府投资项目业务时，首先要看以该项目为载体的专项债券发行规模，其次要看地方本级政府性基金收入、转移性收入的规模和走势，以此评估地方政府的履约付款能力。

第二，地方政府专项债券主要用项目对应的政府性基金或专项收入还本付息。金融机构在做地方政府专项债券投资决策时，除了看债券收益率，还要看地方本级政府性基金收入、转移性收入的规模和走势，以此综合评估地方政府的偿债能力。

（3）转移性收入

地方本级政府性基金收入中的转移性收入数据比较容易理解，这里不再详述。

2. 政府性基金收入总额

下面以江苏省为例进行分析，其他省市层面的分析可参考。

（1）分析思路

从现状和走势两个方面，分析三大类政府性基金收入金额。

（2）数据图表

根据江苏省财政厅《江苏省 2018 年预算执行情况与 2019 年预算草案》《江苏省2023 年省级财政决算（草案）》提供的决算数据，将多个年份三大类政府性基金收入额及其变化、占比及其变化数据整理成图表，具体如表 5-13 所示。

表 5-13 政府性基金收入大类构成和变化（2018—2023 年）

收入类别	2018 年		2023 年		2018—2023 年变化	
	金额（亿元）	占比	金额（亿元）	占比	金额变化	占比变化
地方本级政府性基金收入	8 223	74.9%	10 316	66.2%	2 093	−8.7%
地方政府债务收入	1 756	16.0%	3 233	20.7%	1 478	4.8%
转移性收入	1 006	9.2%	2 045	13.1%	1 039	4.0%
政府性基金收入总量	10 985		15 594		4 610	

（3）分析示例

总体上，政府性基金收入主要靠地方本级政府性基金收入，政府性基金收入对应的专项债务收入额和占比显著增加，但地方本级政府性基金收入占比显著下降，一定程度上会影响专项债务还本付息能力。

从现状来看，2023 年江苏省政府性基金收入总计 15 594 亿元，其中地方本级政府性基金收入占 66.2%，地方政府债务收入占 20.7%。

从走势来看，2018 年至 2023 年，江苏省政府性基金收入额大幅增加，但占比显著下降；地方政府债务收入、转移性收入额及其占比显著提高。

3. 地方本级政府性基金收入构成

（1）分析思路

从现状和走势两个方面，分析各项政府性基金收入金额。

（2）数据图表

根据江苏省财政厅《江苏省 2018 年预算执行情况与 2019 年预算草案》《江苏省 2023 年省级财政决算（草案）》提供的决算数据，将多个年份各项政府性基金收入额、占比和变化数据整理成图表，具体如表 5-14 所示。

表 5-14　地方本级政府性基金收入大类构成和变化（2018—2023 年）

收入类别	对应行业或企业类别	2018 年		2023 年		2018—2023 年变化	
		金额（亿元）	占比	金额（亿元）	占比	金额变化	占比变化
国有土地使用权出让收入	房地产业	7 479	90.9%	9 482	91.9%	2 004	1.0%
国有土地收益基金收入	房地产业	333	4.0%	386	3.7%	53	−0.3%
城市基础设施配套费收入	房地产业	186	2.3%	136	1.3%	−50	−0.9%
其他政府性基金收入	—	13	0.2%	107	1.0%	94	0.9%
污水处理费收入	生态保护和环境治理业	60	0.7%	74	0.7%	15	0.0%
彩票公益金收入	娱乐业	59	0.7%	55	0.5%	−4	−0.2%
车辆通行费	道路运输业	60	0.7%	53	0.5%	−7	−0.2%
彩票发行销售机构业务费用	娱乐业	17	0.2%	14	0.1%	−3	−0.1%
农业土地开发资金收入	农业	15	0.2%	7	0.1%	−8	−0.1%
国家电影事业发展专项资金收入	电影制作和影院业	2	0.0%	1	0.0%	−1	0.0%
地方本级政府性基金收入		8 223		10 316		2 093	

（3）分析示例

总体上，涉及房地产业的国有土地使用权出让收入和占比显著增加，而城市基础设施配套费收入、车辆通行费等收入额和占比均下降，一定程度上会影响城投债、车辆通行费专项债的还本付息能力。

从现状来看，2023 年江苏省政府性基金收入 10 316 亿元，其中国有土地使用权出让收入占 91.9%，国有土地收益基金收入占 3.7%。

从走势来看，2018 年至 2023 年，江苏省国有土地使用权出让收入额和占比大幅提高，而城市基础设施配套费收入、车辆通行费等收入额和占比均有所下降。

（4）政府性基金收入数据应用思路

第一，政府财政部门可利用政府性基金收入总计数据，研判政府性基金收入子项构成和增长特征，制定政府性基金收入增长目标和策略。

第二，投资机构、银行等金融机构可利用政府性基金收入总计数据，研判政府性基金收入子项构成和增长特征，评估地方政府债券投资价值，制定债券销售策略。

第三，个人、政府债券投资者可利用政府性基金收入总计数据，研判政府性基金收入子项构成和增长特征，评估地方政府债券投资价值。

（三）国有资本经营收入

1. 数据解读

根据地方政府"财政四本账"中的地方国有资本经营预算表，地方本级国有资本经营收入主要包括五个部分：一是国有独资企业和国有独资公司按照规定上缴国家的利润收入；二是国有控股企业、国有参股企业中国有股权（股份）分得的股息红利收入；三是转让国有产权股权（股份）获得的产权转让收入；四是清算收入；五是其他国有资本经营收入。具体如表 5-15 所示。

表 5-15　地方国有资本经营预算收入表示意

科目	说明	直接和间接涉及的产业或企业类别
利润收入		
烟草企业利润收入	中央固定收入	烟草制造业
其他企业利润收入	中央和地方分享收入	国有资本控股参股企业所在行业
股息红利收入	中央和地方分享收入	国有资本控股参股企业所在行业
产权转让收入		
国有股减持收入	中央固定收入	国有资本控股参股企业所在行业
其他国有资本产权转让收入	中央和地方分享收入	国有资本控股参股企业所在行业
清算收入	中央和地方分享收入	国有资本控股参股企业所在行业
其他国有资本经营收入	中央和地方分享收入	
地方本级收入合计		
转移性收入		
国有资本经营预算转移支付收入		
上年结余收入		
收入总计		

在理解和应用地方政府国有资本经营收入时，要注意以下要点。

第一，国有资本经营收入是国有资本作为出资人依法应分得的收益。国有资本出资人包括中央政府和地方政府，二者按出资比例从国有独资公司、国有控股或参股公司获得经营收入。

第二，利润收入、股息红利收入，是国有独资公司、国有控股或参股公司将净利润按一定比例，以上缴利润、股息红利的形式归属于国有资本出资人的收入。这类收入与国有独资公司、国有控股或参股公司的经营效益直接相关，也与上缴比例有密切关系。

第三，利润收入、股息红利收入和国有经济产业布局结构紧密相关。在制定国有经济布局策略时，既要考虑行业利润率、利润规模，也要兼顾基础性、战略性行业的布局。

2. 国有资本经营收入总额

在分析地方国有资本经营收入时，落脚点是研判国有资本经营收入的规模与质量。通过分析国有资本经营收入的五大构成项目、利润收入结构及走势等数据，可为地方政府制定国有资本经营增长壮大策略、调整国有经济布局等提供决策依据。

另外，从行业维度分析国有资本经营数据，可以明确国有资本经营收入的主要来源、国有经济的行业分布格局、各行业经营效益及走势变化。地方政府在制定国有经济发展策略、优化国有经济行业布局、编制产业发展规划时，可以将基于行业维度的国有资本经营数据作为重要参考依据。

当前，通过公开渠道可获取的分行业国有资本经营数据较为有限，若需完整数据，需要向地方财政部门申请提供。

下面以江苏省为例进行分析，其他省市层面的分析可参考。

（1）分析思路

从现状和走势两个方面，分析五大类国有资本经营收入金额及其占比。

（2）数据图表

根据江苏省财政厅《江苏省 2018 年预算执行情况与 2019 年预算草案》《江苏省 2023 年省级财政决算（草案）》提供的决算数据，将多个年份五大类国有资本经营收入额及其变化、占比及其变化数据整理成图表，具体如表 5-16 所示。

表 5-16　国有资本经营收入大类构成和变化（2018—2023 年）

收入类别	2018 年		2023 年		2018—2023 年变化	
	金额（亿元）	占比	金额（亿元）	占比	金额变化	占比变化
地方本级国有资本经营收入	128.7	94.3%	332.1	92.6%	203	−1.7%
利润收入	86.2	63.2%	180.9	50.4%	95	−12.7%
产权转让收入	12.3	9.0%	72.4	20.2%	60	11.1%
股息红利收入	16.8	12.3%	27.9	7.8%	11	−4.5%
清算收入	0.5	0.4%	0.0	0.0%	0	−0.4%
其他国有资本经营收入	12.8	9.4%	50.9	14.2%	38	4.8%
转移性收入	7.8	5.7%	26.6	7.4%	19	1.7%
国有资本经营收入总量	136.5		358.7		222	

（3）分析示例

总体上，国有资本经营收入主要靠利润收入、产权转让收入贡献，但与国有企业经营效益紧密相关的利润收入及股息红利收入占比显著下降。

从现状来看，2023 年江苏省国有资本经营收入总计 358.7 亿元，其中地方本级国有资本经营收入占 92.6%。利润收入占 50.4%，占比最高；其次是产权转让收入，占 20.2%。

从走势来看，2018 年至 2023 年，江苏省国有资本经营取得的利润收入及股息红利收入占比显著降低，产权转让收入额和占比均显著增加。

3. 国有资本经营利润

（1）分析思路

结合各类数据，分析国有资本经营利润额及其占比。

下面以江苏省2018年数据为例进行分析，其他省市可参考。

（2）数据图表

根据江苏省财政厅《江苏省2018年预算执行情况与2019年预算草案》提供的决算数据，将各行业国有资本经营利润额、占比数据整理成图表，具体如表5-17所示。

表5-17　分行业国有资本经营利润和占比（2018年）

收入类别	对应行业	金额（亿元）	占比
投资服务企业利润收入	商务服务业	25.15	29.2%
运输企业利润收入	交通运输、仓储和邮政业	8.80	10.2%
农、林、牧、渔企业利润收入	农、林、牧、渔业	6.95	8.1%
贸易企业利润收入	批发业	3.28	3.8%
金融企业利润收入	金融业	2.51	2.9%
教育文化广播企业利润收入	教育业、文化和娱乐业	0.89	1.0%
建筑施工企业利润收入	建筑业	0.80	0.9%
对外合作企业利润收入	商务服务业	0.54	0.6%
化工企业利润收入	化学原料和化学制品制造业	0.40	0.5%
地质勘查企业利润收入	专业技术服务业	0.29	0.3%
煤炭企业利润收入	煤炭开采和洗选业	0.20	0.2%
科学研究企业利润收入	科研服务业	0.10	0.1%
医药企业利润收入	医药制造业	0.05	0.1%
卫生体育福利企业利润收入	医疗服务业、体育业	0.02	0.0%
电子企业利润收入	计算机、通信和其他电子设备制造业	0.02	0.0%
机关社团所属企业利润收入	—	0.00	0.0%
房地产企业利润收入	房地产业	0.00	0.0%
其他国有资本经营预算利润收入	—	36.19	42.0%
利润收入		86.20	

（3）分析示例

总体上，江苏省国有资本经营利润主要来源于投资类国有独资公司，以及运输企业，农、林、牧、渔企业，贸易企业，金融企业等传统行业的实体经营类国有独资公司，制造业国有独资公司利润收入占比较低。

2018年，江苏省国有资本经营利润收入总计86.2亿元，其中投资服务企业、对外合作企业等平台类国企利润收入占30%，其次是运输企业，农、林、牧、渔企业，贸易企业，金融企业四类行业企业。医药制造、电子设备制造、化工制造等制造业国企利润收入合计仅占0.5%。

4. 国有资本经营收入数据应用思路

政府财政部门、国资管理部门可利用国有资本经营收入和利润数据，研判各行业国有资本经营效益和增长特征，制定国有资本经营收入增长目标和策略，编制国有企业发展规划。

（四）社会保险基金收入

1. 数据解读

根据地方政府"财政四本账"中的地方社会保险基金预算表，地方社会保险基金收入主要包括两大部分：社会保险基金收入和转移性收入。其中，社会保险基金收入包括企业职工基本养老保险基金收入、城乡居民基本养老保险基金收入、机关事业单位基本养老保险基金收入、职工基本医疗保险基金收入、城乡居民基本医疗保险基金收入、工伤保险基金收入和失业保险基金收入，具体如表 5-18 所示。

表 5-18　地方社会保险基金预算收入表示意

科目	说明	直接和间接涉及的产业或企业类别
社会保险基金收入		
企业职工基本养老保险基金收入	中央和地方分享收入，单位和个人缴纳	所有行业
失业保险基金收入	中央和地方分享收入，单位和个人缴纳	所有行业
职工基本医疗保险基金收入	中央和地方分享收入，单位和个人缴纳	所有行业
工伤保险基金收入	中央和地方分享收入，单位和个人缴纳	所有行业
城乡居民基本养老保险基金收入	中央和地方分享收入，个人缴纳	
机关事业单位基本养老保险基金收入	中央和地方分享收入，单位和个人缴纳	所有行业
城乡居民基本医疗保险基金收入	中央和地方分享收入，个人缴纳	
其他社会保险基金收入	中央和地方分享收入	
转移性收入		
上年结余收入		
调入资金		
社会保险基金转移收入		
社会保险基金上级补助收入		
收入总计		

社会保险基金收入的 7 个子项中，职工基本养老保险基金收入等 5 项是企业和个人缴纳，保险缴费收入跟缴费基数、缴费人数直接相关，跟经济产业发展间接相关，不存在明确的比例关系。

2. 社会保险基金收入

社会保险基金收入数据分析比较简单，这里不做介绍。

三、财政支出数据

按照现行政府预算体系，财政支出分为一般公共预算支出、政府性基金支出、国有资本经营支出和社会保险基金支出[①]。

（一）一般公共预算支出

1.数据解读

根据地方政府"财政四本账"中的地方一般公共预算表，一般公共预算支出主要包括三个部分：地方本级一般公共预算支出、地方政府一般债务还本支出、转移性支出。

这里要注意，一般公共预算支出与支出法核算 GDP 中的政府消费支出是两个概念，二者并非等同关系。支出法核算 GDP 中的政府消费支出，仅包括政府为全社会提供公共服务的消费支出，以及免费或以较低价格向居民提供的货物和服务支出；而一般公共预算支出范围更广，包含政府部门的所有支出，政府消费支出是一般公共预算支出的一部分。

（1）地方本级一般公共预算支出

根据地方政府"财政四本账"中的地方一般公共预算表，从功能分类来看，地方本级一般公共预算支出包括 26 个类级科目，分别对应地方政府各个部门；从经济分类（即支出用途）来看，地方本级一般公共预算支出分为 15 类，包括工资福利支出、办公及服务支出、资本性支出、企业补助支出、债务支出等。具体如表 5-19 所示。

表 5-19　地方本级一般公共预算支出表示意

科目	说明	直接和间接涉及的产业或企业类别
一般公共服务支出	政府各部门提供公共服务的支出	
外交支出		
国防支出	军费、国防科研等支出	军工制造业
公共安全支出	警察、公检法、监狱等支出	公共安全设备及器材制造
教育支出	公立教育支出	文教办公用品制造业
科学技术支出	科研、科技奖励等支出	研发服务业、实验仪器设备制造业
文化旅游体育与传媒支出	公共文化场馆、影视、体育、旅游推广等支出	文化体育娱乐业、会展业、广告业
社会保障和就业支出	社保服务、就业服务支出	人力资源服务业、培训业
卫生健康支出	公立医院、公共卫生支出	医疗服务业、医药和器械制造业
节能环保支出	环境监测、保护、治理支出	环境监测服务业、生态保护和环境治理业、环保专用设备制造业
城乡社区支出	公共设施建设管理、城管、规划等支出	土木工程建筑业、公共设施管理业、工程技术与设计服务

[①]　来源：《领导干部应知应会主要统计指标诠释》《2025 年政府收支分类科目》。

（续表）

科目	说明	直接和间接涉及的产业或企业类别
农林水支出	农业补贴、农田水利工程、农村基础设施等支出	农业、土木工程建筑业
交通运输支出	道路、铁路、河道、机场等建设养护等支出	土木工程建筑业、交通运输仓储和邮政业
资源勘探工业运输等支出	勘探采选、制造业扶持、建筑业扶持等支出	地质勘查业、制造业、建筑业
商业服务业等支出	内贸企业补贴、外商招引等支出	批发和零售业、中介服务业
金融支出	监管、贷款贴息等支出	金融业、其他行业
援助其他地区支出		
自然资源海洋气象等支出	国土规划、测绘勘探、气象探测等支出	工程技术与设计服务、地质勘查业、测绘地理信息服务等
住房保障支出	安居工程、住房补贴等支出	房屋建筑业、房地产业
粮油物资储备支出		
灾害防治及应急支出	应急救援等支出	公共安全设备及器材制造、纺织业及纺织服装制造业
其他支出		
债务付息支出		
债务发行费支出		
预备费		
其他支出		

在理解和应用地方本级一般公共预算支出时，要注意以下要点。

第一，根据《中华人民共和国预算法》和《国务院关于加强地方政府性债务管理的意见》的规定，省、自治区、直辖市政府可以发行地方政府一般债券，并列入一般公共预算收入和支出；地级市一级政府不能发行地方一般债券。因此，地级市一般公共预算支出中没有地方政府一般债务还本付息支出科目。

第二，基于一般公共预算平衡原理，地方本级一般公共预算支出是在地方一般公共预算总收入中实现平衡，也就是说地方本级一般公共预算支出可以超过地方本级一般公共预算收入，只要地方本级一般公共预算收入、地方债务性收入、转移性收入之和大于地方本级一般公共预算支出即可。开展政府客户业务的企业，应重点关注地方一般公共预算总收入规模，以评估政府客户的付款能力。

第三，地方一般公共预算支出大致对应政府各个部门的支出，各个部门的支出按经济用途分为机关运行基本支出（工资福利支出、办公及服务支出）和项目支出（资本性支出、企业补助支出、债务支出）两大类。其中，项目支出（资本性支出、企业补助支出、债务支出）对应政府端的需求，各行业企业在进行政府客户业务决策时，可重点关注对应政府部门按用途分类的支出明细。

（2）地方政府一般债务还本支出、转移性支出

一般公共预算支出中的地方政府一般债务还本支出、转移性支出两项数据比较容易理解，这里不再详述。

2. 一般公共预算支出总额

在分析一般公共预算支出时，落脚点是研判一般公共预算支出的规模和构成。通过分析一般公共预算支出三大构成项目、地方本级一般公共预算支出结构及走势等数据，可为地方政府制定一般公共预算支出计划、企业研判政府项目业务机会、投资机构评估地方政府债券还本付息能力等提供决策依据。

下面以江苏省为例进行分析，其他省市可参考。

（1）分析思路

从现状和走势两个方面，分析三大类一般公共预算支出金额。

（2）数据图表

根据江苏省财政厅《江苏省 2018 年预算执行情况与 2019 年预算草案》《江苏省 2023 年省级财政决算（草案）》提供的决算数据，将多个年份三大类一般公共预算支出额及其变化、占比及其变化数据整理成图表，具体如表 5-20 所示。

表 5-20　一般公共预算支出大类构成和变化（2018—2023 年）

支出类型	2018 年		2023 年		2018—2023 年变化	
	金额（亿元）	占比	金额（亿元）	占比	金额变化	占比变化
本级一般公共预算支出	11 657	86.2%	15 242	81.8%	3 585	-4.4%
地方政府一般债务还本支出	856	6.3%	1 178	6.3%	322	0.0%
转移性支出	1 005	7.4%	2 211	11.9%	1 206	4.4%
地方一般公共预算支出总计	13 519		18 632		5 113	

（3）分析示例

总体上，江苏省本级一般公共预算支出占 80% 以上，转移性支出占比显著提升，一般公共预算支出增量的 70% 为本级一般公共预算支出。

从现状看，2023 年江苏省本级一般公共预算支出占 81.8%，转移性支出占 11.9%。

从走势来看，2018 年至 2023 年，江苏省转移性支出年均增长 17%，占比提高 4.4 个百分点；一般公共预算支出年均增长 5.5%，增加额占总增加额的 70%，占比下降 4.4 个百分点。

3. 本级一般公共预算支出额

一般公共预算支出数据有两种分类方式：一是按功能分类，二是按经济分类。按功能分类的一般预算支出，涉及各职能部门的基本支出和项目支出两部分，其中项目类支出即政府投资项目、政府付费采购项目，这些项目支出总额对应着企业的政府业务规模，是企业需要重点关注的内容。这些支出项目可分为无收益的公益性项目支出和有收益的经营性项目支出，两者的构成比例会影响本级一般预算收支平衡，是地方政府需要重点关注的方面。

具体分析可以从省本级和各部门两个维度展开。利用各部门预算中按经济分类的支出明细数据，可以更细致地分析评估项目类支出的结构和质量，以及政府一般预算支出对应的业务规模。

下面以省本级一般公共预算功能分类支出、经济分类支出为例进行分析，各部门进行一般公共预算功能分类支出、经济分类支出分析时可参考。

（1）按功能项一般预算支出额

①分析思路

从现状和走势两个方面，按功能项维度，分析本级一般公共预算各功能项支出金额，评估各职能业务部门支出规模和走势。

②数据图表

根据江苏省财政厅《江苏省 2018 年预算执行情况与 2019 年预算草案》《江苏省 2023 年省级财政决算（草案）》提供的决算数据，将多个年份一般公共预算各功能项支出额、占比数据整理成图表，具体如表 5-21 所示。

表 5-21　一般公共预算各功能项支出构成和变化（2018—2023 年）

支出类型	2018 年		2023 年		2018—2023 年变化	
	金额（亿元）	占比	金额（亿元）	占比	金额变化	占比变化
教育支出	2 056	17.6%	2 710	17.8%	654	0.1%
社会保障和就业支出	1 317	11.3%	2 048	13.4%	732	2.1%
城乡社区支出	1 600	13.7%	1 749	11.5%	150	−2.2%
卫生健康支出	845	7.3%	1 384	9.1%	539	1.8%
一般公共服务支出	1 124	9.6%	1 315	8.6%	191	−1.0%
农林水支出	997	8.5%	1 188	7.8%	191	−0.8%
公共安全支出	826	7.1%	904	5.9%	78	−1.2%
住房保障支出	444	3.8%	851	5.6%	407	1.8%
科学技术支出	507	4.4%	761	5.0%	254	0.6%
交通运输支出	498	4.3%	600	3.9%	102	−0.3%
资源勘探工业运输等支出	323	2.8%	454	3.0%	131	0.2%
债务付息支出	196	1.7%	256	1.7%	60	0.0%
节能环保支出	318	2.7%	247	1.6%	−71	−1.1%
文化旅游体育与传媒支出	197	1.7%	230	1.5%	33	−0.2%
自然资源海洋气象等支出	109	0.9%	132	0.9%	22	−0.1%
商业服务业等支出	114	1.0%	111	0.7%	−3	−0.3%
灾害防治及应急管理支出	0	0.0%	90	0.6%	90	0.6%
其他支出	72	0.6%	69	0.5%	−2	−0.2%
援助其他地区支出	50	0.4%	66	0.4%	16	0.0%
粮油物资储备支出	30	0.3%	35	0.2%	5	0.0%
金融支出	16	0.1%	24	0.2%	8	0.0%
国防支出	18	0.2%	17	0.1%	−1	0.0%
债务发行费支出	1	0.0%	1	0.0%	0	0.0%
全省一般公共预算支出	11 657		15 242		3 585	

③分析示例

总体上，江苏省本级教育支出、社会保障和就业支出、卫生健康支出、住房保障支出、科学技术支出显著增长，节能环保支出、商业服务业等支出呈现减少走势。

从现状来看，2023 年江苏省一般公共预算支出 15 242 亿元，支出占比较高的功能项为教育支出、社会保障和就业支出、城乡社区支出、卫生健康支出、一般公共服务支出、农林水支出，均在 1 000 亿元以上；债务付息支出 256 亿元，占 1.7%。

从走势来看，2018 年至 2023 年，江苏省本级一般公共预算支出中，社会保障和就业支出、卫生健康支出、住房保障支出金额和占比均显著增加；教育支出、科学技术支出金额增幅较大；城乡社区支出、一般公共服务支出、公共安全支出、农林水支出金额增加，但占比下降；而节能环保支出、商业服务业等支出的金额和占比均减少。

（2）一般预算支出用途分析

①分析思路

从现状和走势两个方面，按经济分类维度，分析本级一般公共预算各用途支出金额，评估政府一般公共预算支出对应的业务规模和走势。

②数据图表

根据江苏省财政厅《江苏省 2018 年预算执行情况与 2019 年预算草案》《江苏省 2023 年省级财政决算（草案）》提供的决算数据，将多个年份一般公共预算各用途支出额、占比数据整理成图表，具体如表 5-22 所示。

表5-22　一般公共预算各用途支出构成和变化（2018—2023 年）

支出类型	备注	2018	2023	2018—2023 年变化
		金额（亿元）	金额（亿元）	金额（亿元）
机关工资福利支出		117.5	132.5	15.0
机关商品和服务支出		95.2	163.0	67.8
其中：委托业务费	咨询费等	9.9	16.5	6.7
机关资本性支出（其他部门）		21.1	18.6	−2.5
房屋建筑物购建		4.9	7.8	2.9
基础设施建设		0.3	0.2	−0.1
公务用车购置		0.2	0.3	0.1
设备购置	办公设备、通信设备、信息化支出	5.0	3.2	−1.7
大型修缮		1.1	2.7	1.7
其他资本性支出		9.6	4.4	−5.3
机关资本性支出（发改部门）		4.9	0.9	−4.0
房屋建筑物购建				
基础设施建设				
公务用车购置				
设备购置	办公设备、通信设备、信息化支出	2.1	0.1	−2.0

（续表）

支出类型	备注	2018 金额（亿元）	2023 金额（亿元）	2018—2023 年变化 金额（亿元）
大型修缮				
其他资本性支出		2.8	0.8	−2.0
对事业单位经常性补助		357.6	495.5	137.9
对企业补助		15.7	10.1	−5.6
对企业资本性支出		11.2	20.0	8.8
对个人和家庭的补助		122.0	109.4	−12.6
对社会保障基金补助		31.5	48.5	17.0
债务利息及费用支出		17.6	18.7	1.1
其他支出		254.2	177.6	−76.6
本级一般公共预算支出合计		1 079.0	1 194.8	115.8

③分析示例

总体上，江苏省本级一般公共预算支出中项目类支出占 3%，政府委托业务费、机关房屋建筑物购建等支出呈现增长走势，而设备购置（办公设备、通信设备、信息化支出）等支出呈现减少走势。

从现状来看，2023 年江苏省本级一般公共预算支出 1 194.8 亿元，其中涉及项目类支出的机关商品和服务支出 163 亿元，包括委托业务费 16.5 亿元（对应规划咨询行业的政府市场规模）；机关资本性支出 19.5 亿元，包括房屋建筑物购建 7.8 亿元（对应建筑业的政府市场规模）、设备购置支出 3.3 亿元（对应办公设备制造、通信设备制造、信息软件行业的政府市场规模）等。

从走势来看，2018 年至 2023 年，江苏省本级一般公共预算支出中，政府委托业务费增长 6.7 亿元，机关房屋建筑物购建支出增长 2.9 亿元，政府采购办公设备、通信设备、信息软件等支出减少 3.7 亿元。

4. 一般公共预算支出数据应用思路

第一，政府财政部门可利用一般公共预算支出总额和构成数据，研判一般公共预算支出用途构成和增长特征，制定一般公共预算支出目标和组合策略。

第二，一般公共预算支出涉及的建筑业、通信设备、软件信息、规划设计等行业企业可利用一般公共预算支出总额和用途构成数据，研判政府业务市场规模和增长特征，制定政府业务发展计划和策略。

第三，投资机构、银行等金融机构可利用一般公共预算支出总额和用途构成数据，研判一般公共预算支出用途构成和增长特征，结合一般公共预算收入数据，评估地方政府债券投资价值，制定债券销售策略。

（二）政府性基金支出

1.数据解读

根据地方政府"财政四本账"中的地方政府性基金预算表，政府性基金支出主要包括三个部分：地方本级政府性基金支出、地方政府专项债务还本支出、转移性支出，具体如表 5-23 所示。其中，地方政府专项债务还本支出、转移性支出两项数据容易理解，这里不再详述。

表 5-23　地方政府性基金预算支出表示意

科目	直接和间接涉及的产业或企业类别
地方本级政府性基金支出	
文化旅游体育与传媒支出	
国家电影事业发展专项资金安排的支出	电影制作和放映业
旅游发展基金支出	旅游业
社会保障和就业支出	养老机构、人力资源服务业
卫生健康支出	医院
节能环保支出	
可再生能源电价附加收入安排的支出	新能源发电业
废弃电器电子产品处理基金支出	废弃资源处理产业
城乡社区支出	
国有土地使用权出让收入安排的支出	土地整治服务
国有土地收益基金安排的支出	土地整治服务
农业土地开发资金安排的支出	土地整治服务
城市基础设施配套费安排的支出	土木工程建筑业、公共设施管理业
污水处置费安排的支出	污水处理及再生利用业
土地储备专项债券收入安排的支出	土地整治服务
棚户区改造专项债券收入安排的支出	土木工程建筑业、房地产业
城市基础设施配套费对应专项债务收入安排的支出	土木工程建筑业、公共设施管理业
污水处理费对应专项债务收入安排的支出	污水处理及再生利用业
国有土地使用权出让收入对应专项债务收入安排的支出	土地整治服务
农林水支出	
大中型水库库区基金安排的支出	土木工程建筑业、水利管理业
国家重大水利工程建设基金安排的支出	土木工程建筑业、水利管理业
大中型水库库区基金对应专项债务收入安排的支出	土木工程建筑业、水利管理业
交通运输支出	
车辆通行费安排的支出	土木工程建筑业、道路管理与养护
铁路建设基金支出	土木工程建筑业
民航发展基金支出	土木工程建筑业、航空运输业
政府收费公路专项债务收入安排的支出	土木工程建筑业、道路管理与养护
车辆通行费对应专项债务收入安排的支出	土木工程建筑业、道路管理与养护
资源勘探工业信息等支出	制造业
自然资源海洋气象等支出	环境与生态监测检测
住房保障支出	房地产业
粮油物资储备支出	农业、农副食品加工业

（续表）

科目	直接和间接涉及的产业或企业类别
灾害防治及应急管理支出	公共安全设备及器材制造、纺织业及纺织服装制造业
其他支出	
其他政府性基金及对应专项债务收入安排的支出	
彩票发行销售机构业务费安排的支出	
彩票公益金安排的支出	
地方政府专项债务还本支出	
转移性支出	

在理解和应用地方本级政府性基金支出时，要注意以下要点。

第一，基于一般公共预算平衡原理，地方本级政府性基金支出是在地方政府性基金总收入中实现平衡，也就是说地方本级政府性基金支出可以超过地方本级政府性基金收入，只要地方本级政府性基金收入、地方专项债务收入、转移性收入之和大于地方本级政府性基金支出即可。开展政府客户业务的企业，应关注地方政府的政府性基金总收入规模，以评估政府客户的付款能力。

第二，地方本级政府性基金支出大致对应政府各个部门负责的专项项目类支出，项目支出（资本性支出、企业补助、债务支出）对应政府端的需求，主要涉及建筑业、交通运输业、农副食品加工业、文化旅游、医疗养老等产业，各个行业企业在进行政府客户业务决策的时候，可关注对应政府部门的按用途分类的支出明细。

2. 政府性基金支出总额

在分析政府性基金支出时，落脚点是研判政府性基金支出的规模和构成。通过分析政府性基金支出的三大构成项目、地方本级政府性基金支出结构及走势等数据；可为地方政府制定政府性基金支出计划、企业研判政府项目业务机会、投资机构评估地方政府债券还本付息能力等提供决策依据。

下面以江苏省为例进行分析，其他省市层面的分析可参考。

（1）分析思路

从现状和走势两个方面，分析三大类政府性基金支出金额及其占比。

（2）数据图表

根据江苏省财政厅《江苏省 2018 年预算执行情况与 2019 年预算草案》《江苏省 2023 年省级财政决算（草案）》提供的决算数据，将多个年份三大类政府性基金支出额、占比数据整理成图表，具体如表 5-24 所示。

表 5-24　政府性基金支出大类构成和变化（2018—2023 年）

支出类型	2018 年		2023 年		2018—2023 年变化	
	金额（亿元）	占比	金额（亿元）	占比	金额变化	占比变化
地方本级政府性基金支出	9 055.8	82.5%	10 534.7	67.6%	1 478.9	−14.9%

（续表）

支出类型	2018 年		2023 年		2018—2023 年变化	
	金额（亿元）	占比	金额（亿元）	占比	金额变化	占比变化
地方政府专项债务还本支出	426.2	3.9%	1 608.6	10.3%	1 182.4	6.4%
转移性支出	1 492.2	13.6%	3 446.0	22.1%	1 953.8	8.5%
调出资金	456.5	4.2%	1 661.1	10.7%	1 204.6	6.5%
结转下年支出	1 035.8	9.4%	1 784.9	11.4%	749.1	2.0%
政府性基金支出总计	10 974.2		15 589.3		4 615.1	0.0%

（3）分析示例

总体上，受房地产业影响，江苏省本级政府性基金支出占比下降，专项债务还本支出、调出资金的金额和占比呈现上升走势。

从现状来看，2023 年江苏省本级政府性基金支出占 67.6%，专项债务还本支出占 10.3%，调出资金占 10.7%。调出资金的金额为 1 661 亿元，占一般公共预算收入中调入资金（2 794 亿元）的 60%。

从走势来看，2018 年至 2023 年，江苏省本级政府性基金支出占比大幅降低，专项债务还本支出、调出资金的金额和占比显著提高。

3. 本级政府性基金支出

（1）分析思路

从现状和走势两个方面，分析本级政府性基金各项支出金额，评估各项支出的规模和走势。

（2）数据图表

根据江苏省财政厅《江苏省 2018 年预算执行情况与 2019 年预算草案》《江苏省 2023 年省级财政决算（草案）》提供的决算数据，将多个年份本级政府性基金各项支出额、占比数据整理成图表，具体如表 5-25 所示。

表 5-25　政府性基金各项支出构成和变化（2018—2023 年）

支出类型	2018 年		2023 年		2018—2023 年变化	
	金额（亿元）	占比	金额（亿元）	占比	金额变化	占比变化
文化旅游体育与传媒支出	1.0	0.01%	0.7	0.01%	−0.32	0.00%
社会保障和就业支出	7.1	0.08%	5.7	0.05%	−1.34	−0.02%
城乡社区支出	8 697.4	96.04%	8 955.1	85.01%	257.67	−11.04%
国有土地使用权等收入安排的支出	8 227.1	90.85%	8 314.1	78.92%	87.05	−11.93%
国有土地收益基金安排的支出	275.8	3.05%	204.6	1.94%	−71.17	−1.10%
农业土地开发资金安排的支出	8.0	0.09%	2.3	0.02%	−5.67	−0.07%
城市基础设施配套费安排的支出	0.00%		96.4	0.92%	96.44	0.92%
污水处置费安排的支出	0.00%		64.0	0.61%	64.03	0.61%
土地储备专项债券收入安排的支出	0.00%		0.00%		0.00	0.00%
棚户区改造专项债券收入安排的支出	0.00%		222.9	2.12%	222.85	2.12%

（续表）

支出类型	2018 年		2023 年		2018—2023 年变化	
	金额（亿元）	占比	金额（亿元）	占比	金额变化	占比变化
城市基础设施配套费对应专项债务收入安排的支出	135.1	1.49%		0.00%	−135.14	−1.49%
污水处理费对应专项债务收入安排的支出	51.5	0.57%	50.7	0.48%	−0.71	−0.09%
农林水支出	0.2	0.00%	0.3	0.00%	0.17	0.00%
交通运输支出	115.1	1.27%	89.2	0.85%	−25.86	−0.42%
车辆通行费安排的支出		0.00%	48.6	0.46%	48.55	0.46%
民航发展基金支出	12.3	0.14%	3.7	0.03%	−8.64	−0.10%
政府收费公路专项债务收入安排的支出		0.00%	18.4	0.17%	18.40	0.17%
车辆通行费对应专项债务收入安排的支出	76.8	0.85%	18.6	0.18%	−58.19	−0.67%
其他支出	69.5	0.77%	1 012.8	9.61%	943.26	8.85%
其他政府性基金及对应专项债务收入安排的支出	4.6	0.05%	965.1	9.16%	960.50	9.11%
彩票发行销售机构业务费安排的支出	14.4	0.16%	9.6	0.09%	−4.80	−0.07%
彩票公益金安排的支出	48.5	0.54%	34.5	0.33%	−13.92	−0.21%
其他	2.1	0.02%	3.5	0.03%	1.47	0.01%
债务付息支出	165.6	1.83%	470.9	4.47%	305.29	2.64%
地方本级政府性基金支出	9 055.8		10 534.7		1 478.88	

（3）分析示例

总体上，江苏省本级城乡社区支出占 85% 左右，其中土地、基础设施建设类支出占比大幅下降，棚户区债券、其他非土地类专项债券收入对应的建设支出金额和占比明显增加，专项债务付息支出占本级政府性基金收入的 4.6%。

从现状来看，2023 年江苏省本级一般公共预算支出 10 534.7 亿元，城乡社区支出占85%，其中土地类支出占 80%；专项债务付息支出 470.9 亿元，占本级政府性基金支出的 4.47%，占本级政府性基金收入（10 316 亿元）的 4.6%。

从走势来看，2018 年至 2023 年，江苏省本级政府性基金支出中，土地出让类支出、城投债收入对应的基础设施支出占比大幅下降，棚户区债券对应的建设支出金额和占比明显增加。

4. 政府性基金支出数据应用思路

第一，政府财政部门可利用政府性基金支出总额和用途构成数据，研判政府性基金支出用途构成和增长特征，制定政府性基金支出目标和组合策略。

第二，政府性基金支出涉及的建筑业等行业企业可利用政府性基金支出总额和用途构成数据，研判政府业务市场规模和增长特征，制定政府业务发展计划和策略。

第三，投资机构、银行等金融机构可利用政府性基金支出总额和用途构成数据，研判政府性基金支出用途构成和增长特征，结合政府性基金收入数据，评估地方政府债券投资价值，制定债券销售策略。

（三）国有资本经营支出

1. 数据解读

根据地方政府"财政四本账"中的地方国有资本经营预算表，国有资本经营支出主要包括两个部分：地方本级国有资本经营支出和转移性支出。

地方本级国有资本经营支出包括解决历史遗留问题及改革成本支出、国有企业资本金注入支出、国有企业公益性补贴支出、其他国有资本经营支出。

在理解和应用地方国有资本经营支出时，要注意以下要点。

第一，国有资本经营预算表中的收入和支出，与国有企业利润表里的收入和支出存在较大差异，二者并非同一概念。国有资本经营预算表中的收入，主要是国有企业上缴的利润，属于地方政府的收入，而非国有企业利润表里的营业收入；同样，国有资本经营预算表中的成本，主要是专项公共项目方面的支出，属于地方政府的支出，而非国有企业利润表里的成本费用。

第二，从一般公共预算平衡原理出发，地方本级国有资本经营支出（即专项公共项目类支出），是在地方国有资本经营总收入（即国有企业上缴的利润等）中实现平衡的。

2. 国有资本经营支出额

在分析国有资本经营支出时，落脚点是研判国有资本经营支出的规模和构成。通过分析国有资本经营支出六大构成项目、国有企业资本金注入支出结构及走势等数据，可为地方政府制定国有经济布局优化策略等提供决策依据。

下面以江苏省为例进行分析，其他省市层面的分析可参考。

（1）分析思路

从现状和走势两个方面，分析六大类国有资本经营支出金额。

（2）数据图表

根据江苏省财政厅《江苏省 2018 年预算执行情况与 2019 年预算草案》《江苏省 2023 年省级财政决算（草案）》提供的决算数据，将多个年份六大类国有资本经营支出额、占比数据整理成图表，具体如表 5-26 所示。

表 5-26　国有资本经营支出大类构成和变化（2018—2023 年）

支出类型	2018 年		2023 年		2018—2023 年变化	
	金额（亿元）	占比	金额（亿元）	占比	金额变化	占比变化
本级国有资本经营支出	78.9	57.9%	126.1	35.2%	47.1	−22.7%
解决历史遗留问题及改革成本支出	7.6	5.5%	8.6	2.4%	1.1	−3.1%
国有企业资本金注入	38.2	28.0%	82.3	22.9%	44.1	−5.0%
国有经济结构调整支出	25.9	19.0%	37.7	10.5%	11.8	−8.5%
其他国有企业资本金注入	11.7	8.6%	36.8	10.3%	25.1	1.7%

（续表）

支出类型	2018 年		2023 年		2018—2023 年变化	
	金额（亿元）	占比	金额（亿元）	占比	金额变化	占比变化
金融企业资本性支出	0.0	0.0%	4.8	1.3%	4.8	1.3%
前瞻性战略性产业发展支出		0.0%	2.2	0.6%	2.2	0.6%
生态环境保护支出		0.0%	0.5	0.1%	0.5	0.1%
支持科技进步支出	0.2	0.1%	0.1	0.0%	−0.1	−0.1%
公益性设施投资支出	0.4	0.3%	0.1	0.0%	−0.3	−0.3%
保障国家经济安全支出		0.0%	0.0	0.0%	0.0	0.0%
国有企业政策性补贴	10.7	7.9%	7.3	2.0%	−3.4	−5.8%
其他国有资本经营预算支出	22.5	16.5%	27.8	7.8%	5.4	−8.7%
调出资金	34.1	25.0%	206.1	57.5%	172.0	32.5%
年终结转	23.4	17.1%	26.5	7.4%	3.1	−9.8%
国有资本经营支出总计	136.5		358.7		222.2	

（3）分析示例

总体上，江苏省用于国有经济发展的支出占比下降，国有企业经营收入调出资金大幅增加。

从现状来看，2023 年江苏省本级国有资本经营支出占 35.2%（其中国有企业资本金注入占 22.9%），调出资金占 57.5%。

从走势来看，2018 年至 2023 年，江苏省国有企业经营收入调出资金的金额和占比均大幅提高，国有企业政策性补贴支出减少，金融企业资本性支出、前瞻性战略性产业发展支出的金额和占比均增加。

3. 国有资本经营支出数据应用思路

政府财政部门、国资管理部门可利用国有资本经营支出数据，研判国有资本经营支出用途构成和增长特征，制定国有资本经营支出目标和组合策略，以及国有资本经营发展规划。

（四）社会保险基金支出

1. 数据解读

根据地方政府"财政四本账"中的地方社会保险基金支出预算表，社会保险基金支出主要包括：企业职工基本养老保险基金支出、城乡居民基本养老保险基金支出、机关事业单位基本养老保险基金支出、职工基本医疗保险基金支出、城乡居民基本医疗保险基金支出、工伤保险基金支出、失业保险基金支出、其他社会保险基金支出。

2. 社会保险基金支出额

社会保险基金支出数据分析比较简单，这里不做详细介绍。

四、财政收支平衡数据

（一）数据解读

财政收支平衡主要是"财政四本账"的收支平衡。"财政四本账"各自的收入总量减去支出总量后形成的差额为结转资金，四本账结转资金之和反映了地方政府当年财政收支的总体平衡情况。

1. 地方一般公共预算收支平衡

一般公共预算收入总量减去一般公共预算支出总量，得到当年地方一般公共预算结转资金，具体如表 5-27 所示。

表 5-27　地方政府一般公共预算收支平衡表示意

收入	支出
地方本级一般公共预算收入	地方本级一般公共预算支出
地方政府一般债务收入	地方政府一般债务支出
转移性收入	转移性支出
收入总计	支出总计

2. 地方政府性基金收支平衡

地方政府性基金收入总量减去地方政府性基金支出总量，得到当年地方政府性基金结转资金，具体如表 5-28 所示。

表 5-28　地方政府性基金收支平衡表示意

收入	支出
地方本级政府性基金收入	地方本级政府性基金支出
地方政府专项债务收入	地方政府专项债务还本支出
转移性收入	转移性支出
收入总计	支出总计

3. 地方国有资本经营收支平衡

地方国有资本经营收入总量减去地方政府国有资本支出总量，得到当年地方政府国有资本经营结转资金，具体如表 5-29 所示。

表 5-29　地方政府国有资本经营收支平衡表示意

收入	支出
国企上缴的利润收入	解决历史遗留问题及改革成本支出
国企分得的股息红利收入	国有企业资本金注入支出
国有产权转让收入	国有企业公益性补贴支出
清算收入	其他国有资本经营支出
转移性收入	转移性支出
收入总计	支出总计

4. 地方社会保险基金收支平衡

地方社会保险基金收入总量减去地方政府社会保险基金支出总量，得到当年地方政府社会保险基金结转资金，具体如表 5-30 所示。

表 5-30　地方政府社会保险基金收支平衡表示意

收入	支出
企业职工基本养老保险基金收入	企业职工基本养老保险基金支出
城乡居民基本养老保险基金收入	城乡居民基本养老保险基金支出
机关事业单位基本养老保险基金收入	机关事业单位基本养老保险基金支出
职工基本医疗保险基金收入	职工基本医疗保险基金支出
城乡居民基本医疗保险基金收入	城乡居民基本医疗保险基金支出
工伤保险基金收入	工伤保险基金支出
失业保险基金收入	失业保险基金支出
转移性收入	其他社会保险基金支出
收入总计	支出总计

（二）整体财政收支平衡

从现状和走势两个方面，分析"财政四本账"整体收支金额和占比。一是含本级财政收支和地方债务收支口径，分析地方本级财政收支平衡情况；二是含本级财政收支和地方债务收支及中央分享税收的全口径，分析地方政府辖区全口径财政收支情况。

1. 地方本级整体财政收支平衡

（1）分析思路

从现状和走势两个方面，分析地方本级整体财政收支金额。

（2）数据图表

根据江苏省财政厅《江苏省 2018 年预算执行情况与 2019 年预算草案》《江苏省 2023 年省级财政决算（草案）》提供的决算数据，将一般公共预算收支、政府性基金收支、国有资本经营收支、社会保险基金收支数据整理成图表，具体如表 5-31 所示（表中数据为含本级财政收支和地方债务收支口径）。

表 5-31　地方本级整体财政收支平衡分析（2018—2023 年）

收支类型	2018 年	2023 年	2018—2023 年变化
	金额（亿元）	金额（亿元）	金额变化
全省一般公共预算收支余额	−2 957	−5 144	−2 187
收入	9 557	11 277	1 719
支出	12 515	16 421	3 906
全省政府性基金收支余额	496	1 406	910
收入	9 979	13 549	3 571
支出	9 482	12 143	2 661
全省国有资本经营收支余额	50	206	156

（续表）

收支类型	2018 年	2023 年	2018—2023 年变化
	金额（亿元）	金额（亿元）	金额变化
收入	129	332	203
支出	79	126	47
全省社会保险基金收支余额	865	913	49
收入	6 065	8 572	2 507
支出	5 200	7 658	2 458
本级收支合计	−1 546	−2 618	−1 072

（3）分析示例

总体上，在不含转移性收支的情况下，江苏省整体财政收支缺口不断加大，主要是一般公共预算收支缺口大幅增加，政府性基金收支盈余、国有资本经营收支盈余不足以覆盖缺口，要依靠转移性收支来实现整体平衡。

从现状来看，在不含转移性收支的情况下，2023 年江苏省整体财政收支缺口 2 618 亿元，其中一般公共预算收支缺口 5 144 亿元。政府性基金收支盈余（1 406 亿元）和国有资本经营收支盈余（206 亿元）不足以覆盖一般公共预算收支缺口。

从走势来看，2018 年至 2023 年，江苏省整体财政收支缺口增加 1 072 亿元，其中一般公共预算收支缺口增加 2 187 亿元。虽然政府性基金收支盈余增加 910 亿元、国有资本经营收支盈余增加 156 亿元，但二者不足以覆盖一般公共预算收支缺口增量。

2. 全口径地方本级整体财政收支平衡

（1）分析思路

从现状和走势两个方面，分析全口径地方本级整体财政收支金额及其占比。

（2）数据图表

根据江苏省财政厅《江苏省 2018 年预算执行情况与 2019 年预算草案》《江苏省 2023 年省级财政决算（草案）》提供的决算数据，将一般公共预算收支、政府性基金收支、国有资本经营收支、社会保险基金收支数据整理成图表，具体如表 5-32 所示（表中数据为含本级财政收支和地方债务收支及中央分享税收口径）。

表 5-32　全口径地方本级整体财政收支平衡分析（2018—2023 年）

收支类型	2018 年	2023 年	2018—2023 年变化
	金额（亿元）	金额（亿元）	金额变化
全省一般公共预算收支余额	2 827	1 392	−1 435
收入	15 342	17 813	2 471
支出	12 515	16 421	3 906
全省政府性基金收支余额	496	1 406	910
收入	9 979	13 549	3 571
支出	9 482	12 143	2 661

（续表）

收支类型	2018 年	2023 年	2018—2023 年变化
	金额（亿元）	金额（亿元）	金额变化
全省国有资本经营收支余额	50	206	156
收入	129	332	203
支出	79	126	47
全省社会保险基金收支余额	865	913	49
收入	6 065	8 572	2 507
支出	5 200	7 658	2 458
全省收支合计	4 238	3 918	−320

（3）分析示例

总体上，在含中央分享税收、不含转移性收支的情况下，江苏省整体财政收支大幅盈余，但中央分享税收增量不足以覆盖一般公共预算收支缺口增量，整体财政收支盈余下降。

从现状来看，在含中央分享税收、不含转移性收支的情况下，2023 年江苏省整体财政收支盈余 3 918 亿元，其中一般公共预算收支盈余 1 392 亿元，主要是计入了中央分享税收 5 785 亿元，足以覆盖本级一般公共预算收支缺口（5 144 亿元）。

从走势来看，2018 年至 2023 年，在含中央分享税收、不含转移性收支的情况下，江苏省整体财政收支盈余减少 320 亿元，主要是中央分享税收增量仅 720 亿元，不足以覆盖一般公共预算收支缺口增量（2 187 亿元）。

（三）一般公共预算收支平衡

1. 分析思路

从现状和走势两个方面，分析一般公共预算收支金额、占比。

2. 数据图表

根据江苏省财政厅《江苏省 2018 年预算执行情况与 2019 年预算草案》《江苏省 2023 年省级财政决算（草案）》提供的决算数据，将一般公共预算主要子项收入、支出额、占比数据整理成图表，具体如表 5-33 所示。

表 5-33　一般公共预算收支平衡分析（2018—2023 年）

收支类型	2018 年		2023 年		2018—2023 年变化	
	金额（亿元）	占比	金额（亿元）	占比	金额变化	占比变化
收入总计	13 962		18 632		4 670	
地方本级一般公共预算收入	8 630	61.8%	9 930	53.3%	1 300	−8.5%
税收收入	7 264	52.0%	7 977	42.8%	713	−9.2%
非税收入	1 367	9.8%	1 953	10.5%	587	0.7%
地方政府一般债务收入	927	6.6%	1 347	7.2%	419	0.6%

（续表）

收支类型	2018 年		2023 年		2018—2023 年变化	
	金额（亿元）	占比	金额（亿元）	占比	金额变化	占比变化
转移性收入	4 404	31.5%	7 355	39.5%	2 951	7.9%
支出总计	13 962		18 632		4 670	
地方本级一般公共预算支出	11 658	83.5%	15 242	81.8%	3 584	−1.7%
地方政府一般债务支出	856	6.1%	1 178	6.3%	322	0.2%
转移性支出	1 447	10.4%	2 211	11.9%	764	1.5%
收支余额	0		0		0	
地方本级一般公共预算收支余额	−2 957		−5 144		−2 187	
转移性收支余额	2 957		5 144		2 187	

3. 分析示例

总体上，江苏省本级一般公共预算收支缺口不断加大，缺口额占一般公共预算收入的四分之一，主要靠转移性收入来平衡。

从现状来看，2023 年江苏省一般公共预算收支基本平衡，剔除一般债务收支、转移性收支后，江苏省本级一般公共预算收支缺口 5 144 亿元，占本级一般公共预算收入的 28%。

从走势来看，2018 年至 2023 年，江苏省本级一般公共预算收支缺口增加 2 187 亿元，占本级一般公共预算收入的比重提高了 7 个百分点。

（四）政府性基金收支平衡

1. 分析思路

从现状和走势两个方面，分析政府性基金收支金额及其占比。

2. 数据图表

根据江苏省财政厅《江苏省 2018 年预算执行情况与 2019 年预算草案》《江苏省 2023 年省级财政决算（草案）》提供的决算数据，将政府性基金主要子项收入、支出额、占比数据整理成图表，具体如表 5-34 所示。

表 5-34　政府性基金收支平衡分析（2018—2023 年）

收支类型	2018 年		2023 年		2018—2023 年变化	
	金额（亿元）	占比	金额（亿元）	占比	金额变化	占比变化
收入总计	10 985		15 594		4 610	
地方本级政府性基金收入	8 223	74.9%	10 316	66.2%	2 093	−8.7%
其中：国有土地使用权出让收入	7 479	68.1%	9 482	60.8%	2 004	−7.3%
地方政府债务收入	1 756	16.0%	3 233	20.7%	1 478	4.8%
转移性收入	1 006	9.2%	2 045	13.1%	1 039	4.0%
政府性基金转移支付收入	41	0.4%	18	0.1%	−23	−0.3%

（续表）

收支类型	2018年		2023年		2018—2023年变化	
	金额（亿元）	占比	金额（亿元）	占比	金额变化	占比变化
上年结余收入	917	8.4%	1 796	11.5%	879	3.2%
调入资金	48	0.4%	231	1.5%	183	1.0%
支出总计	10 974		15 589		4 615	
地方本级政府性基金支出	9 056	82.5%	10 535	67.6%	1 479	−14.9%
其中：城乡社区支出	8 697	79.3%	8 955	57.4%	258	−21.8%
债务付息支出	166	1.5%	471	3.0%	305	1.5%
地方政府专项债务还本支出	426	3.9%	1 609	10.3%	1 182	6.4%
转移性支出	1 492	13.6%	3 446	22.1%	1 954	8.5%
调出资金	456	4.2%	1 661	10.7%	1 205	6.5%
结转下年支出	1 036	9.4%	1 785	11.4%	749	2.0%
收支余额	10.5		5.1		−5.4	
地方本级政府性基金收支余额	496		1 406		910	
转移性收支余额	−486		−1 401		−915	

3. 分析示例

总体上，江苏省本级政府性基金收支盈余不断增大，盈余额占政府性基金收入的14%，通过转移性收支对冲实现收支平衡。

从现状来看，2023年江苏省政府性基金收支略有盈余，剔除专项债务收支、转移性收支后，江苏省本级政府性基金收支盈余1 406亿元，占本级政府性基金收入的14%。

从走势来看，2018年至2023年，江苏省本级政府性基金收支盈余增加910亿元，占本级政府性基金收入的比重提高了7个百分点。

（五）国有资本经营收支平衡

1. 分析思路

从现状和走势两个方面，分析国有资本经营收支金额及其占比。

2. 数据图表

根据江苏省财政厅《江苏省2018年预算执行情况与2019年预算草案》《江苏省2023年省级财政决算（草案）》提供的决算数据，将国有资本经营主要子项收入、支出额、占比数据整理成图表，具体如表5-35所示。

表5-35　国有资本经营收支平衡分析（2018—2023年）

收支类型	2018年		2023年		2018—2023年变化	
	金额（亿元）	占比	金额（亿元）	占比	金额变化	占比变化
收入总计	136.5		358.7		222.2	
地方本级国有资本经营收入	128.7	94.3%	332.1	92.6%	203.5	
利润收入	86.2	63.2%	180.9	50.4%	94.7	−12.7%

（续表）

收支类型	2018 年		2023 年		2018—2023 年变化	
	金额（亿元）	占比	金额（亿元）	占比	金额变化	占比变化
股息红利收入	16.8	12.3%	27.9	7.8%	11.1	−4.5%
产权转让收入	12.3	9.0%	72.4	20.2%	60.0	11.1%
清算收入	0.2	0.1%	0.0	0.0%	−0.2	−0.1%
其他国有资本经营收入	12.8	9.4%	50.9	14.2%	38.1	4.8%
转移性收入	7.8	5.7%	26.6	7.4%	18.8	1.7%
支出总计	136.5		358.7		222.2	
本级国有资本经营支出	78.9	57.9%	126.1	35.2%	47.1	−22.7%
解决历史遗留问题及改革成本支出	7.6	5.5%	8.6	2.4%	1.1	−3.1%
国有企业资本金注入	38.2	28.0%	82.3	22.9%	44.1	−5.1%
国有企业政策性补贴	10.7	7.9%	7.3	2.0%	−3.4	−5.8%
其他国有资本经营预算支出	22.5	16.5%	27.8	7.8%	5.4	−8.7%
转移性支出	57.5	42.1%	232.6	64.8%	175.1	22.7%
调出资金	34.1	25.0%	206.1	57.5%	172.0	32.5%
年终结转	23.4	17.1%	26.5	7.4%	3.1	−9.8%
收支余额	0.0		0.0		0.0	
地方本级国有资本经营收支余额	49.7		206.0		156.3	
转移性收支余额	−49.7		−206.0		−156.3	

3. 分析示例

总体上，江苏省本级国有资本经营收支盈余不断增大，盈余额占国有资本经营收入的 62%，通过转移性收支对冲实现收支平衡。

从现状来看，2023 年江苏省国有资本经营收支基本平衡，剔除转移性收支后，江苏省本级国有资本经营收支盈余 206 亿元，占本级国有资本经营收入的 62%。

从走势来看，2018 年至 2023 年，江苏省本级国有资本经营收支盈余增加 156 亿元，占本级政府性基金收入的比重提高了 23 个百分点。

（六）社会保险基金收支平衡

1. 分析思路

从现状和走势两个方面，分析社会保险基金收支金额及其占比。

2. 数据图表

根据江苏省财政厅《江苏省 2018 年预算执行情况与 2019 年预算草案》《江苏省 2023 年省级财政决算（草案）》提供的决算数据，将社会保险基金主要子项收入、支出额、占比数据整理成图表，具体如表 5-36 所示。

表 5-36　社会保险基金收支平衡分析（2018—2023 年）

收支类型	2018 年		2023 年		2018—2023 年变化	
	金额（亿元）	占比	金额（亿元）	占比	金额变化	占比变化
本级社会保险基金收入	6 065		8 572		2 507	
企业职工基本养老保险基金收入	2 650	43.7%	4 147	48.4%	1 497	4.7%
城乡居民基本养老保险基金收入	337	5.5%	662	7.7%	325	2.2%
机关事业单位基本养老保险基金收入	1 248	20.6%	1 026	12.0%	−221	−8.6%
职工基本医疗保险基金收入	1 215	20.0%	1 874	21.9%	659	1.8%
城乡居民基本医疗保险基金收入	435	7.2%	582	6.8%	147	−0.4%
工伤保险基金收入	81	1.3%	112	1.3%	31	0.0%
失业保险基金收入	99	1.6%	169	2.0%	70	0.3%
其他社会保险基金收入						
本级社会保险基金支出	5 200		7 658		2 458	
企业职工基本养老保险基金支出	2 208	42.5%	3 475	45.4%	1 266	2.9%
城乡居民基本养老保险基金支出	265	5.1%	489	6.4%	224	1.3%
机关事业单位基本养老保险基金支出	1 188	22.9%	1 022	13.3%	−166	−9.5%
职工基本医疗保险基金支出	983	18.9%	1 789	23.4%	806	4.5%
城乡居民基本医疗保险基金支出	388	7.5%	604	7.9%	216	0.4%
工伤保险基金支出	67	1.3%	119	1.6%	52	0.3%
失业保险基金支出	101	1.9%	160	2.1%	59	0.2%
其他社会保险基金支出						
收支余额	865		913		49	
企业职工基本养老保险基金收支余额	442		673		231	
城乡居民基本养老保险基金收支余额	72		173		101	
机关事业单位基本养老保险基金收支余额	59		4		−55	
职工基本医疗保险基金收支余额	233		85		−147	
城乡居民基本医疗保险基金收支余额	47		−22		−69	
工伤保险基金收支余额	14		−8		−22	
失业保险基金收支余额	−2		8		11	
其他社会保险基金收支余额	0		0		0	

3. 分析示例

总体上，江苏省本级社会保险基金收支盈余小幅增加，与企业产业紧密相关的企业职工基本养老保险收支盈余大幅增加，职工基本医疗保险基金收支盈余大幅下降。

从现状来看，2023 年江苏省社会保险基金收支盈余 913 亿元，占本级社会保险基金收入的 11%。其中企业职工基本养老保险、职工基本医疗保险基金收支盈余 758 亿元，机关事业单位基本养老保险、基本医疗保险基金收支略有盈余。

从走势来看，2018 年至 2023 年，江苏省本级社会保险基金收支盈余增加 49 亿元，占本级政府性基金收入的比重下降了 4 个百分点。

（七）财政收支平衡数据应用思路

第一，政府财政部门可利用"财政四本账"收支平衡数据，研判"财政四本账"收支平衡构成和增长特征，制定财政预算收支计划和策略。

第二，财政预算支出涉及的各行业企业可利用"财政四本账"收支平衡数据，研判政府项目付款特征，制定政府业务发展计划和策略。

第三，投资机构、银行等金融机构可利用"财政四本账"收支平衡数据，研判"财政四本账"收支平衡构成和增长特征，评估地方政府债券投资价值，制定债券销售策略。

第六章

固定资产投资数据

　　固定资产投资即全社会固定资产投资，包括政府投资、民间投资，主要涉及固定资产投资完成额、固定资产投资结构、固定资产投资收益数据。本章主要介绍以下要点。

　　（1）固定资产投资统计法人单位、个体经营户，不统计个人；

　　（2）固定资产投资统计 500 万元及以上项目投资和全部房地产开发投资；

　　（3）固定资产投资额不等于支出法核算 GDP 中的固定资本形成总额；

　　（4）固定资产投资统计暂不涉及固定资产投资收益数据。

　　分析固定资产投资数据时，要结合总量和结构、现状和走势、绝对数据和相对数据辩证地分析，同时注意数据口径的一致性。其主要应用场景如下。

　　（1）制定政府固定资产投资计划；

　　（2）制定招商引资目标计划；

　　（3）开展政府业务市场分析和评估。

一、固定资产投资数据梳理

　　根据公开渠道和数据发布制度，全社会固定资产投资数据主要包括以下两种：

　　（1）固定资产投资完成额；

　　（2）固定资产投资构成数据（按企业类型分、按资金来源分、按行业分、按建设性质分、按投资活动分）。

　　除了介绍上述两类数据的分析和应用，还增加了固定资产投资效益维度的数据分析应用探讨内容。

　　本书主要分析固定资产投资（不含农户）口径的数据，其中房地产开发投资数据分析不单独介绍，其分析方法与其他投资类型一致。

二、固定资产投资完成额

（一）数据解读

　　根据国家统计局的定义和相关解释，固定资产投资额涉及全社会固定资产投资额、固定资产投资（不含农户）、建设项目投资、房地产开发投资、农村住户固定资产投资等概念[①]。

---

① 来源：国家统计局网站，《领导干部应知应会主要统计指标诠释》。

其中，**全社会固定资产投资额**也称全社会固定资产投资、全社会固定资产投资完成额，是以货币形式表现的在一定时期内建造和购置固定资产的工作量以及与此有关的费用的总称。

根据现行国家统计制度的规定，全社会固定资产投资由两大部分组合而成。

一是**固定资产投资（不含农户）**。固定资产投资（不含农户）包括计划总投资 500 万元及以上建设项目投资和房地产开发投资。其中，计划总投资 500 万元及以上的建设项目投资，是指城镇和农村各种登记注册统计类别的企业、事业、行政单位、个体户等，一定时期内进行的计划总投资 500 万元及以上的固定资产投资活动；房地产开发投资，是指各种登记注册统计类别的房地产开发法人单位，一定时期内统一开发的住宅、饭店、宾馆、度假村、写字楼等房屋建筑物及其配套服务设施、土地开发工程和土地购置的投资，不包括单纯的土地开发和交易活动。

二是**农村住户固定资产投资**。农村住户固定资产投资，是指一定时期内农村居民在农村区域完成的固定资产投资，包括购置农业生产用机械设备、开展农田水利基本建设和农村住房建设等方面的投资。

全社会固定资产投资额的组成如图 6-1 所示。

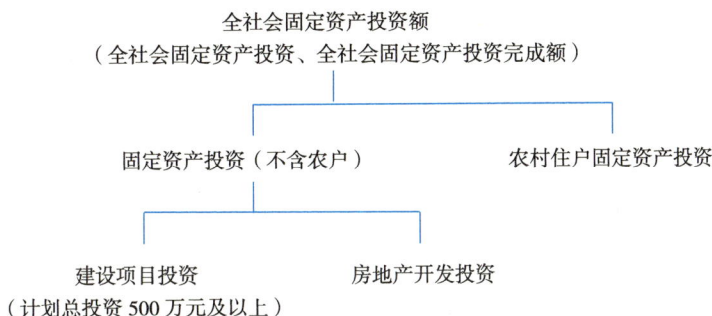

图 6-1　全社会固定资产投资额

国家统计局开展的固定资产投资统计主要是围绕固定资产投资（不含农户）进行的。固定资产投资（不含农户）按月度进行全面调查统计，调查单位通过联网直报平台报送数据；农村住户固定资产投资则按年度开展抽样调查。

在理解和应用固定资产投资数据时，要注意以下要点。

第一，固定资产投资统计中的全社会固定资产投资额和支出法 GDP 核算中的固定资本形成总额两个数据的统计口径有差异，二者不存在包含关系。例如，支付的土地出让金等土地购置费不计入新增固定资产。全社会固定资产投资的有关数据，是支出法 GDP核算固定资本形成总额的重要基础资料。具体如图 6-2 所示。

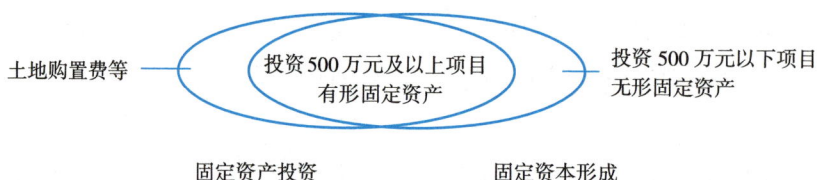

图 6-2　固定资产投资与固定资本形成的关系

第二，全社会固定资产投资额包含企业会计制度中的固定资产原价。企业会计制度中的固定资产原价是已经建成或购置的固定资产；而全社会固定资产投资额不仅包括固定资产原价，还包括尚未形成固定资产的在建工程、建设用地费等资产、投资性房地产以及开办费等递延资产。

第三，固定资产投资（不含农户）统计对象为法人单位、个体经营户，不包含个人投资。固定资产投资（不含农户）统计内容主要包括城镇和农村各种登记注册类型的法人单位、个体经营户和其他单位进行的计划总投资 500 万元及以上的建设项目投资和全部房地产开发投资。

第四，发改和统计局发布的固定资产投资数据，分计划总投资和项目投资完成额两个口径。项目投资完成额即固定资产投资额、固定资产投资完成额，是根据项目进度、支付凭证进行统计计算得出的；计划总投资是指在建的建设工程按照总体设计（或按设计概算、预算）规定的内容全部建成计划需要的总投资，项目单位填报的计划总投资不含铺底流动资金。

（二）固定资产投资完成额

在分析固定资产投资完成额数据时，落脚点是研判固定资产投资的规模、节奏、走势。通过分析固定资产投资完成额、固定资产投资计划节奏及走势等数据，可为地方政府优化投资计划、制定招商引资目标计划等提供决策依据。

本书分析的固定资产投资完成额数据是固定资产投资（不含农户）口径。下面以苏州市为例进行分析，其他省市可参考。

1. 分析思路

从现状和走势两个方面，分析固定资产投资完成额规模。

2. 数据图表

由于 2018 年国家固定资产投资统计方法制度改革后，统计方法口径有调整，为保持数据口径的一致性，根据《苏州统计年鉴 2024》，将 2018 年至 2023 年固定资产投资完成额、复合增长速度数据整理成图表，具体如图 6-3 所示。

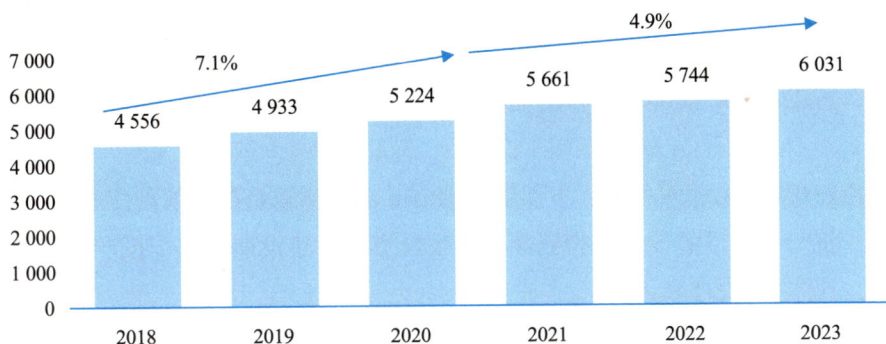

图 6-3　固定资产投资完成额和变化（2018—2023 年）

3. 分析示例

总体上，苏州市全社会固定资产投资额超过 5 000 亿元，增速明显放缓。

从现状看，2023 年苏州市固定资产投资完成额 6 031 亿元，比上年增长约 5%。

从走势来看，2018 年至 2020 年，苏州市固定资产投资完成额年均增长 7.1%；2020 年以来年均增长 4.9%，增速下降。

4. 固定资产投资完成额数据应用思路

第一，发改部门可利用固定资产投资完成额数据，研判固定资产投资阶段特征，制定固定资产投资优化策略。以苏州市为例，全市年固定资产投资规模超过 5 000 亿元，增速明显放缓，规模化投资拉动经济增长的模式难以持续，需要注重固定资产投资的结构和质量。

第二，固定资产投资涉及的建筑业、房地产业、工程机械、工业设备等行业企业，可利用固定资产投资完成额数据研判业务机会。以苏州市为例，虽然固定资产投资增速放缓，但规模较大，这意味着市场规模大、业务机会多，可作为企业的重点市场。

（三）固定资产计划投资额

1. 分析思路

固定资产投资涉及 GDP 和税收，建设期每年新增固定资产是支出法 GDP 的一部分，项目建设单位缴纳的城镇土地使用税等税费是地方税收的一部分。项目建成投入使用后，产业类项目开始产生增值税、企业所得税等税收，这是地方税收的主要来源。

因此，通过固定资产投资计划动态数据，具体测算建设项目每年对 GDP 与税收的贡献，可以为地方政府经济主管部门制定经济目标、优化投资计划等工作提供数据依据。

2. 数据图表

固定资产投资计划分析用到的数据，公开渠道披露较少，需要地方政府发改部门提供《重点建设项目计划表》《重点建设项目计划》等资料。利用每个项目的计划总投资、建设年限、年度计划投资、建成投产后的产值和税收数据，按项目类别，将每个项目的计划总投资额、年度投资额、建设期税收、投产后税收数据整理成图表。进一步，根据多年数据，可以统计不同类别项目的实际投资节奏特征，以校准每个项目报送的投资计划数据。

考虑到公开渠道数据可得性，下面以《佛山市 2024 年重点建设项目计划》[①] 为例，按项目类别，将每个项目的计划总投资额、年度投资额、建设期税收、投产后税收数据整理成图表，具体如表 6-1 所示。

3. 分析示例

总体上，按 2024 年重点建设项目计划，佛山市 2024 年完成固定资产投资 2.6 亿元，缴纳税收 184 万元。

基于佛山市 2024 年重点建设项目表，以 2 个产业项目为例，计划总投资 17 亿元，建设期均为 3 年，建设期投资节奏为 5%、9%、86%（半导体项目设备投资占比较大，故主要投资发生在第三年），建设期每年城镇土地使用税 24 万元，投产后每年各项税收合计 1.6 亿元。

同样，以 2 个基础设施项目为例，测算每年计划投资额，以及对应的城镇土地使用税等税收 160 万元。

4. 固定资产计划投资额数据应用思路

第一，发改部门可利用固定资产计划投资额数据，根据固定资产投资计划表，测算全年固定资产投资项目产生的年度固定资产投资，与统计部门测算年度支出法 GDP 数值，以及产生的年度税收，对照年度 GDP、税收目标，对固定资产投资计划进行优化调整。

第二，地方政府招商引资、投资促进、商务部门可利用固定资产计划投资额数据，根据固定资产投资计划表，测算年度招商引资项目产生的年度固定资产投资及支出法 GDP 数值、年度税收，据此确定年度合理的招商引资目标，量化招商部门的年度经济贡献。

三、固定资产投资结构

（一）数据解读

根据国家统计局的定义和相关解释[②]，固定资产投资结构主要按企业类型、资金来源、行业、建设性质、投资活动五个维度进行划分。

---

① 来源：《佛山市重点项目工作局关于下达佛山市 2024 年重点建设项目计划的通知》。
② 来源：国家统计局网站，《领导干部应知应会主要统计指标诠释》。

表 6-1　固定资产投资计划测算（部分数据，2024 年）

项目	建设年限	总投资（万元）	2023 年	2024 年	2025 年	2026 年	2027 年	2028 年	2029 年	……
年度计划投资额（亿元）			19 814	26 440	229 669	32 448	32 448	0	0	
产业项目			7 600	15 440	146 960	0	0	0	0	
基础设施工程项目			12 214	11 000	82 709	32 448	32 448	0	0	
……										
预计缴纳税收（亿元）			184	184	3 184	16 184	16 184	16 184	16 184	
产业项目			24	24	3 024	16 024	16 024	16 024	16 024	
基础设施工程项目			160	160	160	160	160	160	160	
……										
（一）产业项目合计		170 000								
年度计划投资额（亿元）			7 600	15 440	146 960	0	0	0	0	
预计缴纳税收（亿元）			24	24	3 024	16 024	16 024	16 024	16 024	
鸿浩半导体装备基地新建项目	2023—2025	120 000								
年度计划投资额（亿元）			5 600	5 000	109 400					
预计缴纳税收（亿元）			17	17	17	13 017	13 017	13 017	13 017	
晶锐智能化 LED 封装产业项目	2023—2025	50 000								
年度计划投资额（亿元）			2 000	10 440	37 560					
预计缴纳税收（亿元）			7	7	3 007	3 007	3 007	3 007	3 007	
……项目										
年度计划投资额（亿元）										
预计缴纳税收（亿元）										
（二）基础设施工程项目合计		170 820								
年度计划投资额（亿元）			12 214	11 000	82 709	32 448	32 448	0	0	
预计缴纳税收（亿元）			160	160	160	160	160	160	160	
佛山仙湖实验室二期基础设施建设工程项目	2023—2027	107 400								
年度计划投资额（亿元）			4 055	6 000	32 448	32 448	32 448	0	0	
预计缴纳税收（亿元）			64	64	64	64	64	64	64	
里湖新城中轴北片区基础设施建设工程	2023—2025	63 420								
年度计划投资额（亿元）			8 159	5 000	50 261					
预计缴纳税收（亿元）			96	96	96	96	96	96	96	
……项目										
年度计划投资额（亿元）										
预计缴纳税收（亿元）										
（三）其他类项目合计										
……										

1. 按企业类型固定资产投资

按国家统计局的定义和相关解释，全社会固定资产投资按投资主体注册登记类型，分为内资企业（国有、集体、股份合作、联营、国有独资公司、其他有限责任公司、股份有限公司）、外资企业（港澳台商投资企业、外商投资企业）、个体经营三大类。

根据国家统计局《关于民间固定资产投资定义和统计范围的规定》，民间投资是指具有集体、私营、个人性质的内资调查单位，以及由其控股（包括绝对控股和相对控股）的调查单位在中华人民共和国境内建造或购置固定资产的投资。具体包括两部分：一是市场主体登记注册的集体、股份合作、私营独资、私营合伙、私营有限责任公司、个体户、个人合伙等纯民间主体的固定资产投资；二是市场主体登记注册的混合经济成分中，由集体、私营、个人控股的投资主体单位的全部固定资产投资。

在理解和应用按企业类型划分的固定资产投资数据时，要注意以下要点。

第一，通常讲的民间投资概念范围大于统计口径上的民间固定资产投资。民间投资概念不仅包括民间固定资产投资，还包括民间流动资产投资、无形资产投资，甚至包括股票、债券等投资。

第二，统计口径上的民间固定资产投资额小于实际民间固定资产投资额。按国家统计局的统计口径界定，民间固定资产投资不包括纯国有投资主体和国有控股投资主体的固定资产投资，也不包括纯外商及港澳台商投资主体和外商及港澳台商控股的投资主体的固定资产投资。即使民间资本在国有控股投资主体、外商及港澳台商控股的投资主体中有投资份额，也不纳入民间固定资产投资统计。

第三，政府投资和国企投资不是包含关系。根据《政府投资条例》，政府投资是指在中国境内使用预算安排的资金进行的固定资产投资建设活动，包括新建、扩建、改建、技术改造等。在投资主体上，政府投资项目的主体包括国有资产管理部门、事业单位、国有或国有控股的企业；国企投资项目的主体是国有或国有控股的企业。在投资资金来源上，政府投资项目的资金来源是政府的财政预算资金，对应一般公共预算支出等科目；国企投资项目的资金来源为企业自筹，包括自有资金和融资资金，其中自有资金一部分来源于财政预算中的国有资本经营支出科目。在资金投向上，政府投资项目包括以直接投资方式投资的非经营性项目和以资本金注入方式投资的经营性项目，而国企投资项目只能是经营性项目。

第四，国企投资和财政预算中的国有资本经营支出存在差异。国企投资指国有企业对经营性项目的投资，是企业业务方面的支出，属于固定资产投资；国有资本经营支出是从资金用途角度出发，指政府将从国有资本经营中获得的收益用于国企改革、产业发展、企业扶持等方面，其资金使用有些会形成固定资产，有些则不属于固定资产投资。

2. 按资金来源固定资产投资

按国家统计局的定义和相关解释，全社会固定资产投资按投资资金来源分类，采用本年实际到位资金口径数据，即"在报告期收到的、用于在建项目投资的各种货币资金"，分为国家预算资金、国内贷款、利用外资、自筹资金、其他资金来源[①]。

（1）**国家预算资金**：指各级政府用于固定资产投资的财政资金，包括中央预算资金和地方预算资金。预算资金包括一般公共预算、政府性基金预算、国有资本经营预算和社会保险基金预算。

（2）**国内贷款**：指报告期向银行及非银行金融机构借入的用于在建项目投资的各种国内借款。

（3）**利用外资**：指报告期内收到的境外（包括外国及我国港澳台地区）资金（包括设备、材料、技术在内）。具体包括对外借款（外国政府贷款、国际金融组织贷款、出口信贷、外国银行商业贷款、对外发行债券等）、外商直接投资、外商其他投资（补偿贸易、加工装配中由外商提供的设备价款、国际租赁、外商投资收益的再投资资金）。外资按报告期的外汇牌价（中间价）折算为人民币统计。

（4）**自筹资金**：指在报告期内筹集的用于在建项目投资的资金。包括自有资金、股东投入资金和借入资金，但不包括各类财政性资金、从各类金融机构借入资金和国外资金。

（5）**其他资金来源**：指在报告期收到的除以上各种资金之外的用于固定资产投资的资金。包括债券（金融债券和企业债券）、社会集资、个人资金、无偿捐赠的资金及其他单位拨入的资金等。

在理解和应用按资金来源划分的固定资产投资数据时，要注意以下要点。

第一，按资金来源划分的固定资产投资与按企业类型划分的固定资产投资并非一一对应关系，按企业类型划分的固定资产投资可能涉及多个资金来源：一是国家预算资金固定资产投资，不同于国有企业或国有独资公司固定资产投资；二是固定资产投资中的利用外资金额，是外资实际投入的、用于固定资产投资的资金额，比按企业类型划分的外资企业（港澳台商投资企业、外商投资企业）固定资产投资额低（后者包含贷款等来源资金），也比外商直接投资统计口径下的实际使用外资金额低（后者包含铺底流动资金等固定资产投资统计口径之外的到位资金）。

第二，按资金来源划分的"国内贷款"和"其他资金来源中"的"债券"，通常对应项目融资中的债务性资金来源。

第三，通常情况下，由于统计口径的差异，本年实际到位资金额大于全社会固定资产投资额。

[①]　来源：国家统计局《固定资产统计报表制度》。

3. 按行业固定资产投资

按国家统计局的定义和相关解释，全社会固定资产投资按行业类别划分，是指根据建设项目建成投产后的主要产品种类或主要用途及社会经济活动种类来划分，而非根据项目单位（投资方）本身的行业类别。如果项目投产后有几种产品，应根据主要产品来确定行业类别。

在理解和应用按行业划分的固定资产投资数据时，要注意以下要点。

第一，政府按行业统计固定资产投资数据，遵循"一个固定资产投资项目划入一个国标行业"的原则。实际中，一个固定资产投资项目可能涉及多个产品种类、用途或社会经济活动，但统计上仍需根据其主要经济活动归入单一行业，而非拆分至多个行业。

第二，项目所属行业和投资方所属行业不是一一对应的，投资方（企业）存在跨行业投资的情况。政府招商引资、金融机构拓展贷款业务（尤其是政府招商引资）时，从行业维度招引投资方要注意这个非对称关系，应多从产业链上下游、产业集群视角挖掘招商引资项目内容。

第三，国家统计局发布的基础设施投资口径通常不含电力、热力、燃气及水生产和供应业，按项目所属国标行业分类，具体包括以下行业：铁路运输业，道路运输业，水上运输业，航空运输业，管道运输业，多式联运和运输代理业，装卸搬运，邮政业，电信、广播电视和卫星传输服务，互联网和相关服务，水利管理业，生态保护和环境治理业，公共设施管理业。

4. 按建设性质固定资产投资

按国家统计局的定义和相关解释，全社会固定资产投资按建设性质可分为新建、扩建、改建和技术改造、单纯建造生活设施、迁建、恢复、单纯购置。

（1）新建：指从无到有"平地起家"开始建设的项目。

（2）扩建：指为扩大原有产品的生产能力（或效益）或增加新产品生产能力，增建生产车间（或主要工程）、分厂、独立生产线等的项目。

（3）改建和技术改造：指对原有设施进行技术改造或更新改建（包括相应配套的辅助性生产、生活福利设施）的建设项目。改建项目包括改变主要产品种类（如军工企业转产民用产品等）的建设项目等；技术改造包括机器设备和工具的更新改造、生产工艺改革、节约能源和原材料的改造、厂房建筑和公共设施的改造、为保护环境进行的"三废"治理改造等。

（4）单纯建造生活设施：指在不扩建、改建生产性工程和业务用房的情况下，单纯建造职工住宅、托儿所、学校、医务室、浴室、食堂等生活设施的项目。

（5）迁建：指为改变生产能力布局或由于城市环境保护和安全生产的需要等原因而搬迁到另地建设的项目。

（6）恢复：指由于自然灾害、战争等原因导致原有固定资产全部或部分报废后，又投资恢复建设的项目。

（7）**单纯购置**：指单纯购置不需要安装的设备、工具、器具而不进行工程建设的项目。

在理解和应用按建设性质划分的固定资产投资数据时，要注意以下要点。

第一，政府按建设性质统计固定资产投资数据时，遵循"一个建设项目只对应一种建设性质"的原则。

第二，产业项目的新建、扩建、改建和技术改造都是新增固定资产投资，是招商引资落地投资额的体现。因此，政府在招商引资时，不仅要关注新建产业项目，也要重视存量产业项目通过"扩建、改建和技术改造"带来的增量产业投资。

5. 按投资活动固定资产投资

按国家统计局的定义和相关解释，全社会固定资产投资按投资活动可分为建筑工程、安装工程、设备工器具购置、其他费用。

（1）**建筑工程**：主要指各种房屋、构筑物、水利工程、地下建筑、建筑物的建造工程。

（2）**安装工程**：指各种设备、装置的安装工程，不包括被安装设备本身的价值。

（3）**设备工器具购置**：指报告期内购置或自制的，达到固定资产标准的设备、工具、器具的价值。设备指各种生产设备、传导设备、动力设备、运输设备等；工具、器具指具有独立用途的各种生产用具、工作工具和仪器。以融资租赁方式购置的设备，租金支出应纳入固定资产投资。

（4）**其他费用**：指在项目建设过程中发生的，除建筑安装工程和设备、工器具购置投资完成额以外的费用，不指经营中财务上的其他费用。具体包括：固定资产建造和购置过程中发生的各种应分摊计入固定资产的费用；计入无形资产或房地产开发成本的建设用地费等。

在理解和应用按投资活动划分的固定资产投资数据时，要注意以下要点。

第一，政府是按照投资活动构成统计固定资产投资数据的，即：计划总投资（项目固定资产投资额）＝建筑工程投资额＋安装工程投资额＋设备工器具购置投资额＋其他费用。

第二，要注意项目投资完成额的统计口径。

建筑工程和安装工程：以工程形象进度为依据，结合进度单和支付凭证核算投资完成额。

设备工器具购置：不需要安装的设备工器具，一般在其运到建设单位的仓库或指定地点并验收合格后，即可计入投资完成额；需要安装的设备工器具，在完成安装并验收合格后计入。

其他费用：项目前期费用（如设计勘察费、土地购置费等）在项目正式开工动土时计入统计，主要是建设用地费。

（二）按企业类型固定资产投资额

在分析按企业类型固定资产投资额数据时，落脚点是研判国企投资、民间投资、外资投资的规模、占比、走势，为地方政府优化投资计划、制定招商引资目标计划等提供数据依据。

下面以苏州市为例进行分析，其他层级政府可以参照分析。

1. 分析思路

从现状和走势两个方面，分析各类企业固定资产投资完成额。

2. 数据图表

由于 2018 年国家固定资产投资统计方法制度改革后，统计方法口径有调整，为保持数据口径的一致性，根据《苏州统计年鉴 2019》《苏州统计年鉴 2024》提供的数据，将 2018 年至 2023 年各类企业固定资产投资完成额、占比数据整理成图表，具体如表 6-2 所示；进一步，按国有、民间、外资维度，将 2018 年至 2023 年各类企业固定资产投资完成额、占比数据整理成图表，具体如表 6-3 所示。

表 6-2 各类企业固定资产投资完成额和占比（2018—2023 年）

企业性质	2018 年		2023 年		2018—2023 年变化	
	投资额（亿元）	占比	投资额（亿元）	占比	投资额变化（亿元）	占比变化
私营	1 942.9	42.9%	2 189.1	36.3%	246.2	−6.6%
其他有限责任公司	1 110.7	24.5%	1 633.9	27.1%	523.2	2.6%
国有	374.9	8.3%	737.1	12.2%	362.2	4.0%
国有独资公司	262.0	5.8%	523.2	8.7%	261.2	2.9%
外商投资	445.0	9.8%	458.5	7.6%	13.5	−2.2%
港澳台投资	259.4	5.7%	301.0	5.0%	41.6	−0.7%
股份有限公司	105.9	2.3%	101.6	1.7%	−4.3	−0.7%
集体＋股份合作＋联营	32.0	0.7%	86.9	1.4%	54.9	0.7%
个体经营	0.1	0.0%	0.0	0.0%	−0.1	0.0%
合计	4 532.9		6 031.2		1 498.3	

表 6-3 各类企业固定资产投资完成额和占比（2018—2023 年）

投资主体	2018 年		2023 年		2018—2023 年变化	
	投资额（亿元）	占比	投资额（亿元）	占比	投资额变化（亿元）	占比变化
民间投资	2 949	65.1%	3 362	55.7%	413	−9.3%
国有投资	637	14.1%	1 260	20.9%	623	6.8%
外资投资	704	15.5%	759	12.6%	55	−2.9%
其他	265	5.8%	649	10.8%	384	4.9%
合计	4 532.9		6 031.2		1 498.3	

3.分析示例

总体上，苏州市固定资产投资构成中，私营、外商投资及港澳台投资企业占比呈现下降走势。但也要看到，私营企业（自然人股东）、有限责任公司（法人股东）固定资产投资占六成以上，是投资的主体，有限责任公司（法人股东）投资及占比大幅增长，是主要方面。

从现状来看，2023年苏州市固定资产投资完成额6 031亿元，其中私营企业投资占比超过三分之一，其他有限责任公司投资占比近三成，整体上民间投资占比超过一半，而国有及国有独资公司投资占比为二成。

从走势来看，2018年至2023年期间，国有及国有独资公司投资占比上升，民间投资、外商投资及港澳台投资占比均有所下降。具体来看，民间投资中的民营有限责任公司固定资产投资额及占比均显著增加；私营企业投资额增量大，但占比大幅下降；外商投资及港澳台投资投资额增量较小，且占比下降。

4.按企业类型固定资产投资额数据应用思路

第一，发改部门可利用按企业类型固定资产投资额数据，研判固定资产投资企业类型结构特征，制定固定资产投资优化策略。以苏州市为例，有限责任公司（法人股东）投资额和占比呈现大幅增长势头，这是主要方面；同时，外商投资及港澳台投资增长较少、占比下降，这是次要矛盾。在制定优化策略时，宜以鼓励扶持有限责任公司（法人股东）投资为主、稳定外商投资及港澳台投资为辅。

第二，固定资产投资涉及的建筑业、房地产业、工程机械、工业设备等行业企业，可利用按企业类型固定资产投资额数据，研判业务机会。以苏州市为例，有限责任公司（法人股东）投资额和占比呈现大幅增长势头，上述行业的法人企业在投资选址时，可将苏州市作为重点目标城市。

（三）按资金来源固定资产投资额

在分析按资金来源固定资产投资额数据时，落脚点是研判国家预算资金、贷款、利用外资、自筹资金的规模、占比、走势，通过各类来源资金规模、占比、走势等数据，为金融机构确定贷款投放规模、企业投资选址决策等提供数据依据。

下面以苏州市为例进行分析，其他层级政府可参照分析。

1.分析思路

从现状和走势两个方面，分析各类来源的资金金额及其占比。

2.数据图表

由于2018年国家固定资产投资统计方法制度改革后，统计方法口径有调整，为保持数据口径的一致性，根据《苏州统计年鉴2019》《苏州统计年鉴2024》[①]提供的数据，将2018年至2023年各类来源的资金额、占比数据整理成图表，具体如表6-4所示。

表6-4　固定资产投资资金来源构成（2018—2023年）

资金来源	2018年		2023年		2018—2023年变化	
	投资额（亿元）	占比	投资额（亿元）	占比	投资额变化（亿元）	占比变化
自筹资金	1 943.6	31.1%	3 239.3	45.4%	1 295.7	14.4%
国内贷款	1 263.7	20.2%	1 109.0	15.6%	−154.7	−4.6%
国家预算资金	76.3	1.2%	242.2	3.4%	165.9	2.2%
利用外资	68.2	1.1%	48.5	0.7%	−19.7	−0.4%
债券	0.1	0.0%	2.5	0.0%	2.4	0.0%
其他资金来源	2 901.7	46.4%	2 486.0	34.9%	−415.722	−11.5%
本年实际到位资金	6 253.6		7 127.5		873.9	
固定资产投资完成额	4 555.7		6 031.2		1 475.5	

3. 分析示例

总体上，苏州市固定资产投资到位资金以企业自筹为主，增量在1 000亿元以上，这是主要方面；银行贷款和利用外资的金额和占比呈现下降走势，这是次要方面。

从现状来看，2023年苏州市固定资产投资实际到位资金7 127.5亿元，比固定资产投资完成额高近1 100亿元。其中，各类企业自筹资金占45.4%，国内银行贷款占15.6%，而利用外资仅占0.7%。

从走势来看，2018年至2023年期间，各类企业自筹资金的规模和占比均大幅上升，国家预算资金、债券的规模和占比小幅增长，而国内贷款、利用外资的金额和占比均有所下降。

4. 固定资产投资资金来源数据应用思路

第一，银行等金融机构可利用固定资产投资资金来源数据研判企业贷款融资规模走势，制定对公贷款业务经营计划。以苏州市为例，虽然近几年固定资产投资类银行贷款均在1 000亿元以上，规模较大，但其在固定资产投资到位资金中的规模和占比均持续下降，反映出固定资产投资领域的对公贷款业务在萎缩。银行等金融机构可依此优化对公贷款业务经营计划，如加大流动资金类贷款业务的拓展力度。

第二，固定资产投资涉及的建筑业、房地产业、工程机械、工业设备等行业企业，可利用固定资产投资资金来源数据研判投资选址决策。以苏州市为例，近几年企业自筹资金的规模和占比均大幅上升，说明各类企业看好苏州市的投资前景，因而加大自有资金投入比例。上述行业的企业在投资选址时，可将苏州市作为重点目标城市。

[①]　苏州市本年实际到位资金统计口径为5 000万元及以上投资项目和房地产开发项目。

（四）按行业固定资产投资额

各行业固定资产投资占比变化，体现了产业结构优化、招商引资的落地成果。在分析按行业划分的固定资产投资额数据时，主要从各行业固定资产投资的规模、占比、走势等方面展开，落脚点是研判各行业固定资产投资的量质特征，为发改部门优化固定资产投资结构、招商引资部门制定招商引资计划、金融机构制定行业贷款计划等提供数据依据。

下面以苏州市为例进行分析，其他层级政府可参照分析。

1. 分析思路

按国标大类行业、制造业小类行业两个维度，从现状和走势两个方面，分析各行业固定资产投资的规模、占比。

2. 数据图表

根据《苏州统计年鉴 2019》《苏州统计年鉴 2024》提供的数据，按国标大类行业、制造业小类行业两个维度，将 2018 年至 2023 年各行业固定资产投资额、占比数据整理成图表，具体如表 6-5 和表 6-6 所示。

表 6-5　大类行业固定资产投资构成（2018—2023 年）

行业类型	2018 年		2023 年		2018—2023 年变化	
	投资额（亿元）	占比	投资额（亿元）	占比	投资额变化（亿元）	占比变化
农、林、牧、渔业	2.0	0.0%	5.8	0.1%	3.8	0.1%
制造业	1 063.4	23.3%	1 779.6	29.5%	716.2	6.2%
电力、热力、燃气及水生产和供应业	39.0	0.9%	101.6	1.7%	62.6	0.8%
建筑业	1.0	0.0%	2.8	0.0%	1.8	0.0%
采矿业	0.0	0.0%	0.0	0.0%	0.0	0.0%
房地产业	2 617.0	57.4%	2 767.2	45.9%	150.2	−11.6%
交通运输、仓储和邮政业	214.7	4.7%	443.7	7.4%	229.0	2.6%
水利、环境和公共设施管理业	235.8	5.2%	269.4	4.5%	33.6	−0.7%
信息传输、软件和信息技术服务业	35.4	0.8%	143.3	2.4%	107.8	1.6%
教育	82.0	1.8%	123.0	2.0%	41.0	0.2%
租赁和商务服务业	75.9	1.7%	119.6	2.0%	43.7	0.3%
卫生和社会工作	23.2	0.5%	84.2	1.4%	61.0	0.9%
科学研究和技术服务业	37.8	0.8%	83.1	1.4%	45.2	0.5%
住宿和餐饮业	14.0	0.3%	48.3	0.8%	34.3	0.5%
文化、体育和娱乐业	62.1	1.4%	27.7	0.5%	−34.4	−0.9%
批发和零售业	33.8	0.7%	22.0	0.4%	−11.8	−0.4%
公共管理、社会保障和社会组织	7.8	0.2%	7.4	0.1%	−0.4	0.0%

（续表）

行业类型	2018 年		2023 年		2018—2023 年变化	
	投资额（亿元）	占比	投资额（亿元）	占比	投资额变化（亿元）	占比变化
居民服务和其他服务业	2.8	0.1%	1.5	0.0%	−1.3	0.0%
金融业	7.9	0.2%	1.1	0.0%	−6.8	−0.2%
合计	4 555.7		6 031.2		1 475.5	

表 6-6　制造业固定资产投资行业构成（2018—2023 年）

行业类型	2018 年		2023 年		2018—2023 年变化	
	投资额（亿元）	占比	投资额（亿元）	占比	投资额变化（亿元）	占比变化
计算机、通信和其他电子设备制造业	237.2	22.3%	462.6	26.0%	225.4	3.7%
专用设备制造业	73.8	6.9%	208.0	11.7%	134.2	4.8%
通用设备制造业	90.1	8.5%	166.4	9.4%	76.3	0.9%
汽车制造业	131.9	12.4%	161.0	9.1%	29.1	−3.3%
电气机械和器材制造业	83.8	7.9%	136.5	7.7%	52.8	−0.2%
医药制造业	17.6	1.7%	91.1	5.1%	73.5	3.5%
纺织业	31.7	3.0%	71.6	4.0%	39.9	1.0%
橡胶和塑料制品业	34.2	3.2%	68.0	3.8%	33.9	0.6%
黑色金属冶炼和压延加工业	38.4	3.6%	62.2	3.5%	23.8	−0.1%
仪器仪表制造业	15.4	1.5%	51.9	2.9%	36.5	1.5%
金属制品业	24.8	2.3%	50.4	2.8%	25.6	0.5%
农副食品加工业	2.1	0.2%	20.3	1.1%	18.2	0.9%
铁路、船舶、航空航天和其他运输设备制造业	14.3	1.3%	20.0	1.1%	5.7	−0.2%
食品制造业	7.2	0.7%	16.7	0.9%	9.5	0.3%
印刷和记录媒介复制业	8.3	0.8%	10.5	0.6%	2.2	−0.2%
酒、饮料和精制茶制造业	2.0	0.2%	3.2	0.2%	1.2	0.0%
化学原料和化学制品制造业	82.7	7.8%	64.9	3.6%	−17.8	−4.1%
非金属矿物制品业	44.4	4.2%	36.1	2.0%	−8.3	−2.1%
化学纤维制造业	39.9	3.7%	29.4	1.7%	−10.5	−2.1%
造纸和纸制品业	14.6	1.4%	13.6	0.8%	−1.0	−0.6%
有色金属冶炼和压延加工业	13.2	1.2%	12.4	0.7%	−0.8	−0.5%
纺织服装、服饰业	6.4	0.6%	5.8	0.3%	−0.6	−0.3%
废弃资源综合利用业	6.1	0.6%	3.3	0.2%	−2.8	−0.4%
家具制造业	9.0	0.8%	3.3	0.2%	−5.7	−0.7%
其他制造业	13.7	1.3%	2.5	0.1%	−11.2	−1.1%
文教、工美、体育和娱乐用品制造业	11.4	1.1%	2.3	0.1%	−9.1	−0.9%
石油、煤炭及其他燃料加工业	5.1	0.5%	2.0	0.1%	−3.1	−0.4%
木材加工和木、竹、藤、棕、草制品业	3.5	0.3%	1.5	0.1%	−2.0	−0.2%
皮革、毛皮、羽毛及其制品和制鞋业	0.8	0.1%	0.6	0.0%	−0.2	0.0%
小计	1 063.4		1 778.3		714.9	

3. 分析示例

（1）从大类行业来看，苏州市固定资产投资以房地产业、制造业为主。制造业，交通运输、仓储和邮政业，信息传输、软件和信息技术服务业投资比重显著上升，而房地产业投资比重大幅下降。

从现状来看，2023 年苏州市固定资产投资第二产业占 31%、第三产业占 68%，以第三产业为主。大类行业上，主要为房地产业占 46%（2 767 亿元），制造业占 29.5%（1 780 亿元），交通运输等基础设施行业占 14%（856 亿元），教育、医疗等生活服务业占 5%（307 亿元），研发技术服务、商务服务等高端生产性服务行业占 3.4%（203 亿元）。

从走势来看，2018 年至 2023 年期间，制造业，交通运输、仓储和邮政业，信息传输、软件和信息技术服务业投资额和占比显著增加，房地产业投资规模和占比大幅下降。

（2）从制造业小类行业来看，苏州市制造业固定资产投资以计算机、通信和其他电子设备制造业等高科技设备制造行业为主。计算机、通信和其他电子设备制造业及专用设备制造业、医药制造业投资比重显著上升，而化学原料和化学制品制造业、化学纤维制造业、非金属矿物制品业等传统行业投资比重呈下降走势。

从现状来看，2023 年苏州市制造业固定资产投资规模前五的行业为计算机、通信和其他电子设备制造业，专用设备制造业，通用设备制造业，汽车制造业，电气机械和器材制造业，投资额均在 100 亿元以上，合计占 64%。

从走势来看，2018 年至 2023 年期间，计算机、通信和其他电子设备制造业等 16 个行业投资规模增加，其中计算机、通信和其他电子设备制造业及专用设备制造业、医药制造业投资额和占比显著增长；化学原料和化学制品制造业等 13 个行业投资规模减少，其中化学原料和化学制品制造业、化学纤维制造业、非金属矿物制品业投资额和占比显著下降。

4. 固定资产投资行业构成数据应用思路

第一，发改、工信部门、招商引资部门可利用固定资产投资行业构成数据研判行业投资结构走势，确定产业结构优化、招商引资的重点方向。以苏州市为例，制造业投资占比 30%，大大低于房地产业（投资占比 46%），说明制造业投资还有很大增长空间；而制造业中的医药制造业、仪器仪表制造业及铁路、船舶、航空航天和其他运输设备制造业这些战略性新兴产业投资比例较低，需要加大投资引导力度。

第二，银行等金融机构可利用固定资产投资行业构成数据研判行业投资规模走势，制定对公行业贷款投放计划。以苏州市为例，计算机、通信和其他电子设备制造业及专用设备制造业、医药制造业、仪器仪表制造业的固定资产投资额和比重显著上升，这些行业的贷款融资需求相对较大。

第三，各行业企业可利用固定资产投资行业构成数据研判投资选址决策。以苏州市为例，计算机、通信和其他电子设备制造业及专用设备制造业、医药制造业、仪器仪表制造业的固定资产投资额和比重显著上升，说明这5个行业的企业看好苏州市的投资前景。上述行业的企业在投资选址时，可将苏州市作为重点目标城市。

（五）按项目性质固定资产投资额

新建、扩建、改建等各类项目的固定资产投资规模和占比变化，对应着对土地资源需求的变化。在分析按项目性质划分的固定资产投资额数据时，主要从各类项目固定资产投资的规模、占比、走势等方面展开，落脚点是研判各类项目固定资产投资的量质特征，为土地和建设主管部门制定土地供给目标计划、招商引资部门制定招商引资计划等提供数据依据。

下面以苏州市为例进行分析，其他层级政府可参照分析。

1. 分析思路

按项目性质，从现状和走势两个方面，分析各类项目固定资产投资的规模、占比。

2. 数据图表

根据《苏州统计年鉴2019》《苏州统计年鉴2024》提供的数据，按项目性质维度，将2018年至2023年各类项目固定资产投资额、占比数据整理成图表，具体如表6-7所示。

表6-7　各类项目固定资产投资构成（2018—2023年）

项目类型	2018年		2023年		2018—2023年变化	
	投资额（亿元）	占比	投资额（亿元）	占比	投资额变化（亿元）	占比变化
新建	913.1	20.0%	2 146.2	35.6%	1 233.1	15.5%
改建和技术改造	383.7	8.4%	687.7	11.4%	304.0	3.0%
扩建	515.4	11.3%	511.1	8.5%	−4.3	−2.8%
其他	2 743.5	60.2%	2 686.3	44.5%	−57.3	−15.7%
合计	4 555.7		6 031.2		1 475.5	

3. 分析示例

总体上，苏州市新建项目投资占三分之一，投资额和占比呈现快速增长走势，处于增量建设为主的阶段。

从现状来看，2023年苏州市固定资产投资中，新建项目投资2 146.2亿元，占35.6%；改建、扩建项目投资1 198.8亿元，占19.9%；其他（单纯建造生活设施和单纯购置等）投资占44.5%。

从走势来看，2018年至2023年期间，新建项目的投资额和占比大幅增加，改建和技术改造项目的投资额和占比小幅增加，扩建项目的投资额和占比呈现下降走势。

4. 固定资产投资项目性质数据应用思路

第一，土地和建设主管部门、招商引资部门可利用固定资产投资项目性质数据研判新建项目、改扩建项目投资规模走势，制定土地供给目标计划、招商引资计划。以苏州市为例，2023 年新建项目投资 2 146.2 亿元，仍处于增量投资为主的阶段，结合新建项目中建设投资量对应的土地需求规模经验数据，可以匡算土地供给量和计划节奏。

第二，固定资产投资中建设项目涉及的建筑业、规划设计等行业企业，可利用固定资产投资项目性质数据研判业务机会。以苏州市为例，2023 年新建项目投资 2 146 亿元，仍处于增量投资为主的阶段，建筑业务、规划设计业务市场规模较大。因此，建筑业、规划设计等行业的企业可将苏州市作为重点目标城市。

（六）按投资活动固定资产投资额

按投资活动划分的建筑安装工程、设备工器具购置、建设用地费等其他费用，对应着建筑安装业务、设备制造业务的市场规模。在分析按投资活动划分的固定资产投资数据时，主要从建筑安装工程、设备工器具购置、建设用地费等其他费用投资的规模、占比、走势等方面展开，落脚点是研判各类固定资产投资的量质特征，为建筑业、设备制造业企业选择业务市场等提供数据依据。

下面以苏州市为例进行分析，其他层级政府可参照分析。

1. 分析思路

按投资活动类型，从现状和走势两个方面，分析各类固定资产投资的规模、占比。

2. 数据图表

根据《苏州统计年鉴 2019》《苏州统计年鉴 2024》提供的数据，按投资活动维度，将 2018 年至 2023 年各类活动投资额、占比数据整理成图表，具体如表 6-8 所示。

表 6-8　固定资产投资活动类型构成（2018—2023 年）

活动类型	2018 年		2023 年		2018—2023 年变化	
	投资额（亿元）	占比	投资额（亿元）	占比	投资额变化（亿元）	占比变化
建筑安装工程	2 346.4	51.5%	3 161.2	52.4%	814.7	0.9%
设备工器具购置	660.3	14.5%	1 018.3	16.9%	358.0	2.4%
其他费用	1 549.0	34.0%	1 851.7	30.7%	302.8	−3.3%
合计	4 555.7		6 031.2		1 475.5	

3. 分析示例

总体上，苏州市建筑安装工程投资占固定资产投资的一半比重，投资额增幅大；同时，设备工器具购置投资增长较快。

从现状来看，2023 年苏州市固定资产投资中，建筑安装工程投资 3 161.2 亿元，占52.4%，是固定资产投资的主要组成部分；设备工器具购置投资 1 018.3 亿元，占 16.9%；勘察设计、建设用地费等其他费用投资 1 851.7 亿元，占 30.7%。

从走势来看，2018 年至 2023 年期间，设备工器具购置投资占比增加 2.4 个百分点；建筑安装工程投资额增幅大，占比小幅增加 0.9 个百分点。

4. 固定资产投资活动构成数据应用思路

第一，建筑安装工程投资涉及的建筑业企业，可利用固定资产投资活动构成数据研判业务机会。以苏州市为例，2023 年建筑安装工程投资 3 161.2 亿元，占 52.4%，呈现增长走势，建筑业务、安装工程业务市场规模较大。建筑业、安装工程、规划设计等行业企业可将苏州市作为重点目标城市。

第二，设备工器具购置投资涉及的专用设备制造、通用设备制造、电气机械和器材制造，以及计算机、通信和其他电子设备制造等行业企业，可利用固定资产投资活动构成数据研判业务机会。以苏州市为例，2023 年设备工器具购置投资 1 018.3 亿元，占 16.9%，呈现快速增长走势，专用设备、通用设备、电气机械和器材，以及计算机、通信和其他电子设备市场规模较大。上述制造业行业的企业可将苏州市作为重点目标城市。

四、固定资产投资效益

（一）数据解读

固定资产投资效益（即固定资产投资产出）主要体现为两个方面：一是固定资产投资的直接成果，即新增固定资产、新增产能等；二是通过固定资产投资和经营获得的利润、税金，也包含统计核算的产值、增加值。

按目前固定资产投资统计制度，反映投资效率和效果的指标主要有本年新增固定资产、本年新增生产能力等数据。

本年新增固定资产[①] 主要反映投资效率。它是指在报告期已经完成建造或购置过程，并已交付生产或使用单位的固定资产的价值，主要包括已经建成投入生产或交付使用的工程投资和达到固定资产标准的设备、工具、器具的投资及有关应摊入的费用。属于增加固定资产价值的其他建设费用，应随同交付使用的工程一并计入新增固定资产。房地产开发企业、工业 / 商业等企业通过出让或"招拍挂"方式取得土地使用权而发生的建设用地费不计入新增固定资产。

本年新增生产能力（或工程效益）主要反映投资效果。它是指在本年度内按照新增生产能力（或工程效益）的计算条件和标准，实际建成投入生产或交付使用的生产能力（或工程效益）。新增生产能力原则上应按工程的设计（计划）能力计算。

通过固定资产投资和经营获得的利润、税金主要反映投资效益。目前固定资产投资统计暂不涉及利润、税金数据。实际应用中，投资效益数据是很重要的参考依据，可以通过固定资产投资利润率、固定资产投资税金率等间接指标来大致衡量。

企业会计制度中的固定资产原值是全社会固定资产投资的一部分。通常，统计年鉴

---

① 来源：国家统计局《固定资产投资统计报表制度》。

中有规模以上工业企业、规模以上服务业企业、限额以上批零住餐企业的资产总值、固定资产原值、利润总额、利税总额数据。根据这些数据，可以推算各行业固定资产原值对应的利润、税金，进而计算固定资产投资利润率、固定资产投资税金率两个指标数据，以此大致衡量各行业固定资产投资效益水平。其计算公式如下。

固定资产投资利润率 = 固定资产应占利润 / 固定资产原值

固定资产投资税金率 = 固定资产应占税金 / 固定资产原值

在理解和应用固定资产投资效益数据时，要注意以下要点。

第一，通常用本年新增固定资产数据来衡量固定资产投资的直接成果。本年新增固定资产数据容易获得，都是用货币来衡量，可与固定资产投资完成额对比，是支出法GDP核算的重要基础数据。而本年新增生产能力（或工程效益）数据较少，不同类型项目生产能力的衡量指标不一样，难以加总分析。

第二，固定资产投资利润率、固定资产投资税金率大致反映的是规模以上、限额以上企业固定资产原值的当期整体效益，而非每项固定资产原值对应的当期效益的简单加总。

（二）本年新增固定资产

本年新增固定资产数据分析，主要从本年新增固定资产额、占固定资产投资完成额的比例、走势等方面展开，落脚点是研判固定资产投资的效率特征，为发改部门制定固定资产投资计划等决策提供依据。

下面以苏州市为例进行分析，其他层级政府可以参照分析。

1. 分析思路

从现状和走势两个方面，分析本年新增固定资产额、占固定资产投资完成额的比例。

2. 数据图表

根据《苏州统计年鉴 2019》《苏州统计年鉴 2024》提供的数据，将 2018 年至 2023 年本年新增固定资产额、占固定资产投资完成额比例数据整理成图表，具体如图 6-4 所示。

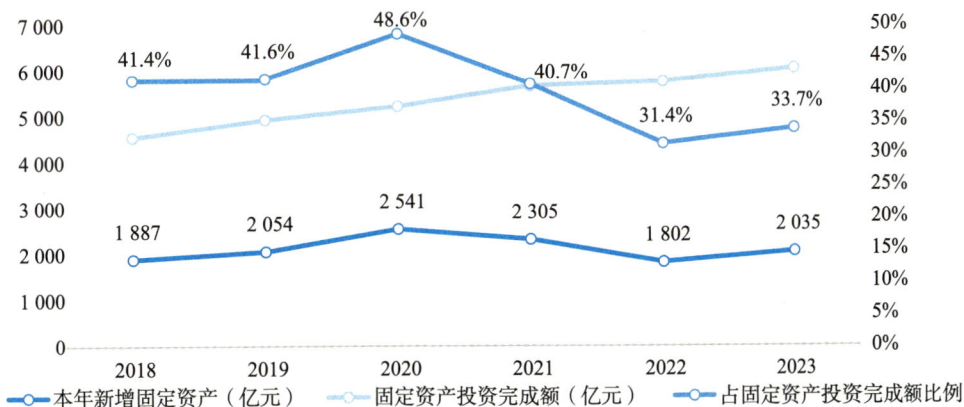

图 6-4　本年新增固定资产额和变化（2018—2023 年）

3. 分析示例

总体上，自 2018 年以来，苏州市固定资产投资效率呈现下降走势，投资周期长短项目比例失衡。

从现状来看，2023 年苏州市新增固定资产 2 035 亿元，占固定资产投资完成额的 33.7%。

从走势来看，2018 年至 2023 年期间，固定资产投资完成额稳步增长，2020 年以来新增固定资产呈现下降走势，占固定资产投资完成额的比重大幅下降，投资周期长短项目比例失衡。

4. 本年新增固定资产投资数据应用思路

发改部门、规划建设部门可利用本年新增固定资产投资数据研判固定资产投资效率特征，优化固定资产投资结构和节奏。以苏州市为例，2018 年以来，苏州市固定资产投资效率呈现下降走势，投资周期长短项目比例失衡。在制定固定资产投资计划、用地配置计划时，可将其作为主要参考依据。

（三）固定资产投资利润率

固定资产投资利润率数据分析主要从行业维度展开，落脚点是研判不同行业的固定资产投资效益，为企业投资选址、金融机构对公贷款投放等提供决策依据。

下面以苏州市为例进行分析，其他层级政府可以参照分析。

1. 分析思路

从现状和走势两个方面，分析规模及限额以上行业的固定资产投资利润率。

2. 数据图表

根据《苏州统计年鉴 2019》《苏州统计年鉴 2024》提供的数据，将 2018 年至 2023 年规模以上工业行业、规模和限额以上服务业行业的固定资产投资利润率数据整理成图表，具体如表 6-9 和表 6-10 所示。

3. 分析示例

（1）总体上，自 2018 年以来，苏州市电气机械和器材制造业、通用设备制造业、专用设备制造业、仪器仪表制造业、医药制造业及计算机、通信和其他电子设备制造业等高科技行业固定资产收益率下降，仅纺织服装、服饰业，食品制造业，酒、饮料和精制茶制造业等少数传统行业固定资产收益率保持稳步增长走势。

从现状来看，2023 年苏州市制造业固定资产收益率平均为 4.8%。其中，纺织服装、服饰业及食品制造业等 16 个行业固定资产收益率高于平均水平，电力、热力生产和供应业及医药制造业等 17 个行业固定资产收益率低于平均水平。

从走势来看，2018 年至 2023 年期间，纺织服装、服饰业及食品制造业等 9 个行业固定资产收益率提高，其中纺织服装、服饰业，食品制造业，酒、饮料和精制茶制造业，铁路、船舶、航空航天和其他运输设备制造业固定资产收益率增幅较大；而电气机械和器材制造业、化学原料和化学制品制造业、仪器仪表制造业等24个行业固定资产收益率下降，其中化学原料和化学制品制造业、仪器仪表制造业、医药制造业固定资产收益率降幅较大。

表 6-9　规模以上工业行业固定资产投资利润率（2018—2023 年）

行业类型	2018 年	2023 年	2018—2023 年变化
纺织服装、服饰业	3.6%	10.5%	6.9%
食品制造业	6.0%	10.5%	4.6%
酒、饮料和精制茶制造业	8.1%	11.5%	3.4%
铁路、船舶、航空航天和其他运输设备制造业	10.0%	11.3%	1.3%
金属制品业	5.3%	5.6%	0.3%
电气机械和器材制造业	5.8%	5.6%	−0.2%
石油、煤炭及其他燃料加工业	10.6%	10.2%	−0.4%
汽车制造业	6.7%	6.0%	−0.7%
橡胶和塑料制品业	7.2%	6.5%	−0.7%
通用设备制造业	8.9%	7.7%	−1.2%
印刷和记录媒介复制业	6.9%	5.1%	−1.8%
专用设备制造业	7.4%	5.5%	−1.8%
燃气生产和供应业	7.0%	5.0%	−2.0%
化学原料和化学制品制造业	9.6%	7.2%	−2.4%
仪器仪表制造业	11.7%	5.6%	−6.0%
其他制造业	−1.0%	6.5%	7.5%
电力、热力生产和供应业	5.2%	4.4%	−0.8%
非金属矿物制品业	5.7%	4.4%	−1.3%
医药制造业	7.0%	4.3%	−2.7%
金属制品、机械和设备修理业	4.8%	3.9%	−1.0%
废弃资源综合利用业	8.0%	3.8%	−4.2%
家具制造业	3.4%	3.5%	0.1%
计算机、通信和其他电子设备制造业	4.8%	3.5%	−1.3%
文教、工美、体育和娱乐用品制造业	3.1%	3.5%	0.4%
造纸和纸制品业	7.5%	3.3%	−4.1%
农副食品加工业	7.9%	3.2%	−4.7%
水的生产和供应业	3.5%	2.7%	−0.9%
纺织业	3.2%	2.6%	−0.6%
有色金属冶炼和压延加工业	3.0%	2.4%	−0.6%
皮革、毛皮、羽毛及其制品和制鞋业	1.2%	1.8%	0.6%
黑色金属冶炼和压延加工业	10.0%	1.4%	−8.6%
化学纤维制造业	4.8%	1.1%	−3.8%
木材加工和木、竹、藤、棕、草制品业	0.7%	−0.1%	−0.9%
平均	6.5%	4.8%	−1.7%

（2）总体上，自 2018 年以来，苏州市批发和零售业、科学研究和技术服务业及信息

传输、软件和信息技术服务业等现代服务业行业固定资产收益率下降，仅租赁和商务服务业、住宿和餐饮业等少数传统行业固定资产收益率保持小幅增长走势。

从现状来看，2023 年苏州市规模以上和限额以上服务业固定资产收益率平均为 2.1%。其中，教育及居民服务、修理和其他服务业等 7 个行业固定资产收益率高于平均水平，租赁和商务服务业及文化、体育和娱乐业等 5 个行业固定资产收益率低于平均水平。

从走势来看，2018 年至 2023 年期间，仅租赁和商务服务业、住宿和餐饮业及水利、环境和公共设施管理业 3 个行业固定资产收益率提高，其余 9 个行业固定资产收益率均有所下降，其中批发和零售业及信息传输、软件和信息技术服务业固定资产收益率降幅较大。

表 6-10　规模和限额以上服务业行业固定资产投资利润率（2018—2023 年）

	2018 年	2023 年	2018—2023 年变化
教育	4.3%	4.2%	−0.1%
居民服务、修理和其他服务业	4.1%	3.7%	−0.4%
交通运输、仓储和邮政业	2.8%	2.1%	−0.6%
科学研究和技术服务业	5.1%	3.3%	−1.8%
卫生和社会工作	6.5%	4.6%	−1.8%
批发和零售业	6.2%	2.2%	−4.0%
信息传输、软件和信息技术服务业	16.3%	7.4%	−8.9%
租赁和商务服务业	0.9%	1.6%	0.7%
文化、体育和娱乐业	3.1%	1.0%	−2.2%
水利、环境和公共设施管理业	0.4%	0.8%	0.3%
房地产业	0.8%	0.7%	−0.1%
住宿和餐饮业	−0.7%	0.1%	0.8%
平均	3.9%	2.1%	−1.8%

4. 固定资产投资利润数据应用思路

第一，发改、工信部门可利用固定资产投资利润数据，研判各个行业固定资产投资收益率特征，优化行业投资环境、出台扶持政策。以苏州市为例，医药制造业，计算机、通信和其他电子设备制造业，化学纤维制造业，文化、体育和娱乐业，批发和零售业，交通运输、仓储和邮政业等行业固定资产投资收益率低于平均水平，信息传输、软件和信息技术服务业固定资产投资收益率大幅下降，在优化投资环境、出台扶持政策时，可将其作为参考依据之一，以便有的放矢。

第二，制造业、服务业企业可利用固定资产投资利润数据，研判各个城市行业固定资产投资收益率，指导投资选址决策。以苏州市为例，纺织服装、服饰业，食品制造业，酒、饮料和精制茶制造业，铁路、船舶、航空航天和其他运输设备制造业，租赁和商务服务业，住宿和餐饮业等行业的固定资产投资收益率相对较高且稳步增长，这些行业的企业在制定投资选址决策时，可将其作为参考依据之一。

　　第三，金融机构可利用固定资产投资利润数据，研判各个行业固定资产投资收益率特征，筛选对公贷款投放行业。以苏州市为例，纺织服装、服饰业，食品制造业，酒、饮料和精制茶制造业，铁路、船舶、航空航天和其他运输设备制造业，租赁和商务服务业，住宿和餐饮业等行业的固定资产投资收益率相对较高且稳步增长，这些行业的企业还款能力较强。金融机构在筛选对公贷款投放行业时，可将其作为参考依据之一。

（四）固定资产投资税收效益

　　固定资产投资税收贡献数据分析主要从行业维度展开，落脚点是研判不同行业固定资产投资税收产出率，为发改、工信部门优化产业结构、制定产业发展规划等决策提供依据。

　　下面以苏州市为例进行分析，其他层级政府可以参照分析。

1. 分析思路

从现状和走势两个方面，分析规模及限额以上行业固定资产投资税收产出率。

2. 数据图表

　　根据《苏州统计年鉴 2019》《苏州统计年鉴 2024》提供的数据，将 2018 年至 2023 年规模以上工业行业、规模和限额以上服务业行业固定资产投资税收产出率数据整理成图表，具体如表 6-11 和表 6-12 所示。

表 6-11　规模以上工业行业固定资产投资税收产出率（2018—2023 年）

	2018 年	2023 年	2018—2023 年变化
石油、煤炭及其他燃料加工业	8.2%	10.3%	2.1%
食品制造业	5.7%	5.0%	−0.6%
废弃资源综合利用业	3.4%	5.0%	1.5%
酒、饮料和精制茶制造业	6.9%	4.8%	−2.0%
其他制造业	4.6%	4.5%	−0.1%
金属制品、机械和设备修理业	3.1%	4.2%	1.1%
纺织服装、服饰业	3.0%	3.3%	0.3%
医药制造业	5.8%	2.7%	−3.1%
铁路、船舶、航空航天和其他运输设备制造业	2.1%	2.7%	0.6%
非金属矿物制品业	3.8%	2.6%	−1.2%
造纸和纸制品业	2.7%	2.3%	−0.4%
家具制造业	3.2%	2.2%	−1.0%
汽车制造业	2.9%	2.2%	−0.7%
仪器仪表制造业	3.1%	2.2%	−0.9%
化学原料和化学制品制造业	3.1%	2.2%	−1.0%
通用设备制造业	2.5%	2.1%	−0.4%
金属制品业	2.6%	2.1%	−0.5%
印刷和记录媒介复制业	3.1%	2.1%	−1.0%

（续表）

	2018 年	2023 年	2018—2023 年变化
电力、热力生产和供应业	2.9%	2.1%	−0.8%
纺织业	2.4%	2.1%	−0.4%
木材加工和木、竹、藤、棕、草制品业	2.3%	2.1%	−0.2%
橡胶和塑料制品业	2.7%	2.0%	−0.7%
皮革、毛皮、羽毛及其制品和制鞋业	1.8%	1.9%	0.1%
有色金属冶炼和压延加工业	1.7%	1.8%	0.1%
专用设备制造业	2.2%	1.8%	−0.5%
电气机械和器材制造业	1.5%	1.3%	−0.2%
文教、工美、体育和娱乐用品制造业	1.6%	1.3%	−0.3%
农副食品加工业	1.7%	1.3%	−0.5%
化学纤维制造业	1.7%	1.1%	−0.6%
黑色金属冶炼和压延加工业	2.9%	1.0%	−1.9%
燃气生产和供应业	1.1%	0.9%	−0.2%
计算机、通信和其他电子设备制造业	1.2%	0.8%	−0.4%
水的生产和供应业	1.2%	0.5%	−0.6%
平均	2.3%	1.6%	−0.7%

3. 分析示例

（1）总体上，自 2018 年以来，苏州市四分之三制造业行业固定资产投资税收产出率高于平均水平，通用设备制造业、专用设备制造业、医药制造业、电气机械和器材制造业及计算机、通信和其他电子设备制造业等高科技行业固定资产投资税收产出率下降，仅石油、煤炭及其他燃料加工业，纺织服装、服饰业，金属制品、机械和设备修理业等少数传统行业固定资产投资税收产出率保持稳步增长走势。

从现状来看，2023 年苏州市制造业固定资产投资税收产出率平均为 1.6%。其中，石油、煤炭及其他燃料加工业，铁路、船舶、航空航天和其他运输设备制造业，纺织服装、服饰业等 25 个行业固定资产投资税收产出率高于平均水平；电气机械和器材制造业，文教、工美、体育和娱乐用品制造业，计算机、通信和其他电子设备制造业等 8 个行业固定资产投资税收产出率低于平均水平。

从走势来看，2018 年至 2023 年期间，石油、煤炭及其他燃料加工业，铁路、船舶、航空航天和其他运输设备制造业等 7 个行业固定资产投资税收产出率提高，其中石油、煤炭及其他燃料加工业和废弃资源综合利用业固定资产投资税收产出率增幅较大；而通用设备制造业及专用设备制造业等 26 个行业固定资产投资税收产出率下降，其中医药制造业、非金属矿物制品业、黑色金属冶炼和压延加工业、食品制造业及酒、饮料和精制茶制造业固定资产投资税收产出率降幅较大。

（2）总体上，自 2018 年以来，苏州市信息传输、软件和信息技术服务业及批发和零售业、科学研究和技术服务业等现代服务业行业固定资产收益率下降，仅租赁和商务服务业、住宿和餐饮业等少数传统行业固定资产收益率保持小幅增长走势。

从现状来看，2023 年苏州市规模以上和限额以上服务业固定资产投资税收产出率平均为 1.1%。其中，居民服务、修理和其他服务业，信息传输、软件和信息技术服务业，教育等 6 个行业固定资产投资税收产出率高于平均水平；交通运输、仓储和邮政业及文化、体育和娱乐业等 6 个行业固定资产投资税收产出率低于平均水平。

从走势来看，2018 年至 2023 年期间，仅租赁和商务服务业，居民服务、修理和其他服务业，水利、环境和公共设施管理业 3 个行业固定资产投资税收产出率提高，其余 9 个行业税收产出率均有所下降，其中信息传输、软件和信息技术服务业，批发和零售业，文化、体育和娱乐业，科学研究和技术服务业税收产出率降幅较大。

表 6-12　规限上服务业行业固定资产投资税收产出率（2018—2023 年）

行业类型	2018 年	2023 年	2018—2023 年变化
居民服务、修理和其他服务业	2.7%	3.6%	1.0%
卫生和社会工作	2.4%	1.7%	−0.7%
教育	3.2%	2.2%	−1.0%
科学研究和技术服务业	3.4%	1.9%	−1.5%
批发和零售业	3.5%	2.0%	−1.5%
信息传输、软件和信息技术服务业	4.6%	2.3%	−2.3%
交通运输、仓储和邮政业	1.3%	0.9%	−0.4%
文化、体育和娱乐业	2.5%	0.9%	−1.6%
房地产业	1.2%	0.8%	−0.5%
水利、环境和公共设施管理业	0.6%	0.7%	0.1%
租赁和商务服务业	0.6%	0.6%	0.1%
住宿和餐饮业	0.5%	0.1%	−0.4%
平均	1.8%	1.1%	−0.7%

4. 固定资产投资税收效益数据应用思路

发改、工信部门可利用固定资产投资税收效益数据研判各行业固定资产投资税收产出率特征，优化产业结构，制定产业发展规划。以苏州市为例，自 2018 年以来，该市铁路、船舶、航空航天和其他运输设备制造业，纺织服装、服饰业，租赁和商务服务业，居民服务、修理和其他服务业固定资产投资税收产出率较高且呈现增长走势；医药制造业、汽车制造业、仪器仪表制造业、通用设备制造业、专用设备制造业、科学研究和技术服务业，以及信息传输、软件和信息技术服务业等高科技行业固定资产投资税收产出率较高，但呈现下降走势。发改、工信部门在安排产业项目投资计划、制定产业发展规划时，可将税收产出率作为一个重要参考维度。一方面重点发展税收产出率高且持续增长的行业，另一方面将政策资源向固定资产投资税收产出率较高但呈现下降走势的高科技行业倾斜，打造一批科技含量高、税收产出率高的行业集群。

第七章

居民消费数据

居民消费是广受关注的经济指标，主要涉及社会消费品零售总额（简称"社零总额"）、网上零售额、居民消费性支出等数据。本章主要介绍以下要点。

（1）社零总额包括零售业、餐饮业、批发业的零售额以及住宿业的餐饮额；

（2）社零总额统计卖家通过买卖行为对境内外个人实现的零售额；

（3）社零总额按照卖家注册地进行统计，反映本地零售业经营规模；

（4）社零总额包括线下、线上销售的实物商品零售额和餐饮服务销售额；

（5）社零总额包括实物商品网上零售额，但不包括非实物商品网上零售额；

（6）居民消费性支出是从本地居民消费角度通过抽样调查统计的数据；

（7）居民消费性支出既不等于GDP中的居民消费支出，也不等于社零总额；

（8）居民消费性支出是抽样调查统计得到的平均值，不反映单个居民的消费性支出。

分析居民消费数据时，要结合总量和结构、现状和走势、绝对数据和相对数据辩证地分析，要注意数据口径的一致性。其主要应用场景如下。

（1）制定社零总额增长目标；

（2）编制零售行业发展规划和制定产业扶持政策；

（3）制定消费促进政策；

（4）零售行业企业制定投资选址决策和制定业务发展策略。

一、消费类数据梳理

综合目前政府数据统计制度，消费数据主要包括以下几种。

（1）最终消费支出；

（2）社会消费品零售总额；

（3）居民人均消费支出。

这三种数据在消费内容、调查统计对象、核算方法上有所差异，具体如表7-1所示。

表7-1　主要消费数据指标的对比

对比项目	最终消费支出	社会消费品零售总额	居民人均消费支出
消费内容	实物商品、服务消费	实物商品、餐饮服务	实物商品、服务消费
调查统计对象	居民、政府（买方）	企业单位（卖方）	居民（买方）
核算方法	居民消费支出以住户调查为基础进行推算，政府消费支出以财政支出数据为基础	限额以上全部统计，限额以下抽样推算	住户抽样调查

最终消费支出在本书第1章"支出法GDP核算"中已经做了介绍，本章将重点介绍

社会消费品零售总额和居民人均消费支出。

二、社会消费品零售总额

（一）数据解读

国家统计局定期发布分城乡、分消费类型、分商品类别的社会消费品零售总额等主要统计指标数据。月度数据可查看国家统计局网站的月度新闻稿（具体日期参考当年的《国家统计局主要统计信息发布日程表》）、国家统计数据发布库和《中国经济景气月报》等；年度数据可查看国家统计数据库及《中国统计年鉴》《中国贸易外经统计年鉴》等出版物上的数据。

归纳起来，社会消费品零售总额涉及三类指标数据：

第一类，社会消费品零售总额；

第二类，社会消费品零售总额构成（按统计方式、经营地、行业、消费品类型、零售业态划分）；

第三类，网上零售额。

1. 社会消费品零售总额

按国家统计局统计制度的定义①，社会消费品零售总额是指企业（含单位、个体户）通过交易售给个人、社会集团的非生产、非经营用的实物商品金额，以及提供餐饮服务所取得的收入金额。

统计部门根据《批发和零售业统计报表制度》《住宿和餐饮业统计报表制度》和《"四下"单位抽样调查统计报表制度》开展统计调查，编制和公布社会消费品零售总额数据。

社会消费品零售总额的调查对象主要是从事消费品零售活动的批发和零售业、住宿和餐饮业法人企业与个体经营户。统计调查包括全面调查和抽样调查两种方式：一是对限额以上批发和零售业、住宿和餐饮业法人单位、产业活动单位及个体经营户，通过联网直报方式报送统计报表进行全面调查（2023 年全国共有 56 万多家调查对象）；二是对限额以下批发和零售业、住宿和餐饮业法人单位、产业活动单位及个体经营户，通过对样本单位开展抽样调查并利用相关资料进行科学推算（2023 年全国共有样本单位 8 万多家）。

在理解和应用社会消费品零售总额数据时，要注意以下要点。

第一，社零总额是从国内注册的卖家（法人单位）所在地角度进行的统计，具体包括对卖家销售给个人（国内的个人和国外的个人）即 B2C 交易的统计，以及对卖家销售的非生产经营用的实物商品和餐饮服务的统计，与国民经济行业分类中的零售业、餐饮

---

① 来源：《领导干部应知应会主要统计指标诠释》。

业基本对应，主要反映卖家所在地零售业、餐饮业的营业收入等经营指标情况。

第二，社零总额按照法人单位注册地进行统计，异地分支机构的数据需纳入其总部所在地区进行统计。一个地区的社零总额，能够反映该地区本地经营主体的市场销售情况。例如，星巴克在上海的全部零售额计入其上海注册法人企业所在区，即使每个区都有分店，也不单独计入分店所在行政区。

第三，社零总额（用于个人消费的实物商品和餐饮服务销售额）包括线下销售的实物商品和餐饮服务销售额及线上销售的实物商品零售额，不含线上销售的非实物商品零售额（如订票等）。

第四，社零总额数据按月发布。要注意的是，限额以上零售业、餐饮业企业（单位、个体户）范围每年发生变化，为保证本年数据与上年可比，在计算限额以上单位消费品零售额等各项指标同比增长速度时，所采用的同期数统计范围与本期的企业（单位、个体户）统计范围一致，这会导致其与上年公布的数据存在口径差异。也就是说，今年发布的上年同期社零总额数据，是今年限额以上零售、餐饮企业在去年同期数据的加总。

第五，社零总额并不等同于消费。社零总额统计的是零售活动，反映本地市场的零售情况，并不能完全反映本地居民的消费情况。两者在统计主体、统计对象、统计范围方面各不相同，不具有可比性。社零总额统计的是以货币形式售给国内居民和国外居民的商品零售额，未通过买卖行为提供的产品或服务不属于零售，但计入消费。在支出法核算 GDP 中，最终消费支出的居民消费支出统计的是一个地区全体居民的消费支出，且该地区居民在外地的消费支出不计入本地居民消费支出。

第六，社零总额是一个总量指标，主要反映消费品市场的总体变化情况，难以精准地反映实物商品消费的结构变化。因此，单纯应用这一指标不能很好地反映消费品的结构特征和变化情况，还需要结合城乡居民人均消费支出等相关指标进行综合分析。

第七，社零总额统计采用全面调查和抽样调查相结合的方法：限额以上单位实施全面调查，数据比较准确；限额以下单位开展抽样调查，并对调查结果进行科学推算，推算依据为最近一次经济普查年份统计出来的零售总体规模、重要比例系数，数据不太准确。

2. 社会消费品零售总额构成

按国家统计局统计制度的定义[①]，社会消费品零售总额构成可按统计方式、经营地、行业、消费品类型、零售业态进行划分。

（1）按统计方式划分的社零总额构成

按统计方式，社零总额可分为限额以上单位消费品零售额、限额以下单位消费品零售额。其中，限额以上单位消费品零售额是统计年主营业务收入 500 万元及以上的零售

---

① 来源：《领导干部应知应会主要统计指标诠释》。

法人企业、年主营业务收入 200 万元及以上的餐饮法人企业，对个人的消费品和餐饮服务零售额。

在理解和应用按统计方式划分的社零总额数据时，要注意以下要点。

第一，限额以上单位依据经营规模标准，通过数据直报的方式参加全面调查，相关数据按月、按年发布，数据准确度高。限额以上数据可直接通过月度、年度统计发布渠道获取。

第二，限额以下单位采用抽样调查方式，需参照经济普查年份数据进行科学测算，数据准确度不及限额以上数据。对于限额以下数据，建议查看经济普查年份的相关统计结果。

（2）按经营地划分的社零总额构成

按经营地，社零总额可分为城镇消费品零售额和乡村消费品零售额。

这里的城镇、乡村是统计口径的划分。根据《关于统计上划分城乡的规定及实施办法》，城镇包括：市辖区；不设区的市；区、市政府驻地所在区域；县政府驻地所在镇区。注册地在这四类区域的零售、餐饮企业，其销售额纳入城镇消费品零售额统计范围。乡村是指本规定划定的城镇以外的区域。

除此之外，社零总额经营地构成还可按省、市维度来划分。

（3）按行业划分的社零总额构成

根据国家统计局制定，上海市统计局补充、印制的《批发和零售业统计报表制度（2023 年统计年报和 2024 年定期统计报表）》《住宿和餐饮业统计报表制度（2023 年统计年报和 2024 年定期统计报表）》，从统计口径看，社零总额主要涉及两大类行业：零售业大类下，统计 9 类中类行业、63 个小类行业；餐饮业大类下，统计 5 类中类行业、10 个小类行业。具体行业如表 7-2 所示。

表 7-2　社零总额涉及的两大类行业

零售业	餐饮业
综合零售	正餐服务
食品、饮料及烟草制品专门零售	快餐服务
纺织、服装及日用品专门零售	饮料及冷饮服务
文化、体育用品及器材专门零售	餐饮配送及外卖送餐服务
医药及医疗器材专门零售	小吃等其他餐饮业
汽车、摩托车、零配件和燃料及其他动力销售	
家用电器及电子产品专门零售	
五金、家具及室内装饰材料专门零售	
货摊、无店铺及其他零售业	

除此之外，批发业的零售额、住宿业的餐饮销售额也纳入社零总额统计。因此，社零总额还涉及批发业、住宿业的一部分。

在理解和应用按行业划分的社零总额数据时，要注意以下要点。

第一，月份、常规年份发布的是限额以上零售及餐饮企业的数据，普查年份发布的是全部零售、餐饮企业数据。

第二，社零口径下，国家统计局不发布按小类行业划分的社零数据，只在月度新闻稿和年度统计公报中发布商品零售额、餐饮收入两项数据，跟统计年鉴"零售业""餐饮业"的统计口径有差异。

（4）按消费品类型划分的社零总额构成

根据国家统计局制定，上海市统计局补充、印制的《批发和零售业统计报表制度（2023年统计年报和2024年定期统计报表）》，从统计口径看，社零总额的商品分类共包括27类，国家统计局发布其中16类消费商品的零售数据，具体如表7-3和表7-4所示。

表 7-3　商品分类和社零总额按商品分类

统计口径社零总额商品分类		发布口径社零总额商品类别
1. 粮油、食品类	13. 中西药品类	1. 粮油、食品类
其中：粮油类	其中：西药类	2. 饮料类
肉蛋禽类	中草药及中成药类	3. 烟酒类
水产品类	14. 文化办公用品类	4. 服装、鞋帽、针纺织品类
蔬菜类	其中：计算机及其配套产品	5. 化妆品类
干鲜果品类	15. 家具类	6. 金银珠宝类
2. 饮料类	16. 通信器材类	7. 日用品类
3. 烟酒类	其中：智能手机	9. 体育、娱乐用品类
其中：烟类	17. 煤炭及制品类	12. 家用电器和音像制品类
酒类	18. 木材及制品类	13. 中西药品类
4. 服装、鞋帽、针纺织品类	19. 石油及制品类	14. 文化办公用品类
其中：服装类	20. 化工材料及制品类	15. 家具类
鞋帽类	其中：化肥类	16. 通信器材类
针纺织品类	21. 金属材料类	19. 石油及制品类
5. 化妆品类	有色金属类	22. 建筑及装潢材料类
6. 金银珠宝类	22. 建筑及装潢材料类	24. 汽车类
7. 日用品类	23. 机电产品及设备类	
其中：可穿戴设备	其中：农机类	
8. 五金、电料类	24. 汽车类	
9. 体育、娱乐用品类	其中：新能源汽车	
其中：照相器材类	新车	
10. 书报杂志类	二手车	
11. 电子出版物及音像制品类	25. 种子饲料类	
12. 家用电器和音像制品类	26. 棉麻类	
其中：能效等级为1级和2级的商品	27. 其他未列名商品类	
智能家用电器和音像器材		

表 7-4　2024 年 6 月社零总额主要数据

指标	6 月		1—6 月	
	绝对量（亿元）	同比增长（%）	绝对量（亿元）	同比增长（%）
社会消费品零售总额	40 732	2.0	235 969	3.7
其中：除汽车以外的消费品零售额	36 364	3.0	213 007	4.1
其中：限额以上单位消费品零售额	16 994	−0.6	91 057	3.1
其中：实物商品网上零售额	—	—	59 596	8.8
按经营地分				
城镇	35 141	1.7	204 559	3.6
乡村	5 591	3.8	31 410	4.5
按消费类型分				
餐饮收入	4 609	5.4	26 243	7.9
其中：限额以上单位餐饮收入	1 286	4.0	7 192	5.6
商品零售额	36 123	1.5	209 726	3.2
其中：限额以上单位商品零售额	15 708	−1.0	83 865	2.9
其中：粮油、食品类	1 833	10.8	10 353	9.6
饮料类	298	1.7	1 564	5.6
烟酒类	503	5.2	3 055	10.0
服装、鞋帽、针纺织品类	1 237	−1.9	7 098	1.3
化妆品类	405	−14.6	2 168	1.0
金银珠宝类	262	−3.7	1 725	0.2
日用品类	717	0.3	3 923	2.3
体育、娱乐用品类	142	−1.5	668	11.2
家用电器和音像器材类	1 064	−7.6	4 487	3.1
中西药品类	626	4.5	3 534	4.4
文化办公用品类	414	−8.5	1 838	−5.8
家具类	148	1.1	721	2.6
通信器材类	820	2.9	3 692	11.3
石油及制品类	2 074	4.6	12 026	4.1
汽车类	4 367	−6.2	22 962	−1.1
建筑及装潢材料类	151	−4.4	782	−1.2

在理解和应用社零总额商品类型构成数据时，要注意以下要点。

第一，按消费品类型划分的零售额数据，反映了各消费品零售行业的规模、增长情况，对政府、企业来说具有很强的参考价值。

第二，常规年份发布的是限额以上零售企业的数据，普查年份发布的是全部零售企业的数据。

（5）按零售业态划分的社零总额构成

根据国家统计局制定，上海市统计局补充、印制的《批发和零售业统计报表制度（2023 年统计年报和 2024 年定期统计报表）》，从统计口径看，零售业态包括两大类：有店铺零售分为 10 类业态，无店铺零售分为 8 类业态。具体类型如表 7-5 所示。

表 7-5　零售业态分类

有店铺零售	无店铺零售
便利店	网络零售
超市	电视/广播零售
折扣店	邮寄零售
仓储会员店	无人售货设备零售
百货商店	电话零售
购物中心	直销
专业店	流动货摊零售
品牌专卖店	其他
集合店	
无人值守商店	

在理解和应用社零总额零售业态构成数据时，要注意以下要点。

第一，按零售业态类型划分的零售额数据，反映了各零售商业业态的规模、增长情况，对政府、企业来说具有很强的参考价值。

第二，常规年份发布的是限额以上零售企业的数据，普查年份发布的是全部零售企业的数据。

3. 网上零售额

根据国家统计局统计口径，网上零售额是指通过公共网络交易平台（包括自建网站和第三方平台）实现的商品和服务零售额之和。商品和服务包括实物商品和非实物商品（如虚拟商品、服务类商品等），社零总额包括实物商品网上零售额，但不包括非实物商品网上零售额。

在理解和应用网上零售额数据时，要注意以下要点。

第一，网上零售额包括各类卖家通过淘宝、天猫、京东、拼多多、抖音等电商平台实现的实物商品销售额，也包括便利店、超市、百货商店等零售企业通过自建网站或APP来实现的实物商品销售额。实物商品网上零售额包括通过互联网销售服装鞋帽、家具家电及生活用品等实物商品的销售收入，也包括星巴克咖啡等餐饮企业的实物商品网上销售额。

第二，网上零售额是对从事网上零售活动的卖家（电商平台与零售企业）进行的统计，统计重点为电商平台上的入驻卖家及平台自营业务（国家统计局重点监测京东商城、当当网、淘宝网、天猫商城、酒仙网、美团网、中粮我买网、国美在线、大众点评网等42家重点网上零售交易平台，监测范围每年会根据平台规模进行调整）。网上零售额反映了电商平台入驻卖家及平台自营的销售情况，其统计地域为卖家实际经营地区，而不是电商平台注册地区。

第三，对电商平台和零售企业，规模以上的单位实施全部统计，规模以下的单位实施抽样调查，再结合最近一次经济普查获取的网上零售总体规模、重要比例系数等数据进行综合测算。

第四，网上零售额数据按月发布。由于纳入网上零售额统计的重点平台范围每年都会发生变化，为保证本年数据与上年可比，计算网上零售额同比增长速度所采用的同期数与本期的平台统计范围相一致，这会导致其与上年数据存在口径差异。

（二）社会消费品零售总额

社零总额数据反映了一个地区零售业、餐饮业企业的经营销售情况。社零总额数据分析的落脚点是研判一个地区社零总额的总体规模、走势，为地方政府行业主管部门制定产业规划、推进供给侧结构性改革以及零售及餐饮业企业投资选址等决策提供数据依据。

下面以浙江省为例，其他层级政府可以参照进行社零总额分析。

1. 分析思路

从现状和走势两个方面，分析社零总额规模。

2. 数据图表

由于自 2010 年起社零总额统计口径有调整，为保持数据口径的一致性，根据《浙江统计年鉴 2024》《中国统计年鉴 2023》提供的数据，将 2010 年至 2023 年浙江省社零总额、增长速度及占全国的比例数据整理成图表，具体如图 7-1 所示。

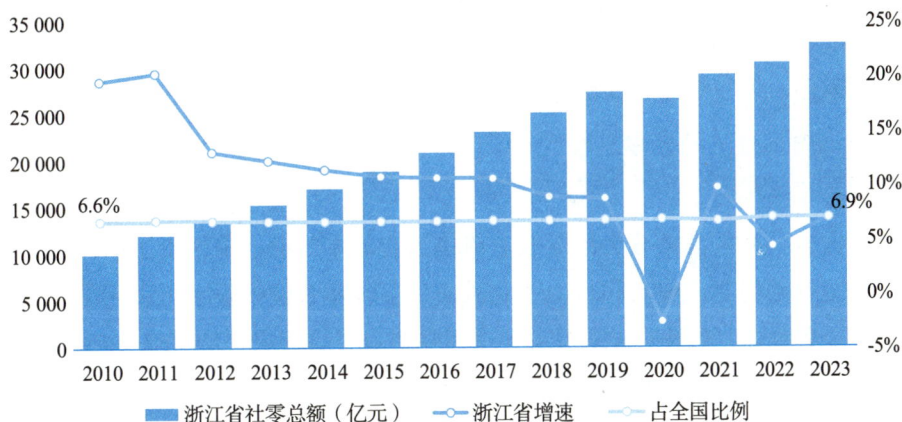

图 7-1　浙江省社零总额和变化（2010—2023 年）

3. 分析示例

总体上，浙江省年社零总额已突破 3 万亿元，规模较大，发展速度略高于全国平均水平。

从现状来看，2023 年浙江省社零总额 3.2 万亿元，比上年增长 6.8%，占全国的比例为 6.9%。

从走势来看，2010 年至 2023 年，浙江省社零总额规模稳步增长，但总体增速大幅下降至 10% 以下；占全国的比例提高 0.3 个百分点，零售及餐饮业发展速度略高于全国平均水平。

4. 社会消费品零售总额数据应用思路

第一，商务部门可利用社零总额数据，研判社零总额规模和增速特征，制定产业规划和供给侧结构性改革策略。以浙江省为例，全省年社零总额规模超过 3 万亿元，虽增速明显放缓但略高于全国平均水平，占全国比重略微提升 0.3 个百分点，反映了零售及餐饮业经营销售进入中低速增长阶段，相关部门需要注重社零总额的结构和质量，从供给侧引导零售及餐饮业企业创新升级。

第二，社零总额涉及的零售业、餐饮业、住宿业等行业企业，可利用社零总额数据研判业务机会。以浙江省为例，虽然社零总额增速大幅放缓，但零售及餐饮业规模较大，且占全国比重呈现上升走势，相对全国其他省市，浙江省是上述行业企业的重点目标市场。

（三）社零总额构成

社零总额构成数据涉及按统计方式、经营地、行业、消费品类型、零售业态五个分析维度，分析落脚点是研判社零总额细分的规模、占比、走势，为地方政府行业主管部门制定产业规划、推进供给侧结构性改革以及零售及餐饮业企业投资选址等决策提供数据依据。

基于数据可得性，社零总额构成数据分析以全国数据为例，如果省、市层面统计部门提供相应数据，可参照全国数据进行分析。

1. 按统计方式划分的社零总额

（1）分析思路

按统计方式，社零总额分为限额以上单位消费品零售额、限额以下单位消费品零售额。当前，统计部门暂未发布限额以上和限额以下社零总额数据，可以用限额以上零售业、限额以上餐饮业、限额以上住宿业 [①]（用住宿业餐饮收入比例推算）、限额以上批发业（仅统计零售额）的销售额之和，来近似代替限额以上社零总额；再通过社零总额减去限额以上社零总额，间接得到限额以下社零总额。

社零总额数据分析主要从现状和走势两个方面，分析限额以上和限额以下社零总额的规模及其占比。

（2）数据图表

根据《浙江统计年鉴 2024》、国家统计局发布的年度社零总额数据，用上述方法计

[①] 注：社零总额仅统计住宿业中的餐饮销售额，基于数据可得性和分析需要，用中国饭店协会调查统计的住宿业餐饮收入比例，推算住宿业的餐饮销售额。

算浙江省限额以上和限额以下社零总额，将 2010 年至 2023 年浙江省限额以上和限额以下社零总额、占比数据整理成图表，具体如图 7-2 所示。

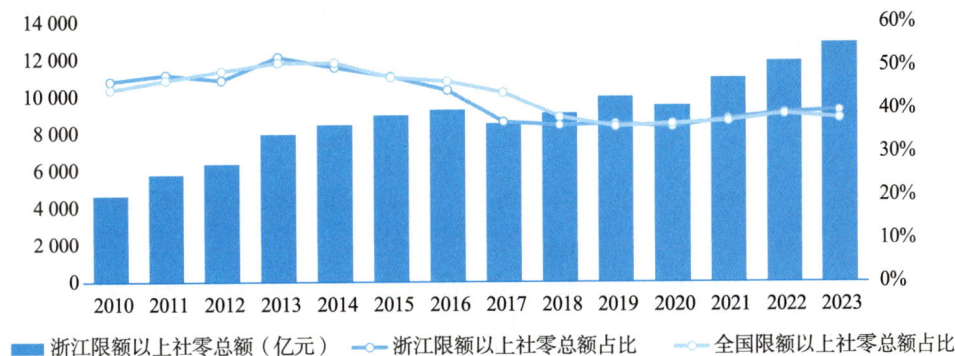

图 7-2　浙江省限额以上和限额以下社零总额及其变化（2010—2023 年）

（3）分析示例

总体上，浙江省限额以上零售餐饮业社零总额突破 1.3 万亿元，规模较大；限额以上社零企业的经营规模和增速均低于限额以下社零企业。

从现状来看，2023 年浙江省限额以上社零总额 1.3 万亿元，占社零总额的 39.7%，比全国平均水平高 2 个百分点。

从走势来看，2010 年至 2023 年，浙江省限额以上社零总额年均复合增长 8.1%，比全国平均增速（11.1%）低 3 个百分点；限额以上社零总额占社零总额的比例由 2010 年的 46.4% 降至 2023 年的 39.7%，限额以上社零企业的经营规模和增速均低于限额以下社零企业。

（4）按统计方式划分的社零总额数据应用思路

商务部门可利用按统计方式划分的社零总额数据，研判限额以上社零总额规模和增速特征，制定社零企业扶持壮大策略。相较于限额以下社零企业，限额以上社零企业竞争力较强、创新能力较强、税收贡献较大，是重点发展对象。以浙江省为例，全省限额以上零售餐饮业社零总额突破 1.3 万亿元，尽管规模较大，但限额以上社零企业的经营规模和增速均低于限额以下社零企业，因此需要扶持壮大限额以下社零企业，实现更多社零企业"纳统"。商务部门在制定社零企业扶持壮大策略时，可将其作为主要依据之一。

2. 按经营地划分的社零总额

（1）分析思路

按社零企业注册和经营地，社零总额分为城镇和乡村社零总额，反映了社零企业的地域分布情况。

社零总额经营地构成数据分析，主要从现状和走势两个方面，分析城镇和乡村社零总额的规模、占比。

（2）数据图表

根据《浙江统计年鉴2024》、国家统计局发布的年度社零总额数据，将2010年至2023年浙江省城镇和乡村社零总额、占比数据整理成图表，具体如图7-3所示。

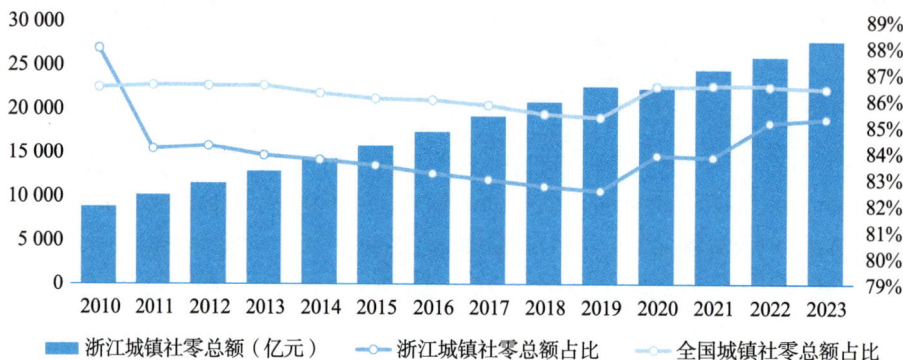

图 7-3　浙江省城镇和乡村社零总额变化（2010—2023年）

（3）分析示例

总体上，浙江省城镇社零总额占比为85%.3，乡村社零总额增速较快。

从现状来看，2023年浙江省城镇社零总额2.78万亿元，占社零总额的85.3%，比全国平均水平低1个百分点。

从走势来看，2010年至2023年，浙江省城镇社零总额年均复合增长9.2%，比全国平均增速（9%）高0.2个百分点；城镇社零总额占社零总额的比例由2010年的88%降至2023年的85.3%，略低于全国平均水平；而乡村社零总额占比提升近3个百分点，乡村社零企业经营规模增长更快。

（4）按经营地划分的社零总额数据应用思路

第一，商务部门可利用按经营地划分的社零总额数据，研判城镇、乡村社零总额规模和增速特征，制定社零涉及的零售业、餐饮业、住宿业发展布局策略。以浙江省为例，该省城镇社零总额占比为85.3%，乡村社零总额增速较快，乡村地区发展空间大。商务部门在制定零售业、餐饮业、住宿业发展布局策略时，可将其作为主要依据之一。

第二，社零涉及的零售业、餐饮业、住宿业企业，可利用按经营地划分的社零总额数据，研判城镇、乡村社零总额分布特征，制定投资选址决策。以浙江省为例，全省城镇社零总额占比为85.3%，乡村社零总额增速较快，乡村地区发展空间大。零售业、餐饮业、住宿业企业在投资扩张和业务布局时，可将其作为主要依据之一。

3.按行业划分的社零总额

社零总额统计涉及零售业、餐饮业，以及批发业、住宿业的一部分，反映了零售业、餐饮业、批发业、住宿业B2C业务规模。

统计部门通常只发布社零总额中的餐饮收入、商品零售两项数据。社零总额细分到零售业、餐饮业、批发业、住宿业行业的销售额数据，只有限额以上的企业口径，即限额以上零售业、限额以上餐饮业、限额以上住宿业餐饮、限额以上批发业零售。

（1）分析思路

社零总额行业构成数据分析，分两类行业社零总额和四类行业限额以上社零总额两个口径，主要从现状和走势两个方面，分析各行业社零总额规模、占比。

（2）数据图表

根据《浙江统计年鉴 2011》《浙江统计年鉴 2024》提供的数据，按两类行业社零总额和四类行业限上社零总额两个口径，将 2010 年至 2023 年浙江省各行业社零总额、占比数据整理成图表，具体如表 7-6 和表 7-7 所示。

（3）分析示例

① 总体上，浙江省社零总额中商品零售占比为 89% 左右，餐饮业增速较快。

从现状来看，2023 年浙江省社零总额中，商品零售近 2.9 万亿元，占 88.7%；餐饮收入 3 662 亿元，占 11.3%。

从走势来看，2010 年至 2023 年，浙江省社零总额中商品零售额年均增量 1 401 亿元，年均复合增长 7.9%，比餐饮收入平均增速（8.6%）低 0.7 个百分点，占比下降 0.8 个百分点，餐饮业规模增长更快。

表 7-6　浙江省两类行业限上社零总额变化（2010—2023 年）

项目	2010 年		2023 年		2010—2023 年变化	
	金额（亿元）	占比	金额（亿元）	占比	年均增量（亿元）	占比
餐饮收入	1 250	10.5%	3 662	11.3%	186	0.8%
商品零售额	10 680	89.5%	28 888	88.7%	1 401	−0.8%
合计	11 930		32 550		1 586	

② 总体上，浙江省限额以上社零总额中，零售业占 84.1%，且增量较大；餐饮业的规模和占比虽低于批发业零售，但增速最快。零售业、餐饮业是限额以上社零总额增长的重点。

从现状来看，2023 年浙江省限额以上社零总额中，零售业近 1.1 万亿元，占 84.1%；其次是批发业零售 1 133 亿元，占 8.8%，销售额和占比均高于餐饮业。

从走势来看，2010 年至 2023 年，浙江省限额以上社零总额中，零售业、餐饮业占比提高。零售业年均增量 545 亿元，年均复合增长 8.5%；餐饮业年均增量 40 亿元，年均复合增长 10.1%，可见餐饮业增长更快。

表 7-7　浙江省四类行业限上社零总额变化（2010—2023 年）

项目	2010 年		2023 年		2010—2023 年变化	
	金额（亿元）	占比	金额（亿元）	占比	年均增量（亿元）	占比
餐饮收入	326	7.0%	918	7.1%	46	0.1%
餐饮业	211	4.5%	737	5.7%	40	1.2%
住宿业餐饮	114	2.4%	181	1.4%	5	−1.0%
商品零售额	4 343	93.0%	11 989	92.9%	588	−0.1%
零售业	3 776	80.9%	10 856	84.1%	545	3.2%
批发业零售	567	12.1%	1 133	8.8%	43	−3.4%
合计	4 669		12 907		634	

（4）按行业划分的社零总额数据应用思路

第一，商务部门可利用按行业划分的社零总额数据，研判社零总额中批零住餐行业结构特征，制定社零涉及的零售业、餐饮业、住宿业发展布局策略。以浙江省为例，该省社零总额中零售业占 84.1%，且增量较大；而餐饮业增速最快，零售业、餐饮业是该省限额以上社零总额增长的重点。商务部门在制定零售业、餐饮业、住宿业发展布局策略时，可将其作为主要依据之一。

第二，社零涉及的零售业、餐饮业、住宿业企业，可利用按行业划分的社零总额数据，研判行业市场规模特征，制定投资选址布局决策。以浙江省为例，该省社零总额中零售业占 84.1%，增量较大；餐饮业增速最快，机会较多；而批发业零售和住宿业餐饮占比均有所下降，增量空间不大。零售业、餐饮业、住宿业企业在投资扩张和业务布局时，可将其作为主要依据之一。

4. 按消费品类型划分的社零总额

社零总额数据涉及粮油食品、饮料、烟酒类等八大类消费品，反映了各类商品 B2C 业务规模。

（1）分析思路

社零总额消费品类型构成数据分析，主要从现状和走势两个方面，分析各类消费品社零总额规模、占比。

（2）数据图表

根据《浙江统计年鉴 2011》《浙江统计年鉴 2024》以及国家统计局提供的数据，按限额以上社零总额统计口径数据，将 2010 年至 2023 年浙江省各类消费品社零总额、占比数据整理成图表，具体如表 7-8 所示。

表 7-8　浙江省各类消费品限上社零总额变化（2010—2023 年）

消费品类型	2010 年			2023 年			2010—2023 年变化		
	销售额（亿元）	构成	占全国比重	销售额（亿元）	构成	占全国比重	年均增量（亿元）	构成	占全国比重
汽车类	1 808	41.3%	10.8%	4 485	37.1%	9.2%	206	−4.2%	−1.6%

（续表）

消费品类型	2010 年			2023 年			2010—2023 年变化		
	销售额（亿元）	构成	占全国比重	销售额（亿元）	构成	占全国比重	年均增量（亿元）	构成	占全国比重
石油及制品类	695	15.9%	6.7%	1 604	13.3%	6.9%	70	−2.6%	0.2%
粮油食品、饮料、烟酒类	406	9.3%	5.6%	1 515	12.5%	5.5%	85	3.3%	0.0%
肉禽蛋类	39	0.9%		195	1.6%		12	0.7%	
其他粮油食品类	100	2.3%		937	7.7%		64	5.5%	
饮料类	42	1.0%		165	1.4%		9	0.4%	
烟酒类	74	1.7%		217	1.8%		11	0.1%	
服装、鞋帽、针纺织品类	364	8.3%	6.2%	1 108	9.2%	7.9%	57	0.9%	1.7%
服装类	281	6.4%		843	7.0%		43	0.6%	
鞋帽类	53	1.2%		170	1.4%		9	0.2%	
针纺织品类	30	0.7%		95	0.8%		5	0.1%	
日用品类	133	3.0%	6.5%	646	5.3%	8.5%	39	2.3%	2.0%
家用电器和音像器材类	266	6.1%	6.6%	537	4.4%	6.2%	21	−1.6%	−0.4%
通信器材类	36	0.8%	4.5%	393	3.2%	5.8%	27	2.4%	1.3%
中西药品类	348	7.9%	11.7%	388	3.2%	5.8%	3	−4.7%	−5.9%
西药类	269	6.1%		268	2.2%		0	−3.9%	
中草药及中成药类	68	1.6%		55	0.5%		−1	−1.1%	
化妆品类	51	1.2%	5.8%	368	3.0%	8.9%	24	1.9%	3.1%
文化办公用品类	57	1.3%	5.1%	222	1.8%	5.4%	13	0.5%	0.3%
金银珠宝类	74	1.7%	5.8%	181	1.5%	5.5%	8	−0.2%	−0.4%
家具类	8	0.2%	1.2%	117	1.0%	7.7%	8	0.8%	6.6%
体育、娱乐用品类	13	0.3%	4.2%	45	0.4%	3.8%	3	0.1%	−0.4%
建筑及装潢材料类	8	0.2%	1.1%	27	0.2%	1.7%	1	0.0%	0.6%
其他类	116	2.7%	4.0%	464	3.8%	7.5%	27	1.2%	3.4%
合计	4 383		7.5%	12 100		7.3%	594		

（3）分析示例

总体上，浙江省限额以上社零总额中，汽车类，粮油食品、饮料、烟酒类，服装、鞋帽、针纺织品类消费品的社零总额占比高、增量较大；化妆品类、日用品类、家具类及服装、鞋帽、针纺织品类消费品的社零总额占全国比例持续走高。

从现状来看，2023 年浙江省限额以上社零总额中，最高的是汽车类、石油及制品类，销售额超 6 000 亿元，占 50.4%；其次是粮油食品、饮料、烟酒类及服装、鞋帽、针纺织品类，销售额均超过 1 000 亿元，占比均在 10% 左右。从占全国比重来看，前五位的消费品为汽车类、化妆品类、日用品类及服装、鞋帽、针纺织品类和家具类。

从走势来看，2010 年至 2023 年，浙江省限额以上社零总额中，增量前五位的消费品为汽车类，石油及制品类，粮油食品、饮料、烟酒类，服装、鞋帽、针纺织品类，日用品类；占浙江省社零总额比例提高前五位的消费品为粮油食品、饮料、烟酒类，通信器材类，日用品类，化妆品类，其他类；占全国比例提高前五位的消费品为家具类、化妆品类、日用品类及服装、鞋帽、针纺织品类和通信器材类。

（4）按消费品类型划分的社零总额数据应用思路

第一，商务部门可利用按消费品类型划分的社零总额数据，研判社零总额中消费品市场结构特征，制定零售业发展策略。以浙江省为例，该省汽车类，粮油食品、饮料、烟酒类，服装、鞋帽、针纺织品类消费品的社零总额占比高、增量较大；化妆品类，日用品类，服装、鞋帽、针纺织品类，家具类消费品的社零总额占全国比例持续走高，是消费品零售业发展的重点。商务部门在制定各类消费品零售业发展策略时，可将其作为主要依据之一。

第二，各类消费品对应的零售企业，可利用按消费品类型划分的社零总额数据，研判消费品细分市场规模特征，制定投资选址布局决策。以浙江省为例，该省汽车类，粮油食品、饮料、烟酒类，服装、鞋帽、针纺织品类消费品的社零总额占比高、增量较大；化妆品类，日用品类，服装、鞋帽、针纺织品类，家具类消费品的社零总额占全国比例持续走高，机会较多；而中西药品类、家用电器和音像器材类、金银珠宝类、石油及制品类消费品的增量较小、占比下降，市场趋于饱和。各类消费品对应的零售企业在投资扩张和业务布局时，可将其作为主要依据之一。

5. 按业态划分的社零总额

按现有统计制度，从业态维度，可将社零总额分为有店铺零售（便利店、超市等）、无店铺零售（网上商店等）、餐饮（正餐、快餐等）、住宿业餐饮四大类，以更具体地反映零售餐饮细分业态 B2C 经营规模。

下面以上海市为例进行分析，其他省市可参照分析。

（1）分析思路

按限额以上口径，从现状和走势两个方面，分析各类业态社零总额规模、占比。

（2）数据图表

根据《上海统计年鉴 2016》《上海统计年鉴 2023》提供的数据，按限额以上社零总额统计口径数据，将 2015 年至 2022 年上海市各类业态社零总额、占比数据整理成图表，具体如表 7-9 所示。

表 7-9　上海市各类业态限额以上社零总额变化（2015—2022 年）

业态类型	2015		2022		2015—2022 年变化	
	销售额（亿元）	占比	销售额（亿元）	占比	销售额（亿元）	占比
有店铺零售	4 477	74.8%	7 339	62.7%	409	−12.1%
便利店	126	2.1%	119	1.0%	−1	−1.1%
超市	38	0.6%	80	0.7%	6	0.0%
大型超市	561	9.4%	525	4.5%	−5	−4.9%
仓储会员店	215	3.6%	375	3.2%	23	−0.4%
百货店	606	10.1%	618	5.3%	2	−4.8%
专业店	1 070	17.9%	1 427	12.2%	51	−5.7%

（续表）

业态类型	2015		2022		2015—2022 年变化	
	销售额（亿元）	占比	销售额（亿元）	占比	销售额（亿元）	占比
专卖店	1 861	31.1%	4 194	35.8%	333	4.8%
无店铺零售	834	13.9%	3 426	29.3%	370	15.4%
电视购物	83	1.4%	37	0.3%	−7	−1.1%
网上商店	750	12.5%	3 390	29.0%	377	16.4%
餐饮业	604	10.1%	887	7.6%	40	−2.5%
正餐店	402	6.7%	502	4.3%	14	−2.4%
快餐店	94	1.6%	149	1.3%	8	−0.3%
饮料及冷饮店	80	1.3%	144	1.2%	9	−0.1%
小吃等其他餐饮店	29	0.5%	93	0.8%	9	0.3%
住宿业餐饮	70	1.2%	49	0.4%	−3	−0.8%
合计	5 986		11 701		817	

（3）分析示例

总体上，上海市限额以上社零总额中，网上商店、专卖店、专业店、正餐店社零总额占比较高、增量较大；网上商店、专卖店、小吃等其他餐饮店社零总额占比持续走高。

从现状来看，2022 年上海市限额以上社零总额中，有店铺零售占 62.7%，无店铺零售占 29.3%，餐饮业占 7.6%。具体业态上，社零总额占比前三位的是专卖店（35.8%）、网上商店（29%）、专业店（12.2%），除专卖店以外的有店铺零售额合计占 26.9%，不及网上商店占比。

从走势来看，2010 年至 2022 年，上海市限额以上社零总额中，增量前五位的业态为网上商店（377 亿元）、专卖店（333 亿元）、专业店（51 亿元）、仓储会员店（23 亿元）、正餐店（14 亿元）；占比变化上，网上商店、专卖店、小吃等其他餐饮店销售额占比呈现提高走势，而大型超市、百货店、专业店、正餐店销售额占比呈现下降走势。

（4）按业态划分的社零总额数据应用思路

第一，商务部门可利用按业态划分的社零总额数据，研判社零总额中商业业态市场结构特征，制定各类商业业态发展策略。以上海市为例，该市网上商店、专卖店、专业店、正餐店社零总额占比较高、增量较大；网上商店、专卖店、小吃等其他餐饮店社零总额占比持续走高，是社零业态发展的重点。商务部门在制定各类商业业态发展策略时，可将其作为主要依据之一。

第二，各类社零业态对应的零售企业，可利用按业态划分的社零总额数据，研判细分业态市场规模特征，制定投资选址布局决策。以上海市为例，该市网上商店、专卖店、专业店、正餐店社零总额占比较高、增量较大；网上商店、专卖店、小吃等其他餐饮店社零总额占比持续走高，机会较多；而大型超市、百货店、便利店、快餐店增量较小、占比下降，市场趋于饱和。各类社零业态对应的零售企业在投资扩张和业务布局时，可将其作为主要依据之一。

（四）网上零售额

网上零售额反映了电商平台上卖家及电商平台自营的销售情况，社零总额包含实物商品的网上零售额。分析实物商品网上零售额数据，落脚点是研判实物商品网上零售的规模、占比、走势特征，为商务部门制定网上零售等电子商务产业规划和推进供给侧结构性改革、网上零售企业投资选址等决策提供数据依据。

通常统计部门只统计和发布网上零售额、实物商品网上零售额两项数据，暂未发布其具体构成数据。

1. 分析思路

从现状和走势两个方面，分析网上零售额的规模及占比。

2. 数据图表

网上零售额数据自 2015 年起统计和发布，根据《浙江统计年鉴（2016—2024）》《中国统计年鉴（2016—2024）》提供的数据，将 2015 年至 2023 年浙江省实物商品网上零售额、占比数据整理成图表，具体如图 7-4 所示。

图 7-4 浙江省实物商品网上零售额变化（2015—2023 年）

3. 分析示例

总体上，浙江省社零总额中实物商品网上零售额占比超过 50%，且增速较快，远高于全国平均水平，是社零总额增长的重点。

从现状来看，2023 年浙江省实物商品网上零售额 1.85 万亿元，占社零总额 56.8%，远高于全国平均水平（27.6%）。

从走势来看，2015 年至 2023 年，浙江省实物商品网上零售额年均复合增长 17%，远高于同期社零总额增速（7%）；社零口径实物商品网上零售额占比从 2015 年的 27.1% 提高至 2023 年的 56.8%，网上零售企业经营规模大幅增长。

4. 网上零售额数据应用思路

第一，商务部门可利用网上零售额数据研判社零总额中实物商品网上零售市场特征，制定社零总额增长策略。以浙江省为例，该省社零总额中实物商品网上零售额占比超过

50%，且增速较快，远高于全国平均水平，是社零总额增长的重点。商务部门在制定社零总额增长策略时，可将其作为主要依据之一。

第二，各类网上零售企业可利用网上零售额数据研判网上零售行业区域分布特征，制定投资选址布局决策。以浙江省为例，该省社零总额中实物商品网上零售额占比超过50%，且增速较快，远高于全国平均水平，机会较多。各类网上零售企业在投资扩张和业务布局时，可将其作为主要依据之一。

三、居民人均消费支出

（一）数据解读

常见的居民消费支出数据是指统计公报中的居民人均消费支出。按国家统计局的定义[1]，**居民消费支出**是指居民用于满足家庭日常生活消费需要的全部支出，既包括现金消费支出，也包括实物消费支出；既包括用于消费品的支出，也包括用于服务性消费的支出。

按消费类别，居民消费支出可划分为食品烟酒、衣着、居住、生活用品及服务、交通通信、教育文化娱乐、医疗保健以及其他用品及服务八大类，具体如表 7-10 所示。

表 7-10　居民消费支出统计的消费类别

一、食品烟酒	五、生活用品及服务
食品	家具及室内装饰品
烟酒	家用器具
饮料	家用纺织品
饮食服务	家庭日用杂品
	个人用品
	家庭服务
二、衣着	六、交通通信
衣类	交通
鞋类	通信
三、居住	七、教育文化娱乐
租赁房房租	教育
住房维修及管理	文化娱乐
水电燃料及其他	
自有住房折算租金	
四、医疗保健	八、其他用品及服务
医疗器具及药品	其他用品
医疗服务	其他服务

---

[1]　来源：国家统计局网站。

（1）食品烟酒：指用于各种食品和烟草、酒类的支出。

（2）衣着：指与居民穿着有关的支出，包括服装、服装材料、鞋类、其他衣类及配件、衣着相关加工服务的支出。

（3）居住：指与居住有关的支出，包括房租、水、电、燃料、物业管理等方面的支出，也包括自有住房折算租金。

（4）生活用品及服务：指家庭及个人的各类生活品及家庭服务，包括家具及室内装饰品、家用器具、家用纺织品、家庭日用杂品、个人用品和家庭服务等支出。

（5）交通通信：指用于交通和通信工具及相关的各种服务费、维修费和车辆保险等支出。

（6）教育文化娱乐：指用于教育、文化和娱乐方面的支出。

（7）医疗保健：指用于医疗和保健的药品、用品和服务的总费用，包括医疗器具及药品，以及医疗服务。

（8）其他用品及服务：指无法直接归入上述各类支出的其他用品与服务支出。

国家统计局对16万调查户资料采用超级汇总的方式计算出全国居民人均消费支出，同时计算生成分省数据。基于16万调查户的数据和每一户的权数，加权计算得到居民人均消费支出数据，即：

$$居民人均消费支出 = \frac{\sum 居民家庭消费支出 \times 调查户权数}{\sum 居民家庭人口数 \times 调查户权数}$$

在理解和应用居民人均消费支出数据时，要注意以下要点。

第一，统计公报中的居民消费支出和支出法GDP核算中"最终消费支出"的居民消费支出，二者在指标性质、指标口径与资料来源上均有所不同，不能进行简单比较。前者是微观调查指标，后者是宏观核算指标。统计公报中的居民人均消费支出统计八类商品和服务的消费，而支出法GDP核算中"最终消费支出"的居民消费支出按照十大类支出项目分别进行核算①。

第二，统计公报中的居民消费支出和社零总额中销售给居民的部分，二者在指标性质、统计口径上有所不同。前者是微观指标，通过抽样调查进行统计，是针对消费者的统计，反映地区居民的消费情况；后者是宏观指标，分为限额以上全部统计和限额以下抽样统计，是针对经营销售方的统计，反映了地区零售经营者的销售情况。

第三，统计公报中的居民消费支出，既包括用于消费品的支出，也包括用于服务性消费的支出。服务性消费指住户用于各种生活服务的消费支出，包括餐饮服务、衣着鞋类加工服务、居住服务、家庭服务、交通通信服务、教育文化娱乐服务、医疗服务和其

---

① 来源：国家统计局网站。支出法GDP核算采用产品分类，最终消费支出中，居民消费支出根据支出目的不同分为十大类：（1）食品烟酒；（2）衣着；（3）居住；（4）生活用品及服务；（5）交通和通信；（6）教育文化和娱乐；（7）医疗保健；（8）金融中介服务；（9）保险服务；（10）其他商品及服务。

228

他服务等。

（二）居民人均消费支出总额

居民人均消费支出反映了一个地区居民的实际消费水平，也体现了该地区的消费市场规模。分析居民人均消费支出数据，落脚点是研判居民人均消费水平及其走势特征，为商务部门制定生活性服务业产业规划和供给侧结构性改革策略、生活性服务业企业投资选址和业务布局等决策提供数据依据。

通常统计部门发布的居民人均消费支出包含全体居民、城镇常住居民、农村常住居民三类人群的数据。下面以浙江省为例进行分析，其他层级省市可以参照分析。

1. 分析思路

从现状和走势两个方面，分析城镇居民和农村居民人均消费支出总额。

2. 数据图表

根据《浙江统计年鉴（2011—2024）》《中国统计年鉴（2011—2024）》提供的数据，从城镇居民和农村居民两个维度，将 2010 年至 2023 年浙江省和全国居民人均消费支出数据整理成图表，具体如图 7-5 所示。

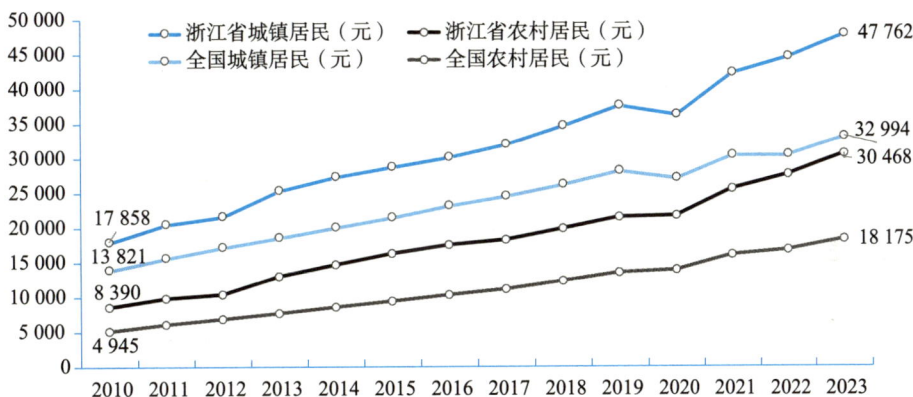

图 7-5 浙江省居民人均消费支出额变化（2010—2023 年）

3. 分析示例

总体上，浙江省城镇和农村居民人均消费支出远高于全国整体水平，城镇居民人均消费支出高、增速快，城镇消费市场是重点。

从现状来看，2023 年浙江省城镇居民人均消费支出 47 762 元，比全国整体水平（32 994 元）高约 1.5 万元；农村居民人均消费支出 30 468 元，比全国整体水平（18 175元）高约 1.2 万元。

从走势来看，2010 年至 2023 年，浙江省城镇居民人均消费支出年均复合增长 7.9%，比全国整体增速（6.9%）高 1 个百分点；农村居民人均消费支出年均复合增长 10.4%，比全国整体增速（10.5%）略低。

4. 居民人均消费支出总额数据应用思路

第一，商务部门可利用居民人均消费支出总额数据，研判城镇和农村居民人均消费支出市场特征，制定生活性服务业产业规划和供给侧结构性改革策略。以浙江省为例，该省城镇和农村居民人均消费支出远高于全国平均水平，城镇居民人均消费支出高、增速快，城镇消费市场是消费增长的重点。商务部门在制定生活性服务业产业规划和供给侧结构性改革策略时，可将其作为主要依据之一。

第二，生活性服务业各行业企业可利用居民人均消费支出总额数据，研判居民人均消费支出额规模和区域分布特征，制定投资选址和业务布局决策。以浙江省为例，该省城镇和农村居民人均消费支出远高于全国整体水平，城镇居民人均消费支出高、增速快，城镇消费市场机会较多。生活性服务业各行业企业在投资扩张和业务布局时，可将其作为主要依据之一。

（三）居民人均消费支出构成

居民消费支出由食品烟酒、衣着、居住、医疗保健、生活用品及服务、交通通信、教育文化娱乐以及其他用品及服务八大类构成，反映了居民具体消费结构和各项消费市场规模大小。

分析居民人均消费支出构成数据，落脚点是研判居民人均消费类型构成及走势特征，为商务部门制定生活性服务业产业规划和供给侧结构性改革策略、生活性服务业企业投资选址和业务布局等决策提供数据依据。

下面以浙江省为例进行分析，其他层级省市可以参照分析。

1. 分析思路

从现状和走势两个方面，分析大类消费支出额和小类消费支出额及其占比。

2. 数据图表

根据《浙江统计年鉴（2014—2024）》提供的数据，按大类和小类消费类别维度，将2013年至2023年浙江省城镇常住居民和农村常住居民人均消费支出额、占比数据整理成图表，具体如表7-11和表7-12所示。

3. 分析示例

（1）总体上，浙江省居民消费大类以食品烟酒、居住、交通通信为主。城镇居民在交通通信、教育文化娱乐、医疗保健方面，农村居民在居住、生活用品及服务方面的消费支出增量大、占比提升，是消费市场的重点领域。

从现状来看，2023年浙江省城镇居民和农村居民人均消费支出占比前三位的大类领域为食品烟酒、居住、交通通信，其中城镇居民的食品烟酒、居住年支出均超过1万元。

从走势来看，2013 年至 2023 年，浙江省城镇居民在交通通信、教育文化娱乐、医疗保健方面的消费支出增量大、占比提升，在衣着、食品烟酒方面的消费支出占比下降；农村居民在居住、生活用品及服务方面的消费支出增量大、占比提升，在衣着、食品烟酒、交通通信方面的消费支出占比下降。

表 7-11　浙江省居民人均消费支出大类构成变化（2013—2023 年）

支出类型	2013 年				2023 年				2013—2023 年变化			
	城镇居民（元）	占比	农村居民（元）	占比	城镇居民（元）	占比	农村居民（元）	占比	城镇居民（元）	占比	农村居民（元）	占比
食品烟酒	7 129	28.2%	4 076	31.8%	12 909	27.0%	9 331	30.6%	578	−1.2%	526	−1.2%
居住	6 613	26.2%	2 829	22.1%	11 550	24.2%	8 158	26.8%	494	−2.0%	533	4.7%
交通通信	3 796	15.0%	1 998	15.6%	7 558	15.8%	4 223	13.9%	376	0.8%	223	−1.7%
教育文化娱乐	2 493	9.9%	1 222	9.5%	5 298	11.1%	2 689	8.8%	281	1.2%	147	−0.7%
医疗保健	1 335	5.3%	968	7.6%	3 248	6.8%	2 289	7.5%	191	1.5%	132	0.0%
生活用品及服务	1 289	5.1%	658	5.1%	2 848	6.0%	1 682	5.5%	156	0.9%	102	0.4%
衣着	1 911	7.6%	806	6.3%	2 623	5.5%	1 476	4.8%	71	−2.1%	67	−1.5%
其他用品及服务	687	2.7%	247	1.9%	1 728	3.6%	620	2.0%	104	0.9%	37	0.1%
居民人均消费支出	25 253		12 804		47 762		30 468		2 251		1 766	

（2）总体上，浙江省居民消费小类以自有住房折算租金、食品、交通、饮食服务、教育为主。城镇居民在交通、饮食服务、教育、医疗服务方面，农村居民在饮食服务、住房维修及管理、自有住房折算租金方面的消费支出增量大、占比提升，是消费市场的重点领域。

从现状来看，2023 年浙江省城镇居民和农村居民人均消费支出占比前五位的小类领域为自有住房折算租金、食品、交通、饮食服务、教育。

从走势来看，2013 年至 2023 年，浙江省城镇居民在交通、饮食服务、教育、医疗服务方面的消费支出增量大、占比提升，在衣类、通信、水电燃料及其他、租赁房房租方面的消费支出占比下降；农村居民在饮食服务、住房维修及管理、自有住房折算租金方面的消费支出增量大、占比提升，在教育、衣类、水电燃料及其他、通信方面的消费支出占比下降。

表 7-12　浙江省居民人均消费支出小类构成变化（2013—2023 年）

支出类型	2013 年				2023 年				2013—2023 年变化			
	城镇居民（元）	占比	农村居民（元）	占比	城镇居民（元）	占比	农村居民（元）	占比	城镇居民（元）	占比	农村居民（元）	占比
自有住房折算租金	4 691	18.6%	1 688	13.2%	9 263	19.4%	4 652	15.3%	457	0.8%	296	2.1%
食品	4 830	19.1%	2 957	23.1%	7 039	14.7%	5 869	19.3%	221	−4.4%	291	−3.8%
交通	2 750	10.9%	1 453	11.3%	6 329	13.3%	3 273	10.7%	358	2.4%	182	−0.6%
饮食服务	1 521	6.0%	448	3.5%	4 281	9.0%	1 947	6.4%	276	2.9%	150	2.9%
教育	1 284	5.1%	893	7.0%	3 296	6.9%	1 741	5.7%	201	1.8%	85	−1.3%
医疗服务	821	3.3%	710	5.5%	2 259	4.7%	1 607	5.3%	144	1.5%	90	−0.3%
衣类	1 545	6.1%	641	5.0%	2 204	4.6%	1 188	3.9%	66	−1.5%	55	−1.1%
文化娱乐	1 209	4.8%	328	2.6%	2 003	4.2%	948	3.1%	79	−0.6%	62	0.5%
水电燃料及其他	950	3.8%	585	4.6%	1 254	2.6%	1 082	3.6%	30	−1.1%	50	−1.0%
烟酒	779	3.1%	671	5.2%	1 247	2.6%	1 272	4.2%	47	−0.5%	60	−1.1%
通信	1 046	4.1%	545	4.3%	1 228	2.6%	950	3.1%	18	−1.6%	41	−1.1%
医疗器具及药品	514	2.0%	258	2.0%	989	2.1%	682	2.2%	48	0.0%	42	0.2%
其他用品	441	1.7%	157	1.2%	971	2.0%	328	1.1%	53	0.3%	17	−0.1%
其他服务	246	1.0%	90	0.7%	757	1.6%	291	1.0%	51	0.6%	20	0.3%
家用器具	334	1.3%	229	1.8%	742	1.6%	567	1.9%	41	0.2%	34	0.1%
个人用品	200	0.8%	51	0.4%	641	1.3%	299	1.0%	44	0.6%	25	0.6%
住房维修及管理	409	1.6%	459	3.6%	605	1.3%	2 178	7.1%	20	−0.4%	172	3.6%
家具及室内装饰品	223	0.9%	117	0.9%	529	1.1%	227	0.7%	31	0.2%	11	−0.2%
家庭日用杂品	317	1.3%	173	1.4%	499	1.0%	364	1.2%	18	−0.2%	19	−0.2%
租赁房房租	562	2.2%	97	0.8%	429	0.9%	248	0.8%	−13	−1.3%	15	0.1%
鞋类	366	1.4%	165	1.3%	419	0.9%	288	0.9%	5	−0.6%	12	−0.3%
饮料		0.0%		0.0%	342	0.7%	243	0.8%	34	0.7%	24	0.8%
家庭服务	100	0.4%	23	0.2%	226	0.5%	65	0.2%	13	0.1%	4	0.0%
家用纺织品	115	0.5%	65	0.5%	212	0.4%	159	0.5%	10	0.0%	9	0.0%
居民人均消费支出	25 253		12 803		47 764		30 468		2 251		1 767	

4. 居民人均消费支出构成数据应用思路

第一，商务部门可利用居民人均消费支出构成数据，研判城镇和农村居民具体消费结构特征，制定生活性服务业产业规划和供给侧结构性改革策略。以浙江省为例，该省居民消费大类以食品烟酒、居住、交通通信为主，城镇居民在交通通信、教育文化娱乐、医疗保健方面，农村居民在居住、生活用品及服务方面的消费支出增量大、占比提升，是消费市场增长的重点领域。商务部门在制定生活性服务业产业规划和供给侧结构性改革策略时，可将其作为主要依据之一。

　　第二，生活性服务业各行业企业可利用居民人均消费支出构成数据，研判居民具体消费结构和各项消费市场规模大小，制定投资选址和业务布局决策。以浙江省为例，该省居民消费大类以食品烟酒、居住、交通通信为主，城镇居民在交通通信、教育文化娱乐、医疗保健方面，农村居民在居住、生活用品及服务方面的消费支出增量大、占比提升，市场机会较多；而在衣着、食品烟酒、交通通信方面的消费支出占比下降，增长空间小。生活性服务业各行业企业在投资扩张和业务布局时，可将其作为主要依据之一。

第八章

居民收入数据

居民收入也是广受关注的经济指标，主要涉及就业人员平均工资、居民人均可支配收入数据。本章主要介绍以下要点。

（1）就业人员平均工资统计的对象是企事业单位就业人员，不含个体户、自由职业者；

（2）就业人员平均工资统计的是劳动报酬性质的收入，不含福利费、社保等；

（3）就业人员平均工资是平均数，不能反映收入分布情况；

（4）全口径城镇单位就业人员平均工资对应社保部门的"社会平均工资"；

（5）居民可支配收入由四部分组成，不含遗产、卖房收入、拆迁补偿等非经常性转移或财产处置收入；

（6）居民可支配收入是通过对全国16万居民户抽样调查计算得出的平均值。

分析居民收入数据，要结合总量和结构、现状和走势、绝对数据和相对数据辩证地分析，要注意数据口径的一致性。其主要应用场景如下。

（1）制定居民收入增长策略和政策；

（2）制定消费品行业企业投资选址决策和业务发展策略；

（3）个人择业和选择发展城市。

一、居民收入数据梳理

根据目前政府数据统计制度，居民收入数据主要包括：

（1）劳动工资统计调查中的就业人员平均工资；

（2）住户收支与生活状况调查中的人均可支配收入；

（3）收入法 GDP 核算中的劳动者报酬。

这三个数据在收入构成、调查统计对象、核算方法上存在差异。

其中，劳动者报酬在第一章"收入法 GDP 核算"中已经做了介绍，本章重点介绍劳动工资统计调查中的就业人员平均工资及住户收支与生活状况调查中的人均可支配收入。两者的对比如表 8-1 所示。

表 8-1　两类收入调查对比

对比项		住户收支与生活状况调查	劳动工资统计调查
对象		住户及其家庭成员	一套表法人单位和非一套表法人单位
		约 2 000 个调查县（市、区）内的 16 万调查户	"四上"单位全面调查，规模以下单位抽样调查
指标		居民可支配收入	就业人员平均工资
		其中：全国居民五等份收入分组	其中："四上"单位分岗位平均工资

（续表）

对比项	住户收支与生活状况调查	劳动工资统计调查
公布	国家统计局官方网站新闻稿	国家统计局官方网站新闻稿
	《中国统计年鉴》	《中国统计年鉴》
	《中国住户调查统计年鉴》	《中国人口和就业统计年鉴》
	《中国人口和就业统计年鉴》	

二、就业人员平均工资

（一）数据解读

工资是劳动力的价格，从就业人员角度看是主要收入来源，从企业单位角度看是成本的重要组成部分，从政府角度看是核定社保缴费基数、养老金、补偿金的重要依据。

就业人员平均工资是按《劳动工资统计报表制度》开展调查统计并计算得出的。劳动工资的统计调查对象是法人单位中的从业人员及工资总额，不包括没有工资发放行为的单位，也不包括个体工商户、自由职业者等非单位就业人员。统计以"谁发工资谁统计（劳务派遣人员除外）"为基本原则。相关数据由国家统计局统计汇总计算，并通过国家统计局网站、《中国统计年鉴》等渠道公布。各省在国家发布数据后发布本地区主要工资数据，发布前需将发布文稿和数据报国家统计局人口和就业统计司审批备案。

统计调查分为两类单位、采用两种方法。一类是"四上"企业（辖区内规模以上工业、有资质的建筑业、限额以上批发和零售业、限额以上住宿和餐饮业、有开发经营活动的房地产开发经营业、规模以上服务业法人单位），实行全部统计、联网直报，2023年全国此类法人单位约 153.9 万家；另一类是其他企业，实行抽样调查统计。

单位就业人员平均工资计算方法如下：

单位就业人员平均工资[①]= 报告期单位就业人员工资总额／
报告期单位就业人员平均人数

就业人员工资总额是指各单位在一定时期内直接支付给本单位全部就业人员的劳动报酬总额。各单位支付给本单位就业人员的劳动报酬，不论是否计入成本，不论是以货币形式还是以实物形式支付，均应列入工资总额的计算范围。应计入工资总额的项目包括：计时工资、计件工资、奖金、津贴和补贴、加班加点工资、特殊情况下支付的工资等。工资总额是税前工资，包括单位从个人工资中直接为其代扣和代缴的个人所得税、社会保险基金和住房公积金等个人缴纳部分，以及房费、水电费等，但不包括从单位工会经费或工会账户中发放的现金或实物，以及入股分红、股权激励兑现的收益和各种资

---

① 来源：国家统计局网站，"单位就业人员平均工资的计算方法"。

本性收益等。

平均人数指报告期内本单位平均每天实际使用，并由本单位支付劳动报酬的就业人员数。

$$年度就业人员平均人数 = \frac{报告年内各月平均人数之和}{12}$$

根据《劳动工资统计报表制度》，统计并公布的就业人员工资数据包括：

（1）全口径城镇单位就业人员平均工资；

（2）按企业性质分类的就业人员平均工资；

（3）按企业类型分类的就业人员平均工资；

（4）按行业分类的就业人员平均工资；

（5）按岗位分类的就业人员平均工资（"四上"口径）。

其中，自2013年起，国家统计局在一套表联网直报单位范围内（即"四上"单位）对不同岗位的工资情况进行了调查，涉及16个行业门类的5类岗位[1]：中层及以上管理人员、专业技术人员、办事人员和有关人员、社会生产服务和生活服务人员、生产制造及有关人员（如表8-2所示）。汇总统计并发布按地区分组、按行业分组、按企业类型分组的不同岗位平均工资数据，数据暂不涉及省市层面。2013年调查涉及16个行业门类的约87万家企业法人单位，2023年调查涉及16个行业门类的约153.9万家企业法人单位。

表8-2　统计用工作岗位分类

五类岗位划分				
中层及以上管理人员	专业技术人员	办事人员和有关人员	社会生产服务和生活服务人员	生产制造及有关人员
主要负责人	科学研究人员	办事人员	批发与零售服务人员	制造业31个大类行业生产加工制作人员
高级管理人员	工程技术人员	安全和消防人员	交通运输、仓储和邮政业服务人员	采矿人员
一级部门负责人	农业技术人员	其他办事人员和有关人员	住宿和餐饮服务人员	电力、热力、气体、水生产和输配人员
内设机构负责人	飞机和船舶技术人员		信息传输、软件和信息技术服务人员	建筑施工人员
	卫生专业技术人员		金融服务人员	运输设备和通用工程机械操作人员及有关人员
	经济和金融专业人员		房地产服务人员	生产辅助人员
	法律、社会和宗教专业人员		租赁和商务服务人员	其他生产制造及有关人员
	教学人员		技术辅助服务人员	
	文学艺术、体育专业人员		水利、环境和公共设施管理服务人员	
	新闻出版、文化专业人员		居民服务人员	

---

[1] 来源：国家统计局网站，"2013年不同岗位平均工资情况"。

（续表）

五类岗位划分				
中层及以上管理人员	专业技术人员	办事人员和有关人员	社会生产服务和生活服务人员	生产制造及有关人员
	其他专业技术人员		电力、燃气及水供应服务人员	
			修理及制作服务人员	
			文化、体育和娱乐服务人员	
			健康服务人员	
			其他社会生产和生活服务人员	

在理解和应用单位就业人员工资数据时，要注意以下要点。

第一，工资统计针对的并不是全国所有就业人员，而是受雇于企事业单位的就业人员，不包括个体户、自由职业者等。

第二，从就业人员角度看，单位就业人员平均工资比个人实际到手工资要高，不能用于个人的比较，可用于地区间、行业间、岗位间的比较。单位就业人员平均工资是平均数，不能反映企业单位内不同岗位和个人的工资水平即收入分布情况，实际上大部分个体的工资是低于平均工资的。单位就业人员平均工资反映了不同类型企业、不同行业的就业人员的总体平均工资水平，对个人选择行业、跨行业转行有一定参考价值。

第三，从个人和企业单位角度看，工资不等于收入或人力成本。工资仅统计单位就业人员的有劳动报酬性质的收入（计时工资、计件工资等基本工资＋奖金、津贴和补贴等额外工资），福利费和单位负担的社会保险费、住房公积金等并不包括在内。个人和企业不仅要关注工资，也要关注工资之外的其他收入或人力成本。

第四，不同类型企业、同一类企业不同岗位的工资总额构成不一样。按工资总额组成规定，应计入工资总额的项目包括计时工资、计件工资、奖金、津贴和补贴、加班加点工资、特殊情况下支付的工资六类，国有单位、私营单位、外资单位工资总额子项差异较大，如有些单位可能计时类基本工资不高，但奖金、津贴和补贴等工资非常高，从而推高了工资总额。个人在择业时要考虑这一点。

第五，单位就业人员平均工资不只反映了企业的人力成本水平，也部分反映了企业对人才的吸引力，对政府招商引资行业选择、企业单位对外投资选址和异地业务布局决策有一定参考价值。

第六，社保业务中常说的"社会平均工资"，不是统计部门公布的统计指标，但对应统计部门发布的全口径城镇单位就业人员平均工资。根据国务院办公厅《关于印发降低社会保险费率综合方案的通知》（国办发〔2019〕13号）的规定，"各省应以本省城镇非私营单位就业人员平均工资和城镇私营单位就业人员平均工资加权计算的全口径城镇单位就业人员平均工资，核定社保个人缴费基数上下限"，因此，社会平均工资对应统计部门发布的全口径城镇单位就业人员平均工资。根据社会平均工资（全口径城镇单位就业人员平均工资）核定调整社保缴费上限（一般为社会平均工资的 3 倍），对应着企业的人力成本变化，而低于缴费基数上限的员工的收入不受影响。

（二）城镇单位就业人员平均工资

全口径城镇单位就业人员平均工资由城镇非私营单位就业人员平均工资和城镇私营单位就业人员平均工资加权计算得出。

分析城镇非私营、城镇私营、城镇全口径单位的就业人员平均工资数据，落脚点是研判就业人员平均工资额及其走势，为政府核定调整社保缴费基数、养老金、补偿金等决策提供数据依据。

下面以浙江省为例进行分析，其他层级省市可以参考。

1. 分析思路

从现状和走势两个方面，分析城镇非私营、城镇私营、城镇全口径单位的就业人员平均工资额。

2. 数据图表

根据《浙江统计年鉴（2011—2024）》《中国统计年鉴（2011—2024）》及浙江省统计局和国家统计局《就业人员平均工资统计公报》提供的数据，将 2010 年至 2023 年浙江省和全国城镇非私营、城镇私营、城镇全口径单位的就业人员平均工资额数据整理成图表，具体如表 8-3 所示。

表 8-3　浙江省城镇就业人员平均工资变化（2010—2023 年）

项目	2010 年		2023 年		2010—2023 年变化	
	浙江省平均工资（元）	全国平均工资（元）	浙江省平均工资（元）	全国平均工资（元）	浙江省平均工资（元）	全国平均工资（元）
城镇非私营	41 505	37 147	133 045	120 698	7 042	6 427
城镇私营	23 409	20 759	74 325	68 340	3 917	3 660
城镇全口径	40 640		99 722		4 545	

3. 分析示例

总体上，浙江省城镇单位就业人员平均工资高、增幅大，增速略低于全国平均水平，对人才和企业吸引力较强。

从现状来看，2023 年浙江省城镇非私营单位就业人员平均工资为 13.3 万元，比全国平均水平高 1.3 万元；城镇私营单位就业人员平均工资为 7.4 万元，比全国平均水平高 0.6 万元。

从走势来看，2010 年至 2023 年期间，浙江省城镇非私营单位就业人员平均工资年均增加 7 042 元，比全国平均水平高 600 多元，复合增速 9.4%，略低于全国平均增速（9.5%）；浙江省城镇私营单位就业人员平均工资年均增加 3 917 元，比全国平均水平高近 300 元，复合增速 9.3%，略低于全国平均增速（9.6%）。

4. 城镇单位就业人员平均工资数据应用思路

第一，政府人社部门、招商引资部门可利用城镇单位就业人员平均工资数据，研判城镇单位就业人员平均工资额和走势特征，核定和调整社保缴费基数。以浙江省为例，该省城镇单位就业人员平均工资高、增幅大，增速略低于全国平均水平，对人才和企业吸引力较强。在核定和调整社保缴费基数、对外招商引资与招才引智推介时，可将其作为主要依据之一。

第二，个人可利用城镇单位就业人员平均工资数据，研判各地区城镇单位就业人员平均工资额和走势特征，选择就业目标省市。以浙江省为例，该省城镇单位就业人员平均工资高、增幅大，吸引力较强。个人选择就业目标省市时，可将其作为主要依据之一。

（三）按企业类型就业人员平均工资

根据公布的就业人员平均工资数据，调查的全口径城镇单位按性质分为国有单位、其他内资非私营单位（国有独资公司、有限公司、股份公司、集体企业等）、港澳台商投资单位、外商投资单位、私营单位五大类。

分析不同性质企业单位的就业人员平均工资数据，落脚点是研判不同性质企业单位的平均工资额及其走势，为政府招商引资行业选择、企业对外投资选址和异地业务布局、个人择业等决策提供数据依据。

下面以浙江省为例进行分析，其他层级省市可以参考。

1. 分析思路

从现状和走势两个方面，分析不同性质企业单位的平均工资额。

2. 数据图表

根据《浙江统计年鉴（2011—2024）》《中国统计年鉴（2011—2024）》的数据，按五大类企业维度，将 2010 年至 2023 年浙江省和全国五大类企业的就业人员平均工资额数据整理成图表，具体如表 8-4 所示。

表 8-4　浙江省及全国五大类企业就业人员平均工资变化（2010—2023 年）

单位性质	2010 年		2023 年		2010—2023 年变化	
	浙江平均工资（元）	全国平均工资（元）	浙江平均工资（元）	全国平均工资（元）	浙江平均工资（元）	全国平均工资（元）
国有单位	62 367	38 359	184 226	127 672	9 374	6 870
港澳台商投资单位	31 114	31 983	153 616	132 342	9 423	7 720
外商投资单位	32 093	41 739	126 240	149 130	7 242	8 261
其他内资非私营单位	31 362	25 253	114 384	110 620	6 386	6 567
私营单位	23 409	20 759	74 325	68 340	3 917	3 660

3. 分析示例

总体上，浙江省国有单位、港澳台商投资单位、外商投资单位平均工资高、增幅大。其中，外商投资单位平均工资增幅低于全国平均水平，国有单位、港澳台商投资单位吸引力较强。

从现状来看，2023 年浙江省平均工资最高的是国有单位（18.4 万元），其次是港澳台商投资单位（15.4 万元）和外商投资单位（12.6 万元），最低的是私营单位（7.4 万元）。其中，外商投资单位平均工资低于全国平均水平，其他类型企业的平均工资高于全国平均水平。

从走势来看，2010 年至 2023 年期间，浙江省平均工资年均增幅较大的依次是港澳台商投资单位、国有单位、外商投资单位，年均复合增速分别为 13.1%、8.7%、11.1%；国有单位增幅大但增速相对较低，而外商投资单位增幅低于全国平均水平。

4. 按企业类型就业人员平均工资数据应用思路

第一，政府人社部门、招商引资部门可利用按企业类型划分的就业人员平均工资数据，研判各类企业单位就业人员平均工资额和走势特征，评估对外招商引资与招才引智的优势。以浙江省为例，该省国有单位、港澳台商投资单位、外商投资单位平均工资高、增幅大，外商投资单位平均工资增幅低于全国平均水平，国有单位、港澳台商投资单位吸引力较强。在进行对外招商引资与招才引智推介时，可将其作为主要依据之一。

第二，个人可利用按企业类型划分的就业人员平均工资数据，研判各地区各类企业单位就业人员平均工资额和走势特征，选择就业目标省市。以浙江省为例，该省国有单位、港澳台商投资单位、外商投资单位平均工资高、增幅大，外商投资单位平均工资增幅低于全国平均水平，国有单位、港澳台商投资单位吸引力较强。个人选择就业目标省市时，可将其作为主要依据之一。

（四）按行业就业人员平均工资

分析各行业的就业人员平均工资数据，落脚点是研判不同行业企业单位的平均工资额及其走势，为政府招商引资行业选择、企业对外投资选址和异地业务布局、个人择业等决策提供数据依据。

下面以浙江省城镇非私营单位就业人员工资数据为例进行分析，其他省市层级分析、城镇私营单位分析可以参考。

1. 分析思路

从现状和走势两个方面，分析各行业企业单位的就业人员平均工资额。

2. 数据图表

根据《浙江统计年鉴（2011—2024）》《中国统计年鉴（2011—2024）》提供的数据，将 2010 年至 2023 年浙江省和全国各个行业企业的就业人员平均工资额及增速数据整理成图表，具体如表 8-5 所示。

表 8-5　浙江省各行业企业就业人员平均工资变化（2010—2023 年）

行业类型	2010 年		2023 年			2010—2023 年变化			
	浙江（元）	全国（元）	浙江（元）	全国（元）	浙江—全国	浙江（元）	全国（元）	浙江增速	全国增速
信息传输、软件和信息技术服务业	77 125	64 436	296 276	231 810	64 466	16 858	12 875	10.9%	10.3%
金融业	98 135	70 146	219 310	197 663	21 647	9 321	9 809	6.4%	8.3%
卫生和社会工作	62 508	40 232	198 037	143 818	54 219	10 425	7 968	9.3%	10.3%
科学研究和技术服务业	56 621	56 376	186 407	171 447	14 960	9 984	8 852	9.6%	8.9%
电力、热力、燃气及水生产和供应业	77 180	47 309	178 209	143 594	34 615	7 771	7 407	6.6%	8.9%
公共管理、社会保障和社会组织	64 667	38 242	177 400	117 108	60 292	8 672	6 067	8.1%	9.0%
教育	63 693	38 968	166 068	124 067	42 001	7 875	6 546	7.7%	9.3%
文化、体育和娱乐业	56 313	41 428	150 143	127 334	22 809	7 218	6 608	7.8%	9.0%
批发和零售业	39 901	33 635	139 543	124 362	15 181	7 665	6 979	10.1%	10.6%
交通运输、仓储和邮政业	48 359	40 466	130 065	122 705	7 360	6 285	6 326	7.9%	8.9%
制造业	29 671	30 916	108 026	103 932	4 094	6 027	5 617	10.5%	9.8%
采矿业	28 330	44 196	107 327	135 025	−27 698	6 077	6 987	10.8%	9.0%
房地产业	42 290	35 870	101 291	91 932	9 359	4 539	4 312	6.9%	7.5%
农、林、牧、渔业	34 088	16 717	95 044	62 952	32 092	4 689	3 557	8.2%	10.7%
租赁和商务服务业	32 450	39 566	91 790	109 264	−17 474	4 565	5 361	8.3%	8.1%
水利、环境和公共设施管理业	32 462	25 544	91 039	68 656	22 383	4 506	3 316	8.3%	7.9%
建筑业	28 595	27 529	79 719	85 804	−6 085	3 933	4 483	8.2%	9.1%
居民服务、修理和其他服务业	35 127	28 206	75 730	68 919	6 811	3 123	3 132	6.1%	7.1%
住宿和餐饮业	24 679	23 382	65 371	58 094	7 277	3 130	2 670	7.8%	7.3%
加权平均	41 505	37 147	133 045	120 698	12 347	7 042	6 427	9.4%	9.5%

3.分析示例

总体上，相对全国整体水平而言，浙江省信息传输、软件和信息技术服务业及科学研究和技术服务业、制造业平均工资高、增幅大、增速快，吸引力较强；金融业，卫生和社会工作，教育，文化、体育和娱乐业，交通运输、仓储和邮政业平均工资增速低于全国平均水平。

从现状来看，2023 年浙江省平均工资最高的前五个行业分别是信息传输、软件和信息技术服务业，金融业，卫生和社会工作，科学研究和技术服务业，电力、热力、燃气及水生产和供应业，这几个行业的平均工资在 18 万元以上，高于全国平均水平 1.5 万元至 6.4 万元不等；租赁和商务服务业、采矿业、建筑业平均工资低于全国平均水平。

从走势来看，2010 年至 2023 年期间，浙江省平均工资年均增幅大、增速快的行业为信息传输、软件和信息技术服务业及卫生和社会工作、科学研究和技术服务业；制造业平均工资增速较快；而金融业、建筑业及交通运输、仓储和邮政业平均工资增幅和增速均低于全国平均水平。

4. 按行业就业人员平均工资数据应用思路

第一，政府人社部门、招商引资部门可利用按行业划分的就业人员平均工资数据，研判各行业企业单位就业人员平均工资额和走势特征，评估对外招商引资与招才引智的优势。以浙江省为例，相对全国整体水平而言，该省信息传输、软件和信息技术服务业及科学研究和技术服务业、制造业平均工资高、增幅大、增速快，吸引力较强；而金融业，卫生和社会工作，教育，文化、体育和娱乐业，交通运输、仓储和邮政业平均工资增速低于全国整体水平，吸引力不高。对外招商引资与招才引智推介时，可将其作为主要依据之一。

第二，个人可利用按行业划分的就业人员平均工资数据，研判各地区行业企业单位就业人员平均工资额和走势特征，选择就业目标省市。以浙江省为例，相对全国整体水平而言，该省信息传输、软件和信息技术服务业及科学研究和技术服务业、制造业平均工资高、增幅大、增速快，吸引力较强；而金融业，卫生和社会工作，教育，文化、体育和娱乐业，交通运输、仓储和邮政业平均工资增速低于全国整体水平，吸引力不高。个人选择就业目标省市时，可将其作为主要依据之一。

（五）按岗位就业人员平均工资

分析各岗位的就业人员平均工资数据，落脚点是研判不同行业企业单位的平均工资额及其走势，为政府招商引资行业选择、企业对外投资选址和异地业务布局、个人择业等决策提供数据依据。

由于暂未公布省市层面分岗位平均工资数据，为了方便，这里以全国数据为例进行分析，在省市数据可得的情况下可参照分析。

1. 按地区划分的岗位就业人员平均工资

（1）分析思路

从现状和走势两个方面，分析各地区[①]"四上"企业单位五类岗位的就业人员平均工资额。

（2）数据图表

根据国家统计局公布的《年度城镇单位就业人员年平均工资情况》中的数据，按五类岗位维度，将 2013 年至 2023 年全国分地区"四上"企业的就业人员平均工资额、增幅数据整理成图表，具体如表 8-6 所示。

[①] 东部地区包括北京、天津、河北、上海、江苏、浙江、福建、山东、广东和海南 10 个省（直辖市），中部地区包括山西、安徽、江西、河南、湖北和湖南 6 个省，西部地区包括内蒙古、广西、重庆、四川、贵州、云南、西藏、陕西、甘肃、青海、宁夏和新疆 12 个省（自治区、直辖市），东北地区包括辽宁、吉林和黑龙江 3 个省。

表 8-6　全国分地区五类岗位就业人员平均工资变化（2013—2023 年）

单位：元

岗位类型	2013 年					2023 年					2013—2023 年年均涨幅				
	东部地区	中部地区	西部地区	东北地区	全国平均	东部地区	中部地区	西部地区	东北地区	全国平均	东部地区	中部地区	西部地区	东北地区	全国平均
中层及以上管理人员	128 023	70 983	86 985	85 469	107 374	229 562	139 999	166 538	159 723	198 285	10 153.9	6 901.6	7 955.3	7 425.4	9 091
专业技术人员	72 028	48 359	55 270	50 216	63 074	160 098	101 902	118 522	107 961	140 935	8 807	5 354.3	6 325.2	5 774.5	7 786
办事人员和有关人员	51 509	37 302	41 916	40 609	46 403	100 270	70 635	77 371	77 318	89 502	4 876.1	3 333.3	3 545.5	3 670.9	4 310
社会生产服务和生活服务人员	44 178	31 784	33 496	32 016	39 322	82 236	61 313	66 874	71 628	75 216	3 805.8	2 952.9	3 337.8	3 961.2	3 589
生产制造及有关人员	41 451	36 827	40 253	37 360	40 044	76 955	69 385	78 461	73 199	75 463	3 550.4	3 255.8	3 820.8	3 583.9	3 542

（3）分析示例

总体上，中层及以上管理人员与专业技术人员平均工资高、增幅大，东部地区、西部地区五类岗位平均工资水平全国领先，东部地区、东北地区五类岗位平均工资增幅全国领先。

从现状来看，2023 年五类岗位平均工资前两位的地区分别是：中层及以上管理人员，东部、西部；专业技术人员，东部、西部；办事人员和有关人员，东部、西部；社会生产服务和生活服务人员，东部、东北；生产制造及有关人员，西部、东部。整体上东部地区、西部地区五类岗位工资水平全国领先。

从走势来看，2013 年至 2023 年期间，五类岗位平均工资年均增幅前两位的地区分别是：中层及以上管理人员，东部、西部；专业技术人员，东部、西部；办事人员和有关人员，东部、东北；社会生产服务和生活服务人员，东部、东北；生产制造及有关人员，西部、东北。整体上东部地区、东北地区五类岗位平均工资增幅全国领先。

（4）按地区划分的岗位就业人员平均工资数据应用思路

第一，政府人社部门、招商引资部门可利用按地区划分的岗位就业人员平均工资数据，研判各岗位平均工资额和走势特征，评估对外招商引资与招才引智的优势。以西部地区省份为例，五类岗位平均工资水平仅次于东部地区，中层及以上管理人员、专业技术人员、生产制造及有关人员平均工资增幅全国领先，吸引力较强。对外招商引资与招才引智推介时，可将其作为主要依据之一。

第二，个人可利用按地区划分的岗位就业人员平均工资数据，研判各地区岗位平均工资额和走势特征，选择就业目标省市。以西部地区省份为例，五类岗位平均工资水平仅次于东部地区，中层及以上管理人员、专业技术人员、生产制造及有关人员平均工资增幅全国领先，吸引力较强。个人在选择就业目标省市时，可将其作为主要依据之一。

2. 按行业岗位划分的就业人员平均工资

（1）分析思路

从现状和走势两个方面，分析各行业"四上"企业单位五类岗位的就业人员平均工资额。

（2）数据图表

根据国家统计局公布的《年度城镇单位就业人员年平均工资情况》中的数据，按行业维度，将2013年至2023年全国分行业"四上"企业的就业人员平均工资额及增速数据整理成图表，具体如表8-7所示。

（3）分析示例

总体上，信息传输、软件和信息技术服务业，科学研究和技术服务业，交通运输、仓储和邮政业，采矿业，电力、热力、燃气及水生产和供应业五类岗位平均工资额均较高；信息传输、软件和信息技术服务业及采矿业、制造业等五类岗位平均工资增速较快。

从现状来看，2023年中层及以上管理人员平均工资前三位的行业为信息传输、软件和信息技术服务业，科学研究和技术服务业，租赁和商务服务业；专业技术人员平均工资前三位的行业为信息传输、软件和信息技术服务业，文化、体育和娱乐业，交通运输、仓储和邮政业；办事人员和有关人员平均工资前三位的行业为信息传输、软件和信息技术服务业，采矿业，电力、热力、燃气及水生产和供应业；社会生产服务和生活服务人员平均工资前三位的行业为信息传输、软件和信息技术服务业，交通运输、仓储和邮政业，科学研究和技术服务业；生产制造及有关人员平均工资前三位的行业为建筑业、采矿业、科学研究和技术服务业。

从走势来看，2013年至2023年期间，中层及以上管理人员平均工资增速高的行业为采矿业、卫生和社会工作、教育、制造业；专业技术人员平均工资增速高的行业为采矿业及信息传输、软件和信息技术服务业；办事人员和有关人员平均工资增速高的行业为采矿业、制造业、卫生和社会工作、教育；社会生产服务和生活服务人员平均工资增速高的行业为交通运输、仓储和邮政业，科学研究和技术服务业，信息传输、软件和信息技术服务业；生产制造及有关人员平均工资增速高的行业为采矿业，电力、热力、燃气及水生产和供应业，科学研究和技术服务业。

（4）按行业划分的岗位就业人员平均工资数据应用思路

第一，政府人社部门、招商引资部门可利用按行业划分的岗位就业人员平均工资数据，研判各行业中岗位平均工资额和走势特征，评估对外招商引资与招才引智的优势。以全国平均数据为例，信息传输、软件和信息技术服务业，科学研究和技术服务业，交通运输、仓储和邮政业，采矿业，电力、热力、燃气及水生产和供应业五类岗位平均工资额均较高；信息传输、软件和信息技术服务业及采矿业、制造业等五类岗位平均工资

表 8-7 全国各行业五类岗位就业人员平均工资变化（2013—2023 年）

单位：元

行业类型	2013 年					2023 年					2013—2023 年增速				
	中层及以上管理人员	专业技术人员	办事人员和有关人员	社会生产服务和生活服务人员	生产制造及有关人员	中层及以上管理人员	专业技术人员	办事人员和有关人员	社会生产服务和生活服务人员	生产制造及有关人员	中层及以上管理人员	专业技术人员	办事人员和有关人员	社会生产服务和生活服务人员	生产制造及有关人员
采矿业	112 777	68 848	58 318	43 241	52 114	240 813	160 426	132 643	81 223	112 508	7.9%	8.8%	8.6%	6.5%	8.0%
制造业	98 586	60 244	45 192	47 284	38 423	186 584	134 086	95 465	93 318	74 312	6.6%	8.3%	7.8%	7.0%	6.8%
电力、热力、燃气及水生产和供应业	141 660	82 630	61 914	54 921	62 554	245 923	171 167	118 073	97 021	133 712	5.7%	7.6%	6.7%	5.9%	7.9%
建筑业	76 188	47 639	36 901	35 149	38 456	130 878	90 275	63 928	61 102	66 876	5.6%	6.6%	5.6%	5.7%	5.7%
批发和零售业	107 099	64 575	51 297	37 191	38 415	195 705	129 143	89 967	76 481	67 526	6.2%	7.2%	5.8%	7.5%	5.8%
交通运输、仓储和邮政业	123 033	85 541	52 307	47 399	48 565	226 359	175 260	98 440	109 480	89 896	6.3%	7.4%	6.5%	8.7%	6.4%
住宿和餐饮业	70 919	40 261	33 129	29 511	31 224	106 180	66 241	53 629	47 809	49 017	4.1%	5.1%	4.9%	4.9%	4.6%
信息传输、软件和信息技术服务业	241 738	109 001	76 381	73 500	51 610	452 568	249 733	148 502	155 685	95 597	6.5%	8.6%	6.9%	7.8%	6.4%
房地产业	114 517	65 508	44 082	33 851	32 734	188 532	113 270	80 629	53 915	63 946	5.1%	5.6%	6.2%	4.8%	6.9%
租赁和商务服务业	243 898	108 021	62 366	43 138	43 462	283 883	146 325	87 607	65 713	70 816	1.5%	3.1%	3.5%	4.3%	5.0%
科学研究和技术服务业	199 014	99 916	66 920	47 572	49 877	310 071	164 230	116 329	101 452	102 699	4.5%	5.1%	5.7%	7.9%	7.5%
水利、环境和公共设施管理业	105 511	58 313	42 680	33 105	38 361	170 241	113 321	70 167	39 062	57 854	4.9%	6.9%	5.1%	1.7%	4.2%
居民服务、修理和其他服务业	81 834	48 171	37 227	30 835	35 060	121 840	83 357	70 366	46 309	57 489	4.1%	5.6%	6.6%	4.2%	5.1%
教育	97 201	51 014	44 485	45 118	36 144	193 682	109 737	89 293	86 681	66 717	7.1%	8.0%	7.2%	6.7%	6.3%
卫生和社会工作	94 487	53 274	41 437	37 575	41 526	190 563	107 834	81 915	67 775	80 286	7.3%	7.3%	7.1%	6.1%	6.8%
文化、体育和娱乐业	169 032	93 370	57 514	35 435	43 971	227 130	182 159	94 356	68 511	64 906	3.0%	6.9%	5.1%	6.8%	4.0%
整体	107 374	63 074	46 403	39 322	40 044	198 285	140 935	89 502	75 216	75 463	6.3%	8.4%	6.8%	6.7%	6.5%

增速较快。在对外招商引资与招才引智推介时，可将其作为主要依据之一。

第二，个人可利用按行业划分的岗位就业人员平均工资数据，研判各行业中岗位平均工资额和走势特征，选择就业目标行业。以全国平均数据为例，信息传输、软件和信息技术服务业，科学研究和技术服务业，交通运输、仓储和邮政业，采矿业，电力、热力、燃气及水生产和供应业五类岗位平均工资额均较高；信息传输、软件和信息技术服务业及采矿业、制造业等五类岗位平均工资增速较快。个人在选择就业目标行业时，可将其作为主要依据之一。

3. 按企业类型划分的岗位就业人员平均工资

（1）分析思路

从现状和走势两个方面，分析各类"四上"企业单位五类岗位的就业人员平均工资额。

（2）数据图表

根据国家统计局公布的《年度城镇单位就业人员年平均工资情况》中的数据，按企业类型维度，将 2013 年至 2023 年全国各类"四上"企业的就业人员平均工资额及增速数据整理成图表，具体如表 8-8 所示。

表 8-8　全国各类企业五类岗位就业人员平均工资变化（2013—2023 年）

单位：元

单位类型	2023 年					2013—2023 年增速				
	中层及以上管理人员	专业技术人员	办事人员和有关人员	社会生产服务和生活服务人员	生产制造及有关人员	中层及以上管理人员	专业技术人员	办事人员和有关人员	社会生产服务和生活服务人员	生产制造及有关人员
国有单位	273 247	162 267	114 689	95 004	110 956	7.2%	7.9%	7.8%	8.3%	8.0%
私营	133 572	100 555	69 446	57 698	65 333	6.8%	7.8%	6.5%	6.1%	6.3%
其他内资非私营单位	222 103	148 020	93 046	79 386	81 851	12.0%	11.7%	9.8%	10.1%	8.7%
港澳台商投资单位	329 507	224 207	133 238	105 634	76 389	7.4%	10.4%	9.1%	5.8%	6.6%
外商投资单位	415 783	216 557	155 623	108 245	87 904	5.6%	7.5%	7.6%	6.0%	6.9%
整体	198 285	140 935	89 502	75 216	75 463	6.3%	8.4%	6.8%	6.7%	6.5%

（3）分析示例

总体上，港澳台商投资单位、外商投资单位五类岗位平均工资额较高，其他内资非私营单位、国有单位五类岗位平均工资增速较快。

从现状来看，2023 年中层及以上管理人员平均工资前三位的企业为外商投资单位、港澳台商投资单位、国有单位；专业技术人员平均工资前三位的企业为港澳台商投资单位、外商投资单位、国有单位；办事人员和有关人员平均工资前三位的企业为外商投资单位、港澳台商投资单位、国有单位；社会生产服务和生活服务人员平均工资前三位的企业为外商投资单位、港澳台商投资单位、国有单位；生产制造及有关人员平均工资前三位的企业为国有单位、外商投资单位、其他内资非私营单位。

从走势来看，2013年至2023年期间，中层及以上管理人员平均工资增速高的企业为其他内资单位、港澳台商投资单位；专业技术人员平均工资增速高的企业为其他内资非私营单位、港澳台商投资单位；办事人员和有关人员平均工资增速高的企业为其他内资非私营单位、港澳台商投资单位；社会生产服务和生活服务人员平均工资增速高的企业为其他内资非私营单位、国有单位；生产制造及有关人员平均工资增速高的企业为其他内资非私营单位、国有单位。

（4）按企业类型划分的岗位就业人员平均工资数据应用思路

第一，政府人社部门、招商引资部门可利用按企业类型划分的岗位就业人员平均工资数据，研判各类企业中岗位平均工资额和走势特征，结合本地各类型企业构成特点，评估对外招商引资与招才引智的优势。以全国平均数据为例，港澳台商投资单位、外商投资单位五类岗位平均工资额较高，其他内资非私营单位、国有单位五类岗位平均工资增速较快。政府部门在对外招商引资与招才引智推介时，可将其作为主要依据之一。

第二，个人可利用按企业类型划分的岗位就业人员平均工资数据，研判各类企业中岗位平均工资额和走势特征，选择就业目标企业。以全国平均数据为例，港澳台商投资单位、外商投资单位五类岗位平均工资额较高，其他内资非私营单位、国有单位五类岗位平均工资增速较快。个人在选择就业目标行业时，可将其作为主要依据之一。

三、人均可支配收入

（一）数据解读

按国家统计局的界定，居民可支配收入是指居民能够自由支配的收入，即居民可用于最终消费支出和储蓄的总和。

居民人均可支配收入数据来源于国家统计局开展的全国住户收支与生活状况调查。国家统计局采取科学的抽样方法，在全国31个省（区、市）的近2 000个调查县（市、区）中随机抽取了16万调查户，对16万调查户数据采用超级汇总的方式计算出全国居民人均可支配收入，同时计算生成分省数据。具体而言，基于16万调查户的数据和每一户的权数，加权计算得到居民人均可支配收入数据，即：

$$全国居民人均可支配收入 = \frac{\sum 居民家庭可支配收入 \times 调查户权数}{\sum 居民家庭人口数 \times 调查户权数}$$

按照收入的来源构成和划分方法，居民可支配收入由工资性收入、经营净收入、财产净收入和转移净收入四大项构成，即：

$$可支配收入 = 工资性收入 + 经营净收入 + 财产净收入 + 转移净收入$$

工资性收入：就业人员通过各种途径得到的全部劳动报酬和各种福利，包括受雇于单位或个人、从事各种自由职业、兼职和零星劳动得到的全部劳动报酬和福利。

经营净收入：住户或住户成员从事生产经营活动所获得的净收入，是全部经营收入中扣除经营费用、生产性固定资产折旧和生产税之后得到的净收入。

财产净收入：住户或住户成员将其所拥有的金融资产、住房等非金融资产和自然资源交由其他机构单位、住户或个人支配而获得的回报并扣除相关的费用之后得到的净收入。财产净收入包括利息净收入、红利收入、储蓄性保险净收益、转让承包土地经营权租金净收入、出租房屋净收入、出租其他资产净收入和自有住房折算净租金等。财产净收入不包括转让资产所有权的溢价所得。

转移净收入：转移性收入减去转移性支出的净收入。转移性收入包括养老金或离退休金、社会救济和补助、政策性生产补贴、政策性生活补贴、经常性捐赠和赔偿、报销医疗费、住户之间的赡养收入，以及本住户非常住成员寄回或带回的收入等；转移性支出包括缴纳的税款、各项社会保障支出、赡养支出、经常性捐赠和赔偿支出，以及其他经常性转移支出等。

基于全国住户收支与生活状况调查，统计并公布的可支配收入数据包括：

（1）人均可支配收入；

（2）人均可支配收入构成；

（3）五等份分组的人均可支配收入。

在理解和应用人均可支配收入数据时，要注意以下要点。

第一，注意人均可支配收入的统计范围界定。在居民人均可支配收入的统计界定上，强调收入在一段时间内具有持续性和相对稳定性，能够为居民提供持续和稳定的消费能力。那些偶然发生的、一次性的所得，如居民得到的遗产、因人身伤害或财产损失得到的一次性赔偿、婚丧嫁娶得到的大额礼金、彩票中奖等，不纳入居民可支配收入的统计范围。除此之外，居民获得的收入还要保证不会减少居民家庭的资产或者增加居民的负债。也就是说，居民家庭通过出售自家的金融或非金融资产，或者通过向他人借贷、增加负债得到的钱都不算是收入。比如，居民因拆迁获得的补偿款或出售房产得到的钱，都不纳入居民可支配收入的统计范围。

第二，人均可支配收入指标适合用于宏观分析，不适合用于个人对照分析。人均可支配收入是一项抽样调查统计指标，反映的是全国抽样的 16 万户居民户的平均收入水平，不是全国所有居民户的平均收入水平。实际居民收入呈偏态分布，高收入家庭对居民收入的平均值影响较大，往往多于一半的家庭收入处于平均值以下，无法准确反映居民收入的中间水平。

第三，居民可支配收入的来源构成数据，对个人有参考作用。居民可支配收入由工资性收入、经营净收入、财产净收入和转移净收入四大项构成，反映了不同性质收入的占比和变化，对个人如何提高可支配收入有一定参考价值。

第四，各地区收入中位数和收入五等份数据，部分反映了居民收入分布和差异情况，对个人有一定参考作用。

第五，居民可支配收入是到手收入，既包括现金收入，也包括实物收入。

（二）居民人均可支配收入总额

分析居民人均可支配收入数据，落脚点是研判居民人均可支配收入额及其增速走势，为政府制定居民增收政策、企业制定异地扩张和业务布局等决策提供数据依据。

分析该数据时要注意数据口径的变化。2013 年住户收入调查统计口径发生变化，为了保持数据口径的一致性，主要分析 2014 年及之后的数据。

1. 分析思路

从现状和走势两个方面，分析居民人均可支配收入额。

2. 数据图表

根据《中国统计年鉴（2015—2024）》《浙江统计年签（2015—2024）》提供的数据，将 2014 年至 2023 年全国及浙江省城镇和农村居民可支配收入额、增速数据整理成图表，具体如图 8-1 和图 8-2 所示。

3. 分析示例

（1）总体上，浙江省城镇和农村居民人均可支配收入远高于全国平均水平，农村居民收入增长更快，城乡收入差距缩小但仍有一定差距。

从现状来看，2023 年浙江省城镇居民人均可支配收入 74 997 元，比全国平均水平高 45%；农村居民人均可支配收入 40 311 元，比全国平均水平高 86%，约为城镇居民人均可支配收入的 54%，两者差距较大。

从走势来看，2014 年至 2023 年期间，浙江省城镇居民人均可支配收入年均增长 7.1%，比全国平均水平高 0.4 个百分点；农村居民人均可支配收入年均增速 8.5%，比全国平均水平高 0.1 个百分点，占城镇居民收入的比例也由 2013 年的 48% 提高至 2023 年的 54%，反映了农村居民收入增长更快、城乡收入差距逐渐缩小。

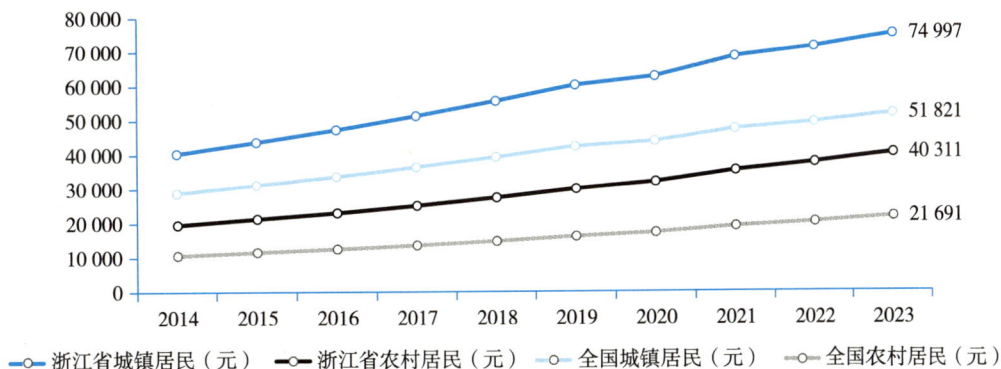

图 8-1 浙江省居民可支配收入变化（2014—2023 年）

（2）总体上，浙江省城镇和农村居民实际生活水平不断提高，但可支配收入实际增速均为下降走势，农村居民实际生活水平提高幅度高于城镇居民。

从现状来看，2023年浙江省城镇居民人均可支配收入实际增速4.9%，比农村居民收入实际增速低2.1个百分点。

从走势来看，2014年至2023年期间，浙江省城镇和农村居民收入实际增速均放缓，农村居民人均可支配收入实际增速持续高于城镇居民人均可支配收入实际增速，农村居民实际生活水平提高幅度高于城镇居民。

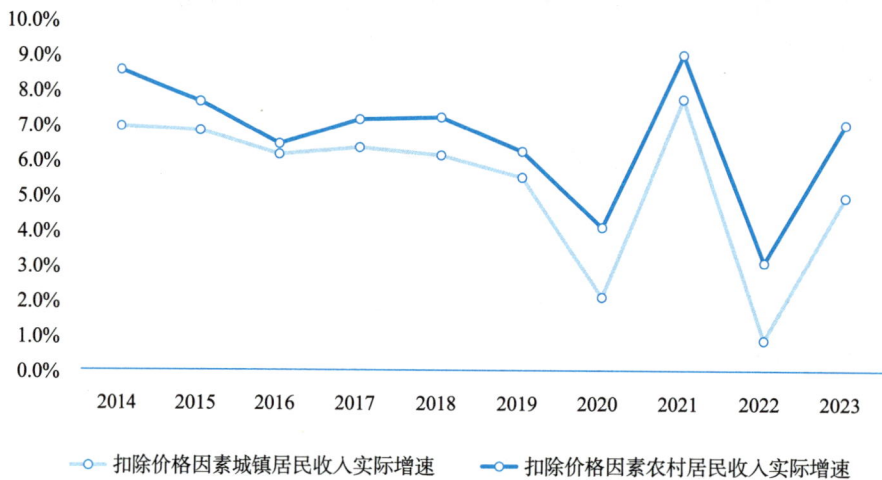

图8-2　浙江省居民实际可支配收入变化（2014—2023年）

4.居民人均可支配收入总额数据应用思路

第一，政府人社部门可利用居民人均可支配收入总额数据，研判城乡居民可支配收入额和走势特征，制定居民增收政策。以浙江省为例，该省城镇和农村居民人均可支配收入远高于全国平均水平，农村居民收入增长更快，城乡收入差距逐渐缩小但仍有一定差距；城镇和农村居民可支配收入实际增速均为下降走势，农村居民收入提高不够快是主要矛盾。政府人社部门在制定居民增收政策时，可将其作为主要依据之一。

第二，各行业企业可利用居民人均可支配收入总额数据，研判各地区城乡居民可支配收入额和走势特征，选择扩张布局的目标区域。以浙江省为例，该省城镇和农村居民人均可支配收入远高于全国平均水平，实际可支配收入持续增长，农村居民收入增长更快，城乡收入差距逐渐缩小，农村市场机会较大。各行业企业在选择扩张布局的目标城市时，可将其作为主要依据之一。

（三）居民人均可支配收入构成

分析居民人均可支配收入构成数据，落脚点是研判居民人均可支配收入构成比例及走势，为政府制定居民增收政策、个人规划收入提升路径等决策提供数据依据。

1. 分析思路

从现状和走势两个方面，分析居民人均可支配收入分项金额及其占比。

2. 数据图表

根据《浙江统计年签（2015—2024）》提供的数据，将 2014 年至 2023 年浙江省城镇和农村居民可支配收入分项金额及其占比数据整理成图表，具体如表 8-9 和表 8-10 所示。

3. 分析示例

（1）总体上，浙江省城镇和农村居民人均可支配收入增量主要来源于工资性收入，而财产净收入、转移净收入占比呈现上升走势。

从现状来看，2023 年浙江省城镇居民人均可支配收入中工资性收入占 55.3%，经营、财产、转移来源的净收入各占 15% 左右；农村居民人均可支配收入中工资性收入占 59.1%，其次是经营净收入，占 25.6%。

从走势来看，2014 年至 2023 年期间，浙江省城镇和农村居民人均可支配收入中工资性收入增幅最大，是收入增长的主要来源；但工资性收入、经营净收入占比下降，财产净收入、转移净收入占比提高。

表 8-9 浙江省城乡居民可支配收入大项构成变化（2014—2023 年）

单位：元

收入类型	2014 年				2023 年				2014—2023 年变化			
	城镇	占比	农村	占比	城镇	占比	农村	占比	城镇	占比	农村	占比
工资性收入（元）	23 317	57.7%	11 773	60.8%	41 439	55.3%	23 825	59.1%	2 014	−2.5%	1 339	−1.7%
经营净收入（元）	6 379	15.8%	5 237	27.0%	10 833	14.4%	10 307	25.6%	495	−1.3%	563	−1.5%
财产净收入（元）	5 358	13.3%	542.8	2.8%	10 880	14.5%	1 259	3.1%	614	1.2%	80	0.3%
转移净收入（元）	5 338	13.2%	1 821	9.4%	11 844	15.8%	4 920	12.2%	723	2.6%	344	2.8%
合计	40 393		19 373		74 996		40 311		3 845		2 326	

（2）总体上，浙江省城镇和农村居民人均可支配收入增量主要来源于工资、第三产业净收入、养老金或离退休金。另外，城镇居民自有住房折算净租金收入、出租房屋净收入增幅较大，农村居民第一产业净收入、第二产业净收入增幅较大。

从现状来看，2023 年浙江省城镇居民人均可支配收入主要来源为工资、第三产业净收入、自有住房折算净租金、出租房屋净收入、养老金或离退休金；农村居民人均可支配收入主要来源为工资、第三产业净收入、第一产业净收入、第二产业净收入、养老金或离退休金。

从走势来看，2014 年至 2023 年期间，浙江省城镇居民人均可支配收入增幅主要来源为工资、第三产业净收入、自有住房折算净租金、出租房屋净收入、养老金或离退休金；农村居民人均可支配收入增幅主要来源为工资、第三产业净收入、第一产业净收入、养老金或离退休金，其次是第二产业净收入、出租房屋净收入、红利收入、赡养收入。

表 8-10　浙江省城乡居民可支配收入小项构成变化（2014—2023 年）

单位：元

收入类型	2014 年		2023 年		2014—2023 年变化	
	城镇	农村	城镇	农村	城镇年均增幅	农村年均增幅
工资性收入	23 317	11 773	41 439	23 825	2 014	1 339
工资	21 908	10 256	39 511	23 180	1 956	1 436
其他	1 263	1 482	1 740	492	53	−110
实物福利	146	35	188	152	5	13
经营净收入	6 379	5 237	10 833	10 307	495	563
第三产业净收入	4 178	2 329	8 114	5 095	437	307
第二产业净收入	1 914	1 319	2 488	2 098	64	87
第一产业净收入	288	1 589	231	3 115	−6	170
财产净收入	5 358	543	10 880	1 259	614	80
自有住房折算净租金	3 308		5 954		294	0
出租房屋净收入	1 433	154	3 478	538	227	43
红利收入	451	137	1 399	440	105	34
出租其他资产净收入	7	24	94	32	10	1
储蓄性保险净收益	8	3	37	1	3	0
转让承包土地经营权租金净收入	14	75	27	241	1	18
利息净收入	127	142	−45	88	−19	−6
其他财产净收入	10	8	−64	−80	−8	−10
转移净收入	5 338	1 821	11 844	4 920	723	344
转移性收入	7 613	3 026	15 877	7 420	918	488
养老金或离退休金	6 326	1 408	12 382	4 108	673	300
赡养收入	397	447	1 182	1 335	87	99
外出从业人员寄回带回收入	95	556	907	735	90	20
报销医疗费	397	211	843	470	50	29
政策性生活补贴	59	41	248	123	21	9
社会救济和补助	26	61	144	349	13	32
其他经常转移收入	310	271	123	105	−21	−18
惠农补贴	4	29	48	196	5	19
转移性支出	2 275	1 205	4 033	2 500	195	144
社会保障支出	1 750	1 053	3 147	2 165	155	124
赡养支出	176	41	405	214	25	19
个人所得税	187	6	329	58	16	6
其他经常转移支出	84	50	86	36	0	−2
外来从业人员寄给家人的支出	78	55	66	28	−1	−3

4. 居民人均可支配收入构成数据应用思路

第一，政府人社部门可利用居民人均可支配收入构成数据，研判城乡居民可支配收入构成和走势特征，制定居民增收政策。以浙江省为例，该省城镇和农村居民人均可支配收入中财产净收入、转移净收入占比呈现上升走势，城镇和农村居民人均可支配收入增量主要来源于工资、第三产业净收入、养老金或离退休金；另外城镇居民自有住房折算净租金、出租房屋净收入增幅较大，农村居民第一产业净收入、第二产业净收入增幅较大。在制定城镇和农村居民增收政策时，可将其作为主要依据之一。

第二，个人可利用居民人均可支配收入构成数据，研判城乡居民可支配收入构成和走势特征，制定增收策略。以浙江省为例，该省城镇和农村居民人均可支配收入中财产净收入、转移净收入占比呈现上升走势，城镇和农村居民人均可支配收入增量主要来源于工资、第三产业净收入、养老金或离退休金；另外城镇居民自有住房折算净租金、出租房屋净收入增幅较大，农村居民第一产业净收入、第二产业净收入增幅较大。浙江省城镇和农村居民在制定个人增收策略时，可将其作为主要依据之一。

（四）居民分组人均可支配收入

分析居民人均可支配收入分组数据，落脚点是研判五等份分组的居民人均可支配收入额及其增速走势，为政府制定收入分配调节政策等决策提供数据依据。

目前统计调查数据只公布全国城镇和农村居民五等份分组可支配收入数据，省市层级数据暂未公布。下面以全国数据为例进行分析，在省市数据可得的情况下可以参照分析。

1. 分析思路

从现状和走势两个方面，分析居民人均可支配收入分组中位数金额及其占比。

2. 数据图表

根据《中国统计年鉴（2015—2024）》提供的数据，将 2014 年至 2023 年五等份分组城镇和农村居民可支配收入额数据整理成图表，具体如图 8-3 和图 8-4 所示。

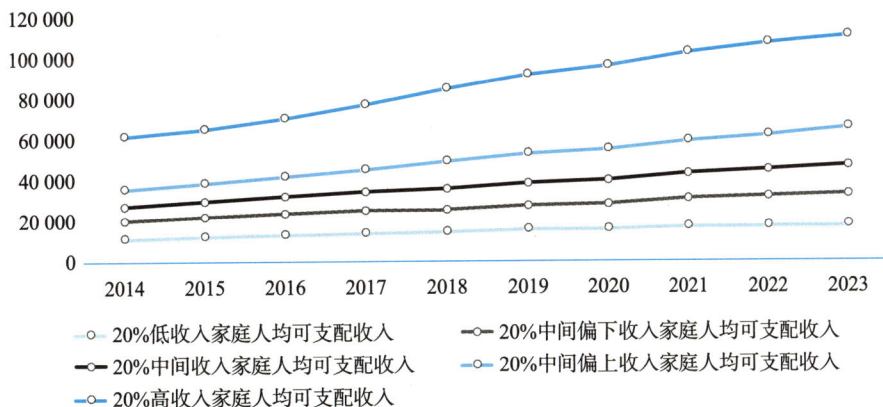

图 8-3　全国城镇居民五等份分组可支配收入变化（2014—2023 年）

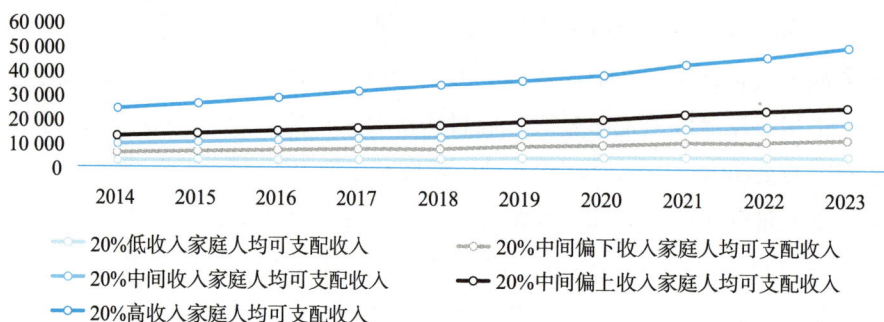

图 8-4 全国农村居民五等份分组可支配收入变化（2014—2023 年）

3. 分析示例

（1）总体上，城镇居民人均可支配收入高低差距呈现扩大走势。

从现状来看，2023 年全国城镇居民高收入组人均可支配收入为 11.1 万元；中等收入组人均可支配收入为 4.6 万元，约为高收入组的 42%；低收入组人均可支配收入为 1.7 万元，约为高收入组的 16%，二者收入差距较大。

从走势来看，2014 年至 2023 年期间，由高到低分组，全国城镇居民人均可支配收入年均增速依次为 6%、6.3%、5.7%、5.1%、4.5%，城镇居民人均可支配收入差距呈现扩大走势。

（2）总体上，农村居民人均可支配收入高低差距呈现扩大走势。

从现状来看，2023 年全国农村居民高收入组人均可支配收入为 5 万元；中等收入组人均可支配收入为 1.8 万元，约为高收入组的 36%；低收入组人均可支配收入为 0.5 万元，约为高收入组的 10%，二者收入差距较大。

从走势来看，2014 年至 2023 年期间，由高到低分组，全国农村居民人均可支配收入年均增速依次为 7.7%、6.83%、6.97%、6.9%、6.6%，农村居民人均可支配收入差距呈现扩大走势。

4. 居民人均可支配收入分组数据应用思路

政府人社部门可利用居民人均可支配收入分组数据，研判城镇和农村居民可支配收入五等份分组特征和走势，制定城镇和农村居民收入分配调节政策。以全国整体为例，城镇和农村居民人均可支配收入高低差距呈现扩大走势，农村居民收入差距扩大更为明显。政府人社部门在制定城镇和农村居民收入分配调节政策时，可将其作为主要依据之一。

第九章

价格数据

价格数据关乎企业和个人，主要涉及居民消费价格指数（CPI）、工业生产者价格指数（PPI）。本章主要介绍以下要点。

（1）CPI主要统计八大类居民日常消费的商品和服务，不含奢侈品、商品房类投资品等；

（2）CPI统计买方即居民购买商品和服务的价格，不是社零企业销售价格；

（3）CPI反映的是商品和服务价格的变动幅度，而非代表性商品和服务的价格水平；

（4）CPI体现的是整体市场价格变动趋势，无法反映个人消费结构差异因素；

（5）CPI聚焦于居民消费领域的价格变化，可作为衡量通货膨胀率的参考指标；

（6）PPI主要统计41个工业行业大类产品，是抽样调查统计的平均值；

（7）PPI反映产品出厂和购进的价格变动幅度，而非出厂和购进的价格水平；

（8）PPI主要体现生产环节和上游领域的价格变化，也可作为衡量通货膨胀率的参考指标。

在分析CPI、PPI数据时，要结合总量和结构、现状和走势、绝对数据和相对数据辩证地分析，要注意数据口径的一致性。其主要应用场景如下。

（1）调整居民消费补贴标准；

（2）消费服务类企业做市场分析和投资选址；

（3）制定对外投资选址和目标市场分析决策。

一、价格类数据梳理

根据目前政府数据统计制度，价格数据主要包括：

（1）居民消费价格指数（CPI）；

（2）工业生产者价格指数（PPI）；

（3）商品零售价格指数。

因国家调查制度优化调整，商品零售价格指数自2023年起不再计算和发布。

二、居民消费价格指数（CPI）

（一）数据解读

居民消费价格指数（CPI）也称居民消费价格、消费者价格指数，是度量一定时期内居民消费的商品和服务价格水平总体变动情况的相对数，是国家统计局通过调查统计得到的指标数据。

CPI 调查的<u>商品和服务</u>包括食品烟酒、衣着、居住、生活用品及服务、交通通信、教育文化娱乐、医疗保健、其他用品及服务，共八个大类、268 个基本分类，具体如表9-1 所示。

表 9-1　CPI 所调查的商品和服务类别

一、食品烟酒	二、衣着	五、交通通信	七、医疗保健
粮食	服装	交通工具	中药
食用油	鞋类	交通工具用燃料	西药
鲜菜	三、居住	交通工具使用和维修	医疗服务
畜肉类	租赁房房租	通信工具	八、其他用品及服务
水产品	水电燃料	通信服务	
蛋类	四、生活用品及服务	邮递服务	
奶类	家用器具	六、教育文化娱乐	
鲜果	家庭服务	教育服务	
卷烟		旅游	
酒类			

国家统计局各市（县）调查队负责采集编制 CPI 所需要的价格数据，调查网点有 10 万余个，包括商场（店）、超市、农贸市场、服务网点和互联网电商等线下、线上渠道。

调查、统计、计算和公布的消费者价格数据包括：

（1）居民消费价格指数；

（2）居民消费价格分类指数。

在理解和应用消费者价格指数数据时，要注意以下要点。

第一，各地区 CPI 所调查的商品和服务类别每五年更换一次。目前 CPI 中包含的商品和服务共八个大类、268 个基本分类，是 2020 年确定的。

第二，各分类下的具体商品和服务是居民经常消费、对居民生活影响较大、有代表性的商品和服务，奢侈品、商品房类投资品等不包含在内。同时，纳入各地区有特色的商品和服务，且具体商品和服务每年调整一次，以反映最新消费动向。

第三，整体 CPI 通过样本推断总体，主要体现代表性商品和服务的整体价格水平变动，无法反映个人消费结构差异因素。

第四，CPI 数据采集覆盖线上线下渠道，公布的 CPI 数据综合了线上线下价格，反映不了线上、线下价格的差异。

第五，CPI 数据反映的是代表性商品和服务的价格变动幅度，不是代表性商品和服务的价格水平。

第六，CPI 不等于通货膨胀率。CPI 仅反映了居民消费领域的价格变化，不能代表全社会价格总水平的变化，只是在一定程度上反映了通货膨胀（紧缩）的程度。

第七，CPI 统计的是居民购买商品和服务的价格，不是社零企业销售的价格。

（二）居民消费价格指数

分析居民消费价格指数数据，落脚点是研判居民消费价格指数及其走势，为政府宏观调控通货膨胀率、调整居民补贴标准等决策提供数据依据。

下面以浙江省数据为例进行分析，其他省市层面可以参照分析。

1. 分析思路

从现状和走势两个方面，分析居民消费价格指数。

2. 数据图表

CPI 所调查的商品和服务大类每五年调整一次，2016 年以来的分类是一致的，因此主要分析 2016 年以来的数据。根据《中国统计年鉴（2017—2024）》《浙江统计年鉴（2017—2024）》提供的数据，将 2016 年至 2023 年居民消费价格指数数据整理成图表，具体如图 9-1 所示。

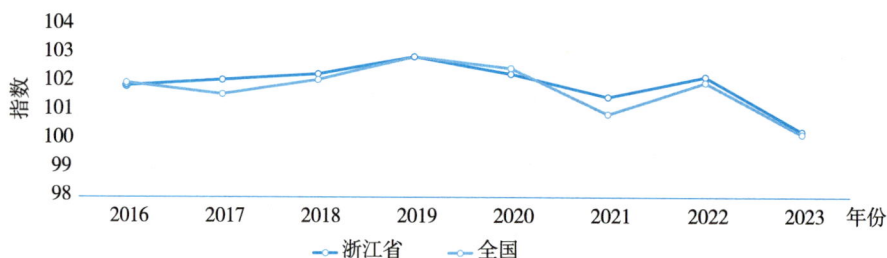

图 9-1　浙江省居民消费价格指数变化（2016—2023 年）

3. 分析示例

总体上，浙江省居民消费价格指数呈现下降走势，略高于全国平均水平。

从现状来看，2023 年浙江省居民消费价格指数为 100.3，比全国平均水平高 0.1 个百分点。

从走势来看，2016 年至 2023 年期间，浙江省居民消费价格指数呈现下降走势，略高于全国平均水平。

4. 居民消费价格指数数据应用思路

政府统计部门和人社部门可利用居民消费价格指数数据，研判居民消费价格大类指数特征和走势，用于核算 GDP、调整居民补贴标准。以浙江省为例，该省居民消费价指数呈现下降走势，略高于全国平均水平。相关部门在调整居民补贴标准时，可将其作为主要依据之一。

（三）居民消费价格分类指数

分析居民消费价格分类指数数据，落脚点是研判居民消费价格分类指数及其走势，为政府调整居民补贴标准、消费品和生活服务类企业选择目标市场等决策提供数据依据。

CPI 所调查的商品和服务大类每五年调整一次，2016 年以来的分类是一致的，因此主要分析 2016 年以来的数据。

下面以浙江省数据为例进行分析，其他省市层面可以参照分析。

1. 分析思路

从现状和走势两个方面，分析居民消费价格分类指数。

2. 数据图表

根据《浙江统计年鉴（2017—2024）》提供的数据，将 2016 年至 2023 年居民消费价格大类和小类指数数据整理成图表，具体如图 9-2 和表 9-2 所示。

3. 分析示例

（1）总体上，浙江省居民消费价格大类指数中，食品烟酒、教育文化娱乐、医疗保健方面的消费价格持续上涨、涨幅较大。

从现状来看，2023 年浙江省居民消费价格大类指数中涨幅前三位的是教育文化娱乐、医疗保健、衣着，而交通通信和居住方面的消费价格同比下降。

从走势来看，2016 年至 2023 年期间，浙江省居民消费价格大类指数中，食品烟酒、教育文化娱乐、医疗保健方面的消费价格持续上涨、涨幅较大，部分年份交通通信和居住方面的消费价格下降。

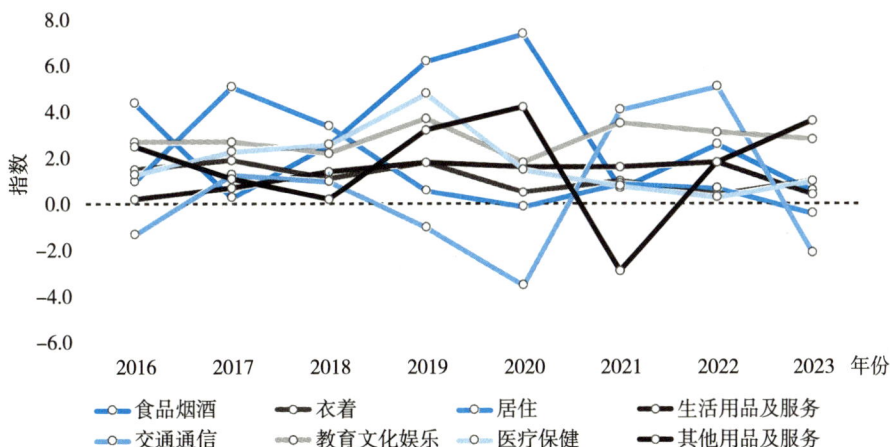

图 9-2　浙江省居民消费价格大类指数变化（2016—2023 年）

（2）总体上，浙江省居民消费价格小类指数中，文化娱乐旅游、食品（禽肉类、蛋类、奶类、调味品、菜及食用菌、畜肉类）、交通（交通工具）方面的消费价格增幅显著高于全国平均水平。

从现状来看，与全国平均水平相比较，2023年浙江省居民消费价格小类指数显著高于全国平均水平的消费领域为文化娱乐旅游、食品（禽肉类、蛋类、奶类、调味品、菜及食用菌、畜肉类）、交通（交通工具）；低于全国平均水平的消费领域为食品（薯类、干鲜瓜果类、糖果糕点类）、租赁房房租、家庭服务、药品及医疗器具。

表9-2　浙江省与全国居民消费价格小类指数对比（2023年）

	浙江	全国	浙江－全国		浙江	全国	浙江－全国
食品烟酒	100.6	100.3	0.3	生活用品及服务	100.4	100.1	0.3
1.食品	100.3	99.7	0.6	5.个人护理用品	101.4	100.7	0.7
（7）禽肉类	104.9	103.1	1.8	6.家庭服务	100.8	101.7	−0.9
（9）蛋类	102	100.3	1.7	4.家庭日用杂品	100.7	100.2	0.5
（10）奶类	101.6	100.4	1.2	1.家具及室内装饰品	100.1	100.2	−0.1
（13）调味品	102.4	101.3	1.1	3.家用纺织品	100	99.7	0.3
（5）菜及食用菌	99.1	98	1.1	2.家用器具	99.7	98.9	0.8
（6）畜肉类	93.8	92.7	1.1	交通通信	97.9	97.7	0.2
（3）豆类	101.7	101.1	0.6	1.交通	97.5	97.3	0.2
（8）水产品	100.5	100	0.5	交通费	104.2	104	0.2
（4）食用油	101	100.7	0.3	交通工具使用和维修	100.4	100.7	−0.3
（1）粮食	101.2	101	0.2	交通工具	97.1	96	1.1
（14）其他食品类	101.5	101.4	0.1	交通工具用燃料	94.5	94.6	−0.1
（12）糖果糕点类	101.4	101.8	−0.4	2.通信	99.1	99.1	0
（11）干鲜瓜果类	103.5	104.5	−1	教育文化娱乐	102.8	102	0.8
（2）薯类	103.9	105.5	−1.6	2.文化娱乐旅游	104.6	103	1.6
2.茶及饮料	101.5	101.3	0.2	1.教育	101.8	101.4	0.4
3.烟酒	100.5	101	−0.5	医疗保健	101	101.1	−0.1
4.在外餐饮	101.5	101.8	−0.3	2.医疗服务	101	101.1	−0.1
衣着	101	101	0	1.药品及医疗器具	100.9	101.3	−0.4
2.鞋类	101.3	100.7	0.6	其他用品及服务	103.6	103.2	0.4
1.服装	100.9	101	−0.1	1.其他用品	105.6	104.6	1
居住	99.6	100	−0.4	2.其他服务	101.7	101.9	−0.2
2.住房保养维修及管理	100.3	100.5	−0.2				
3.水电燃料	100.1	100.2	−0.1				
1.租赁房房租	99.4	99.8	−0.4				

4.居民消费价格分类指数数据应用思路

第一，政府统计部门和人社部门可利用居民消费价格分类指数数据，研判居民消费价格小类指数特征和走势，用于调整居民补贴标准。以浙江省为例，该省食品烟酒、教育文化娱乐、医疗保健方面的消费价格持续上涨、涨幅较大；文化娱乐旅游、食品（禽肉类、蛋类、奶类、调味品、菜及食用菌、畜肉类）、交通（交通工具）方面的消费价格增幅显著高于全国平均水平。相关部门在调整居民补贴标准时，可将其作为主要依据之一。

第二，消费品和生活服务类企业可利用居民消费价格分类指数数据，研判居民消费价格小类指数特征和走势，选择目标市场。以浙江省为例，该省食品烟酒、教育文化娱乐、医疗保健方面的消费价格持续上涨、涨幅较大；文化娱乐旅游、食品（禽肉类、蛋类、奶类、调味品、菜及食用菌、畜肉类）、交通（交通工具）方面的消费价格增幅显著高于全国平均水平，这些消费和服务领域的吸引力较大；而食品（薯类、干鲜瓜果类、糖果糕点类）、租赁房房租、家庭服务、药品及医疗器具方面的消费价格涨幅低于全国平均水平，吸引力不强。消费品和生活服务类企业在选择目标市场时，可将其作为主要依据之一。

三、工业生产者价格指数（PPI）

（一）数据解读

工业生产者价格指数（Producer Price Index，PPI），反映处于生产环节和上游领域的产品价格变动趋势和幅度，包括工业生产者出厂价格指数和工业生产者购进价格指数。

工业生产者出厂价格指数：反映一定时期内全部工业产品出厂价格总水平的变动趋势和程度的相对数，包括工业企业售给本企业以外所有单位的各种产品和直接售给居民用于生活消费的产品。该指数可以观察出厂价格变动对工业总产值及增加值的影响。

工业生产者购进价格指数：反映工业企业作为生产投入，而从物资交易市场和能源、原材料生产企业购买原材料、燃料和动力产品时，所支付的价格水平变动趋势和程度的统计指标，是扣除工业企业物资消耗成本中的价格变动影响的重要依据。

工业生产者价格指数是国家统计局通过调查统计计算得到的统计指标。

PPI调查分类及主要产品目录来源于《国民经济行业分类》和《统计用产品分类目录》，包含了41个工业行业大类、207个工业行业中类、666个工业行业小类、1 310个基本分类。PPI调查目录由国家统计局制定，各地根据实际情况选择各分类下代表性产品。基本分类一般每五年调整一次。

PPI调查采取重点调查与典型调查相结合的调查方法，在全国31个省（区、市）中，抽选年主营业务收入2 000万元及以上的工业企业作为调查对象。目前，全国有4万余家工业企业作为代表企业参与调查。

统计部门根据《工业生产者价格统计调查制度》，计算和公布的工业生产者价格指数数据包括：

（1）工业生产者出厂价格指数及分类指数；

（2）工业生产者购进价格指数及分类指数。

在理解和应用工业生产者价格指数数据时，要注意以下要点。

第一，工业生产者价格总指数是宏观指标，主要用于国民经济核算、工业经济统计及衡量通货膨胀（通货紧缩）。

第二，按行业分的工业生产者出厂价格指数、购进价格指数是中观指标，反映了各行业的销售价格、购进成本变化情况，可用于各行业企业依据 PPI 进行经济效益分析、调整生产经营策略。

第三，工业生产者价格指数抽样调查的企业中，大型企业占较大比重，因此主要反映规模以上企业的产品价格变动趋势和幅度，较少反映中小企业、小微企业的产品价格变动趋势和幅度。

第四，工业生产者价格指数数据反映的是代表性企业出厂和购进价格的变动走势和幅度，不是出厂价格和购进价格水平。

第五，工业生产者价格指数不等于通货膨胀率。工业生产者价格指数只反映了生产环节和上游领域的价格变化，不能代表全社会价格总水平的变化，只是在一定程度上反映了通货膨胀（紧缩）的程度。

（二）工业生产者出厂价格指数

分析工业生产者出厂价格指数数据，主要从工业生产者出厂价格总指数、产品分类工业生产者出厂价格指数、行业分类工业生产者出厂价格指数三个维度展开，落脚点是研判工业行业产品销售价格及走势，为政府制定产业扶持政策和优化产业结构、工业企业制定对外投资选址等决策提供数据依据。

下面以浙江省数据为例进行分析，其他省市层面可以参照分析。

1. 工业生产者出厂价格总指数

（1）分析思路

从现状和走势两个方面，分析工业生产者出厂价格总指数。

（2）数据图表

根据《中国统计年鉴（2011—2024）》《浙江统计年鉴（2011—2024）》提供的数据，将 2010 年至 2023 年工业生产者出厂价格总指数数据整理成图表，具体如图 9-3 所示。

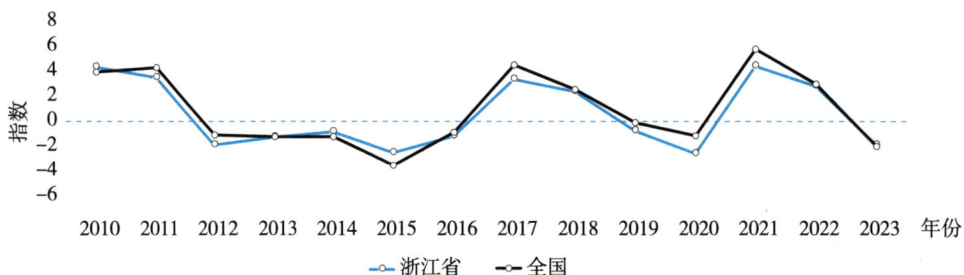

图 9-3　浙江省工业生产者出厂价格总指数变化（2010—2023 年）

（3）分析示例

总体上，浙江省工业生产者出厂价格指数呈现每五年倒 U 形"先涨后跌"的周期性特征，上涨幅度略低于全国平均水平，下跌幅度略高于全国平均水平。

从现状来看，2023 年浙江省工业生产者出厂价格总指数为 97.3%，比上年下降了 2.7个百分点，比全国平均指数（97%）高 0.3 个百分点。

从走势来看，2015 年以来浙江省工业生产者出厂价格指数呈现每五年倒 U 形"先涨后跌"的周期性特征，上涨幅度略低于全国平均水平，下跌幅度略高于全国平均水平。

（4）工业生产者出厂价格总指数数据应用思路

政府工信部门可利用工业生产者出厂价格总指数数据，研判工业生产者出厂价格指数特征和走势，制定产业扶持政策和优化产业结构。以浙江省为例，该省工业生产者出厂价格指数呈现每五年倒 U 形"先涨后跌"的周期性特征，上涨幅度略低于全国平均水平，下跌幅度略高于全国平均水平，整体工业企业产品价值（价格）提升幅度不及全国平均水平。相关部门在制定产业扶持政策和优化产业结构时，可将其作为主要依据之一。

2. 产品分类工业生产者出厂价格指数

（1）分析思路

从现状和走势两个方面，分析产品分类工业生产者出厂价格指数。

（2）数据图表

根据《中国统计年鉴（2011—2024）》《浙江统计年鉴（2011—2024）》提供的数据，将 2010 年至 2023 年产品分类工业生产者出厂价格指数数据整理成图表，具体如图 9-4和表 9-3 所示。

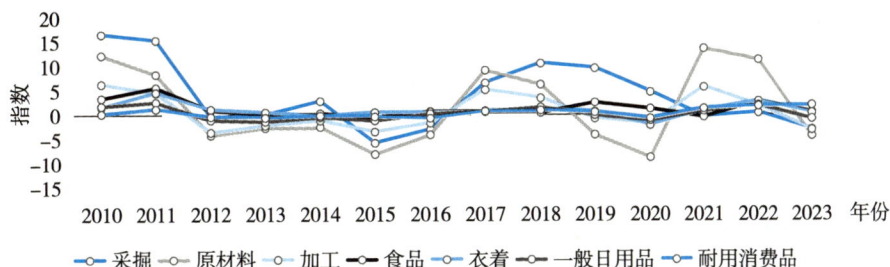

图 9-4　浙江省产品分类工业生产者出厂价格指数变化（2010—2023 年）

表 9-3　浙江省产品分类工业生产者出厂价格指数变化（2010—2023 年）

产品类型	2010—2015 年变化幅度	2015—2020 年变化幅度	2020—2023 年变化幅度	2010—2023 年变化幅度
原材料	0.5	−1.6	2.9	1.5
加工	0.0	0.1	0.5	0.6
采掘	4.7	3.7	0.3	3.8
耐用消费品	0.0	0.0	1.0	0.4
食品	1.6	0.8	1.0	1.3

（续表）

产品类型	2010—2015 年变化幅度	2015—2020 年变化幅度	2020—2023 年变化幅度	2010—2023 年变化幅度
衣着	1.4	0.3	0.4	0.9
一般日用品	0.0	0.0	0.1	0.2

（3）分析示例

总体上，浙江省工业品出厂价格涨跌幅度大于消费品，原材料、耐用消费品、食品工业产品出厂价格涨幅位居前三。

从现状来看，2023 年浙江省工业生产者出厂价格大类产品分类指数中，工业品（采掘、原材料、加工三类生产资料）出厂价格下跌，跌幅为 3.1%~4.4%；消费品（食品、衣着、一般日用品、耐用消费品四类生活资料）中一般日用品的出厂价格下跌 0.9%，其余三类生活资料的出厂价格上涨，涨幅最高的是耐用消费品（1.9%）。

从走势来看，2010 年至 2023 年期间，浙江工业品出厂价格涨跌幅度大于消费品，2020 年以来出厂价格涨幅较高的领域为原材料、耐用消费品、食品工业。

（4）产品分类工业生产者出厂价格指数数据应用思路

第一，政府工信部门可利用产品分类工业生产者出厂价格指数数据，研判工业生产者出厂价格产品分类指数特征和走势，制定产业扶持政策和产业结构优化策略。以浙江省为例，该省工业品出厂价格涨跌幅度大于消费品，原材料、耐用消费品、食品工业产品出厂价格涨幅位居前三，这些行业的产品市场竞争力强，是优势行业，宜重点发展。相关部门在制定产业扶持政策和优化产业结构时，可将其作为主要依据之一。

第二，工业行业企业可利用产品分类工业生产者出厂价格指数数据，研判工业生产者出厂价格分类指数特征和走势，辅助对外投资选址和销售市场布局决策。以浙江省为例，该省工业品出厂价格涨跌幅度大于消费品，原材料、耐用消费品、食品工业产品出厂价格涨幅位居前三，这些行业市场吸引力强。相关行业企业在制定对外投资选址和销售市场布局决策时，可将其作为主要依据之一。

3. 行业分类工业生产者出厂价格指数

（1）分析思路

从现状和走势两个方面，分析行业分类工业生产者出厂价格指数。

（2）数据图表

根据《浙江统计年鉴（2011—2024）》提供的数据，将 2010 年至 2023 年行业分类工业生产者出厂价格指数数据整理成图表，具体如表 9-4 所示。

表 9-4　浙江省行业分类工业生产者出厂价格指数变化（2010—2023 年）

	2023 年变化幅度		2020—2023 年变化幅度	2010—2023 年变化幅度
酒、饮料和精制茶制造业	2.5	石油、煤炭及其他燃料加工业	8.5	4.1

（续表）

	2023 年变化幅度		2020—2023 年变化幅度	2010—2023 年变化幅度
文教、工美、体育和娱乐用品制造业	2.2	有色金属冶炼和压延加工业	7.7	4.4
水的生产和供应业	2.2	燃气生产和供应业	4.6	2.0
皮革、毛皮、羽毛及其制品和制鞋业	2	农副食品加工业	2.9	2.4
电力、热力生产和供应业	1.9	黑色金属冶炼和压延加工业	2.8	1.8
铁路、船舶、航空航天和其他运输设备制造业	1.7	铁路、船舶、航空航天和其他运输设备制造业	2.3	0.6
家具制造业	0.8	电力、热力生产和供应业	2.3	1.0
专用设备制造业	0.3	文教、工美、体育和娱乐用品制造业	1.9	1.2
纺织服装、服饰业	0.1	家具制造业	1.5	0.9
烟草制品业	0	电气机械和器材制造业	1.3	0.1
仪器仪表制造业	−0.5	金属制品业	1.3	0.7
汽车制造业	−0.7	化学纤维制造业	1.1	1.1
农副食品加工业	−1	水的生产和供应业	1.0	1.5
金属制品业	−1.3	印刷和记录媒介复制业	0.8	0.2
食品制造业	−1.3	通用设备制造业	0.7	0.2
计算机、通信和其他电子设备制造业	−1.3	化学原料和化学制品制造业	0.7	0.8
通用设备制造业	−1.4	皮革、毛皮、羽毛及其制品和制鞋业	0.5	1.1
化学纤维制造业	−1.5	纺织服装、服饰业	0.5	0.6
纺织业	−1.6	食品制造业	0.5	1.5
木材加工和木、竹、藤、棕、草制品业	−1.7	非金属矿采选业	0.4	4.3
印刷和记录媒介复制业	−2.2	烟草制品业	0.2	0.6
电气机械和器材制造业	−2.3	专用设备制造业	0.2	0.0
非金属矿采选业	−3.1	汽车制造业	0.0	−0.5
有色金属冶炼和压延加工业	−3.2	纺织业	−0.2	1.1
医药制造业	−3.4	酒、饮料和精制茶制造业	−0.2	0.2
橡胶和塑料制品业	−3.9	橡胶和塑料制品业	−0.2	0.2
燃气生产和供应业	−5	仪器仪表制造业	−0.3	−0.7
造纸和纸制品业	−6.8	木材加工和木、竹、藤、棕、草制品业	−0.3	0.9
石油、煤炭及其他燃料加工业	−7.3	造纸和纸制品业	−0.3	0.5
非金属矿物制品业	−8.7	计算机、通信和其他电子设备制造业	−1.0	−1.4
黑色金属冶炼和压延加工业	−8.8	医药制造业	−1.0	−0.4
化学原料和化学制品制造业	−11.5	非金属矿物制品业	−1.3	2.5

（3）分析示例

总体上，浙江省石油、煤炭及其他燃料加工业，有色金属冶炼和压延加工业，燃气生产和供应业，农副食品加工业，黑色金属冶炼和压延加工业，铁路、船舶、航空航天和其他运输设备制造业处于出厂价格显著上涨周期；计算机、通信和其他电子设备制造业，医药制造业，仪器仪表制造业等9个行业处于出厂价格下跌周期。

从现状来看，2023年浙江省工业生产者出厂价格行业分类指数中，9个行业出厂价格上涨，涨幅前五的行业为酒、饮料和精制茶制造业，文教、工美、体育和娱乐用品制造业，水的生产和供应业，皮革、毛皮、羽毛及其制品和制鞋业，电力、热力生产和供应业；23个行业出厂价格下降，跌幅前五的行业为造纸和纸制品业，石油、煤炭及其他燃料加工业，非金属矿物制品业，黑色金属冶炼和压延加工业，化学原料和化学制品制造业。

从走势来看，2010年至2023年期间，29个行业出厂价格上涨，涨幅较大的行业为石油、煤炭及其他燃料加工业，有色金属冶炼和压延加工业，燃气生产和供应业，农副食品加工业，黑色金属冶炼和压延加工业，铁路、船舶、航空航天和其他运输设备制造业；跌幅较大的行业为计算机、通信和其他电子设备制造业，医药制造业，非金属矿物制品业。

（4）行业分类工业生产者出厂价格指数数据应用思路

第一，政府工信部门可利用行业分类工业生产者出厂价格指数数据，研判工业生产者出厂价格行业分类指数特征和走势，制定产业扶持政策和产业结构优化策略。以浙江省为例，该省石油、煤炭及其他燃料加工业，有色金属冶炼和压延加工业，燃气生产和供应业，农副食品加工业，黑色金属冶炼和压延加工业，铁路、船舶、航空航天和其他运输设备制造业处于出厂价格显著上涨周期，是优势行业；而计算机、通信和其他电子设备制造业，医药制造业，仪器仪表制造业等9个行业处于出厂价格下跌周期，需要重点扶持。相关部门在制定产业扶持政策和产业结构优化策略时，可将其作为主要依据之一。

第二，工业行业企业可利用行业分类工业生产者出厂价格指数数据，研判各行业工业生产者出厂价格指数特征和走势，辅助对外投资选址和销售市场布局决策。以浙江省为例，该省石油、煤炭及其他燃料加工业，有色金属冶炼和压延加工业，燃气生产和供应业，农副食品加工业，黑色金属冶炼和压延加工业，铁路、船舶、航空航天和其他运输设备制造业处于出厂价格显著上涨周期，市场吸引力较强；而计算机、通信和其他电子设备制造业，医药制造业，仪器仪表制造业等9个行业处于出厂价格下跌周期，宜谨慎布局。相关行业企业在制定对外投资选址和销售市场布局决策时，可将其作为主要依据之一。

（三）工业生产者购进价格指数

分析工业生产者购进价格指数数据，主要从工业生产者购进价格总指数、产品分类工业生产者购进价格指数两个维度展开，落脚点是研判工业行业产品购进价格及其走势，为政府制定产业扶持政策、工业企业对外投资选址和调整生产经营策略等决策提供数据依据。

下面以浙江省数据为例进行分析，其他省市层面可以参照分析。

1. 工业生产者购进价格总指数

（1）分析思路

从现状和走势两个方面，分析工业生产者购进价格总指数。

（2）数据图表

根据《中国统计年鉴（2011—2024）》《浙江统计年鉴（2011—2024）》提供的数据，将 2010 年至 2023 年全国及浙江省工业生产者购进价格指数数据整理成图表，具体如图9-5 所示；将 2010 年至 2023 年浙江省工业生产者出厂价格指数与购进价格指数数据整理成图表，具体如图 9-6 所示。

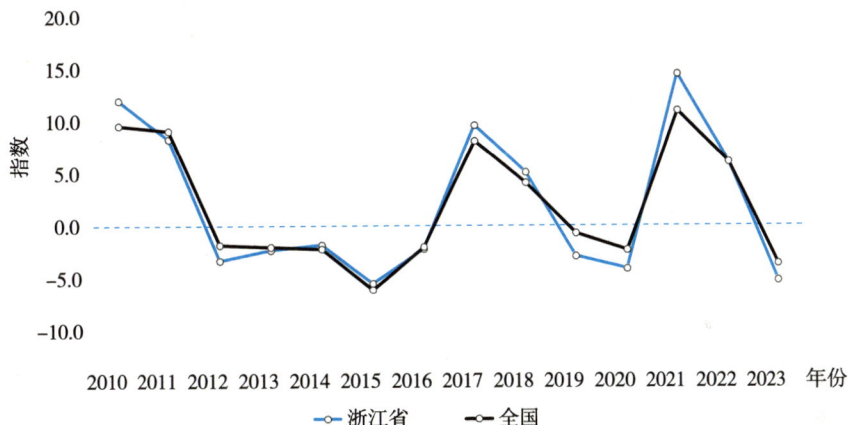

图 9-5 全国及浙江省工业生产者购进价格指数变化（2010—2023 年）

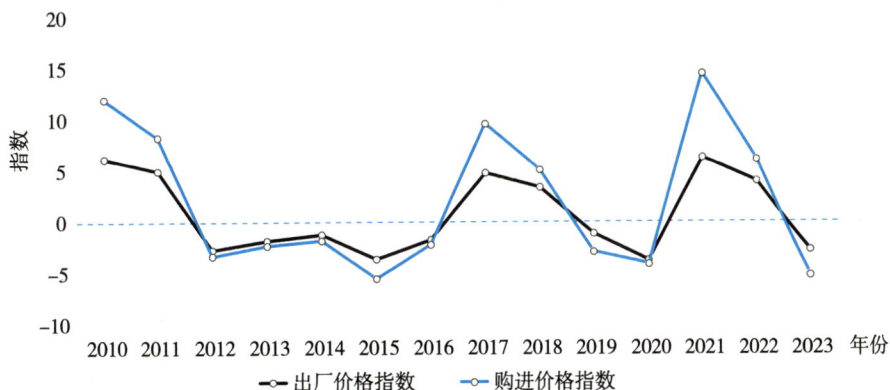

图 9-6 浙江省工业生产者购进与出厂价格指数变化（2010—2023 年）

（3）分析示例

总体上，浙江省工业生产者购进价格平均涨幅高于工业生产者出厂价格平均涨幅，价格因素导致工业企业利润空间呈现收窄走势。

从现状来看，2023 年浙江省工业生产者购进价格总指数为 94.8%，比上年下降了 5.2 个百分点，比全国平均指数（96.4%）低 1.6 个百分点，比出厂价格指数（97.3%）低 2.5 个百分点，利润空间扩大。

从走势来看，2010 年至 2023 年期间，浙江省工业生产者购进价格平均涨幅为 2%，同期工业生产者出厂价格平均涨幅为 0.8%，价格因素导致工业企业利润空间呈现收窄走势。

（4）工业生产者购进价格总指数数据应用思路

政府工信部门可利用工业生产者购进价格总指数数据，研判工业生产者购进价格指数特征和走势，制定产业扶持政策和优化产业结构。以浙江省为例，该省工业生产者购进价格平均涨幅高于工业生产者出厂价格平均涨幅，价格因素导致工业企业利润空间呈现收窄走势，需要通过招商引资、政策扶持帮助企业降低购进成本，提高经营效益。相关部门在制定产业扶持政策和优化产业结构时，可将其作为主要依据之一。

2. 工业生产者购进产品价格指数

（1）分析思路

从现状和走势两个方面，分析工业生产者分类产品购进价格指数。

（2）数据图表

根据《中国统计年鉴（2011—2024）》《浙江统计年鉴（2011—2024）》提供的数据，将 2010 年至 2023 年全国及浙江省工业生产者分类产品购进价格数据整理成图表，具体如表 9-5 所示。

表 9-5　全国及浙江省工业生产者分类产品购进价格指数变化

产品类型	2023 年浙江省变化幅度	2023 年全国变化幅度	产品类型	2020—2023 年变化幅度	2010—2023 年变化幅度
黑色金属材料类	−10.3	−6.2	有色金属材料和电线类	7.7	4.1
其他工业原材料及半成品类	−9.3		燃料、动力类	6.0	3.6
燃料、动力类	−8.7	−5.3	农副产品类	2.1	2.2
有色金属材料和电线类	−5.7	−0.7	黑色金属材料类	2.0	1.4
化工原料类	−5.3	−8.3	化工原料类	1.4	1.4
纺织原料类	−2.9	−3.0	其他工业原材料及半成品类	1.4	1.0
建筑材料类及非金属矿类	−2.6	−5.9	纺织原料类	1.0	1.5
木材及纸浆类	−1.7	−3.1	木材及纸浆类	0.3	1.0
农副产品类	−1.4	−2.2	建筑材料类及非金属矿类	−1.6	2.6

（3）分析示例

总体上，浙江省工业企业购进产品价格方面，黑色金属材料类、有色金属材料和电线类、纺织原料类具有成本优势；而化工原料类、建筑材料类及非金属矿类、农副产品类以及燃料、动力类缺乏成本优势。

从现状来看，2023年浙江省大类产品工业生产者购进价格指数中，跌幅较大的产品为黑色金属材料类、其他工业原材料及半成品类、有色金属材料和电线类、化工原料类以及燃料、动力类，具有成本优势；化工原料类、建筑材料类及非金属矿类、木材及纸浆类、农副产品类购进价格跌幅低于全国平均水平，缺乏成本优势。

从走势来看，2010年至2023年期间，浙江省各类产品购进价格整体为上涨走势，涨幅较大的产品为有色金属材料和电线类、农副产品类以及燃料、动力类。

（4）工业生产者购进产品价格指数数据应用思路

第一，政府工信部门可利用工业生产者购进产品价格指数数据，研判工业生产者分类产品购进价格特征和走势，制定产业扶持政策和产业结构优化策略。以浙江省为例，该省工业企业购进的黑色金属材料类、有色金属材料和电线类、纺织原料类具有成本优势，而化工原料类、建筑材料类及非金属矿类、农副产品类，以及燃料、动力类缺乏成本优势，需要通过招商引资、政策扶持等措施，帮助企业降低成本，提高经营效益。相关部门在制定产业扶持政策和产业结构优化策略时，可将其作为主要依据之一。

第二，工业行业企业可利用工业生产者购进产品价格指数数据，研判工业生产者分类产品购进价格特征和走势，辅助对外投资选址和销售市场布局决策。以浙江省为例，该省工业企业购进的黑色金属材料类、有色金属材料和电线类、纺织原料类具有成本优势，省外企业不宜进入；而化工原料类、建筑材料类及非金属矿类、农副产品类以及燃料、动力类缺乏成本优势，省外企业宜进入。相关行业企业在制定对外投资选址和销售市场布局决策时，可将其作为主要依据之一。

第十章

就业数据

就业数据关乎企业和个人，主要涉及劳动力、劳动年龄人口、就业人口、劳动生产率、城镇调查失业率等数据。本章主要介绍以下要点。

（1）劳动力指通过抽样调查统计的 16 岁及以上人口中有就业意愿和能力的人口，主要用于计算劳动力供给和劳动参与率；

（2）劳动年龄人口指通过人口普查和人口抽样调查统计的 15 岁至 64 岁的全部人口，主要用于计算抚养比；

（3）不能片面看待劳动力总量大小、劳动力参与率高低的问题；

（4）失业人口通过抽样调查统计，城镇调查失业率反映劳动力市场供需状况；

（5）城镇登记失业人口数据是行政统计指标，不能全面反映劳动力市场供需情况。

分析就业数据，要结合总量和结构、现状和走势、绝对数据和相对数据辩证地分析，要注意数据口径的一致性。其主要应用场景如下。

（1）政府部门制定人力资源发展规划和政策；

（2）企业制定对外投资选址和业务布局决策；

（3）个人择业和选择发展城市。

一、就业数据梳理

目前我国统计部门就业相关统计主要包括四种。

1. 劳动力调查

以住户为调查对象进行抽样调查，调查统计全国就业人口、城镇调查失业率等指标数据，并通过《中国人口与就业统计年鉴》《中国劳动统计年鉴》《中国统计年鉴》公布。

2. 劳动工资统计调查

以法人单位为调查对象进行全面调查和抽样调查，调查统计城镇非私营单位就业人口、城镇非私营和私营单位工资等指标数据，并通过《中国劳动统计年鉴》《中国统计年鉴》公布。

3. 人口普查

以住户为调查对象进行全面调查和抽样调查，调查统计 10% 抽样的 16 岁及以上就业人口数据，并通过《中国人口普查年鉴》《中国统计年鉴》公布。

4. 经济普查

以二、三产业法人单位和个体户为调查对象进行全面调查，调查统计法人单位就业人口、个体户就业人口等指标数据，并通过《中国经济普查年鉴》和《中国统计年鉴》公布。

我国采用国际劳工组织建议的标准来定义、调查、统计就业相关人口，主要涉及劳动力、就业人口、失业人口、劳动年龄人口四个指标，各个指标统计的口径关系如图10-1所示。

图 10-1　各类人口指标关系示意

下面，我们将从经济产业发展的角度出发，主要介绍三类就业数据的分析与应用。

（1）劳动力；

（2）就业人口；

（3）失业人口。

二、劳动力

（一）数据解读

按联合国国际劳工组织定义，15岁及以上人口为劳动年龄人口（Working-age Population）。劳动年龄人口划分为劳动力和非劳动力，劳动力是15岁及以上、有劳动能力、参加或要求参加经济活动的人口。一般用劳动参与率（15岁及以上人口中劳动力的比例）来衡量劳动力供给水平。

我国参考国际标准，结合我国法定最低劳动年龄为16周岁的实际情况，统计上定义劳动力为：16岁及以上、有劳动能力、参加或要求参加社会经济活动的人口，包括就业人口和失业人口。目前，我国暂未统计和发布劳动参与率指标。

需要注意的是，我国劳动年龄人口定义与国际标准有较大差异。在我国人口普查统计中，按年龄段划分，"劳动年龄人口"为15岁至64岁的全部人口，主要用于计算抚养比，而非基于劳动力市场角度，不适合用于劳动力的定义、统计、分析方面。

国家统计局根据《劳动力调查制度》，每年实施劳动力抽样调查，调查统计全国 16 岁及以上人口数、劳动力等年度数据，并通过《中国劳动统计年鉴》《中国人口和就业统计年鉴》等渠道公布。

在理解和应用劳动力数据时，要注意以下要点。

第一，劳动人口统计和分析应用"劳动力"指标，不用"劳动年龄人口"指标。

第二，我国暂未统计发布劳动力参与率指标，可用劳动力、15 岁及以上人口数来计算。

第三，不能片面看待劳动力总量大小、劳动参与率高低问题，要结合劳动生产率、人均 GDP 等指标来进行全面分析。

第四，16 岁及以上的劳动力、非劳动力是动态变化的。劳动力如果不找工作或不能去工作，就统计计入非劳动力状态；非劳动力如果能工作或找到工作，就统计计入劳动力状态。

（二）劳动力总量

分析劳动力数据，落脚点是研判劳动力的总量和走势，为政府制定人口政策、就业政策、财政政策等决策提供数据依据。

目前我国只公布全国 16 岁及以上人口数、劳动力等年度数据。

下面以全国数据为例进行分析，在数据可得的情况下，省市层面可以参照分析。

1. 分析思路

从现状和走势两个方面，分析劳动力、劳动力占 16 岁及以上人口的比例数据。

2. 数据图表

根据《中国劳动统计年鉴》《中国统计年鉴》《国民经济和社会发展统计公报》提供的数据，将 2010 年至 2023 年全国劳动力、劳动力占 16 岁及以上人口的比例数据整理成图表，具体如图 10-2 所示。

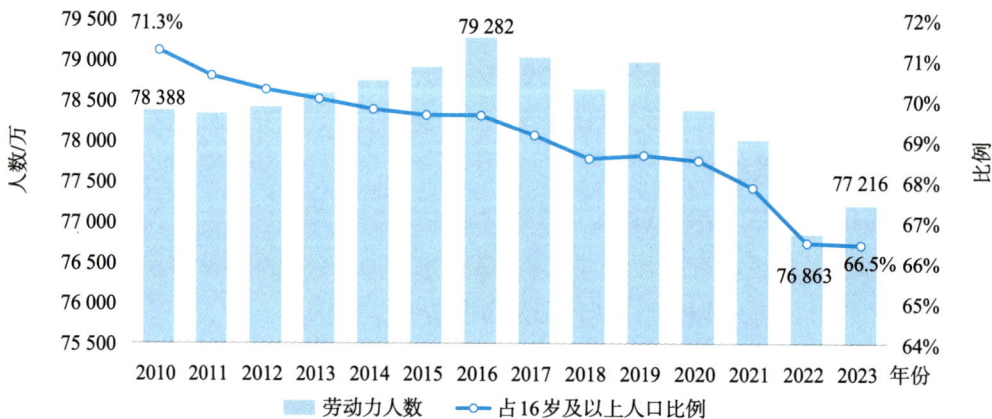

图 10-2　全国劳动力及占比变化（2010—2023 年）

3. 分析示例

总体上，2016年以来全国劳动力大幅下降，平均每年减少近300万人，劳动力占16岁及以上人口的比例呈下降走势。

从现状来看，2023年全国劳动力为77 216万人，比上年增长353万人，占16岁及以上人口的66.5%。

从走势来看，全国劳动力在2016年达到峰值79 282万人，之后大幅下降至2023年的77 216万人，7年时间共减少2 066万人，平均每年减少295万人；劳动力人数占16岁及以上人口的比例持续下降，由2010年的71.3%降至2023年的66.5%，下降了4.8个百分点，劳动力占全国总人口的比例下降3.7个百分点。

（三）劳动力结构

1. 分析思路

从现状和走势两个方面，分析劳动力中就业人员占比数据。

2. 数据图表

根据《中国劳动统计年鉴》《中国统计年鉴》《国民经济和社会发展统计公报》提供的数据，将2010年至2023年全国就业人口占劳动力的比例数据整理成图表，具体如图10-3所示。

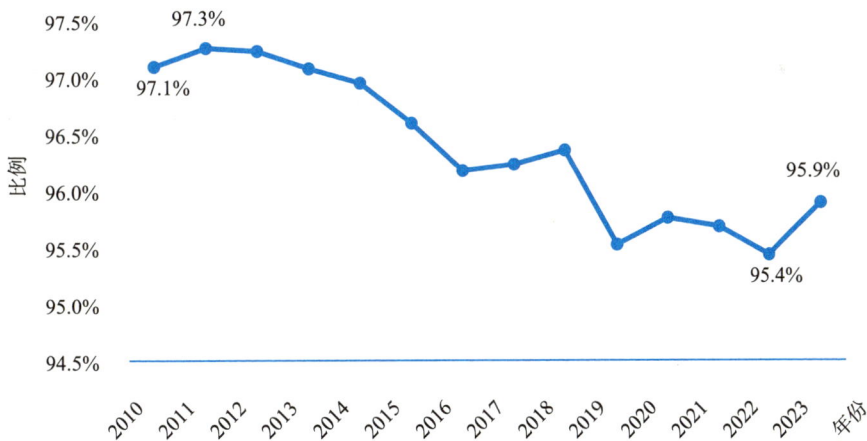

图 10-3　全国就业人口占劳动力的比例变化（2010—2023年）

3. 分析示例

总体上，2010年以来全国就业人口占劳动力的比例呈现下降走势，失业人员占比上升，整体就业压力不断加大。

从现状来看，2023年全国就业人口占劳动力的比例为95.9%，比上年提高0.4个百分点。

从走势来看，全国就业人口占劳动力的比例在 2011 年达到峰值 97.3%，之后持续下降至 2022 年的 95.4%，下降了约 2 个百分点。

4. 劳动力总量结构数据应用思路

第一，国家层面，统计、人社等部门可利用劳动力总量结构数据，研判全国劳动力供给总量、结构和走势，制定人口政策、就业政策、财政政策。以全国为例，2016 年以来全国劳动力大幅下降，平均每年减少近 300 万人，劳动力占 16 岁及以上人口的比例呈下降走势，劳动力供给越来越紧张；就业人口占劳动力比例呈现下降走势，失业人口占比上升，整体就业压力不断加大。相关部门可以此为依据之一，制定人口政策、就业政策、财政政策。例如，全国推出的延长退休年龄的政策、大力推进东部产业向中西部梯度转移和乡村振兴政策、鼓励灵活就业政策等，一方面可以增加 16 岁及以上人口中的劳动力供给，另一方面可以增加就业岗位和扩大就业人口，以优化劳动力结构，减轻财政压力，缓解就业和社会矛盾。

第二，地方政府层面，统计、人社等部门可利用劳动力总量结构数据，研判本地劳动力供给总量特征和走势，制定产业政策、就业政策、财政政策。各地方相关部门可以全国数据为参考，基于全国劳动力供给越来越紧张、就业人口占劳动力的比例逐年下降的大形势，结合本地劳动力供给特征和要求，制定产业政策、就业政策、财政政策，优化劳动力供给。例如，推出大力招商引资与招才引智政策、鼓励灵活就业政策等，以增加就业岗位和扩大就业人口。

三、就业人口

（一）数据解读

按国家统计局的定义，就业人口指年满 16 周岁，为取得报酬或经营利润，在调查参考周内从事了 1 小时（含 1 小时）以上劳动的人员；或由于在职学习、休假、临时停工等原因在调查参考周内暂时未工作的人员。

统计部门公布的就业人口统计数据有以下三类来源。

1. 劳动力抽样调查公布的就业数据

根据《劳动力调查制度》，国家统计局每年实施劳动力抽样调查，以家庭户为调查单位，调查统计和公布的就业指标数据有：

（1）就业人员（按三次产业分、按城乡分）；

（2）城镇非私营单位就业人员（按企业类型分、按行业分）。

以上数据为年度数据，通过《中国人口和就业统计年鉴》《中国劳动统计年鉴》《中国统计年鉴》等公布。

城镇就业人员包括法人单位就业人员（非私营＋私营）、个体户、非法人单位就业人员三类。目前，劳动力调查暂不公布私营单位就业人数、个体户就业人数、非法人单位就业人数。

2. 经济普查公布的就业数据

国家统计局每五年进行一次全国经济普查，经济普查对象为第二产业和第三产业活动的全部法人单位、产业活动单位和个体经营户。普查取得和公布的就业指标数据有：

（1）法人单位从业人员数（按行业分、按机构类型分[①]、按注册类型分[②]）；

（2）个体经营户[③]从业人员数（按行业分）；

（3）企业法人从业人员数（按行业分、按企业类型分）。

以上数据为五年一次的普查年度数据，通过《经济普查年鉴》和"经济普查公报"公布。

这里要注意，"就业人员"与"从业人员"两个指标口径一致，通常全国、省市等宏观层面总体就业情况用"就业人员"指标，法人单位用"单位从业人员"指标。

3. 人口普查公布的就业数据

国家统计局在逢"0"年份进行全国人口普查，从全部住户中抽取 10% 的住户填报统计，公布的就业指标数据为就业人口（按年龄段分、按城乡分、按行业分、按职业分）。

以上数据为逢"0"年份进行全国人口普查的年度数据，通过《人口普查年鉴—长表数据—就业》公布。

这里要注意的是，10% 住户抽样不等于 10% 人口抽样，用 10% 抽样得到的就业人口数推算全部就业人口数不完全准确。

另外，城镇新增就业人员数也是常见的就业指标，由人社部门负责统计和发布，其计算公式如下：

城镇新增就业人数 = 城镇累计新就业人员数 – 自然减员人数

其中：城镇累计新就业人员数是指城镇区域内由未就业转为就业状态的劳动年龄内

[①] 统计上法人单位按机构类型分为企业、事业单位、机关、社会团体、民办非企业单位、基金会、居委会、村委会、其他法人；产业活动单位是法人单位的一部分，现实中的产业活动单位，以分支机构、派出机构、常驻代表机构、常驻办事机构、办事处、联络处、办公室、工厂、车间、仓库、研究中心、销售部、售后服务部等形式存在。

[②] 统计上法人单位按注册类型分为国有、集体、股份合作、联营、有限责任公司、股份有限公司、私营（私营独资、私营合伙、私营有限责任公司、私营股份有限公司）、其他、港澳台商投资、外商投资。

[③] 个体经营户指生产资料归劳动者个人所有，以个体劳动为基础，劳动成果归劳动者个人占有和支配的一种经营单位，包括：（1）按照《个体工商户条例》的规定，依法在市场监管机关登记注册、开展经营活动的个人和家庭，具体是指公民在法律允许范围内，依法经核准登记，从事工业、建筑业、交通运输业、批发零售业、住宿餐饮业和其他服务业等活动的个体劳动者和家庭；（2）未在市场监管部门登记注册，但有相对固定场所，实际从事二、三产业个体经营活动一年内累计三个月以上的个人和家庭户，不包括农民家庭以辅助劳力或利用农闲时间进行的一些兼营性的工业、商业及其他活动。

人数总和，包括通过城镇各类单位、个体工商户、公益性岗位和灵活形式新实现就业的人员；自然减员人数是指因退休、伤亡等自然原因减少的人数。

在理解和应用就业人员数据时，要注意以下要点。

第一，劳动力抽样调查得到的每年就业人口数据，主要用于每年地区就业人数总量和构成分析以及城镇非私营单位一、二、三产业就业人数总量和构成分析。劳动力抽样调查涵盖了城镇、乡村和一、二、三产业总量数据，以及城镇非私营单位就业人员总量和构成数据，每年公布一次。国家统计局自 2020 年开始不再公布城镇私营单位就业人数、个体户就业人数两项数据，因此无法基于该数据开展这两项分析。

第二，经济普查得到的普查年份就业人口数据，主要用于普查年份二、三产业就业人数总量和结构分析。经济普查涵盖了二、三产业就业人员总量和构成数据、法人单位及个体户就业人员总量和构成数据、企业法人就业人员总量和构成数据，每五年开展一次并于普查年份次年公布相关数据，是二、三产业的全量数据，适合用于总量和结构分析。

第三，人口普查得到的普查年份就业人口数据公布频次较低，主要用于普查年份就业人口构成分析。人口普查涵盖了一、二、三产业，城镇和农村，各年龄段、各职业就业人员构成数据，每十年公布一次，属于抽样数据而非全量数据，适合用于结构分析。

第四，人社部门按行政登记口径统计的城镇新增就业人数数据，是就业工作方面的管理指标，可在一定程度上反映劳动力市场就业变化情况。

（二）就业人口总量

就业人口是劳动力的一部分，他们直接从事经济活动并创造 GDP。就业人员总量分析，落脚点是研判就业人员、城镇就业人员、城镇非私营单位就业人员、城镇新增就业人员的总量和走势特征，为政府制定就业和财政政策、企业异地扩张选址、个人择业等决策提供数据依据。

下面以浙江省为例，基于省市层面公布的就业数据，主要分析就业人员数、城镇就业人员数、城镇非私营单位就业人员数、城镇新增就业人员数四个指标数据。其他省市层面可以参考。

1. 就业人员数分析

（1）分析思路

从现状和走势两个方面，分析就业人员数及占全国的比例。

（2）数据图表

根据《浙江统计年鉴》《中国统计年鉴》提供的数据，将 2010 年至 2023 年浙江省就业人员数及占全国的比例数据整理成图表，具体如图 10-4 所示。

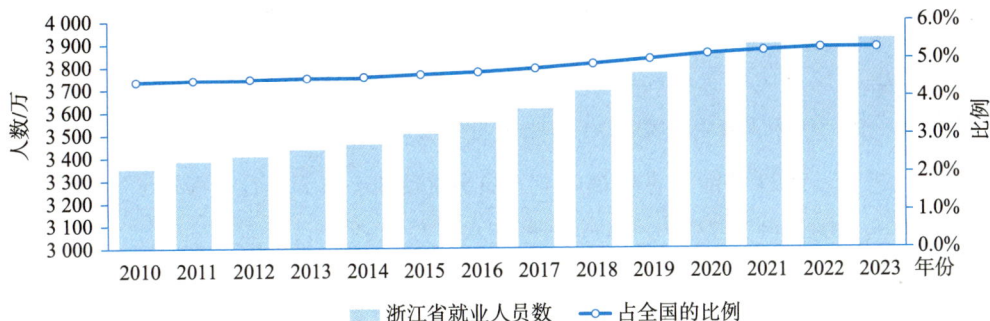

图 10-4　浙江省就业人员数变化（2010—2023 年）

（3）分析示例

总体上，在全国就业人员数持续减少的形势下，浙江省就业人员数持续增长，对就业人口吸引力较强，但 2020 年以来增幅放缓。

从现状来看，2023 年浙江省就业人员数为 3 921 万人，比上年增长 36 万人，占全国就业人员数的比例为 5.3%。

从走势来看，2010 年至 2023 年期间，浙江省就业人员数年均复合增长 1.2%，年均增幅达 44 万人；同期全国就业人员数复合增速为 –0.2%，年均减少 159 万人。

2. 城镇就业人员数分析

（1）分析思路

从现状和走势两个方面，分析城镇就业人员数及占该省总就业人员数的比例。

（2）数据图表

根据《浙江统计年鉴》《浙江省国民经济和社会发展统计公报》《中国统计年鉴》提供的数据，将 2010 年至 2023 年浙江省城镇就业人员数及占该省总就业人员数的比例数据整理成图表，具体如图 10-5 所示。

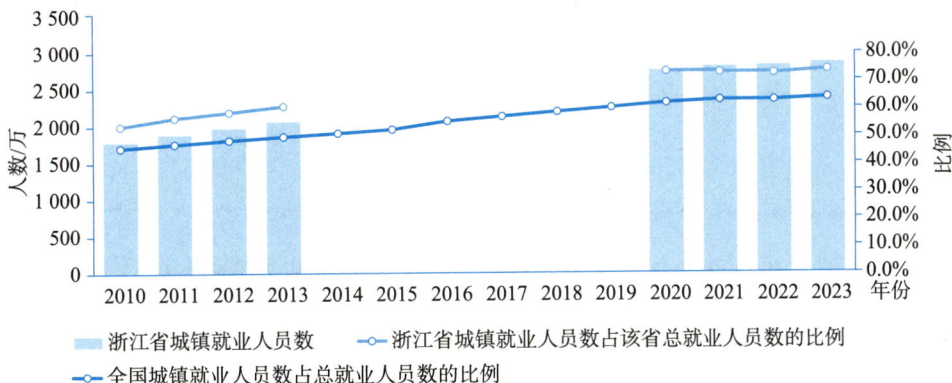

图 10-5　浙江省城镇就业人员数变化（2010—2023 年）

（3）分析示例

总体上，浙江省城镇就业人员数增长较快，占该省总就业人员数的七成以上，高出全国平均水平约 10 个百分点，说明城镇地区是就业的主要承载地。

从现状来看，2023 年浙江省城镇就业人员数为 2 861 万人，比上年增长 42 万人，占该省总就业人员的比例为 73.6%，比全国平均水平高 10.1 个百分点。

从走势来看，2010 年至 2023 年期间，浙江省城镇就业人员数年均复合增长 3.7%，年均增幅达 82 万人，占该省总就业人员数的比例提高 20.2 个百分点；同期全国城镇就业人员数复合增速为 2.4%，占总就业人员数的比例提高 17.9 个百分点。

3. 城镇非私营单位就业人员数分析

（1）分析思路

从现状和走势两个方面，分析城镇非私营单位[①] 就业人员数及占城镇就业人员数比例。

（2）数据图表

根据《浙江统计年鉴》《浙江省国民经济和社会发展统计公报》《中国统计年鉴》提供的数据，将 2010 年至 2023 年浙江省城镇非私营单位就业人员数及占城镇就业人员数的比例数据整理成图表，具体如图 10-6 所示。

图 10-6 浙江省城镇非私营单位就业人员数变化（2010—2023 年）

（3）分析示例

总体上，浙江省城镇非私营单位就业人员数增长缓慢，占城镇就业人员数的比例不足四成，私营单位和个体户承载了六成以上的城镇就业。

从现状来看，2023 年浙江省城镇非私营单位就业人员数为 1 065 万人，占城镇就业人员数的比例为 37.2%，比全国平均水平高 2.4 个百分点。

从走势来看，2010 年至 2023 年期间，浙江省城镇非私营单位就业人员数年均复合

---

① 按国家统计局统计口径，目前城镇非私营单位口径具体包括：国有单位、城镇集体单位、股份合作单位、联营单位、有限责任公司、股份有限公司、港澳台商投资和外商投资公司等。

增长 1.4%，比全国平均水平低 0.4 个百分点；占就业人员数的比例下降 12.1 个百分点，同期全国降幅为 2.8 个百分点。

4. 城镇新增就业人员数分析

（1）分析思路

从现状和走势两个方面，分析城镇新增就业人员数及占全国的比例。

（2）数据图表

根据《浙江统计年鉴》《浙江省国民经济和社会发展统计公报》《中国统计年鉴》《中国国民经济和社会发展统计公报》提供的数据，将 2010 年至 2023 年浙江省城镇新增就业人员数及占全国比例数据整理成图表，具体如图 10-7 所示。

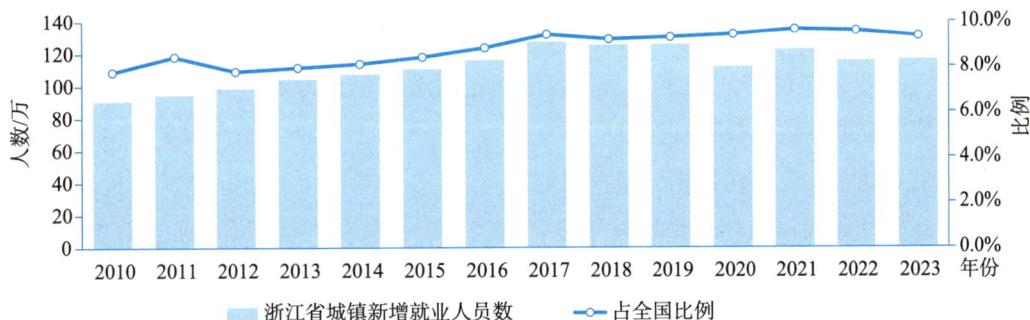

图 10-7 浙江省城镇新增就业人员数变化（2010—2023 年）

（3）分析示例

总体上，浙江省城镇新增就业人员数占全国十分之一，城镇新增就业人员数保持在 100 万左右。

从现状来看，2023 年浙江省城镇新增就业人员数为 116.3 万人，占全国新增就业人员数的比例为 9.3%。

从走势来看，2010 年至 2023 年期间，浙江省城镇新增就业人员数年均复合增长 1.9%，比全国平均水平高 1.4 个百分点。

5. 就业人口总量数据应用思路

第一，政府层面，从产业发展角度利用就业人口总量数据，为制定产业发展策略、就业政策等决策提供数据依据。以浙江省为例，相对全国整体而言，该省就业人口吸引力较强，城镇就业人员数占七成以上，私营单位和个体户就业人员数占六成以上。在全国就业人员数总量持续减少、本省就业人员数增幅放缓的形势下，该省的产业发展策略、就业政策可聚焦提高劳动生产率，以城镇非私营单位的创新升级为牵引，带动私营企业和个体户的转型升级。

第二，企业层面，从投资布局角度利用就业人口总量数据，为投资选址、业务布局等决策提供数据依据。以浙江省为例，相对全国整体而言，该省就业人口吸引力较强，城镇就业人员数占七成以上，私营单位和个体户就业人员数占六成以上。在全国就业人员数总量持续减少的形势下，浙江省具有人力资源优势，可作为职业培训业务布局、产业投资、创业的重点目标地区。

第三，个人层面，从择业发展角度利用就业人口总量数据，为"去哪里发展"等决策提供数据依据。以浙江省为例，相对全国整体而言，浙江省就业人口吸引力较强，城镇就业人员数占七成以上，私营单位和个体户就业人员数占六成以上。在全国就业人员数总量持续减少的形势下，浙江省城镇就业人员数、新增就业人员数、私营企业就业人员数均快速增长，就业机会较多，可作为发展和择业的重点目标地区。

（三）就业人口结构

就业人口结构分析，落脚点是从地区产业发展角度，研判就业人口企业类型分布、行业分布、职业分布的特征和走势，为政府制定就业和财政政策、企业异地扩张选址、个人择业等决策提供数据依据。

省市层面就业人口结构数据公布情况如下。

（1）行业就业人口数：省市统计年鉴公布当地全部就业人员三次产业分布数据、城镇非私营单位就业人员行业分布数据；

（2）按企业类型就业人口数：省市统计年鉴、《中国人口和就业统计年鉴》公布城镇非私营单位就业人员按企业类型分布数据；

（3）按职业就业人口数：《中国人口普查年鉴》公布各省市城镇非私营单位就业人员职业分布抽样数据；

（4）个体户就业人口数：经济普查主要数据公报、《经济普查年鉴》公布省市的第二产业和第三产业的个体户就业人员行业分布数据；

（5）省市层面私营企业就业人员结构数据暂未公布。

下面以浙江省为例，分析全部就业人员、城镇非私营单位就业人员的结构数据，其他省市层面可以参考。

1.行业就业人口数

（1）三次产业就业人口数

①分析思路

从现状和走势两个方面，分析三次产业就业人员数及各自占比。

②数据图表

根据《浙江统计年鉴》提供的数据，将2010年至2023年浙江省三次产业就业人员数及各自的占比数据整理成图表，具体如图10-8所示。

③分析示例

总体上，浙江省第一产业就业人员数持续减少，第二产业就业人员数稳步增加，第三产业就业人员数大幅增长，已占到总就业人员数的一半。

从现状来看，2023 年浙江省三次产业就业人员数占比为 5 ∶ 44.5 ∶ 50.5，第三产业就业人员数占比比第二产业高 6 个百分点。

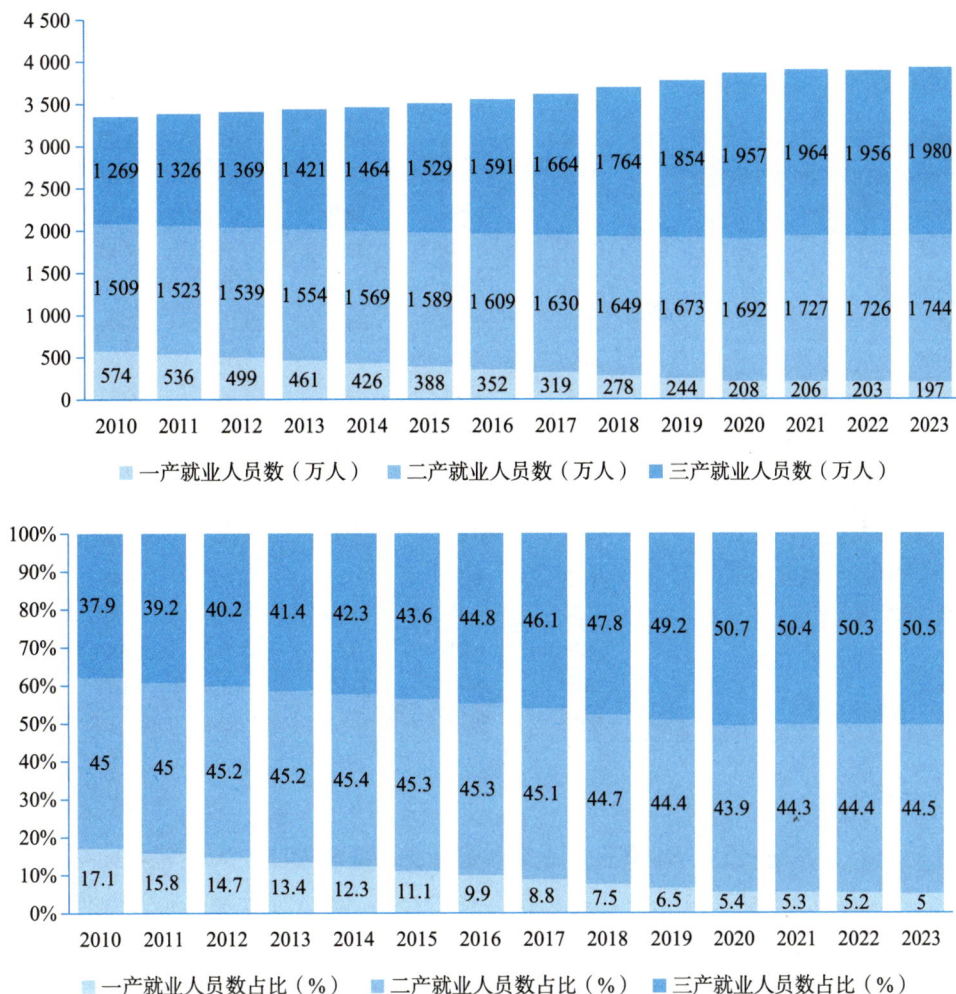

图 10-8　浙江省三次产业就业人员数变化（2010—2023 年）

从走势来看，2010 年至 2023 年期间，浙江省三次产业就业人员数占比从 2010 年的 17.1 ∶ 45 ∶ 37.9 变为 2023 年的 5 ∶ 44.5 ∶ 50.5，第一产业就业人员数年均减少 29 万人，第二产业就业人员数年均增加 18 万人，第三产业就业人员数年均增加 55 万人，新增就业人口主要集中在第三产业。

（2）城镇非私营单位行业就业人口数

①分析思路

从现状和走势两个方面，分析城镇非私营单位各行业就业人员数及占比。

②数据图表

根据《浙江统计年鉴》提供的数据，将 2010 年至 2023 年浙江省各行业就业人员数及占比数据整理成图表，具体如表 10-1 所示。

表 10-1　浙江省城镇非私营单位各行业就业人员数变化（2010—2023 年）

行业类型	2010 年		2023 年		2010—2023 年变化	
	就业人员数（万人）	占比	就业人员数（万人）	占比	就业人员数（万人）	占比
租赁和商务服务业	26.0	2.9%	81.2	7.6%	4.25	4.7%
教育	61.1	6.9%	89.7	8.4%	2.20	1.5%
卫生和社会工作	32.4	3.7%	58.6	5.5%	2.02	1.8%
信息传输、软件和信息技术服务业	11.2	1.3%	34.7	3.3%	1.81	2.0%
公共管理、社会保障和社会组织	57.6	6.5%	78.9	7.4%	1.65	0.9%
房地产业	13.7	1.5%	33.1	3.1%	1.50	1.6%
批发和零售业	31.0	3.5%	47.4	4.4%	1.26	0.9%
金融业	29.4	3.3%	43.3	4.1%	1.06	0.7%
交通运输、仓储和邮政业	25.2	2.9%	37.9	3.6%	0.98	0.7%
科学研究和技术服务业	14.0	1.6%	24.7	2.3%	0.82	0.7%
居民服务、修理和其他服务业	1.6	0.2%	4.8	0.5%	0.25	0.3%
住宿和餐饮业	15.6	1.8%	16.9	1.6%	0.10	−0.2%
电力、热力、燃气及水生产和供应业	12.6	1.4%	13.7	1.3%	0.08	−0.1%
文化、体育和娱乐业	6.2	0.7%	7.2	0.7%	0.08	0.0%
水利、环境和公共设施管理业	10.9	1.2%	11.3	1.1%	0.03	−0.2%
农、林、牧、渔业	1.4	0.2%	0.9	0.1%	−0.04	−0.1%
采矿业	1.7	0.2%	0.5	0.0%	−0.10	−0.2%
制造业	351.7	39.8%	336.4	31.6%	−1.18	−8.2%
建筑业	180.2	20.4%	143.5	13.5%	−2.83	−6.9%

③分析示例

总体上，浙江省城镇非私营单位就业中制造业、建筑业就业人数和占比呈现下降走势，租赁和商务服务业、卫生和社会工作、房地产业、教育及信息传输、软件和信息技术服务业等行业就业人数和占比显著提高。

从现状看，2023 年浙江省城镇非私营单位就业人员数占比前五的行业为制造业、建筑业、教育、租赁和商务服务业及公共管理、社会保障和社会组织，合计 3 921 万人，占比 68.5%，比上年增长 36 万人，占全国就业人员数的比例为 5.3%。

从走势来看，2010 年至 2023 年期间，浙江省城镇非私营单位就业人员数占比显著提升的行业为租赁和商务服务业，信息传输、软件和信息技术服务业，卫生和社会工作，房地产业，教育；占比显著下降的行业为制造业、建筑业。

（3）行业就业人口数数据应用思路

第一，政府层面，从产业发展角度利用行业就业人口数数据，为制定产业发展策略、就业政策等决策提供数据依据。以浙江省为例，该省第二产业就业人员数稳步增加，第三产业就业人员数大幅增长，已占到总就业人口的一半，城镇非私营单位就业中制造业、建筑业的就业人员数和占比呈现下降走势，租赁和商务服务业、卫生和社会工作、房地产业、教育及信息传输、软件和信息技术服务业等行业就业人员数和占比显著提高。在全国就业人员数总量持续减少、本省就业人员数增幅放缓的形势下，该省的产业发展策略、就业政策可聚焦提高劳动生产率，大力发展科学研究和技术服务业，信息传输、软件和信息技术服务业，文化、体育和娱乐业等知识人才密集型产业，加强引导租赁和商务服务业、教育、批发和零售业、卫生和社会工作等传统行业的转型升级和创新。

第二，企业层面，从投资布局角度利用行业就业人口数数据，为投资选址、业务布局等决策提供数据依据。以浙江省为例，该省城镇非私营单位就业中制造业、建筑业的就业人员数和占比呈现下降走势，传统制造业、建筑业机会较少；租赁和商务服务业、卫生和社会工作、房地产业、教育及信息传输、软件和信息技术服务业等行业的就业人员数和占比显著提高，人才供给丰富。在全国就业人员数总量持续减少的形势下，先进制造业企业，以及租赁和商务服务业、卫生和社会工作、房地产业、教育及信息传输、软件和信息技术服务业等行业企业可将浙江省作为业务布局、产业投资、创业的重点目标地区。

第三，个人层面，从择业发展角度利用行业就业人口数数据，为"去哪里发展"等决策提供数据依据。以浙江省为例，该省城镇非私营单位就业中制造业、建筑业的就业人员数和占比呈现下降走势，传统制造业、建筑业就业机会较少；租赁和商务服务业、卫生和社会工作、房地产业、教育及信息传输、软件和信息技术服务业等行业的就业人员数和占比显著提高，就业机会较多。在全国就业人员数总量持续减少的形势下，浙江省租赁和商务服务业、卫生和社会工作、房地产业、教育及信息传输、软件和信息技术服务业等行业就业机会较多，可作为发展和择业的重点目标地区。

2. 按职业就业人口数

（1）分析思路

从现状和走势两个方面，分析五类岗位就业人员数及占比。

（2）数据图表

根据《中国人口普查年鉴》提供的数据，将 2010 年、2020 年浙江省五类岗位就业人员数及占比数据整理成图表，具体如表 10-2 所示。

表 10-2　浙江省五类岗位就业人员数变化（2010 年、2020 年）

岗位类型	2010 年		2020 年		2010—2020 年变化	
	人员数	占比	人员数	占比	人员数变化	占比变化
中层及以上管理人员	86 324	4.6%	90 882	3.4%	4 558	−1.2%
专业技术人员	213 667	11.3%	328 758	12.5%	115 091	1.2%
办事人员和有关人员	162 826	8.6%	176 195	6.7%	13 369	−1.9%
社会生产服务和生活服务人员	533 538	28.2%	1 019 828	38.6%	486 290	10.4%
生产制造及有关人员	895 035	47.3%	1 023 665	38.8%	128 630	−8.5%

（3）分析示例

总体上，浙江省社会生产服务和生活服务人员、专业技术人员占比呈现提高走势，生产制造及有关人员、办事人员和有关人员、中层及以上管理人员占比呈现下降走势。

从现状来看，2023 年浙江省社会生产服务和生活服务人员、生产制造及有关人员两类基层岗位人员各占 39% 左右，专业技术人员占 12.5%。

从走势来看，2010 年至 2020 年，浙江省社会生产服务和生活服务人员占比提高10.4 个百分点，专业技术人员占比提高 1.2 个百分点，生产制造及有关人员占比下降 8.5个百分点，办事人员和有关人员、中层及以上管理人员占比各下降 1~2 个百分点。

（4）按职业就业人口数据应用思路

第一，政府层面，从产业发展角度利用按职业就业人口数据，为制定产业发展策略、就业政策等决策提供数据依据。以浙江省为例，该省社会生产服务和生活服务人员、专业技术人员占比呈现提高走势，生产制造及有关人员、办事人员和有关人员、中层及以上管理人员占比呈现下降走势。在全国就业人员数总量持续减少、本省就业人数增幅放缓的形势下，该省的产业发展策略、就业政策可聚焦提高劳动生产率，大力发展生产性服务业，加强专业技术人员的培养和引进。

第二，企业层面，从投资布局角度利用按职业就业人口数据，为投资选址、业务布局等决策提供数据依据。以浙江省为例，该省社会生产服务和生活服务人员、专业技术人员占比呈现提高走势，生产制造及有关人员、办事人员和有关人员、中层及以上管理人员占比呈现下降走势。在全国就业人数总量持续减少的形势下，先进制造业、科学研究和技术服务业及信息传输、软件和信息技术服务业等行业企业可将浙江省作为业务布局、产业投资、创业的重点目标地区。

第三，个人层面，从择业发展角度利用按职业就业人口数据，为"去哪里发展"等决策提供数据依据。以浙江省为例，生产制造及有关人员、办事人员和有关人员、中层及以上管理人员占比呈现下降走势，这三类岗位就业机会较少；社会生产服务和生活服务人员、专业技术人员占比呈现提高走势，这两类岗位就业机会较多。在全国就业人数总量持续减少的形势下，浙江省社会生产服务和生活服务人员、专业技术人员岗位就业机会较多，可作为发展和择业的重点目标地区。

3. 按企业类型就业人口数

（1）分析思路

从现状和走势方面，分析城镇非私营单位三大类企业就业人员数及占比。

（2）数据图表

根据《中国人口和就业统计年鉴》《浙江省统计年鉴》提供的数据，将 2010 年至2023 年浙江省城镇非私营单位三大类企业就业人员数及占比数据整理成图表，具体如表10-3 所示。

表 10-3　浙江省城镇非私营单位三大类企业就业人员数变化（2010—2023 年）

单位类型	2010 年		2023 年		2010—2023 年变化	
	就业人员数（万人）	占比	就业人员数（万人）	占比	就业人员年均变化（万人）	占比
国有单位	215	24.4%	226	21.3%	0.8	−3.1%
其他内资非私营单位	453	51.3%	683	64.2%	17.7	12.9%
港澳台商及外商投资单位	215	24.3%	155	14.5%	−4.6	−9.8%

（3）分析示例

总体上，浙江省城镇非私营单位中，有限公司、股份公司、集体企业等其他内资非私营单位就业人员数和占比呈现提高走势，是承载就业的主体；港澳台商及外商投资单位就业人员数和占比呈现下降走势，国有单位就业人员数和占比也呈现下降走势。

从现状来看，2023 年浙江省城镇非私营单位中，有限公司、股份公司、集体企业等其他内资非私营单位就业人员数占 64.2%，国有单位就业人员数占 21.3%，港澳台商及外商投资单位就业人员数占 14.5%。

从走势来看，2010 年至 2023 年，浙江省城镇非私营单位中，有限公司、股份公司、集体企业等其他内资非私营单位就业人员数占比提高 12.9 个百分点，年均增加 17.7 万人；港澳台商及外商投资单位就业人员数占比下降 9.8 个百分点，国有单位就业人员数占比下降 3.1 个百分点。

（4）按企业类型就业人口数据应用思路

第一，政府层面，从产业发展角度利用按企业类型就业人口数据，为制定产业发展策略、就业政策等决策提供数据依据。以浙江省为例，该省城镇非私营单位中，有限公司、股份公司、集体企业等其他内资非私营单位就业人员数和占比呈现显著提高走势，是承载就业的主体；港澳台商及外商投资单位就业人员数和占比呈现大幅下降走势，国有单位就业人员数占比呈现小幅下降走势。在全国就业人员数总量持续减少、本省就业人员数增幅放缓的形势下，该省的产业发展策略、就业政策可聚焦提高劳动生产率，一方面稳外资、扭转外资单位就业下降势头，一方面引导国有经济规模扩张和布局。

第二，企业层面，从投资布局角度利用按企业类型就业人口数据，为投资选址、业务布局等决策提供数据依据。以浙江省为例，该省城镇非私营单位中，有限公司、股份公司、集体企业等其他内资非私营单位就业人员数及占比呈现显著提高走势，人才资源丰富。在全国就业人员数总量持续减少的形势下，有限公司、股份公司等内资企业可将浙江省作为业务布局、产业投资、创业的重点目标地区。

第三，个人层面，从择业发展角度利用按企业类型就业人口数据，为"去哪里发展"等决策提供数据依据。以浙江省为例，该省城镇非私营单位中，有限公司、股份公司、集体企业等其他内资非私营单位就业人员数及占比呈现显著提高走势，就业机会较多；港澳台商及外商投资单位就业人员数及占比呈现大幅下降走势，就业机会较少。在全国就业人员数总量持续减少的形势下，浙江省内资企业就业机会较多，可作为发展和择业的重点目标地区。

（四）劳动生产率

劳动生产率用于衡量就业人员的产出水平，一般用地区生产总值除以全部就业人员数计算得出。劳动生产率分析，落脚点是从地区产业发展角度，研判总体劳动生产率、行业劳动生产率的特征和走势，为政府制定人力资源规划和就业政策、企业异地扩张选址等决策提供数据依据。

省市层面公布的劳动生产率相关数据有：

（1）省市地区生产总值、全部就业人员数；

（2）三次产业增加值、三次产业就业人员数；

（3）大类行业增加值（暂不公布大类行业就业人员数）。

下面以浙江省为例，分析全员劳动生产率、三次产业劳动生产率，其他省市层面可以参考。

1. 全员劳动生产率

（1）分析思路

从现状和走势两个方面，分析全员劳动生产率水平。

（2）数据图表

根据国际劳工组织及《中国统计年鉴》《浙江统计年鉴》提供的数据，将2010年至2023年我国及发达国家劳动生产率、浙江省全员劳动生产率数据整理成图表，具体如图10-9和图10-10所示。

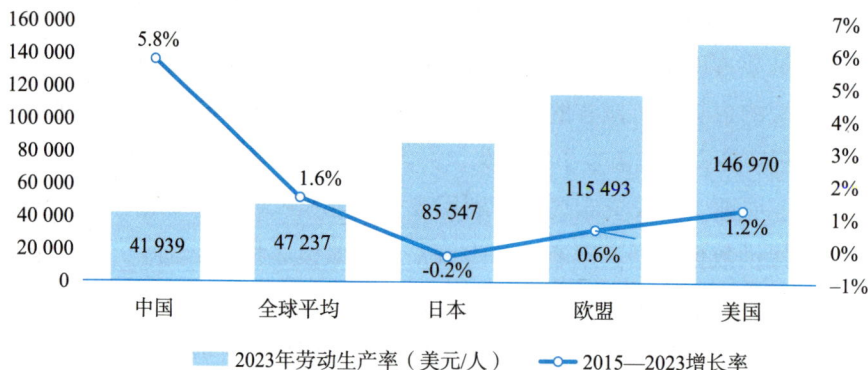

图 10-9　中国与发达国家的劳动生产率比较（2023年）

（3）分析示例

①总体上，按国际标准，我国劳动生产率增速较快，但仍低于全球平均水平，不及部分发达国家的一半。

从现状来看，2023 年我国整体劳动生产率为 41 939 美元 / 人，是全球平均水平的 89%、日本的 49%、欧盟的 36%、美国的 29%。

从走势来看，2015 年至 2023 年，我国劳动生产率年均增长 5.8%，远高于全球平均（1.6%）及欧盟（0.6%）、美国（1.2%）水平。

②总体上，浙江省全员劳动生产率持续高于全国平均水平，劳动生产率增速低于全国平均水平。

从现状来看，2023 年浙江省全员劳动生产率为 21.1 万元 / 人，比全国平均水平高 24%。

从走势来看，2010 年至 2023 年，浙江省全员劳动生产率持续高于全国平均水平，年均增长 7.5%，比全国平均增速（9.2%）低 1.7 个百分点。

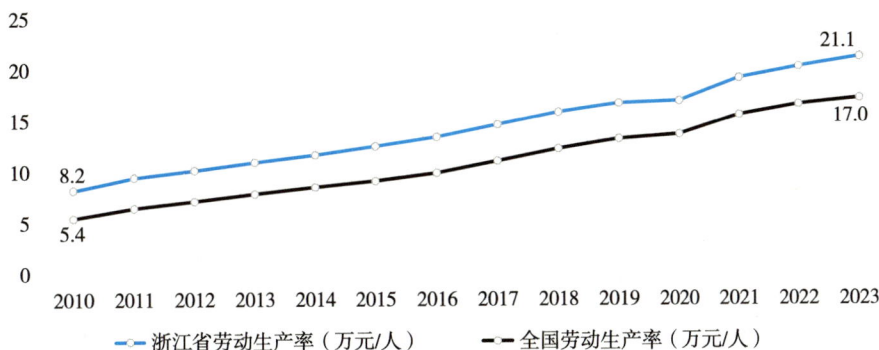

图 10-10　浙江省全员劳动生产率变化（2010—2023 年）

（4）全员劳动生产率数据应用思路

第一，政府层面，从产业发展角度看待全员劳动生产率数据，为制定产业发展策略、就业政策等决策提供数据依据。以浙江省为例，该省全员劳动生产率持续高于全国平均水平，劳动生产率增速低于全国平均水平。按国际标准，我国劳动生产率增速较快，但仍低于全球平均水平，不及部分发达国家的一半。在这样的形势下，浙江省的产业发展策略、就业政策应以发展战略性新兴产业、未来产业为牵引，带动传统产业转型升级。

第二，企业层面，从投资布局角度看待全员劳动生产率数据，为投资选址、业务布局等决策提供数据依据。以浙江省为例，该省全员劳动生产率持续高于全国平均水平，劳动生产率增速低于全国平均水平，高素质人才资源丰富。新兴行业的企业可将浙江省作为业务布局、产业投资、创业的重点目标地区。

2. 三次产业劳动生产率

（1）分析思路

从现状和走势两个方面，分析三次产业劳动生产率水平。

（2）数据图表

根据《中国统计年鉴》《浙江统计年鉴》提供的数据，将 2010 年至 2023 年全国及浙江省三次产业劳动生产率数据整理成图表，具体如图 10-11 所示。

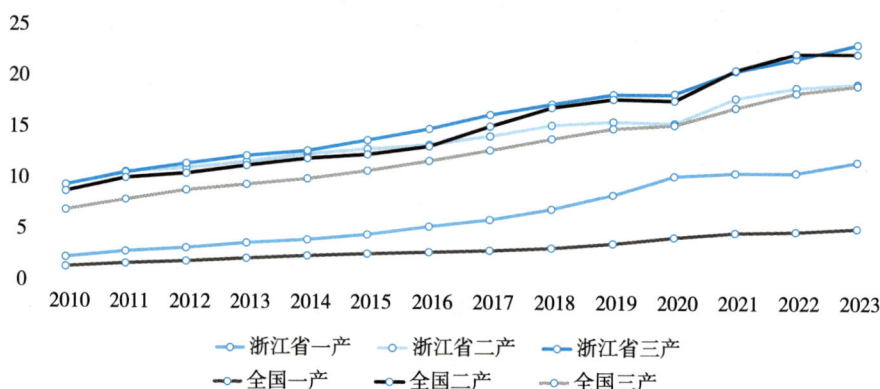

图 10-11　浙江省三次产业劳动生产率变化（2010—2023 年）

（3）分析示例

总体上，浙江省第一产业、第三产业劳动生产率优势明显；第二产业劳动生产率增速慢，低于全国平均水平。

从现状来看，2023 年浙江省第一产业劳动生产率为 11.8 万元 / 人，是全国平均水平的 2 倍；第二产业劳动生产率为 19.5 万元 / 人，是全国平均水平的 87%；第三产业劳动生产率为 23.4 万元 / 人，略高于全国平均水平。

从走势来看，2010 年至 2023 年，浙江省第一产业劳动生产率增速较快，第三产业劳动生产率增速与全国基本持平，第二产业劳动生产率增速较慢。

（4）三次产业劳动生产率数据应用思路

第一，政府层面，从产业发展角度利用三次产业劳动生产率数据，为制定产业发展策略、就业政策等决策提供数据依据。以浙江省为例，该省第一产业、第三产业劳动生产率优势明显，第二产业劳动生产率增速慢、低于全国平均水平。在这样的形势下，浙江省的产业发展策略、就业政策应着力提高第二产业劳动生产率。

第二，企业层面，从投资布局角度利用三次产业劳动生产率数据，为投资选址、业务布局等决策提供数据依据。以浙江省为例，该省第一产业、第三产业劳动生产率优势明显，第二产业劳动生产率增速慢、低于全国平均水平。第一产业、第三产业的企业可将浙江省作为业务布局、产业投资、创业的重点目标地区。

四、失业人口

（一）数据解读

目前我国对失业人口和失业率的统计有两类指标：一是国家统计局通过劳动力抽样调查测算得到的失业人口和城镇调查失业率；二是人社部门通过行政记录进行统计得到的城镇登记失业人员和城镇登记失业率。

1. 劳动力抽样调查的失业人口和城镇调查失业率

统计部门劳动力抽样调查[①]测算得到的失业人口数据，反映了 16 岁及以上人口中劳动力（有劳动能力、参加或要求参加社会经济活动的人口）的就业状态。国家统计局汇总并公布月度、年度全国城镇调查失业率数据，其所属省级调查总队、市县调查队负责调查并发布省、市、县的城镇调查失业率数据。

失业人口的界定与国际劳工组织统一标准一致，即 16 岁及以上人口中同时满足以下三个条件的人：在调查参考周内没有工作；在调查时点前 3 个月内找过工作；如果有合适工作，能够在 2 周内立即开始工作。

城镇调查失业率指标的计算公式为：

城镇调查失业率 = 失业人口 / （就业人口 + 失业人口）

该指标衡量的是劳动力人口中失业人口的比重，而不是全部 16 岁及以上人口中失业人口的比重。它反映了劳动力市场的供需情况，是国际上大多数国家进行失业统计时使用的指标。

要注意的是，城镇调查失业率数据有两个变化：第一，自 2023 年 8 月开始，国家统计局暂停发布全国青年人等分年龄段的城镇调查失业率数据；第二，自 2023 年 12 月起，国家统计局对分年龄组调查失业率统计进行调整完善，按月在国家统计局数据发布库中发布不包含在校学生的 16~24 岁、25~29 岁、30~59 岁劳动力失业率。

2. 人社部门登记的城镇失业人员和城镇登记失业率

城镇登记失业人员和城镇登记失业率由人社部门按《人力资源和社会保障统计调查制度》统计并公布。

城镇登记失业人员是指劳动年龄内、有劳动能力、有就业要求、处于无业状态，并在公共就业和人才服务机构进行失业登记的城镇常住人员。

城镇登记失业率即城镇登记失业人员与城镇单位就业人员和城镇登记失业人员之和的百分比，是我国特有的失业统计指标。

要注意的是，城镇登记失业人员和城镇登记失业率数据有两个变化：第一，自 2020

[①] 全国每月调查样本约 34 万户，基本覆盖我国所有地级市和县级地区。

年起，城镇登记失业统计口径由户籍人口扩展为常住人口；第二，自 2022 年起，人社部门不再发布城镇登记失业率数据，只发布城镇登记失业人员数据。

在理解和应用失业人口数据时，要注意以下要点。

第一，注意失业人口的统计口径。一是失业人口调查的是常住人口，包括在城市常住的农村户籍人口和农民工；二是按国际通行的调查统计口径，没工作的人不一定算失业，如 16 岁及以上没去找工作的人不计入失业人口。

第二，城镇调查失业率是一项宏观指标，主要用于分析城镇整体失业比例、劳动力市场供需情况，与 GDP 增速等宏观指标关系紧密但没有明确的比例关系，是宏观经济发展状况的部分体现，可以作为制定宏观经济政策的依据之一。

第三，城镇登记失业人口是行政统计指标，不能全面反映劳动力市场供需情况，主要用于人社部门分析就业工作情况，可以作为政府制定就业政策和为失业人员提供公共就业服务的依据。

（二）城镇调查失业率

失业人口数据与经济发展状况密切相关。失业人口数据分析，落脚点是从地区宏观经济发展、就业工作角度，研判城镇调查失业率、城镇登记失业人口数的特征和走势，为政府宏观经济调控、制定就业政策等决策提供数据依据。

下面以浙江省为例进行分析，其他省市层面可参考。

1. 分析思路

从现状和走势两个方面，分析城镇调查失业率水平。

2. 数据图表

根据《中国统计年鉴》《浙江统计年鉴》《浙江省统计公报》提供的数据，将 2018 年至 2023 年全国及浙江省城镇调查失业率数据整理成图表，具体如图 10-12 所示。

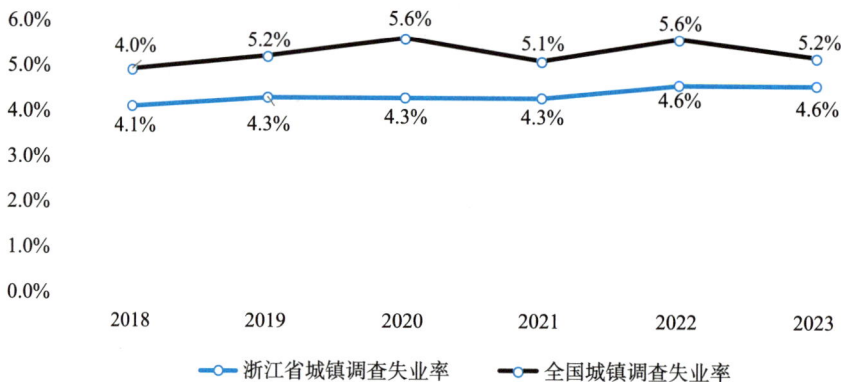

图 10-12　浙江省城镇调查失业率变化（2018—2023 年）

3. 分析示例

总体上，浙江省城镇调查失业率低于全国平均水平，整体就业压力呈现小幅增加走势。

从现状来看，2023 年浙江省城镇调查失业率为 4.6%，比全国平均水平低 0.6 个百分点。

从走势来看，2018 年至 2023 年，浙江省城镇调查失业率持续低于全国平均水平，整体上升了 0.5 个百分点，就业压力有所增加。

4. 城镇调查失业率数据应用思路

第一，政府层面，从经济发展角度看待城镇调查失业率数据，为研判和调控宏观经济决策提供数据依据。以浙江省为例，该省城镇调查失业率低于全国平均水平，整体就业压力呈现小幅增加走势。在这样的形势下，浙江省在宏观经济调控上应注重平衡考虑经济增长和促进就业。

第二，个人层面，从择业发展角度看待城镇调查失业率数据，为"去哪里发展"等决策提供数据依据。以浙江省为例，该省城镇调查失业率低于全国平均水平，整体就业压力呈现小幅增加走势。相对全国而言，浙江省就业机会较多，可作为发展和择业的重点目标地区。

（三）城镇登记失业人数

1. 分析思路

从现状和走势两个方面，分析城镇登记失业人数和城镇新增就业人数的变化。

2. 数据图表

根据《中国统计年鉴》《浙江统计年鉴》《浙江省统计公报》提供的数据，将 2020 年[①] 至 2023 年浙江省城镇登记失业人数、城镇新增就业人数数据整理成图表，具体如图 10-13 和图 10-14 所示。

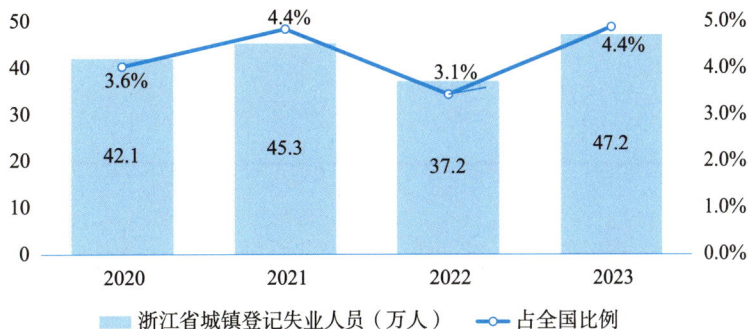

图 10-13　浙江省城镇登记失业人数变化（2020—2023 年）

---

① 2020 年起，城镇登记失业统计口径调整，与往年数据不可比。

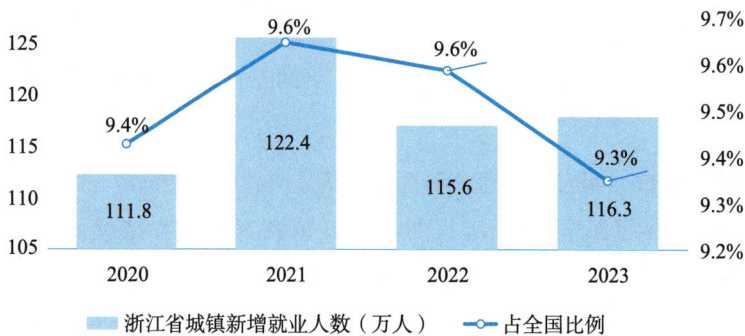

图 10-14　浙江省城镇新增就业人数变化（2020—2023 年）

3. 分析示例

总体上，浙江城镇登记失业人数和新增就业人数好于全国平均水平，城镇登记失业人数呈现上升走势，新增就业人数全国占比小幅下滑，就业压力有所加大。

从现状来看，2023 年浙江省城镇登记失业人数 47.2 万人，占全国的 4.4%；城镇新增就业人员 116.3 万人，占全国的 9.3%。

从走势来看，2020 年以来浙江省城镇登记失业人数总体呈现上升走势；城镇新增就业人数总体呈现小幅增加走势，占全国的比例小幅下滑。

4. 城镇登记失业人数和新增就业人数数据应用思路

第一，政府层面，从经济发展角度利用城镇登记失业人数和新增就业人数数据，为就业指导工作和制定就业政策提供数据依据。以浙江省为例，该省城镇登记失业人数呈现上升走势，财政支出压力加大；新增就业人数的全国占比小幅下滑，就业压力有所加大。在这样的形势下，浙江应加大力度促进就业。

第二，个人层面，从择业发展角度利用城镇登记失业人数和新增就业人数数据，为"去哪里发展"等决策提供数据依据。以浙江省为例，该省城镇新增就业人数总体呈现小幅增加走势，相对全国其他地区而言，就业机会较多，可作为发展和择业的重点目标地区。

经济数据索引